W0087627

BASTEI
LÜBBE

NORBERT POTTHOFF
SABINE KEMMING

SCIENTOLOGY
SCHICKSALE

EINE ORGANISATION
WIRD ZUM
SOZIALEN STÖRFALL

ERFAHRUNGSBERICHTE

BASTEI
LÜBBE

BASTEI-LÜBBE-TASCHENBUCH
Band 60453

Originalausgabe
© 1998 by Bastei-Verlag Gustav H. Lübbe GmbH & Co.,
Bergisch Gladbach
Printed in Germany, November 1998
Einbandgestaltung: Manfred Peters
Titelfoto: Super Bild, Erich Bach, München
Satz: hanseatenSatz-bremen, Bremen
Druck und Bindung: Elsnerdruck, Berlin
ISBN 3-404-60459-8

Der Preis dieses Bandes versteht sich einschließlich
der gesetzlichen Mehrwertsteuer.

Unserem Sohn Marvin gewidmet

»Man braucht sich nur vorzustellen, was geschehen kann, wenn eine Religionsgemeinschaft beliebige wirtschaftliche oder politische Betätigungen in ihrem Selbstverständnis mit dem Attribut des ›Religiösen‹ versieht und für sich dann auch noch den Schutz des Art. 4 des Grundgesetzes in Anspruch nimmt.«

Roman Herzog, 1971

Inhalt

Vorwort

Sieben Jahre Scientology, weitere sieben Jahre Beschäftigung mit diesem Thema und noch immer lese ich die Anweisungen des L. Ron Hubbard, Gründer der Scientology-Organisation. Aber ich lese sie nicht mehr, um sie zu befolgen, sondern um sie zu analysieren. Welche Brisanz steckt in Hubbards Texten, was verbirgt sich hinter seiner Sprache und an welchen Stellen drohen sie unmißverständlich dem demokratischen Verfassungsstaat?

Zweifellos versteht Hubbard seine Lehre als ›Heilsbotschaft‹, aber ist sie deshalb schon eine Religion? Den Begriff Scientology übersetzt er als ›Lehre vom Wissen‹, den Titel seines zentralen Werkes, *Dianetik*, auch *Buch Eins* genannt, übersetzt er mit ›Durch den Verstand‹ und bezeichnet damit eine Wissenschaft. Die Gesamtheit seiner Anweisungen und Techniken zur Lebensverbesserung bezeichnet er als Technologie, die man studieren, trainieren und anwenden kann. Was hat das aber mit Glauben zu tun? Wo bleibt die Vorstellung von einem Gott, wenn er den Menschen in der (versprochenen) Vervollkommnung durch Scientology Schöpfungsfähigkeit zuspricht, so daß sie selbst Herren über Raum, Zeit und Materie sind? Müssen wir nicht Glauben und Wissen sehr scharf voneinander trennen, ohne dabei das eine oder das andere zu verteufeln? Es kann nicht Sache der Wissenschaft sein, den Glauben zu erklären oder zu verspotten, ebensowenig wie es Sache des Glaubens sein kann, die Wissenschaft einzuschränken. Vielmehr sollten beide Seiten einander respektieren, dann verliert der Glauben seine Blindheit und die Wissenschaft ihre Zügellosigkeit.

Das Thema Scientology, es hat mich nicht losgelassen, und dafür gibt es mehrere Gründe. Ich will in diesem Buch nicht in erster Linie die Technologie untersuchen, sondern ihre Auswirkung auf Menschen. Was bewirkt die Technologie denn? Dies, so denke ich, sollte ein wichtiger Maßstab sein. Wenn man ein Auto kauft und der Hersteller versichert, es beschleunige von Null auf Hundert in fünfzehn Sekunden, und dann stellt man fest, daß man tatsächlich fünfundzwanzig benötigt, kann man dafür den Hersteller zur Verantwortung ziehen. Wenn jedoch jemand verspricht, wir machen den fähigen Menschen noch fähiger, woran ist dies dann zu messen? Und wer ist dann zur Verantwortung zu ziehen, wenn dieses Mehr an Fähigkeit nicht erreicht wird?

Zuerst sah ich nur mein eigenes Schicksal, meine eigene Enttäuschung. Ich hatte gehofft, fähiger zu werden, und sah mich in meiner Hoffnung getäuscht. War es mein Fehler? So sah es erst einmal aus. Jedes Versagen, so hatte ich bei Scientology gelernt, muß man sich selbst zuschreiben. Aber dann waren es immer mehr Menschen, die sich an mich wandten, die mir ihre Geschichte erzählten, manchmal ähnelte sie meiner, dann wieder war sie ganz anders. Aber es waren immer sehr ernstzunehmende Schicksale, oft den Schreckensbildern eines Hieronymus Bosch nicht unähnlich. Scientology löst diesen Schrecken aus, zerstört systematisch die Beziehungen zwischen Menschen.

Den Menschen, die sich mir anvertraut haben, danke ich sehr herzlich. Nicht alle Schicksale kann ich schildern, aber alle, die sich mir anvertraut haben, sind ein Teil dieses Buches geworden. Sabine Kemming und ich haben Fragen gestellt, haben Gespräche aufgezeichnet und Material zusammengetragen, haben versucht, Antworten zu geben, um ein differenziertes Bild der Scientology-Schicksale zu zeichnen. Es ist wohl das erste Buch dieser Art, das sich konsequent dem ›sozialen Störfall‹ Scientology widmet, sowohl vor als auch hinter den Kulissen.

Krefeld, im Oktober 97

Teil I:
Scientology in Deutschland

Scientology als sozialer Störfall
und das Interesse der Öffentlichkeit

»Ich wünschte, bei meinen politischen Veranstaltungen hätte ich auch nur annähernd so viele Zuhörer!«

Der Bürgermeister von Oberkirch, einer kleinen Weinstadt im Badischen, schaut verwundert in den Saal der Stadthalle, in dem sich mehr als 700 Menschen drängen. Und noch immer strömen weitere in den Saal. An einen pünktlichen Beginn ist nicht zu denken. Der Bürgermeister drückt mir die Hand: »Ist es bei Ihnen immer so voll?«

Zweifellos bin ich inzwischen ein populärer Redner, aber, das gestand ich mir ein, die eigentliche Attraktion war das Thema: Scientology.

Damals, 1992, damals im zweiten Jahr meiner Vortragsarbeit als Scientology-Aussteiger, war das Interesse der Öffentlichkeit größer denn je. Heute Oberkirch, morgen Bremen, am Tag darauf ein Beratungsgespräch im Hotel mit der Mutter einer jungen Scientologin. Dann ein Tag Pause in Krefeld und weiter zu einer Veranstaltung in Erfurt. Überall erlebte ich Neugier, Betroffenheit, manchmal Furcht und natürlich Verwunderung bei den Veranstaltern über diesen Andrang.

Scientology, diese Organisation, die sich selbst Kirche nennt, sorgt für Schlagzeilen. Aber zu wenig war tatsächlich bekannt. Schon die einfache Frage ›Was ist Scientology?‹ ist nur schwer zu beantworten. Die Einschätzung der Organisation, aber auch die Vorgehensweise gegen sie sind nach wie vor umstritten und werden kontrovers diskutiert. Ist Scientology gefährlich, und wenn ja, warum? Was soll der Staat, was soll die Gesellschaft tun, was kann man selbst tun?

Diese Fragen wurden spätestens seit Anfang der neunziger Jahre in Deutschland mit neuen Nachdruck und aus anderer Perspektive gestellt, und ebenso unterschiedlich fielen die Antworten aus. War es bis dahin fast ausschließlich ein Problem, das die Kirchen zu lösen hatten, schließlich sprach man von ›Neuen Religionen‹, ›Jugendreligionen‹, ›Sekten‹ und ähnlichem, meldeten sich nun Experten der verschiedensten Art zu Wort, manchmal auch polemisch und diffamierend. Ich bin weit davon entfernt, Scientology dafür zu bedauern – Polemik und Diffamierung gehören, in gewissen Grenzen, zum Geschäft der politischen Auseinandersetzung –, aber ich selbst ziehe bei der Beschäftigung mit dem Thema eine nüchterne Betrachtungsweise vor. Das soll nicht heißen, daß ich leidenschaftslos bin. Ganz im Gegenteil. Scientology schafft Leiden, und da beziehe ich auch Stellung. Dabei denke ich nicht nur an die Menschen mit einer unmittelbaren, sondern auch an diejenigen mit einer indirekten Leiderfahrung: Eltern, die Nötigung und Erpressung durch ihre scientologischen Kinder erleben; Männer und Frauen, die plötzlich ohne ihren Lebenspartner dastehen und bedroht werden; Kinder, die ihre Bezugsperson, wie etwa Vater oder Mutter, verlieren; Firmenchefs und Mitarbeiter, die plötzlich in einer Atmosphäre des Mißtrauens miteinander arbeiten und nicht wissen, wodurch dieses Mißtrauen entstanden ist. Scientology entpuppte sich als ein allgemein gesellschaftliches Problem, wurde zum sozialen Störfall.

Sollte Scientology eine Religion sein, was von den meisten Experten inzwischen bestritten wird, so wären die Prinzipien dieser selbsternannten Religion mit den

Prinzipien des demokratischen Staates unvereinbar. Dies läßt sich nicht nur anhand der scientologischen Texte belegen, sondern noch viel deutlicher durch die tatsächlichen Auswirkungen, die Scientology-Schicksale.

Mit den menschlichen Schicksalen in Sekten befaßte man sich bereits in den siebziger Jahren. Jedoch neigten die meisten damaligen Sektenexperten dazu, von Einzelschicksalen zu sprechen. Menschen, die in solchen Organisationen zusammenbrechen, würden auch an anderer Stelle scheitern. Die Sekte, so wurde immer wieder versichert, könne niemanden krank machen, dies habe viel eher etwas mit einer generellen Lebensuntüchtigkeit der Person zu tun. Einen direkten Zusammenhang mit der Sekte wollte man nicht sehen. Diese Einschätzung war teilweise sicher auch richtig, aber in bezug auf Scientology sollte sie sich später als grundlegend falsch erweisen. Diese Fehleinschätzung in bezug auf Scientology war es auch, die meinen Ausstieg lange Zeit verhinderte. Wenn ich Menschen zusammenbrechen sah, schrieb ich es ausschließlich deren Schwäche und Unfähigkeit zu, mit den Lehren und Regeln von Scientology richtig umzugehen. Man müsse die Lehren nur richtig anwenden, dann könne niemandem etwas Negatives zustoßen. Auch wenn ich selbst versagte, betrachtete ich es immer nur als meine eigene Schuld. Diese ›Gedankenkontrolle‹ wird sehr früh aufgebaut und führt zur Kritikunfähigkeit. »Die Technologie schützt dich«, heißt es immer wieder, und dabei ist es gerade die scientologische *Technologie*, die den Menschen vernichtet.

Technologie

Die Verwendung des Begriffs *Technologie* führte dazu, daß Scientology sich völlig neue Zielgruppen erschließen konnte. In einer modernen Leistungsgesellschaft wurde das einst spielerisch verwendete ›Höher-schneller-weiter‹ zur Geißel. Um gestellte Anforderungen zu erfüllen oder um zu siegen, griffen Sportler zum Doping. Aber auch Manager begannen sich unter dem Leistungsdruck zu fragen, ob es nicht auch ein ›Doping für das Gehirn‹ geben könnte. Dabei wurden sie aufmerksam auf eine Buchwerbung des Verlages ›New Era Publication‹. In der Anzeige behauptet der lächelnde Albert Einstein, der Mensch nutze nur zehn Prozent seines geistigen Potentials. Im Text heißt es dann, mit Hilfe einer modernen Wissenschaft, der ›Dianetik‹, könne man die restlichen 90 Prozent erschließen. Diese Vorstellung war reizvoll. Selbst wenn man realistisch blieb und von vielleicht fünf oder zehn Prozent Leistungssteigerung träumte, wäre dies schon sensationell. Zu Beginn der achtziger Jahre erreichte Scientology damit in Deutschland eine Zielgruppe, die man früher niemals in einer Sekte vermutet hätte.

Kernpunkt der scientologischen *Technologie* ist Hubbards dianetisches Axiom 1: »Das dynamische Prinzip des Daseins heißt Überlebe.« Dieses Prinzip muß kurz erläutert werden, damit man versteht, warum es zwangsläufig zum sozialen Störfall führt.

In seiner reinen Form ähnelt die Dianetik den mechanischen Gesetzen der darwinistischen Evolutionstheorie, nach der sich in der Natur das Starke durchsetzt. Der britische Ökonom Herbert Spencer, Zeitgenosse von Charles Darwin, gab im 19. Jahrhundert die Losung vom ›Überleben der Tüchtigsten‹ aus und übertrug so die darwinistischen Gesetze auf die Gesellschaft. Er behauptete, der soziale und wirtschaftliche Überlebenskampf habe den Gesetzen der Evolution zu folgen, andernfalls sei eine Verelendung der Gesellschaft nicht zu vermeiden. Der Ökonom ging davon aus, daß es Aufgabe der wirtschaftlich Starken sei, die Schwachen in den Untergang zu treiben. Spencer forderte, man solle die Untüchtigen zeugungsunfähig machen (Eugenikbewegung), um der Verelendung Einhalt zu gebieten. Den Sozialstaat lehnte er ab.

Hubbards Prinzipien vom ›optimalen Überleben‹, die er als ›Ethikgesetze‹ definiert, basieren auf Spencers sozialdarwinistischen Vorstellungen. In seinem 1950 veröffentlichten Werk ›Dianetik‹ erläutert Hubbard diese Prinzipien und bezieht sich dabei unter anderem auf Darwin und Spencer. Dieses Buch ist für Scientology so bedeutend, daß man mit seiner Veröffentlichung sogar eine neue Zeitrechnung begann. AD 48 heißt dann: Im Jahre 48 *after dianetics*.

Hubbards Vorstellungen sind amoralisch. Weder Gut noch Böse zählen für ihn, sondern ausschließlich der Erfolg: »In meinen Augen kann eine Führungskraft mit hohen Statistiken nichts Unrechtes tun.« Das Gewissen nennt er ein mechanisches Problem und vertraut ausschließlich seiner Technologie, dieses Problem zu lösen. Und diese Lösung ist einfach. Er entwirft eine neue Schöpfungsgeschichte, die ein Sozialverhalten des Menschen praktisch gegenstandslos werden läßt. ›Geistwesen‹, denen er den Namen ›Thetanen‹ gibt, ausgestattet mit Schöpfungskraft, wurden durch widrige Umstände auf den Planeten Erde verschlagen. Hier gingen die fähigsten von ihnen eine Lebensgemeinschaft mit dem Homo sapiens ein, die sich aber als sehr unglücklich erweisen sollte. Der Homo sapiens, von Hubbard als biochemische Kohlenstoff-Sauerstoff-Maschine beschrieben, die bei 37 Grad Celsius funktioniert und deren Maschinist der Thetan ist, hatte die Gesetze der Natur seit Tausenden von Jahren mißachtet, das Schwache nicht konsequent ausgerottet und ein gefährliches und kostenträchtiges Sozialverhalten entwickelt. Die Thetanen, selbst Gefangene auf diesem Planeten, hatten diese Entwicklung nicht unterbunden und so aktiv und passiv am drohenden Untergang der Erde mitgewirkt. Die Thetanen hatten ihre ursprüngliche Fähigkeit, nur das Starke zu fördern, schlicht vergessen. Daher kam der Thetan Elron auf die Erde, um die verlorengegangene und vergessene ›Wissenschaft des Überlebens‹ zurückzubringen. Unter dem Namen L. Ron Hubbard begann er seine Arbeit, bei der nicht mehr die Würde des Menschen im Vordergrund stand, sondern die Trennung von Thetan und Maschine. Die ›Maschine Mensch‹ hat keinen Anspruch auf Würde, sondern sie hat ausschließlich den Befehlen des Thetans zu gehorchen.

Erst wenn man diesen Teil der scientologischen Ideologie und das damit verbundene Menschenbild kennt, wird verständlich, warum es zwangsläufig zum sozialen Störfall kommen muß. Im Sozialdarwinismus gedeihen völkische und rassistische Vorstellungen am besten. Die verheerenden Folgen solchen Denkens kennen wir aus der ersten Hälfte dieses Jahrhunderts. Natürlich werden diese Zusammenhänge bei Scientology geschickt verschleiert, und auch mir waren sie bei meinem Ausstieg aus der Organisation nur ansatzweise bewußt geworden.

Verschleierung

Scientology ist eine Organisation der Verschleierung und der geschickten Desinformation. Verwirrung zu stiften, Halbwahrheiten und Lügen zu verbreiten, gehören zum Geschäft des scientologischen Systems und der einzelnen Scientologen. Die Methoden der Bewußtseinskontrolle, wie sie am Ende des Buches geschildert werden, betreffen nicht nur das einzelne Mitglied, sondern auch die Öffentlichkeit. Zu dieser Methode gehört beispielsweise das Zitieren aus dem *Zeremonienbuch* der Scientology. Das eher unscheinbare Buch – vergleicht man es mit den vielen tausend Anweisungen des Scientology-Gründers Hubbard – dient der Organisation als Beweis ihres religiösen Hintergrunds. Aus diesem Buch zitiert eine Pressesprecherin beispielsweise gerne den Satz: »Wir von der Kirche glauben, daß der Mensch grundlegend gut ist.« Solch ein Satz muß den Hörer in die Irre leiten, denn er weiß nicht, daß Scientology über eine eigene Sprache verfügt, in der Begriffe ganz anders definiert werden als im normalen Sprachgebrauch. Legt man das scientologische Verständnis dieses Satzes zugrunde, dann lautet er: »Wir vom Technologiezentrum wissen, daß der Mensch grundlegend eine produktive Maschine ist.« Solche Beispiele finden sich zu Hunderten in der Sprache der Scientologen, und ich denke, daß ein Wörterbuch ›Scientologisch-Deutsch‹ hilfreich sein könnte, die Verschleierungstaktik zu durchbrechen. Am Ende des Buches findet der Leser daher statt des üblichen Glossars ein Bedeutungswörterbuch, das in die Sprache der Scientologen einführen soll.

Verwirrung

Ein Begriff sorgte für besondere Verwirrung in der Diskussion um Scientology, das Wort *Sekte*. Dieser Begriff entfachte immer wieder eine »religiöse Diskussion« in der Öffentlichkeit, der ich nicht folgen wollte. Scientology hatte ich nicht als Kirche erlebt. Einer Kirche wäre ich auch nie beigetreten, denn die hatte ich bereits im Alter von siebzehn Jahren verlassen. Damals hatte ein Teil der jungen, heranwachsenden Generation, der man später den Namen ›68er‹ gab, damit begonnen, in Staat und Gesellschaft andere Akzente zu setzen. Der Kirchenaustritt war einer dieser Akzente. Als ich mit dreiunddreißig Jahren zum ersten Mal Scientology kennenlernte, war ich keinesfalls bereit, einer Kirche beizutreten. Mein Interesse hatte sich der Philosophie zugewandt und als solche war mir Scientology auch ›angeboten‹ worden. »Scientology ist eine angewandte Philosophie, mit der man Probleme des Lebens und des Denkens lösen kann.« So erläuterte mir 1981 ein Kunde meiner Werbeagentur den Begriff. Scientology wird übersetzt als ›Lehre vom Wissen‹, so daß auch der Name der Organisation keinen Hinweis auf eine Religion enthält. Das erste scientologische Buch, das man mir 1981 für zehn Mark verkaufte, hieß ›Dianetik, die moderne Wissenschaft der geistigen Gesundheit‹. Auch hier der Hinweis auf eine Wissenschaft und keinesfalls eine auf Religion. Hubbard nannte sich, und dies wird seit seinem Tod im Jahre 1986 von seinem Nachfolger Miscavige auch weiter verbreitet, wahlweise Wissenschaftler, Philosoph, Forscher, Entdecker, Menschenfreund und dann später auch Religionsstifter. In diesem Sinne konnten sich die Lizenznehmer in Deutschland nach Bedarf ihren Namen auswählen: ›College für angewandte Philosophie‹, ›Scientology-Center‹ oder ›Scientology-Kirche‹. Teilnehmer an Kursen in diesen Einrichtungen hießen jedoch generell ›Studenten‹, und erst zu Beginn der neunziger Jahre empfahl die amerikanische Scientology-Führung den scientologischen Lizenznehmern weltweit, zukünftig besser nur noch von ›Gemeindemitgliedern‹ zu sprechen. Aber auch diese Strategie konnte nicht überall wirkungsvoll umgesetzt werden, wie beispielsweise in Rußland, wo man der Kirche sehr skeptisch gegenüberstand und eine Religionsbezeichnung nicht erlaubte. So firmiert man dort unter der Bezeichnung ›Hubbard College for Administration‹.

Aber eines muß deutlich gesagt werden, unabhängig davon, wie man sich nun nennt oder unter welcher Bezeichnung gearbeitet wird, die Inhalte sind immer die gleichen. Es ist immer die ›Scientology-Technologie‹, die von allen Lizenznehmern weltweit trainiert wird.

Macht

Auch die Facetten der Macht, die sich hinter dem Begriff ›Church‹ verbergen, will ich beleuchten.

Ich selbst, dies muß ich eingestehen, war durchaus an Machtausübung interessiert, und mir standen dazu damals alle Türen offen. Meine Vorstellung von Macht, auch in meiner Zeit als Scientologe, war jedoch immer die einer demokratisch legitimierten und kontrollierten Machtausübung. In diesem Punkt sah ich mich jedoch letztlich vom System getäuscht, denn dies ist bei Scientology nicht nur nicht möglich, sondern auch verboten. Beispielsweise wurde das Einbringen eigener Gedanken und Vorstellungen in steigendem Maße bestraft, je höher ich im System aufstieg. Auch diese sorgfältig abgestuften Bestrafungen der Mitglieder zeigen, wie Tarnung und Verschleierung in der Organisation funktionieren. Niemand erfährt schon zu Beginn die ganze Macht der Organisation.

Scientology ist seit Oktober 1970 in Deutschland mit der ersten Niederlassung in München organisiert. Die Ausweitung der Macht erfolgte jedoch erst, nachdem in der amerikanischen Zentrale ein Führungswechsel stattgefunden hatte. Hubbard war nicht mehr ›auf den Linien‹, sondern hatte sich zu letzten Forschungsarbeiten zurückgezogen. Die Leitung seiner Organisation hatte er jungen Offizieren übertragen, an der Spitze Captain David Miscavige, damals 23 Jahre alt. Hubbard war seit 1982 völlig aus der Öffentlichkeit verschwunden. Im Februar 1986 wurde der Welt die neue scientologische Administration unter Captain David Miscavige mitgeteilt. Für die Anhänger hieß es natürlich, Hubbard habe »willentlich und wissentlich seinen Körper verlassen, um in der Heimatgalaxie andere Aufgaben zu übernehmen«. Dies mag man als religiöse Vorstellung hinnehmen, auch wenn es ein bezeichnendes Bild der scientologischen Weltsicht vermittelt.

Tatsache ist, daß in dieser Zeit eine grundlegende Umstrukturierung der Organisation stattfand. Dies ist in sofern bedeutungsvoll, als sich daraus entscheidende Konsequenzen für die Aufklärungsarbeit und das Wissen um die unterschiedlichen Fachrichtungen innerhalb der Organisation ergeben haben. Viele ahnten bereits, daß Scientology nur vorgibt, eine Kirche zu sein, aber nun machte Scientology selbst diese Ahnung zur Gewißheit. Neben der ›Scientology Church‹ stand nun das ›World Institute of Scientology Enterprises‹ (Wise). Die Technologie der ›Church‹ nannte man dort entsprechend ›Management-Technologie‹, wobei sich dann natürlich die Frage stellt, wie man erklären will, daß dieselbe Technologie in der einen Abteilung als ›beten‹, in der anderen jedoch als ›handeln‹ bezeichnet wird. Nun, man versuchte es erst gar nicht zu erklären, sondern schottete die beiden Abteilungen nach außen sorgfältig ab. Scientology wurde durch eine geschickte Politik der Desinformation zu einem unentwirrbaren Labyrinth, in dem sich selbst Insider nur schwer zurechtfanden. Das Durcheinander wurde perfekt, nachdem mit der Gründung der ›Association for better living and Education‹ (Able) die gleiche Technologie nun auch noch als Lebenshilfe angeboten wurde.

Man muß dem neuen Führer von Scientology, Captain David Miscavige, eine gewisse – wenn auch gefährliche – Genialität bescheinigen, mit der er begann, die Geschicke von Scientology weltweit zu leiten und zu koordinieren.

Die langgedienten Mitglieder des damaligen Führungskaders, die seine uneingeschränkte Machtpolitik durchschauten, warf er hinaus oder sorgte dafür, daß sie für »strafbare Handlungen der Organisation« als Einzelpersonen im Gefängnis landeten, wie beispielsweise Hubbards Ehefrau Marie Sue, die als Chefin des scientologischen Geheimdienstes, damals unter dem Namen ›Guardians Office‹, eine unbequeme Gegnerin war. Marie Sue Hubbard wurde wegen Verschwörung gegen die amerikanische Regierung zu fünf Jahren Haft verurteilt und verbrachte drei Jahre davon im Gefängnis. Nachdem die führenden Köpfe des alten ›Guardian‹ verurteilt oder inhaftiert waren, konnte Miscavige die gesamte Abteilung auflösen und durch einen eigenen Geheimdienst unter der neuen Bezeichnung ›Office for Special Affairs‹ (OSA) ersetzen. Die nationalen Unterabteilungen, ›Departments for Special Affairs‹ (DSA), werden in der Öffentlichkeit in gewohnter Wortbeschönigung als ›Presse- und Rechtsamt‹ bezeichnet.

Oberste Instanz bei Scientology wurde eine Organisation – formell als Stiftung getarnt – mit dem Namen ›Religious Technology Center‹ (RTC), der Captain Miscavige als Chairman vorsteht.

Diese Wandlung der Scientology-Organisation begann Ende der siebziger Jahre in den Vereinigten Staaten und wurde nach den ersten Erfolgen im amerikanischen Management auch auf Europa übertragen. 1984 bis 1986 arbeitete ich als Scientologe mit diesem neuen Konzept in Deutschland, welches intern unter der Bezeichnung ›Clear Germany‹ wieder zusammengefügt wurde. In einer konzertierten Aktion sollten CHURCH, WISE und ABLE eine positive Stimmung in Deutschland schaffen und dafür sorgen, daß die Scientology-Technologie als Alternative zu bestehenden Vorstellungen angenommen wird. »Scientology ist unpolitisch«, behauptet man unter anderem in einem Flugblatt, bekräftigt aber gleichzeitig im selben Papier, »daß die Scientologen das Ziel haben, diese Erde von Wahnsinn, Krieg und Verbrechen zu befreien und eine bessere Welt zu erschaffen, in der Vernunft und Frieden vorherrschen.« Scientology, die Lehre vom Wissen, befaßt sich also konkret mit der Umgestaltung der Gesellschaft, was schlechthin ›Politik‹ genannt werden muß, auch wenn (noch) nicht der klassische Weg von Parteigründung, aufstellen eines Parteiprogrammes – das eine Einordnung in die politische Landschaft ermöglicht – und einer Beteiligung an den Wahlen, beschritten wird. Die tatsächlichen politischen Ziele werden statt dessen überwiegend verdeckt formuliert und verteilen sich auf eine Vielzahl von Schriften und Anweisungen.

Der Beitritt des einzelnen erfolgt also nicht aus politischen – selbstverständlich auch nicht aus religiösen – Gesichtspunkten, sondern aus rein individuellen. Im Vordergrund stehen mehrheitlich Überlegungen, die die Verbesserung der eigenen Lebenssituation betreffen, in diesem Sinne wird auch das Einstiegsangebot formuliert. Insofern ist Scientology für den neutralen Beobachter vor allem ein Anbieter von Dienstleistungen und damit ein gewinnorientiertes Wirtschaftsunternehmen. Eine Vereinnahmung der Mitglieder für die weiterreichenden Ziele der Organisation erfolgt nur allmählich und wird sprachlich verschlüsselt, so daß es vom Betroffenen, dem Scientologen, nicht bemerkt und daher auch vehement bestritten wird. Es ist somit nicht leicht, den politischen Extremismus der Organisation aufzudecken. Aber es ist ein wichtiger Schritt, um sich von der religiösen Betrachtungsweise zu lösen. Im Sinne meiner Aufklärungsarbeit mußte ich mit diesem ersten Zwischenschritt zunächst zufrieden sein, denn ich selbst hatte ja auch lange gebraucht, mich durch das Dickicht der Verwirrtaktik in bezug auf die Machtverhältnisse und Absichten der Organisation hindurchzuarbeiten und den Ausstieg zu wagen.

Probleme

Auch mein Ausstieg aus Scientology brachte vielfältige Probleme mit sich. Verängstigt und orientierungslos scheiterte ich schon an den kleinsten Aufgaben, und wenn es nur so etwas Harmloses war wie einkaufen. Ich wußte weder, warum es mir so schlechtging, noch daß es andere Menschen gab, die ähnlich litten. Fest entschlossen, mich von diesen Problemen nicht überwältigen zu lassen, arbeitete ich konzentriert an meinem Leben, ganz im Sinne von Scientology. Erst Vorträge halfen mir, meine Probleme zu verstehen und zu bewältigen. Auch der zunehmende Kontakt mit anderen Aussteigern, ein Begreifen der Gleichartigkeit der Probleme, zeigte mir deutlich, daß es nicht nur um ein persönliches Versagen ging, sondern daß der Veränderung ein bestimmtes System zugrunde lag. In dem Erfahrungsbericht ›im Labyrinth der Scientology‹ habe ich meine Veränderung beschrieben bis hin zu den Gründen, die schließlich zum Ausstieg führten. Gleichzeitig ist es aber auch ein Bericht über Menschen, denen es nicht gelungen ist, dieses Labyrinth zu verlassen, wie das Beispiel meiner zweiten Frau zeigt, die auch heute noch für Scientology arbeitet. Obwohl ich viele Jahre bemüht war, auch ihr zu helfen, waren bisher alle Versuche vergebens. Sie versuchte sogar, mich umzustimmen, mich auf den ›richtigen‹ Weg zurückzuführen. Ihre Versuche waren dabei jedoch nicht persönlich motiviert, sondern gehörten zu ihrer Aufgabe als Scientologin, die Strategie des scientologischen Geheimdienstes OSA (Office for Special Affairs) zu unterstützen, Kritiker mit allen erdenklichen Mitteln mundtot zu machen. Dreimal bot man mir auch scheinheilig eine ›Amnestie‹ an. Auch die Arbeit an diesem Buch war überschattet von den Aktivitäten des Geheimdienstes, der einen unerbittlichen Krieg gegen Kritiker führt und schon so manchen gesprächsbereiten Aussteiger wieder zum Verstummen gebracht hat. »Benutze ihr Blut, ihren Sex, ihre Verbrechen«, wies Hubbard seinen Geheimdienst an, und in seinen Anweisungen zur scientologischen Machterhaltung schrieb er: »Es kann sogar darin bestehen, daß der Gegner nachts dumpf aufs Straßenpflaster fällt oder das Lager des Feindes als Geburtstagsüberraschung in Flammen aufgeht.«

Die Angst der Scientology-Aussteiger vor der OSA ist tief verwurzelt und hat dazu beigetragen, daß über die Schicksale der Menschen bisher viel zu wenig berichtet wurde.

Schicksale

1989, ein Jahr nach meinem endgültigen Ausstieg aus Scientology, rief eine Journalistin bei mir an und fragte nach meinen Erfahrungen mit der ›Scientology‹-Sekte. Ich habe fast empört reagiert: »Über eine Sekte kann ich nichts erzählen, ich war in keiner! Aber wenn Sie einen Film über die Scientology-Organisation machen wollen, dann kann ich Ihnen einiges über politische Ambitionen und Wirtschaftsaktivitäten erzählen.« Dieser Film wurde gedreht, und zum ersten Mal erfuhr ein größerer Teil der Öffentlichkeit etwas über die weitverzweigten Aktivitäten dieser Organisation, die man später gern mit einem Kranken verglich. Mit dem Film ›Gehirnwäsche‹, gesendet Anfang 1990, begann eine neue Phase der Berichterstattung über Scientology in Deutschland, und ich fand mich selbst plötzlich im Mittelpunkt des Interesses. Noch nie hatte ein hochrangiger Aussteiger in Deutschland so offen über Praktiken und Ziele der Organisation zu sprechen gewagt.

Natürlich war es unvermeidlich, daß ich nach jedem Vortrag, nach jedem Fernsehauftritt verstärkt Anrufe bekam. Natürlich erhielt ich Schmähanrufe von Scientologen. Damit hatte ich rechnen müssen. Aber es waren in viel stärkerem Maße betroffene Eltern, Ehepartner und andere, die einen Menschen an die Organisation verloren hatten. Man bat um Hilfe, um Aufklärung und um weitere Vorträge. So erfuhr ich von Schicksalen, die oftmals mein eigenes in den Schatten stellten.

So kam damals auch der Kontakt nach Oberkirch zustande. Der Sohn eines Arztehepaares war Scientologe geworden, und die Eltern standen den Veränderungen seiner Persönlichkeit hilflos gegenüber, erfuhren eine Feindseligkeit, die von einer ihnen unbekannten Ideologie in die Familie hineingetragen wurde. Eltern erleben natürlich viele Veränderungen und Entwicklungen bei ihren Kindern, zu denen auch Einflüsse von außen gehören. Falsche Freunde, Jugendstreiche, pubertäre Auseinandersetzungen, das Ablehnen der elterlichen Lebensvorstellungen und vieles mehr führen zu Konflikten, aber niemals zuvor war dabei eine so unüberwindlich erscheinende Mauer entstanden.

Scientology nennt sich selbst ›Kirche‹. Man verspricht Lebenshilfe, ein besseres Miteinander, Freiheit, Frieden und eine bessere Zukunft für alle Menschen. Ich habe all dies geglaubt – wie es heute leider immer noch so viele Menschen glauben –, aber in sieben Jahren Scientology nie erfahren. Im Gegenteil, mein Leben wurde zu einer abschüssigen Fahrt ins Elend, in die Einsamkeit und die Unfähigkeit, mein Leben eigenverantwortlich zu gestalten.

Den sieben Jahren bei Scientology folgten sieben Jahre Aufklärungsarbeit. Dies führte zu Kontakten mit Menschen mit den unterschiedlichsten Schicksalen. Menschen, die wie ich als Scientologen in ein weitverzweigtes Labyrinth hineingeraten waren und am Ende an sich selbst zweifelten und zerbrachen; Menschen, wie meine erste Frau, die hilflos mit ansehen mußten, wie durch Scientology Beziehungen und Ehen zerbrachen, aber auch Menschen, die irgendwann nicht länger tatenlos zusehen wollten und zu handeln begannen.

Die Palette der Betroffenheit ist daher breit. Experten sprechen davon, daß auf einen Betroffenen rund zwanzig Mitbetroffene kommen: Ehepartner, Mütter, Väter, Freunde und viele mehr. All die Menschen, deren Lebensqualität durch eine ständige Beschäftigung mit dem Thema drastisch sinkt. Viele empfinden ihr Schicksal als einen Makel, über den man besser nicht in der Öffentlichkeit spricht. Schuldzuweisungen an Eltern, sie hätten ihre Kinder in die Sekte getrieben, verstärken dieses Gefühl. Für mich stehen – wie in diesem Buch – die Menschen im Vordergrund, die sich durch Scientology getäuscht, in psychische Abhängigkeit gebracht und wirtschaftlich ausgebeutet sehen, für die Scientology zum sozialen Störfall wurde.

Mein erstes Buch schrieb ich unter dem Arbeitstitel ›Die Machtmaschine‹, weil der Mißbrauch der entscheidende Aspekt in diesem System war, der mich zum Ausstieg trieb. Die meisten Menschen jedoch interessierten verständlicherweise erst einmal nicht die Motive des Ausstiegs, sondern die Motive des Einstiegs. »Warum wurden Sie Scientologe? Was hat Sie denn so fasziniert?«

Das Bild eines Labyrinths ist daher nicht nur einprägsam, sondern auch zutreffend. Im antiken Labyrinth auf Kreta wurden Jungfrauen unter dem Vorwand geopfert, daß ihnen höhere Weihen zuteil würden. Sie verschwanden auf Nimmerwiedersehen, Opfer eines gefräßigen Monsters, des Minotaurus. Erst Theseus gelang es durch seine Liebe zu Ariadne, dieses Labyrinth nicht nur zu betreten, sondern es auch wieder zu verlassen. Theseus schuf sich Orientierungen. Er legte einen Faden, um auch unbeschadet zurückkehren zu können. Auch bei Scientology wird von ›höheren Weihen‹ gesprochen, von ›Erkenntnisstufen‹, dem ›Erreichen sagenhafter Fähigkeiten‹, mit Hilfe von Scientology, ›der Lehre vom Wissen‹. Menschen verschwinden auf Nimmerwiedersehen in diesem modernen Labyrinth, und wenn sie keinen Faden gelegt, wenn sie sich keine Orientierung verschafft haben, werden sie nicht wieder hinausfinden. Leider bezahlen dabei immer mehr Menschen ihre Neugier und ihren Wunsch nach persönlicher Verbesserung mit dem Tode.

Dafür, daß der Mensch seit jeher nach Wissen, Wahrheit und Vervollkommnung strebt, ist er nicht zu tadeln. Sokrates sagte bereits, des Menschen größtes Glück sei das Wissen und sein größtes Unglück sei das Nichtwissen. Der moderne Mensch strebt nach Wissen, sucht sich in Einklang zu bringen mit Natur und Umwelt, will den (Aber-)Glauben überwinden. Der Mensch sei das Maß aller Dinge, verkündet ein anderer griechischer Philosoph. Auch wenn längst nicht mehr von jedem verstanden, wurde die traditionelle Philosophie zunehmend zur persönlichen Lebens- und Firmenphilosophie umfunktioniert. Begriffe wurden nicht nur bei Hubbard redefiniert, sondern häufig genug auch in der Alltagssprache. Wir haben uns daran gewöhnt, alles als Produkt oder Ware zu sehen, und der moderne, globale Markt liefert nicht nur die Konsumgüter, sondern auch zum Konsum und zur Leistung passende Religionen und Glaubensvorstellungen. Mit einer Art von Bastelbogen kann sich jeder seine Religion zusammenbasteln:

»Ich bin zwar Christ, gehe aber schon lange nicht mehr in die Kirche. In meiner Tasche trage ich ein paar indianische Glückssteine, und wenn es mir schlecht geht, dann mache ich ein wenig Yoga, und nach meinem letzten Autounfall habe ich lange über mein negatives Kharma nachgedacht.«

Die Definition von Nichtwissen als Leid, die Leiderfahrung als größtes Problem für den Menschen, läßt uns nach Lösungen suchen. Wie kann ich Leid vermeiden? Aber daß gerade die Gruppen, die uns eine Welt ohne Leid versprechen, zu noch größerem Leid beitragen, ist bittere Ironie. Auf dieses Leiden aufmerksam zu machen, zu seiner Verhinderung und Verringerung beizutragen, wo immer es möglich ist, das halte ich für meine Pflicht. Möglich wird dies durch offene Stellungnahme, durch

Reden darüber, was und wie es geschehen ist. Natürlich kann ich nur subjektive Wahrheiten vermitteln, denn eine Wahrheit an sich gibt es natürlich nicht, auch wenn Scientologen sie gerne für sich in Anspruch nehmen. Betrachtet man beispielsweise meine damalige Sichtweise als Scientologe, meine damaligen Rechtfertigungen, und vergleicht sie mit den Schilderungen meiner damaligen Frau in diesem Buch, wird besonders deutlich, daß es zu jeder Position eine Gegenposition gibt. Die Recherchen zu diesem Buch waren für mich immer dann schmerzhaft, wenn ich sah, wie die Strategiesaat der Scientology aufging, eine Strategie, die ich nur zu gut kannte, die ich selbst lange genug auf Anweisung durchgeführt habe.

In diesem Buch kann ich den Aspekt der Strategien von Scientology nicht zu sehr vertiefen, würde dies doch die Darstellung der Schicksale, um die es ja in erster Linie gehen soll, zu sehr in den Hintergrund drängen. Doch erst vor dem Hintergrund der scientologischen Strategie und Zielsetzung wird deutlich, daß diese Schicksale keine Einzelschicksale sind, sondern, solange die verschiedenen scientologischen Organisationen weiter ihre Technologie in Deutschland verkaufen und trainieren, systembedingt und unabwendbar sind.

Erwähnt sei an dieser Stelle auch das Schicksal der beim Machtwechsel hinausgeworfenen Scientologen. Die Rädelsführer landeten im berüchtigten Straflager von Hemet/Kalifornien, bis auch sie ›einsehen‹ mußten, daß sie gegen die Macht eines Captain Miscavige nichts ausrichten konnten. Nicht bereit, von ihrer Ideologie abzulassen, gründeten sie diverse scientologische Splittergruppen, die als ›Free Zone‹ (Freie Zone) zusammengefaßt wurden. Ziel dieser Gruppen ist es, das Technologiemonopol der Mutterorganisation zu brechen. Dies bedeutet, daß es mehr Bereiche in der Gesellschaft gibt, wo man auf Scientologen oder deren Ideologie und die damit verbundenen Gefahren treffen kann. Scientology ist ohne den Machtapparat des Captain Miscavige nicht etwa ungefährlicher, wie einige zu meinen glauben. Es geht in der Organisation wie in der ›Freien Zone‹ um die Veränderung der Persönlichkeit, hin zu der Vorstellung, ein unsterblicher, machtvoller Thetan zu sein. Es ist nicht so, daß sich die Macht der Organisation etwa parallel zur Technologie entwickelt hat, sondern diese Machtentwicklung ergibt sich zwangsläufig aus dem Omnipotenzanspruch, aus der Allmachtvorstellung, die Hubbards Menschenbild zugrunde liegt.

Es geht also bei der Beschäftigung mit Scientology um zwei grundlegende Fragen. Welche Gefahr besteht für den einzelnen Menschen, wenn er diese Technologie anwendet?

Mit dieser Frage beschäftigt sich das vorliegende Buch zu Beginn und leitet dann über zur zweiten: Das Feld der sozialen Störung, den Auswirkungen von Scientology auf die Gesellschaft und auch auf die Menschen, die selbst keine Scientologen sind, aber dennoch leiden.

Damals, 1992 bei der Veranstaltung in Oberkirch, entschuldigte sich der Bürgermeister bei mir, er müsse spätestens nach einer halben Stunde wegen anderweitiger Verpflichtungen den Vortrag verlassen. Er saß ganz vorne, in der ersten Reihe, und dort saß er gebannt drei Stunden lang.

Teil II:
Schicksale

1. Wir machen den Erfolgreichen noch erfolgreicher

Helmut Pauly sitzt im Rollstuhl. Helmut Pauly war Scientologe. Er wollte als erfolgreicher Manager noch erfolgreicher sein. Er wollte hoch hinaus, glaubte den vielen scientologischen Versprechungen, und er stürzte tief. Ein Jahr nach seinem ersten Ausstiegsgespräch unternahm er einen Selbstmordversuch, seitdem ist er an den Rollstuhl gefesselt. Er schreibt dazu in seinen Erinnerungen:

»Die Zeitbombe war explodiert, meine geistige Verwirrung hatte ihren Höhepunkt erreicht. Trotz allen guten Willens der helfenden Personen hatte sich meine Indoktrinierung an allem unerkannt vorbeigeschlichen.«

Wenn ich sein Schicksal an den Anfang stelle, dann nicht nur, weil es mein erster Beratungsfall war, sondern auch deshalb, weil es die Tragik aufzeigt, in die ein Helfer unversehens geraten kann. Es kann sehr schnell geschehen, daß Helfer plötzlich mit einer moralischen Schuld leben müssen, oder, anders gesagt, mit einem moralischen Notstand. Keiner der Beteiligten hat es gewollt oder gar verursacht, aber für mich wurde es zur ständigen Mahnung, den tückischen Gegner niemals zu unterschätzen. Helmut wurde beraten, man hat sich um ihn bemüht, nach außen sah alles wunderbar geregelt aus, als er sich entschloß, der Organisation den Rücken zu kehren, und dann schlug der unsichtbare Gegner ein Jahr später zu. Helmut nannte es später die ›Dressur zum Selbstmord‹.

Ich kann aus Angst vor solchen Folgen den Kopf in

den Sand stecken und mir sagen, es geht mich alles nichts an. Manchmal möchte ich es auch, besonders, wenn ich an Helmuts Schicksal denke. Mir wird dann klar, wie unzureichend Hilfe oft angelegt ist, wie viel mehr man tun müßte, wenn man Ausstiegshilfe leistet. Aber jeder, der es sich zur Aufgabe macht, Leben zu retten, muß auch damit rechnen, daß es nicht immer gelingt. Mit diesem Konflikt müssen auch Ärzte lernen, umzugehen.

Der Ausstieg ist kein technisches Problem, sondern ein menschliches. Hier müssen viele Menschen zusammenwirken, manchmal auch über einen Zeitraum von einigen Jahren hinweg, damit ein Mensch gerettet werden kann. Aber die Wirklichkeit ist oft so, daß das nicht geht. Gründe dafür gibt es viele, aber auch, das soll nicht verschwiegen werden, Entscheidungen. Mangelt es schon im Leben oft genug an Liebe, so ist der Mangel an Nächstenliebe noch viel größer. Bei den meisten Schicksalen in diesem Buch fragen sich Menschen an irgendeinem Punkt, ob sie nicht irgendwo zu wenig geholfen haben oder selbst vielleicht zuviel oder keine Hilfe hatten oder an der falschen Stelle oder zum falschen Zeitpunkt? Diese Fragen sind verständlich, doch sie dürfen nicht zu einer Gedankenfalle werden, weil sonst überhaupt kein Handeln mehr möglich ist.

»Ich habe Sie im Fernsehen gesehen«, sagt die Frau am Telefon, »Sie sind meine letzte Hoffnung. Mein Mann ist Scientologe, und Sie als Scientology-Aussteiger können ihm doch sicher klarmachen, auf was er sich da eingelassen hat.«

Die Frau ruft aus Spanien an und bringt mich in eine Situation, die ich nicht will, die ich auch zunächst nicht verstehe. Was geht mich ihr Mann an? Gut, er ist Scientologe, und das ist schrecklich. Das kann ich nachvollziehen, weil ich selbst sieben Jahre Scientologe war und inzwischen begriffen habe, was meine Haltung für soziale Störungen bewirkt hat. Aber ich bin ausgestiegen, weiß eigentlich immer noch nicht genau, wie ich das geschafft habe und habe außerdem ganz andere Sorgen, als mich jetzt um andere zu kümmern. Mein eigenes Leben wieder in Ordnung zu bringen, ist schwer genug. Die Frau hat mich im Fernsehen gesehen, in einem Film, der mich ohnedies teuer zu stehen kam. Meine Bereitschaft, vor einem Millionenpublikum über meine Erfahrung mit Scientology zu berichten, hatte Morddrohungen zur Folge. Nicht nur gegen mich, sondern auch gegen meinen Vermieter, was ja auch effektiver war, denn mich konnte Scientology nicht mehr einschüchtern, und das wußten sie. Aber mein Vermieter, eigentlich sogar mein Freund, kündigte mir fristlos meine Wohnung. Ohne Mietvertrag sah ich auch keine Möglichkeit, meine Investitionen in die Wohnung zurückzufordern. Vier Jahre hatte ich versucht, mir eine neue Existenz aufzubauen, und nun hatte ich alles wieder verloren. Das war der Preis, den ich für meine Aussagen über Scientology zahlen mußte. »Kümmere dich nur um dich selbst, laß die Finger von dieser Organisation.« Scientology hatte mir eine Lektion erteilt, und ich müßte doch verrückt sein, die Organisation ein weiteres Mal herauszufordern. Sollen sich doch andere die Finger verbrennen. Ein höfliches ›Dankeschön‹ hatte ich vom Journalistenteam für meine Informationen und die Beteiligung am Film bekommen. Für die Folgen war ich nun selbst verantwortlich.

»Du mußt die Öffentlichkeit suchen. Dies ist dein einziger Schutz. Und wenn du anderen hilfst, kannst du dabei auch deine Schuld abtragen.« War dieser Ratschlag eines Sektenexperten ernst zu nehmen, oder würde ich dadurch nur in eine neue Falle geraten?

Scham, Schuld, Wiedergutmachung. Zum ersten Mal seit vielen Jahren versuche ich wieder zu beten. Es ist ein kläglicher Versuch, weil ich keine Worte mehr finde, weil ich nicht mehr weiß, für was ich beten soll. Mea culpa, mea culpa, mea maxima culpa. Gerate ich als Christ, als der ich nun wieder leben möchte, unter den gleichen Leistungsdruck wie bei Scientology? Bin ich auch als Christ wieder für alles verantwortlich?

Beim zweiten Anruf der Ehefrau stimme ich dem Vorhaben zu. Ich habe darüber nachgedacht, will versuchen zu helfen. Nicht aus einem Schuldkomplex heraus, sondern weil ich inzwischen verstanden habe, daß man Scientology immer und überall die Stirn bieten muß. Wir verabreden ein Treffen in einem Hotel im Schwarzwald. Dort soll ich ›wie zufällig‹ ihren Mann kennenlernen und ihn in ein Gespräch über Scientology verwickeln. Das Geld für die Fahrt dorthin borge ich mir von meinen Eltern.

Die letzten Steigungen im Schwarzwald waren die schwersten für mein kleines Auto. Mehr als vierhundert Kilometer war ich zwischen Lkws eingeklemmt und dachte wehmütig zurück an meinen Sportwagen, den ich noch fuhr, bevor ich Scientologe wurde. Die Fahrt war ein technisches Risiko, aber der Wagen hatte durchgehalten. Nun steuerte ich auf ein anderes Risiko zu, ein Gespräch mit einem aktiven, überzeugten Scientologen. Würde ich durchhalten? Ich hatte keine Ahnung, wie ein solches Gespräch zu führen sei, hatte nicht einmal eine Vorstellung davon, ob ich genügend Argumente bereit hätte, um selbst stabil zu bleiben. Hatte ich mich denn wirklich ausreichend von Scientology gelöst, war meine Angst wirklich überwunden, die langjährige scientologische Prägung abgelegt, um eine solche Herausforderung gefahrlos annehmen zu können?

Meine Informationen über diesen Fall waren spärlich, die ganze Geschichte vielleicht nur eine Inszenierung. Helmut Pauly, Geschäftsführer eines deutschen Unternehmens in Barcelona, war seit etwa zehn Monaten in und für Scientology aktiv. Neben seiner normalen Tätigkeit als Geschäftsführer einer deutschen Firma in Spanien hatte er eine Lizenz des Scientology-Unternehmens ›U-Man‹ erworben. Für ›U-Man International‹ wollte er in Katalonien den sogenannten ›Persönlichkeitstest‹ in der Wirtschaft vermarkten. Für diese Lizenz und andere Scientology-Dienstleistungen hatte er, so hatte mir die Ehefrau erzählt, bereits mehr als 460.000 Mark gezahlt. Sogar für seine Frau hatte er hohe Beträge gezahlt, obwohl sie sich weigerte, an irgendwelchen Kursen oder Seminaren der Scientologen teilzunehmen. Sie bemerkte negative Veränderungen an ihrem Mann, Veränderungen, die sie offenbar niemandem so richtig erklären konnte. Jeder, der von ihr angesprochen wurde, reagierte mit einem Schulterzucken, der typischen Reaktion auf Scientology in der damaligen Zeit. Was sollte man sich auch darunter vorstellen, wenn eine Frau mit ihrem Instinkt reagiert und kaum richtig erklären kann, was da geschieht. Natürlich wird ihre Aufgeregtheit dann als Hysterie abgetan. Ich verstand sie sofort. Mir brauchte sie nichts zu erklären, die Veränderungen durch scientologisches Training hatte ich ja schließlich selbst erlebt. Ich war nun bereit, sie anzuhören, sie zu unterstützen. Allein konnte ich dies allerdings nicht schaffen, und so fand sie einen Weg. Irgendwie konnte sie den Chef ihres Mannes von der Notlage überzeugen, vielleicht nur dadurch, daß dieser die Finanzen seiner Firma in Gefahr sah. Als Vorwand vereinbarte man ein Treffen der Geschäftsführer im Schwarzwald, um Herrn Pauly von Spanien nach Deutschland zu locken. In Wirklichkeit wartete ich dort auf ihn, um ihn über Scientology aufzuklären. Wie würde er darauf reagieren? Helmut schilderte es später so:

»Meine Frau fragte sich, ob sie mich mit jemandem zusammenbringen könnte, der mit mir über Scientology sprechen würde. Ich wurde sehr schroff und antwortete, daß es jemand von Scientology sein müsse. Außenstehende würde ich als Gesprächspartner nicht akzeptieren, denn sie könnten die wirklichen Zusammenhänge nicht kennen. Niemand, der das nicht erlebt hat, was ich erlebt habe, kann mir etwas darüber erzählen. Keine Ärzte und schon gar nicht Psychologen, das sind nämlich die größten Verbrecher. Meine Frau fragte mich außerdem: ›Wenn ich etwas gegen Scientology unternehme, mußt du mich dann zerstören?‹ Prompt antwortete ich: ›Ja, wenn du etwas gegen Scientology unternehmen solltest, dann zerstöre ich dich!‹ Doch trotz dieser Worte suchte sie Hilfe. Meine Frau organisierte ein Treffen in einem Hotel. Mir wurde gesagt, es sei ein Treffen mit den Geschäftsführern der anderen Tochtergesellschaften. Als meine Frau und ich dort eintrafen, war nur der erwähnte Hauptaktionär zur Stelle. Er sagte mir, daß die anderen Geschäftsführer nicht eintreffen würden und daß meine Frau und er wünschten, mit mir über Scientology zu sprechen. Ich sei in großer Gefahr und sie wollten mir helfen. Er sagte mir auch, daß danach noch ein ehemaliger Scientologe zum Gespräch hinzukommen würde, um mir mehr Einzelheiten zu erklären. Im ersten Moment ärgerte ich mich sehr, auf so trügerische Weise herbeizitiert worden zu sein, doch sah ich keinen anderen Ausweg, als das Gespräch zu akzeptieren. Ich lenkte ein und meinte, wenn wegen meiner Person so viel Aufwand getrieben werde, so wollte ich mir zumindest erst einmal alles, wenn auch widerstrebend, anhören.«

Schon vor meinem Gespräch mit Helmut mußte ich

mir überlegen, an welcher Stelle ich den Hebel ansetzen könnte. Ich hatte nur wenig Zeit zur Verfügung, um etwas zu bewirken. Eingedenk meiner eigenen Geschichte – zuerst die Trennung von der Organisation, dann die Trennung von der Ideologie –, blieb mir keine andere Wahl, als bei der Organisation anzusetzen. Auditing, dieses Trance- und Hypnoseverfahren zur Indoktrinierung und Abrichtung der Scientology-Anhänger, löst sehr individuelle Erscheinungen aus. Diese ›auszugraben‹ und neu zu bewerten, ist ein Vorgang, der mehrere Jahre dauern kann und der auch von einer psychologischen Fachkraft begleitet werden sollte. Mir standen jedoch nur drei Tage zur Verfügung, an denen ich versuchen mußte, in Helmuts Denken eine grundlegende Erschütterung zu bewirken, ihn zu bewegen, über das System neu nachzudenken. Jemanden dazu zu bewegen, der Organisation den Rücken zu kehren, bedeutete auf jeden Fall, erst einmal den Geldfluß zu Scientology stoppen zu können. In bezug auf das Auditing und die speziellen Resultate, die bei ihm hervorgerufen worden waren, konnte ich natürlich nur an der Oberfläche kratzen. Hilfreich in unserem Gespräch war ein Traum, den wir beide mit Scientology verknüpft hatten. Beide hatten wir davon geträumt, durch das Auditing keine Brille mehr tragen zu müssen, beide hatten wir verzweifelt versucht, ohne Brille Auto zu fahren, und in beiden Fällen hatte es natürlich nicht funktioniert. Wir trugen unsere Brille noch, und wir mußten herzhaft darüber lachen. Damit hatten wir einen gemeinsamen ›Beweis‹, daß Auditing eben nicht die erhofften Resultate hervorbringt. Helmut schrieb dazu in seinen Erinnerungen an seine Zeit bei Scientology:

»Ansonsten liefen wir alle wie glückliche Schulkinder herum. Mir näherte sich zum Beispiel ein mir bis dahin unbekanntes Mitglied und erzählte mir, daß er einen Scientologen kenne, der in seinem Wagen fuhr, und als er an einer Ampel stand, riß er sich plötzlich die Brille vom Gesicht und warf sie zum Fenster hinaus, weil er sie dank Scientology nicht mehr brauchte. Heute weiß ich nicht, ob es sich um einen Besucher oder Mitarbeiter handelte, in dem Auftrag, solche Märchen zu verbreiten. Denn natürlich trug ich gerade meine Brille, als man mir diese Geschichte erzählte. Nach meiner Rückkehr von FLAG (einem Technologiezentrum in Florida) versuchte ich einige Zeit, ohne meine Brille Auto zu fahren.«

Dieses und andere Erlebnisse waren Punkte, an denen sich bei ihm Zweifel und Nachdenklichkeit auslösen ließen. Unsere Gespräche verliefen in einer relativ entspannten Atmosphäre, wobei ich gleich zu Beginn vor der schwierigen Frage stand, ob ich die Ehefrau in die Gespräche einbeziehen oder ausschließen sollte. Ich entschied mich dafür, das Gespräch mit Helmut allein zu führen, wobei ich Helmuts nachträglicher Einschätzung, sie wäre besser dabei gewesen, heute zum Teil zustimmen muß.

»Der ehemalige Scientologe, der hinzukam, sagte mir, daß er eine hohe Position bei Scientology innegehabt hätte. Dies beeindruckte mich sehr, und so akzeptierte ich ihn als Gesprächspartner. Drei Tage lang setzte ich mich mit ihm in ein Zimmer des Hotels, und wir sprachen in einer lockeren Atmosphäre über Scientology. Meine Frau durfte bei diesen Gesprächen nicht dabei sein, wobei ich heute meine, daß dies hätte der Fall sein sollen.«

Der Grund für meine Entscheidung war eigentlich praktischer Natur. Helmut, als aktiver Scientologe, sprach Scientologisch, eine Sprache, die ich ebenfalls beherrschte und die ich mit ihm sprechen konnte. Seiner Frau wäre es als Zuhörerin wie Kisuaheli vorgekommen. Erklärungen in zwei Richtungen abgeben zu müssen, hätten das Gespräch verzerrt und belastet, wie mir damals schien. Den eigentlichen Fehler hatte ich jedoch an anderer Stelle gemacht. Der Psychokult-Beratungsverein, mit dessen Hilfe das Gespräch organisiert worden war, hatte mich allein in dieses Gespräch geschickt. Erfahrungen aus den USA, die zu diesem Zeitpunkt in den Beratungsstellen längst vorlagen, zeigten, daß man solche Ausstiegsgespräche am besten mit einem Team von etwa vier oder fünf Beratern durchführt. Dies wäre damals möglich gewesen, sogar mit Hilfe einer psychologischen Fachkraft. Eine solche Vorgehensweise verhindert die Erschöpfung des einzelnen Beraters, da man sich im Gespräch abwechseln kann. Im vorliegenden Fall hätte man auch gleichzeitig die Ehefrau in Gesprächen betreuen können. Statt dessen mußte sie einsam und allein durch den Wald laufen, in Gedanken beim Gespräch, an dem sie nicht teilnehmen durfte. Von solchen Möglichkeiten und Notwendigkeiten hatte ich damals keine Ahnung.

»Der Ex-Scientologe fragte nach meinem Werdegang in Scientology, Resultaten meiner Auditing-Sitzungen und mit welchen Schlußfolgerungen ich jeweils meine Grade bestanden hatte. Zur Doktrin erzählte er mir dann seine eigenen Erfahrungen. Er hatte in der Verwaltung hohe Stufen erreicht und schilderte mir daher hauptsächlich aus diesem Blickwinkel die Tricks und Ziele von Scientology. Wenn ich daran zurückdenke, durch diese Gespräche wurde hauptsächlich mein Verhältnis zur Organisation Scientology verändert. Ich akzeptierte diese *Kirche* und deren Machenschaften nicht mehr. Das Informationsmaterial, das ich lesen konnte, überzeugte mich.«

Was Helmut so lapidar beschreibt, war eine ungeheure Energieleistung. Was er in drei Tagen gedanklich bewältigte, war meiner zweiten Frau in Jahren nicht gelungen. Es ist ja nicht einfach ein Segelclub oder ein politischer

Verband, den man verläßt, sondern man muß sich von einer Organisation lösen, die das gesamte Denken und Fühlen bestimmt hat, einer Organisation, der man Treue auf ewig geschworen hat, der man sogar die eigene Frau opfern würde und auch wirklich opfert, wenn es befohlen wird. Helmuts Loslösung erfolgte über sein ausgeprägtes rationales Denkvermögen. Er hat sich diesen ersten Schritt systematisch erarbeitet, indem er aufmerksam meinen Argumenten folgte, sie mit eigenen Erfahrungen und Beobachtungen verglich und Belege und Beweise untersuchte. Sein Verstand sagte ihm klar: Mit solchen Machenschaften will ich nicht länger zu tun haben. Aber seine Gefühle, was sagten die ihm?

»Trotzdem kam bei mir keine Schockwirkung, obwohl eigentlich ganze Welten hätten zusammenbrechen müssen. Heute kann ich mich nicht mehr genau erinnern, inwieweit meine Indoktrination auch von diesem Gespräch aufgebrochen wurde. Offensichtlich war dies nur oberflächlich der Fall, denn einige Zeit nach diesem Gespräch regenerierte sich in mir die Doktrin. Nach diesem Treffen brach ich zwar jede Beziehung zu Scientology ab, aber die tief in mir verankerte Doktrin verließ mich nicht. Mein Gesprächspartner hatte dies offenbar nicht erkannt. Er sah die Problematik hauptsächlich in der Organisation und glaubte daher auch nicht, daß zum Beispiel auch durch Texte oder Bücher indoktriniert worden war. Und doch bin ich ein lebender Beweis dafür, welchen Schaden die Bücher von Scientology anrichten können. Diese Fehleinschätzung zog sich wie ein roter Faden durch die nachfolgenden Jahre.«

Natürlich sah ich die tiefe Verankerung der scientologischen Ideologie. Im Schlußgespräch, nun zusammen mit seiner Frau, konnte ich nur auf das verweisen, was man auch mir berechtigterweise gesagt hatte: »Es dauert

Jahre, ehe man sich von dieser Gedankenkontrolle vollständig gelöst hat. Daran muß man arbeiten, allein und mit anderen.« Aber letztlich war meine Mission an diesem Punkt beendet. Andere mußten jetzt die Arbeit fortsetzen, was leider nie geschah.

Helmuts Scientology-Schicksal wurde so zu einem Schicksal *nach* dem Ausstieg, aber es wurde auch zum Schicksal für seine Frau.

Es waren nicht die scientologischen Bücher, die Helmut zum Scientologen gemacht hatten. Die Bücher hatten sein Interesse geweckt, seine Sehnsüchte angesprochen, vielleicht auch sein Denken beeinflußt, die Indoktrination aber erfolgt über das Auditing. Durch das Lesen von Büchern allein wird niemand zum Scientologen, aber wenn man bereits auditiert worden ist, dann wird das Lesen von Scientology-Büchern zum permanenten Auditing. Diese Punkte muß man klar auseinanderhalten.

Was aber ist Auditing? Warum nennt Helmut seinen Bericht ›Dressur zum Selbstmord‹? Die wichtigsten Teile des Auditing sind Hypnose und Trance, auch wenn Scientology dies vehement bestreitet. Scientology behauptet, Engramme löschen zu können. Statt dessen werden neue, noch stärker wirkende Engramme angelegt, jedoch nicht auf der Ebene des persönlichen Erlebens, verbunden mit einer subjektiven, individuellen und selbstbestimmten Auswahl des Reizes, sondern eher im Sinne des Pawlow'schen Hundes. Durch ständiges Wiederholen der scientologischen Anweisungen kommt es zu den gewünschten bedingten Reflexen. Diese Reflexe werden durch den ›Trainer‹ angelegt, damit der Mensch im von Scientology gewünschten Sinne reagiert.

»Bei meiner ersten Auditing-Sitzung wurde das sogenannte alte Verfahren, das heißt ohne Verwendung des E-Meters, angewandt. Dabei zählte die Auditorin mehrmals bis zehn, bis meine Augenlider bei geschlossenen Augen zu zittern begannen. Die Auditorin forderte mich auf: »Erinnere eine unangenehme Begebenheit aus deiner Vergangenheit.« Ich erzählte, wie ich mir als Kind in einer Autotür einen Finger einklemmte. Mehrmals wurde ich aufgefordert, diese Erinnerung erneut zu erzählen.(...) Irgendwann war ich davon ermüdet, das Gleiche immer wieder stundenlang erzählen zu müssen. Man stelle sich außerdem vor: Ich erinnerte mich an etwas, das ich im Alter von sechs Monaten erlebt hatte! Das Verhalten der Auditorin war so, als ob sie solche Erinnerungen täglich hören würde und meine Erinnerungen etwas ganz Normales seien. So fuhr ich fort, mich zu erinnern und erzählte weiter. Ich selbst begann gleichzeitig auch, dieses Geschehen als vollkommen normal zu empfinden. So hatte ich später noch eine ältere Erinnerung: als ich ein Sperma war und zum Ei schwamm. Nachdem ich es befruchtet hatte, begann ich darin herumzuschwimmen. Es war alles fleischfarben, hell und fast gelb. Nach dieser ersten Sitzung, die fast vier Stunden gedauert hatte, fühlte ich mich müde, betäubt und erschöpft, aber all dies wurde durch eine tiefe Euphorie ausgeglichen. Ich war davon überzeugt, auf dem Wege zur Lösung meiner Probleme zu sein.«

Im Varieté ist es die Attraktion des Abends, wenn der geheimnisvolle Hypnotiseur im glitzernden Anzug eine junge Frau aus dem Publikum wie ein Brett zwischen zwei Stuhllehnen schweben läßt. Die Frau verläßt nach der Darbietung die Bühne, wirkt kaum benommen, wird von allen Seiten bestürmt und befragt – und kann sich an nichts erinnern. An diesem Beispiel sieht man, was Hypnose allein mit der Muskulatur eines Menschen bewirken kann. Die Suggestion im Auditing geht jedoch viel tiefer, geht in die Psyche, in das Empfinden des

Menschen, ändert seine Vorstellungen von Richtig und Falsch, von Gut und Böse und auch von Leben und Tod. Wer in solchen Hypnosesitzungen einen Streifzug durch frühere Leben angetreten hat, hat eine veränderte Vorstellung vom jetzigen Leben, erkennt seine relative Bedeutungslosigkeit angesichts der Jahrmillionen, die man bereits gelebt haben soll und die man noch leben wird. Wann und in welcher Sitzung bei Helmut die ›Dressur zum Selbstmord‹ suggeriert wurde, kann niemand einschätzen, nicht einmal er selbst. Durch einen Wechsel von Suggestion zur Selbstsuggestion ist der Scientologe der festen Überzeugung, alles aus eigenem Antrieb zu tun, ohne je einen Befehl dazu erhalten zu haben.

Diese Möglichkeiten der Suggestion und Autosuggestion wurden vor Jahren nicht einmal in Erwägung gezogen. Helmuts Schicksal hat uns eines Besseren belehrt. Hier geht es nicht mehr um die Attraktion auf dem Jahrmarkt, sondern um die systematische Vernichtung von Menschenleben.

2. Minderjährig

»Ich habe auf Miriam die Zweifel-Formel gemacht.«
Thorsten grinst mich an und schaut vielsagend auf Petra,
die mit leuchtenden Augen neben ihm steht. »Für die
Mehrzahl der Dynamiken war es richtig, mich von Miriam zu trennen. Petra ist jetzt meine neue Zweite Dynamik, und außerdem hat sie einen Mitarbeitervertrag unterschrieben. Damit dürfte alles klar sein.«

Verquastes Denken, verquaste Sprache eines Scientologen. Eine Geschichte, die 1985 begann, sollte für Miriam Folgen bis in die Gegenwart haben.

Damals hatte mich Thorsten einige Wochen zuvor gebeten, seine noch minderjährige Freundin Miriam bei mir in
Krefeld zu verstecken. Versteckt werden sollte sie vor den
eigenen Eltern, die verhindern wollten, daß Miriam den
Weg zur völligen Freiheit bei Scientology weitergeht. Seltsamerweise hatte er nie nach ihrem Befinden gefragt, und
auch nachdem Miriam von der Polizei zu ihren Eltern zurückgebracht worden war, hatte er nur gelangweilt mit den
Schultern gezuckt. Nun beendete er einseitig und willkürlich die Beziehung zu ihr. Dynamiken bei Scientology sind
eine Art von Beziehungskatalog für das Leben; acht an der
Zahl, beginnend mit der ersten, der ›Ich-Dynamik‹. Die
Zweite Dynamik umfaßt Ehe, Familie oder sexuelle Partnerschaft. Die Gruppe, die Menschheit, die Tiere und
Pflanzen, das materielle Universum, die Sinne und
schließlich die Unendlichkeit bilden die restlichen Dynamiken. In allen soll ein Scientologe erfolgreich sein. Da

dies nur selten gelingt, rechnet man seinen Erfolg nach der Mehrzahl der Dynamiken.

Thorstens Rechnung war also scientologisch einfach. Er brauchte nur nach dem Nutzen für die Mehrzahl der Dynamiken zu fragen: Ich habe nichts von Miriam, wenn sie bei ihren Eltern festgehalten wird; ich habe keinen Sexualpartner, sie arbeitet nicht länger in meiner Scientology-Gruppe mit, sie kann die Menschheit nicht retten, wie es die Pflicht eines Scientologen ist, und so weiter und so fort. Petra hingegen ist gut für mich, ich habe einen Sexualpartner, beide arbeiten wir für Scientology, beide retten wir die Menschheit. Nach diesem ›Dynamik-Beziehungskatalog‹ war Miriams Bilanz im Vergleich zu Petras gleich null. Ich konnte ihm auch nicht ins Gewissen reden, denn schließlich hatte er mit der Anwerbung von Petra einen Erfolg verbucht, den ich nicht ignorieren durfte, und eine Bewertung seines Verhaltens wäre ein scientologisches Verbrechen gewesen. Dennoch war ich wütend über seine Kaltschnäuzigkeit, und so richtete sich meine ganze Wut gegen die leitende Direktorin, die Petra die Leitung des Buchladens übertragen hatte. Den Vorschriften nach hätte sie für die Abteilung arbeiten müssen, von der sie angeworben worden war.

Aber ein paar Tage später war auch der Fall vergessen. Miriam würde in einigen Monaten achtzehn Jahre alt werden und dann könnten die Eltern ihr nicht länger verbieten, Scientologin zu sein. Aber Miriam blieb erst einmal verschwunden.

Zwei Jahre später traf ich Miriam wieder. Inzwischen hatte ich das scientologische Management verlassen und lebte auf einem Bauernhof. Jeden Tag fuhr sie zwei Stunden mit dem Bus, um mir bei meiner Umbauarbeit auf dem Hof zu helfen, und abends fuhr sie wieder zwei Stunden nach Hause. Warum tat sie das?

Miriam war orientierungslos. Der Welt ihrer Eltern wollte sie entfliehen, Scientology hatte, wie sie meinte, ihrem Leben endlich einen Sinn gegeben, aber den Kontakt zu dieser Welt hatte sie verloren. Durch mich hoffte sie zurückzufinden, aber ich war nicht in der Lage, ihr zu raten. ›Geh hin, bleibe weg‹, in dieser Zwickmühle steckte ich ja gerade selbst. Meine Frau hatte sich von mir getrennt, mir den ›Zustand Zweifel‹ zugewiesen. »Finde heraus, wer deine Freunde sind.« Da saßen wir beide, Miriam und ich, und rätselten über ›Freunde und Feinde‹. Wo gehören wir eigentlich hin? Ich fand für mich keine Antwort, genausowenig wie für sie. Nach einigen Wochen schickte ich sie mit bösen Worten nach Hause: »Ich kann dir nicht helfen, du mußt selbst herausfinden, wo du hingehörst.«

Meine Reaktion war typisch scientologisch. Ich hörte noch, daß sie eine einfache Arbeit bei den Scientologen des *Celebrity Centers* angenommen hatte, dort wo meine Frau inzwischen arbeitete, und dann hörte ich zwei weitere Jahre nichts von ihr, bis eines Tages ihre Eltern bei mir anriefen.

»Können Sie uns helfen? Miriam ist völlig verzweifelt, aber sie will nicht mit uns darüber reden. Wir vermuten, daß sie noch fest im Griff von Scientology ist, obwohl man sie dort als Mitarbeiterin entlassen hat. Nur zu Ihnen hat sie Vertrauen. Wenn Sie ihr erklären, warum Sie sich endgültig von Scientology getrennt haben, wird sie sich vielleicht auch lösen können.«

Inzwischen hatte ich mich tatsächlich entscheiden können, inzwischen wußte ich wieder, wo ich hingehöre. Scientologen waren nicht länger meine ›Freunde‹. Nun war ich bereit, das Gespräch mit Miriam wieder aufzunehmen. Die Möglichkeit, den Scientologen einen Menschen abspenstig zu machen, bereitete mir sogar Vergnügen. Vielleicht würde ich es schaffen.

Ich muß zugeben, es war nicht weiter schwierig. Miriam war keine eingefleischte, verbohrte Scientologin. Sie vertraute mir in der Tat und folgte aufmerksam meinen Erläuterungen. Aber Miriam hatte großes Pech gehabt, und an diesem Punkt konnte ich ihr nicht helfen. Miriam war auf brutale Weise scientologisch vergewaltigt und mißbraucht worden, nicht körperlich, sondern psychisch. Sie hatte das Pech gehabt, als junges Mädchen in ihrer Entwicklungsphase zur Frau an einen Scientologen wie Thorsten zu geraten, der Macht um jeden Preis anstrebte. Um solche Scientologen mache ich selbst heute noch einen großen Bogen.

Um in einem Bild zu sprechen: Es gibt viele Bäume. Starke Bäume mit stabilen Ästen kann man besteigen, bei anderen, zarter angelegten, brechen bei einem solchen Versuch sofort die Äste ab, sie werden verkrüppelt. Sie leben zwar weiter, aber sie entfalten sich nie wieder zu dem, was sie hätten werden können. Miriam möchte ich mit einem solch zarten Baum vergleichen.

Scientology macht solche Unterschiede nicht, dort wird nicht differenziert, sondern jeder wird den gleichen Anforderungen unterworfen. Nur die Starken dürfen überleben. So fordert das System: »Wenn sich jemand für einen Kurs einschreibt, dann betrachten Sie ihn als Mitglied für die Dauer dieses Universums – lassen Sie niemals eine aufgeschlossene Einstellung zu. Wenn jemand fortgehen will, lassen Sie ihn schnell fortgehen. Wenn sich jemand eingeschrieben hat, so ist er an Bord, und wenn er an Bord ist, dann ist er zu denselben Bedingungen hier wie alle anderen von uns – gewinnen oder beim Versuch sterben. Lassen Sie ihn niemals einen halbherzigen Scientologen sein.«

Als Miriam sich 1984 bei Scientology ›eingeschrieben‹

hatte, war sie noch minderjährig, steckte noch mitten in ihrer Entwicklung als Mensch und als Frau. Ihr Freund Thorsten hatte sich für Scientology begeistert und machte ihr früh klar, daß sie nur zusammenbleiben könnten, wenn sie ebenfalls Scientologin würde. Zwar gab es damals bereits Anweisungen, Minderjährige nur mit Einwilligung der Eltern zu einem Kurs zuzulassen, aber das hinderte niemanden wirklich daran. Thorsten wurde rasch Mitarbeiter der Organisation und Miriam seine freiwillige Mitarbeiterin für Handlangerdienste. Eigentlich wurde sie damals von fast allen Mitarbeitern hin- und hergeschubst, jeder konnte ihr nach Belieben Befehle erteilen. Miriam war zart, sprach leise, war ›schwach‹. In Scientology muß man jedoch stark und laut sein, nur dann hat man eine Daseinsberechtigung und kann in diesem brutalen System überleben. Miriam versuchte verzweifelt, den Normen von der Scientology zu entsprechen, wollte ebenfalls stark und laut sein. Jedesmal, wenn sie dabei versagte, wurde sie von ihrem Freund gnadenlos zusammengeschrien. Sie weinte, versprach, sich zu bessern, um dann wenig später doch wieder zu versagen. Es wurde ein brutaler Kreislauf: Der Org-Manager aus Kopenhagen brüllte unseren leitenden Direktor an, der Direktor brüllte mich an, ich brüllte Thorsten an, und Thorsten brüllte Miriam an. »Produce, produce, produce!« Produzieren um jeden Preis, Scientology muß expandieren, das einzige was zählt, sind Ergebnisse! Bei mir schlichen sich erste Zweifel ein.

Miriams Eltern wußten damals nicht, was Scientology war. Als sie beobachteten, daß ihre Tochter hektisch und laut wurde, dann wieder seltsam still und verschlossen reagierte, begannen sie sich Sorgen zu machen. Miriam wollte die Schule abbrechen und eine Ausbildung bei Scientology machen. Die Eltern riefen in der Düsseldorfer Organisation an und wollten wissen, was ihre Tochter bei uns mache. Ich habe sie freundlich zu einem Informationsgespräch eingeladen und war ganz erstaunt, daß die Eltern unsere grenzenlose Begeisterung für Scientology nicht teilen wollten. Sie wollten eine vernünftige Ausbildung für ihre Tochter und keine Ausbildung zur Auditorin bei Scientology, wie wir es vorschlugen. Meine damalige Frau und ich boten ihnen daraufhin als Alternative an, Miriam in unserem Atelier in Krefeld zur Werbekauffrau auszubilden. Der Vater war einverstanden, weil er nicht wußte, daß unser Atelier nach scientologischen Prinzipien arbeitete und zu diesem Zeitpunkt eigentlich nur noch als Agentur für Scientology genutzt wurde. Zu unserer Enttäuschung erkundigten sich die Eltern dann an anderer Stelle über die Ziele von Scientology und wurden dadurch zu Kritikern. Kirchliche Beratungsstellen und die Aktion Psychokultgefahren in Düsseldorf wiesen eindringlich auf die Gefahren hin, die von Scientology ausgehen. Die Situation hatte sich dadurch schlagartig verändert. Miriam wurde durch die ›feindlich‹ eingestellten Eltern zum Problem, zu einer ›möglichen Ärgernisverursacherin‹, wie es bei Scientology heißt. In einem solchen Fall sind die Regeln unbarmherzig: Thorsten, in Verbindung mit Miriam durch die 2. Dynamik, durfte als Mitarbeiter keine Beziehung zu einem ›PTS-Fall‹ haben. Er mußte Miriam darauf ›drillen‹, die Eltern zu ›handhaben‹. Sollte ihm dies nicht gelingen, müßte er sich von ihr trennen oder sie dazu veranlassen, sich von ihren Eltern zu trennen. So schreiben es die Regeln vor. Der Ethik-Offizier Ilona wies Miriam den Ethik-Zustand ›BELASTUNG‹ zu: »Das Wesen hat aufgehört, als Gruppenmitglied einfach nichtexistent zu sein, und hat die Farbe des Feindes angenommen. Der Zustand ›Belastung‹ wird zugewiesen, wo achtlos oder bösartig und

54

bewußt Schaden an Projekten, Organisationen oder Unternehmungen verursacht wird. Es ist offensichtlich, daß es bösartig und bewußt ist, weil Anweisungen dagegen veröffentlicht wurden oder weil es den Absichten und Aktionen der übrigen Gruppe oder dem Zweck des Projektes oder der Organisation zuwiderläuft. Es ist eine ›Belastung‹, eine solche Person unbeaufsichtigt zu lassen, weil sie vielleicht Dinge tut oder weiterhin tun wird, die das Vorwärtskommen des Projektes oder der Organisation stoppen oder beeinträchtigen, und einer solchen Person kann man nicht vertrauen. Keine Disziplin oder Zuweisung von darüberliegenden Zuständen hat das geringste gefruchtet. Die Person hat auch weiterhin nichts als Schwierigkeiten verursacht.«

Mit dieser Zuweisung saß Miriam in der Falle, die sie nur mit Hilfe einer scientologischen Formel wieder verlassen konnte. Diese Formel mußte sie durcharbeiten:

1. Entscheiden Sie, wer Ihre Freunde sind.
2. Führen Sie, ungeachtet einer persönlichen Gefahr, einen effektiven Schlag gegen die Feinde der Gruppe aus, der anzugehören Sie vorgegeben haben.
3. Machen Sie den Schaden, den Sie angerichtet haben, durch einen persönlichen Beitrag wieder gut, der weit über das hinausgeht, was gewöhnlich von einem Gruppenmitglied verlangt wird.
4. Beantragen Sie den Wiedereintritt in die Gruppe, indem Sie sich von jedem einzelnen Gruppenmitglied die Erlaubnis zum Wiedereintritt erbitten, und treten Sie nur aufgrund einer Mehrheitserlaubnis wieder ein; wenn es abgelehnt wird, wiederholen Sie die Schritte 2, 3 und 4 solange, bis es ihnen gestattet wird, wieder ein Mitglied der Gruppe zu sein.

Einen effektiven Schlag gegen die Feinde führen, gegen ihre eigenen Eltern? Miriam war verzweifelt, sie konnte solche Bedingungen nicht erfüllen. Miriam geriet so unter Druck, bis sie weinend zusammenbrach. In dieser Phase konnte sie nur noch zusammenhanglos reden. Bei Scientology nennt man das einen *psychotic break*, was soviel bedeutet, daß ein ziemlich jämmerlicher Thetan in einem ziemlich jämmerlichen Körper sitzt. Eigentlich ein hoffnungsloser Fall, dem man als ›letzte gute Tat‹ höchstens noch eine Chance für das nächste Leben vermittelt. Man war dabei, Miriam in den Selbstmord zu treiben.

Inzwischen hatten jedoch die Eltern das Düsseldorfer Jugendamt mobilisiert. Miriam sollte zu den Eltern zurückgebracht werden. Zwei minderjährige Jugendliche in unserer Scientology-Filiale Gelsenkirchen, eine Minderjährige in Düsseldorf, da konnten die Jugendämter eingreifen. Aus München kam eiligst der scientologische Pressesprecher Jürg Stettler, um die Wogen zu glätten. Das Jugendamt blieb hart, die Rechtslage war eindeutig. Die Minderjährigen mußten nach Hause geschickt werden. Stettler blieb nichts anderes übrig, als uns den Befehl zu geben, das Mädchen zu den Eltern zurückzubringen. Wieder brach Miriam weinend auf der Straße zusammen, konnte nicht verstehen, was man ihr antat. Sie fühlte sich von allen Seiten verraten, flüchtete aber erneut zu ihrem Freund, der sie einige Tage vor den Eltern versteckte. Als dort die Polizei nach dem Mädchen suchte, kam Miriam zu uns nach Krefeld, wo sie dann zwei Wochen später von der Polizei verhaftet wurde.

Miriam konnte zu diesem Zeitpunkt schon nicht mehr über das reden, was ihr widerfahren war. Sie hatte sich in ihr Innerstes zurückgezogen, und weder Eltern noch Helfer konnten die Mauer durchbrechen. Eine tiefsitzende Angst, ausgelöst durch die Trance- und Hypnosewirkung des Auditings, ausgelöst durch dauernde Unterwerfung unter das scientologische Drillsystem, blockierte von nun an ihr Leben. Es mag robuste Naturen geben, die sich davon nach dem Ausstieg erholen, die sich regenerieren können, wenn die Belastung vorbei ist. Miriam scheint nicht dazuzugehören. Dreizehn Jahre nach diesen Ereignissen schweigt Miriam immer noch. Den einzigen Kommentar, den sie ab und zu äußert, lautet: »Hätte ich Scientology doch nie kennengelernt.«

3. Zwölf Monate im Straflager

»No, that's a lie!«

Ensign Heber Jentzsch, Präsident der Church of Scientology International setzt sich schwergewichtig in Positur und fuchtelt aufgebracht mit der Hand in der Luft herum. »Alles Lügen«, erklärt er einem Team des deutschen Fernsehens, das, wie es nur selten geschieht, ein Interview mit einigen Bossen der Scientology-Organisation im Hauptquartier in Los Angeles erhalten hat. Jentzsch und Geheimdienstchef Mike Rinder bestreiten heftig die Vorwürfe, daß es angeblich bei Scientology Straflager geben soll. Nazipropaganda und Nazilügen nennen sie solche Behauptungen. In Deutschland gäbe es wieder Nazis, die in einer üblen Verleumdungskampagne über Scientology herfielen. Man spricht von einer Art neuen ›Judenverfolgung‹ in Deutschland. Schwere Vorwürfe gegen unsere noch immer junge Demokratie. Aber sind diese Vorwürfe berechtigt?

Schweigend verfolge ich das Interview, sehe etwas später ganz in schwarze Uniformen gekleidete Menschen im Dauerlauf an Gebäuden entlanglaufen, von der Außenwelt durch hohe Zäune abgeschirmt. Das ist also ein Rehabilitierungslager, wie es von Heber Jentzsch in schönster Wortverdrehung genannt wird. Was aber geht hinter solchen Zäunen wirklich vor? Neben mir sitzt, ebenfalls schweigend, eine junge Dänin. Sie folgt gebannt der Filmaufzeichnung, aber ihr Gesicht ist schon lange starr. Dann beginnt sie zu weinen, aus Wut, aus Enttäuschung und aus Bitterkeit. Susanne Elleby war ein solcher Reha-bilitierungsfall, wie die Scientologen es nennen. Auch sie trug diese schwarze Sträflingskleidung, und sie hat er-lebt, wie es in solchen Lagern zugeht. Es gibt sie in allen Hauptquartieren der Welt, überall dort, wo die militäri-sche Einheit der Scientologen, die Sea Organisation, ihre kontinentalen Stützpunkte errichtet hat. In Kopenhagen ist ein solcher Stützpunkt, und dort war Susanne für zwölf Monate inhaftiert.

»Niemand wird mit vollständiger Lebensweisheit gebo-ren, und so begeht man früher oder später die eine oder an-dere Dummheit«, erzählt mir Susanne freimütig. »Mein erster Fehler war, daß ich mit jungen Jahren mit Geld eher sorglos umging, bis dann eines Tages die Bank schrieb, es sei genug. Ich war jung, gesund und kräftig und so be-schloß ich, möglichst viel zu arbeiten, um meine Schulden loszuwerden. In Randers, meiner Heimatstadt, gab es dazu jedoch keine Gelegenheit. Da erzählte mir ein Freund von einer Reinigungsfirma in Kopenhagen, wo ich sicher Ar-beit finden würde. Also kaufte ich kurz entschlossen eine Fahrkarte nach Kopenhagen, und mit einem Rucksack auf dem Rücken machte ich mich auf den Weg. Drei Jahre, so beschloß ich, wollte ich dort arbeiten, soviel Geld verdie-nen, um alle Schulden bezahlen zu können. Danach wollte ich dorthin zurück, wo ich herkam, nach Randers.«

Es kam anders. Susanne Elleby geriet in eine zweite große Dummheit hinein, die ihr Leben grundlegend ver-ändern sollte. Susanne ist eine schlanke, fast zart wirken-de Frau, der man große Energieleistungen erst einmal überhaupt nicht zutraut. Schaut man jedoch in ihre Au-gen, die, schön geschnitten und ausdrucksstark, ihr Ge-sicht bestimmen, so entdeckt man Lebensfreude und eine Entschlossenheit, sich niemals unterkriegen zu lassen, gleichgültig was geschieht.

Susanne, so scheint es, ist einen sehr eigenwilligen Weg gegangen, um wieder herauszukommen aus Scientology. Aber – diese Erfahrung habe ich leider auch machen müssen – wenn man sich in einem absurden System befindet, so beginnt man automatisch, absurd zu denken. Susannes Beispiel zeigt, wie ein scheinbar ›offener Strafvollzug‹, der zur Flucht geradezu einlädt, dennoch zu einem Gefängnis mit unüberwindlichen Mauern werden kann – fast unüberwindlich.

Als Susanne Randers verließ, war sie 20 Jahre alt und träumte davon, Menschen zu helfen. Aber zuerst galt es Geld zu verdienen, um die Schulden abzutragen.

»In Kopenhagen machte ich mich auf den Weg zu der Firma, die mir der Freund genannt hatte. Die Reinigungsfirma hieß ›White Glove‹, der Weiße Handschuh, und ich wurde sofort eingestellt. Am Tag saß ich dort acht Stunden am Telefon und tätigte Anrufe, um Verabredungen mit Kunden zu vereinbaren. Pro Verabredung erhielt ich 200 Kronen, das sind etwa 53 DM. Das war für meine Zwecke natürlich zu wenig, also ging ich abends mit der Reinigungskolonne acht Stunden zusätzlich arbeiten. Das war hart, aber die Leute waren alle sehr nett zu mir, und die Besitzerin der Firma sagte mir, ich könne bei ihr kostenlos wohnen. Die einzige Bedingung sei, daß ich einmal in der Woche das Abendessen mache. Ich fand das toll, denn so konnte ich noch mehr Geld sparen. Innerhalb von zwei Wochen hatte ich bereits 20.000 Kronen auf der Bank. Ich rechnete mir aus, daß ich nur ein Jahr benötigen würde, um alle meine Schulden bezahlen zu können, und ich hätte sogar noch etwas gespart. Zu diesem Zeitpunkt war ich sehr glücklich.

Etwa nach einem Monat rief mich die Chefin ins Büro. Man sei sehr zufrieden mit mir, aber ich könnte durch eine Schulung noch wesentlich leistungsfähiger werden.

Mit einer verbesserten Kommunikationsfähigkeit könnte ich am Telefon noch erfolgreicher arbeiten, das sei ja wohl auch in meinem Sinne. Man habe mich bereits zu einem Seminar im Dianetik-Center angemeldet. Von Dianetik hatte ich noch nie etwas gehört, aber da ich mir sagte, daß niemand ohne Weiterbildung besser werden könnte, stimmte ich zu. So begann meine scientologische Ausbildung, ohne daß ich davon etwas wußte.

Kommunikation, so wurde mir versichert, sei ein bisher unerforscht gebliebenes Naturgesetz des Geistes. Die Gesetzformel lautet: Ursache – Entfernung – Wirkung. Es bedeutet, daß ein Mensch, der es schafft, optimal ›Ursache‹ im Leben zu sein, auf alles eine gewünschte Wirkung ausüben kann. Alles was ich will, könnte ich durchsetzen. Oh, ich wollte viel, ich hatte viele Wünsche, und so war ich neugierig und interessiert, dieses Naturgesetz kennenzulernen und zu beherrschen.«

Ziel der Übung war es, einen anderen Menschen um jeden Preis der Welt ertragen zu können. Gleichgültig was ich sah, hörte oder was man mir entgegensetzte, ich mußte lernen, völlig ruhig und entspannt jeder Herausforderung zu begegnen. In der Praxis am Telefon sah das so aus, daß ich jemandem, der meinte, keine Zeit für einen Termin zu haben, einfach locker und ruhig sagte: »Okay, das kann ich gut verstehen. Möchten Sie sonst noch etwas dazu sagen?« Nach einiger Zeit waren sie dann so verwirrt, daß sie doch einem Termin zustimmten. Um zu lernen, auch Angriffe auszuhalten, gibt es eine Übung, die *bull baiting* heißt, und darin besteht, jemanden bis zur Weißglut zu reizen. Man sitzt dabei einander in einem Meter Abstand gegenüber. Der Trainingspartner darf alles versuchen, um mich aus der Fassung zu bringen. Etwa durch Witze, blöde Bemerkungen über Kleidung,

Gesicht, einfach alles, was einem gerade so einfällt. Das habe ich von Kind an schon in der Schule erlebt, und dort habe ich auch gelernt, zurückzuhacken. Mein Trainingspartner versuchte, mich zu verwirren und aus der Fassung zu bringen. Da habe ich ihn kurz entschlossen vom Stuhl geworfen. Er war total überrascht, und der Übungsleiter brachte mich zu einem Ethik-Offizier. Man erklärte mir, ich sei wohl zu weit gegangen, und wenn ich meinen Job nicht verlieren wolle, dann hätte ich gefälligst die Regeln einzuhalten. Der Ethik-Offizier war in der Scientology-Kirche und ich sah zum ersten Mal, wie eng meine Firma mit Scientology verbunden war. Ich war auch sehr verwirrt über die vielen neuen Begriffe, die ich zu lernen hatte und daß ein Offizier darüber wacht, daß ich die Regeln einhalte. Aber ich sagte mir, ein Jahr würde ich das wohl aushalten, und so habe ich mich nicht weiter darum gekümmert. Zwei Monate habe ich für den Kurs benötigt, obwohl andere ihn locker in zwei Wochen schafften.« Susanne lacht und wühlt in ihren Locken: »So ein bißchen inneren Widerstand mußte ich denen wohl doch zeigen.«

Susanne ahnte nicht, daß sie gerade durch diesen Widerstand den Scientologen erst recht in die Hände fiel. Acht Stunden arbeitete sie im Büro, danach die Putzkolonne und dann noch studieren, das rieb sie einfach auf, machte sie vor lauter Müdigkeit und Erschöpfung unfähig, noch eigene Gedanken zu entwickeln. Einen erschöpften und müden Menschen kann man viel leichter zum Gehorsam abrichten. Einige Begriffe, die von Scientologen gerne gebraucht wurden, begannen auch bereits in ihrem Verstand zu wirken: Eine Welt ohne Krieg, ohne Krankheit, gesunde und schöne Menschen, die Welt muß wieder lebenswert werden. Man nahm sie zwar hart ran, aber von Menschen, die so erstrebenswerte Ziele verfolgten, erwartete sie nichts Böses. Mit einem weiteren Scientology-Kurs sollte sie ihre Fähigkeiten noch weiter steigern. Man hatte ihr im Kommunikationskurs beigebracht, die eigene Absicht um jeden Preis durchzusetzen, und sie wollte keinen neuen Kurs, aber ein gut trainierter Scientologe ist immer ein paar Nummern besser, setzt seine Absicht besser durch. Vier Stunden wehrte sie sich zwar gegen den zweiten Kurs, aber dann brach sie zusammen und akzeptierte. Es ist ja nur für ein Jahr, sagte sie sich, dann werde ich wieder zu Hause sein.

Susanne war oft so müde, daß sie nicht einmal mehr träumen konnte. Dafür wurde sie um so mehr von den Träumen der Gruppe eingelullt. »Du bist so gut, so fähig, du paßt zu uns«, bekam sie immer wieder zu hören. Das machte sie wieder stolz, richtete sie wieder auf, falls sie doch einmal zweifelte. Immerhin war man furchtbar nett zu ihr, sie konnte mietfrei wohnen und trotz der Ausgaben für scientologische Kurse wuchs ihr Bankkonto, wenn auch merklich langsamer als vorher. Irgendwie war ja auch der Punkt, an dem sie aufhören konnte, schon in Reichweite. Aber dann sollte es doch ganz anders kommen.

»Ich ging wieder brav an die Arbeit und irgendwie arrangierte ich mich mit allem. Im Prinzip hatte ich nichts dagegen, weiter zu studieren. Aber mir fehlte das Geld dazu. Ich kann mich gar nicht richtig an die damalige Stimmung erinnern, es war so widersprüchlich. Ich hatte auf der einen Seite mein persönliches Ziel, meine Schulden loszuwerden, auf der anderen Seite war ich aber auch schon gefangen von der Idee, Menschen helfen zu können. Ich war bereits ein Teil der Gruppe, ohne es zu merken. Mein Denken und Fühlen war so stark beeinflußt, daß ich im April 1988 einen Arbeitsvertrag über die nächsten Milliarden Jahre unterschrieb, ohne mir bewußt zu machen, was dies überhaupt bedeutet. Es mag absurd klingen, aber das gehört wohl zu den seltsamen Veränderungen, die diese Organisation beim Menschen bewirkt. Es ist plötzlich normal, so etwas zu tun.

Eines Tages, kurz vor meinem Einstieg in die Sea Org, sah ich dann einen Mann, den ich furchtbar interessant fand. Er trug eine schicke, dunkelblaue Uniform, wie sie bei der Sea Org getragen wurde. ›Das kannst du vergessen‹, sagte man mir sofort, ›er ist seit fünf Jahren bei Scientology und noch Jungfrau. Der schaut überhaupt kein Mädchen an.‹ Da dachte ich mir, der hat noch kein dänisches Mädchen aus Randers getroffen. Innerhalb von zwei Monaten waren wir dann verheiratet.

Irgendwie wurde es für mich ein Spiel, diesen Mann, sein Name war Jens, und er kam aus Deutschland, herumzubekommen. Bezeichnenderweise hat mich dieser ›Millionenjahre-Kontrakt‹ in keiner Weise abgeschreckt, sondern eher amüsiert. Hätte der Vertrag auf fünfzig Jahre gelautet, vielleicht hätte ich eher drüber nachgedacht. Normalerweise werden die Arbeitsverträge bei Scientology nur über fünf Jahre abgeschlossen. So wurde ich Mitarbeiterin der Sea Org, trug nun ebenfalls eine Uniform und wurde mit ›Mister‹ angesprochen. In der Sea Org gibt es im Sprachgebrauch keine Frauen. Randers war plötzlich sehr weit weg, und ich merkte es nicht einmal mehr.

In der Sea Org herrschen strenge Moralregeln. Außerehelicher Geschlechtsverkehr gilt als Schwerverbrechen. Kinder sind in der Regel unerwünscht, weil sie die Arbeitskraft der Eltern einschränken. Sollte es dennoch geschehen und die Frauen treiben nicht ›freiwillig‹ ab, so haben sie nicht viel von ihrem Mutterglück. Eine halbe Stunde Kontakt mit den Eltern pro Tag muß ausreichen. Ab 1989 war es dann überhaupt nicht mehr gestattet,

64

Kinder in der Sea Org zu haben. Geschah es dennoch, wurde man in sein Heimatland abkommandiert, um dort in einer lokalen Scientology-Station weiterzuarbeiten.

Ehen werden in der Sea Org auch deshalb gerne geschlossen, weil die Unterbringung der Mannschaft oftmals miserabel ist. Als Ehepaar hat man dann zumindest Anspruch auf ein eigenes Zimmer, in der Regel winzig und schmucklos, aber immer noch besser, als bei der Mannschaft in überfüllten und stinkenden Schlafsälen zu übernachten. Um diesen Jens näher kennenzulernen, war ich also gezwungen, ihn zu heiraten. Sonst wäre nichts gelaufen.«

Susanne lächelt verschmitzt: »Na ja, irgendwann hatte ich ihn dann soweit, aber dann ging das Theater erst recht los. Wir mußten uns der Ehe ›würdig‹ erweisen, das heißt, wir wurden vom Scientology-System gründlich überprüft und mußten uns gegenseitig prüfen. Dazu gehörte, daß wir unsere gesamte Lebensgeschichte aufschreiben mußten. Das schloß natürlich auch den Kontakt zum anderen Geschlecht ein. Wie, wo, warum und wie oft. Das tauschten wir dann aus, aber bei einem Mal ließ man es nicht bewenden. Zwei-, dreimal saßen wir brütend über unserer Lebensgeschichte, erforschten den letzten Winkel unserer Erinnerung und unserer Aufrichtigkeit. Wenn man sich vorher auch noch nicht richtig gekannt hat, danach kennt man sich sicher! Jedenfalls war Jens auf dem Papier tatsächlich noch ›Jungfrau‹. Dann hieß es endlich, ihr könnt jetzt heiraten.«

Welch widerwärtige Doppelmoral! Auf der einen Seite werden hohe moralische Standards von Sittlichkeit vor der Ehe aufgestellt, auf der anderen Seite gilt das Leben eines Kindes nichts, ist der Erziehungsauftrag der Eltern bedeutungslos im Vergleich zur Pflichterfüllung im System. Selbstverständlich landen auch alle Protokolle, die man über sein Leben anfertigt, nicht nur beim Partner, sondern auch bei der Ethikbehörde der Scientologen. Man gibt sich preis vor diesem System, wird zum gläsernen Menschen, verliert dabei die letzten Reste von Individualität und Würde.

Niemand sollte denken, in Scientology gäbe es so etwas wie eine Hochzeitsreise! Unmittelbar danach geht es zurück an die Arbeit. »Produce, produce, produce!« Immer nur produzieren, nur dann ist man ein ethischer Mensch. Auch sollte niemand denken, daß man bei Scientology ein gemütliches Zuhause errichten könnte. Ein Sea-Org-Mitarbeiter kann überall auf der Welt eingesetzt werden, unabhängig davon, ob er nun verheiratet ist oder nicht. Zudem gehört es zu den Gepflogenheiten dieser Truppe, ein neues Mitglied erst einmal auf Brauchbarkeit zu testen, ehe man ihm einen konkreten Aufgabenbereich zuweist. Diese Brauchbarkeit testet man dadurch, daß man den ›Frischling‹ erst einmal für ein Jahr auf Recruiting Tour schickt, das heißt, er muß ein Jahr lang in Europa für die Sea Org neue Mitarbeiter rekrutieren. Mit einem Soll von vier neuen Rekruten pro Woche war der Korb ganz schön hoch gehängt. Susanne brachte es auf insgesamt elf in einem Jahr. Damit war sie nicht sonderlich erfolgreich, aber auch nicht besonders schlecht. Ziel der hohen Leistungsnormen ist es auch, dem einzelnen immer das Gefühl zu geben, noch mehr leisten zu müssen. Auch dieser permanente Druck sorgt dafür, daß man nicht über tatsächliche Zusammenhänge nachdenkt, sondern nur über das eigene Versagen grübelt. Man entwickelt automatisch Schamgefühle und wird dadurch noch gehorsamer.

Susanne gehört glücklicherweise zu den Menschen, die sich nicht vollständig abrichten lassen, andernfalls wäre sie noch heute Scientologin. Bei ihren Rekrutierungsaufgaben fühlte sie doch sehr deutlich, welches Unrecht es ist, Menschen dazu drängen, ihre Ausbildung abzubrechen, ihre Familie zu verlassen oder irgendeinen anderen sozialen Konflikt auszulösen. Aber immer, wenn ihr der vorgesetzte Offizier Druck machte, fand sie doch noch rechtzeitig einen Menschen, der in die Sea Org geschickt werden konnte.

»Eines Morgens bin ich dann aufgewacht und hatte ein komisches Gefühl. Nach einigem Grübeln kam ich darauf, daß es nicht mit Scientology zusammenhängen konnte. Ich hatte einige Monate schon keinen Kontakt mehr mit meinen Eltern gehabt, also beschloß ich, sie anzurufen. Mein kleiner Bruder war am Telefon und sagte: ›Opa ist heute Nacht gestorben.‹ Ich versprach ihm, so schnell wie möglich nach Hause zu kommen, worauf er dann ganz traurig antwortete: ›Ja, wenn du das überhaupt darfst.‹

Seine Entgegnung irritierte mich. Wer sollte mich denn daran hindern, zur Beerdigung meines Großvaters zu fahren? Natürlich würde ich nach Hause fahren, daran zweifelte ich nicht. Meine Familie hatte offensichtlich eine völlig falsche Vorstellung von Scientology! Wieso sollten Menschen, die sich für mehr Menschlichkeit auf der Erde einsetzen, mich daran hindern, meinem toten Großvater die letzte Ehre zu erweisen?

Dennoch mußte ich den ›Behördenweg‹ einhalten. Alles ist bei Scientology genauestens geregelt, und niemand darf seinen Posten verlassen, bevor er nicht sichergestellt hat, daß seine Arbeit darunter nicht leiden wird. Produzieren ist das Maß aller Dinge. Also schrieb ich den Urlaubsantrag, *completed staff work* genannt, oder auch kurz CSW, auf dem ich alles regelte. Aber statt eines *Okay* kam das böse *Not okay*. Weitere Begründungen gibt es niemals: entweder *Okay* oder *Not okay*. Mündlich ließ man sich doch dazu herab, mir zu erklären: ›Im Jahre 2000 muß Scientology die Weltherrschaft erreicht haben.

Dazu brauchen wir jede Hand. Wenn du deinen Opa so sehr vermißt, kann dich dein Mann ja schwanger machen, und du kannst deinem Opa so einen neuen Körper geben.‹ Erst war ich verwirrt, dann war ich empört. Ohne länger zu fragen, packte ich meine Sachen und fuhr nach Hause. Dies war mein erstes *high crime* bei Scientology. Wer die Sea Org unerlaubt verläßt, macht sich eines Schwerverbrechens schuldig.

Was dann geschah, kann ich auch nach all den Jahren nur noch schwer nachvollziehen. Irgendwie war ich plötzlich unendlich müde, unendlich traurig, aber auch irgendwie glücklich. Mit irgendeiner Kraft, die noch in mir steckte und die von Scientology noch nicht beeinträchtigt war, schaffte ich es, doch noch rechtzeitig zur Beerdigung meines Großvaters zu kommen. Ich erinnere mich noch an den Anfang der Beerdigung, an den Sarg und die vielen Blumen, aber alles, was danach geschah, mußten mir meine Eltern nachträglich erzählen. Ich kann es mir nicht erklären, niemand kann es mir bisher erklären, warum es zu so entsetzlichen Gedächtnislücken kommt, warum und wodurch die Gefühle eines Menschen so nachhaltig durcheinandergeraten, wenn man in das Streßsystem der Scientologen hineingeraten ist.

Etwa einen Monat nach der Beerdigung rief mein Mann an und forderte mich auf, unverzüglich meinen Dienst in der Sea Org wieder anzutreten. Wenn ich nicht freiwillig zurückkäme, dann würde man mich holen. Ich bekam Angst und sagte meinen Eltern, daß ich nun zurück müsse. Ich hatte keinen anderen Ort, wo ich mich vor ihnen hätte verstecken können. Die Offiziere wußten das, sie würden mich bei meinen Eltern abholen, da war ich mir sicher. Mein Entschluß, aus diesem System auszubrechen, stand inzwischen fest, und ich wußte auch, wie es am besten zu bewerkstelligen wäre, für alle Zeiten vor ihnen Ruhe zu haben. Es mag verrückt klingen, aber ich sah meine einzige Chance darin, erst einmal zurückzugehen, um dann meine Flucht von dort aus zu organisieren. Ich war dumm gewesen, mich auf all dies einzulassen, aber jetzt würde ich klug sein und sie mit ihren eigenen Waffen schlagen. Deshalb ging ich zurück.

Wenn ich gesagt hätte, ich will nicht mehr mitmachen, wäre das ganz einfach gewesen. Ich hätte nur ein Papier ausfüllen müssen, mit dem ich zum Finanzoffizier gegangen wäre, der mir dann eine Rechnung ausgestellt hätte mit den Kosten all meiner Kurse, meiner Flüge, Hotels und Telefongespräche. Das wäre für mich aber eine zu teure Lösung gewesen. Ich hatte meine Schulden fast abbezahlt, und ich wollte durch Scientology keine neuen Schulden machen. Es mußte einfach einen anderen Weg geben. Ich wollte sie zwingen, mich hinauszuwerfen.«

Auch der beste Scientology-Anwalt hätte solche Forderungen niemals eintreiben können, aber das wußte Susanne nicht. Niemand sagte es ihr, am allerwenigsten natürlich die Scientologen. Sie versuchte aus eigenen Kräften, einen Weg aus diesem Dschungel zu finden. Sie wählte einen sehr gefährlichen Weg, da sie die Macht von Scientology unterschätzte.

»Zurück in Kopenhagen sagte ich mir, du mußt dich unmöglich machen. Ich schrieb mir selbst eine Order, daß ich zurück nach München müsse. Tatsächlich bekam ich das Geld für ein Flugticket vom *Finance Officer*. Zusammen mit einer jungen Italienerin mit Namen Daniela, die sich in einer ähnlichen Situation befand wie ich selbst, wollte ich in Deutschland ordentlich Verwirrung stiften. Ich nahm sie einfach an die Hand und sagte ihr: ›Laß mich mal machen, wir schaffen das irgendwie.‹ Ich begann mit einem gutaussehenden OT7 (operierender Thetan der 7. Stufe) der Münchner Scientology-Organisation, einem erfolgreichen Architekten und Baulöwen, zu flirten. Heute hat dieser Mann einen großen Namen in Ostdeutschland, und wie ich kürzlich hörte, ist es dort vielen Leuten egal, daß er ein Scientologe ist. Er sagt einfach, er sei keiner, und die Leute glauben ihm das. So einfach ist das. Wir gingen also zusammen essen, Daniela und ich natürlich in der Uniform der Sea Org, und machten Fotos von Umarmungen und Küßchen. Die Berichte und Fotos darüber gingen sofort nach Kopenhagen, wie ich es geplant hatte. Mein Mann rief sofort an und befahl mir, **sofort** in die USA zu fliegen, damit ein Ethik-Verfahren dort die Situation klären könnte. Mit einem solchen Aufwand hatte ich zwar nicht gerechnet, aber schließlich stimmte ich zu. Wir hatten unseren Spaß und machten vorschriftsmäßig unsere Ethik. Das heißt zunächst alle Verfehlungen, die ich jemals begangen habe, aufschreiben, aufschreiben und nochmals aufschreiben. Alle Sünden unseres jungen Lebens sollten gebeichtet und bekannt werden. Früher hätte ich so etwas drei Tage lang gemacht, und ich kenne Leute, die es drei Wochen lang jeden Tag taten. Aber nach drei Stunden sagte ich zu Daniela: »So, das reicht jetzt, wir sind fertig!« Daniela war zuerst entsetzt, wie locker ich mich über die Bestimmungen hinwegsetzte, aber ich schubste sie einfach hinaus. Der Ethik-Offizier erklärte natürlich sofort, daß kein Mensch der Welt in drei Stunden seine Ethik in Ordnung bringen und all seine Verfehlungen aufschreiben können. Aber ich gab ihr zur Antwort: ›Nach den Richtlinien von Scientology darfst du niemanden dafür bewerten, was er für richtig hält. Ich erkläre hiermit, daß ich fertig bin, und für Daniela gilt das auch.‹ Sie mußte es tatsächlich hinnehmen – es ist Gesetz bei Scientology!

Aber wir hatten noch eine weitere Hürde zu nehmen, wir mußten zum *Examiner*. Dieser ›Überprüfer‹ benutzt ein Gerät, das die Scientologen E-Meter nennen. Es mißt angeblich den inneren Widerstand eines Menschen, seine negative Energie, die seelische und ethische Verunreinigung. An dieses Gerät hatte ich nie so recht geglaubt und auch längst gemerkt, daß meine Zweifel berechtigt waren. Man braucht nur an etwas Nettes zu denken, und schon zeigt die Nadel am Gerät keinen Ausschlag. Die Nadel schwebt dann sanft hin und her, was die Scientologen eine ›Schwebende Nadel‹ nennen. Man ist frei von störenden Einflüssen. Auf dem Weg zum Examiner instruierte ich Daniela entsprechend, denn sie hatte furchtbare Angst vor dieser Maschine. Sie begriff, was ich meinte, und so hatten wir beide eine ›Schwebende Nadel‹. Damit hatten wir die Hürde USA gemeistert und konnten acht Tage lang die Sonne Floridas genießen, bis wir auf dem Dienstweg zurück nach Europa befohlen wurden.

Ich war verzweifelt. Hatte ich noch immer nicht genug Blödsinn angestellt? Also beschloß ich, direkt nach München zurückzugehen, und Daniela folgte mir ein paar Tage später. Wir vergnügten uns zwei Tage mit unseren OT-Freunden auf dem Münchner Oktoberfest, ohne daß aus Kopenhagen eine neue Order kam. Warum warf man uns immer noch nicht hinaus? Dann fand ich heraus, daß der Großvater meines Mannes in Stuttgart wohnte. Wir beschlossen, ihn zu besuchen und nachdem ich mich als Frau seines Enkelkindes vorgestellt hatte, sagte ich: ›Und jetzt gehen wir feiern.‹ Das hat geholfen! Opa schrieb seinem Enkel begeistert: ›Du hast eine richtig tolle Frau, sie ist so gesellig, kann ordentlich Bier trinken und weiß, was eine richtige Party ist.‹ Mein Mann schickte sofort ein Telex: ›Ich habe einen Bescheid für dich. Komm sofort nach Kopenhagen.‹ Begeistert sagte ich zu Daniela: ›Jetzt geht es endlich los. Du übernimmst meinen Posten, und ich gehe ins RPF. In zwei Tagen bin ich draußen.‹ Leider täuschte ich mich schon wieder. Zurück in Kopenhagen erhielt ich sofort meine Einweisung ins RPF, aber draußen war ich noch lange nicht. Was mit Daniela geschah, weiß ich leider nicht.«

Rehabilitation Project Force, kurz RPF genannt, ist die letzte Maßnahme, die man bei Scientology ergreift, um einen nicht mehr leistungsbereiten Mitarbeiter wieder auf Produktion zu trimmen. Um zu verstehen, warum Kritiker diese Einrichtung ein Straflager nennen, während die Scientology-Führung dies vehement bestreitet, muß man die spezielle scientologische Definition des Menschen kennen. In Anlehnung an die Darwin'sche Evolutionstheorie geht der Scientology-Gründer Hubbard davon aus, daß sich auch beim Menschen nur die Tüchtigsten durchsetzen dürfen. Leistungsfähigkeit ist das einzige Kriterium zur Bewertung eines Menschen. Den Homo Sapiens definiert Hubbard als Kohlenstoff-Sauerstoff-Maschine, die bei 37 Grad Celsius funktioniert. Die herkömmliche Vorstellung von der Seele wandelt er in die Vorstellung von einem Wesen, das er ›Thetan‹ nennt; im Falle des Homo sapiens ist er der Maschinist. Der Thetan, so sagt er, stamme aus einer anderen Galaxie und sei auf Grund unglücklicher Umstände auf der Erde mit dem Homo sapiens eine Art von »Lebensgemeinschaft« eingegangen. Für Scientology besteht die selbstgewählte Aufgabe unter anderem darin, die Symbiose zwischen Homo sapiens und Thetan wieder aufzulösen. Aber bevor diese Trennung erfolgt, hat der Thetan die Pflicht, die Maschine Körper zu reparieren und ihr die vollständige Leistungsfähigkeit zurückzugeben. Das verstehen Scientologen als Belohnung, und sie können somit nicht begreifen, daß wir das RPF als Straflager bezeichnen. Das Motto der Sea Organisation ›Revenimus‹ (wir werden wiederkehren), bezieht sich also nicht so sehr auf eine Wiederkehr mit neuem Körper, sondern auf die Rückkehr in die Heimatgalaxie. Sinn des Rehabilitierungsprogramms ist es, den Thetan massiv unter Druck zu setzen, seine Maschine, also den Körper, wieder optimal einzusetzen. So pervers es auch klingen mag, aus der Sicht eines Scientologen ist dies dann tatsächlich keine Strafe, sondern im Gegenteil eine besondere Ehre, die man dem Thetan erweist. Solche Vorstellungen vom Menschen werden natürlich vor der Öffentlichkeit geheimgehalten.

»Man hoffte, ich würde im RPF einsichtig, würde meine Fehler bereuen, meine Verwirrung bewältigen und wieder ordentlich produzieren. Heute weiß ich, daß ich aus Unwissenheit mit meinem Leben und meiner Gesundheit sehr leichtfertig umging, indem ich mich auf das RPF einließ. Ich hätte einfach abhauen sollen. Das wäre das Vernünftigste gewesen. Aber ich wollte mir unbedingt beweisen, mit Scientology auf meine Art fertig werden zu können. Beinahe wären sie mit mir ›fertig‹ geworden.

Bereits am ersten Tag sah ich einen 84jährigen Mann stöhnend und zitternd auf dem Fensterbrett im vierten Stock stehen. Er konnte sich kaum halten und mußte dennoch die Fenster putzen, um sich mit dieser Leistung ein Stück zu rehabilitieren. Ich bekam einen Schock, doch das war erst der Anfang. Wir hatten in der ersten Nacht kaum zwei Stunden geschlafen, da weckten uns laute Kommandos: ›Das Wasser steigt in Kopenhagen! Ab in den Keller, Ratten erschlagen und Wasser abpumpen!‹ Man zwang uns, alles im Dauerlauf oder Laufschritt zu erledigen, man gönnte uns keine Sekunde Stillstand. Wir trugen schwarze Uniformen und schwere Armeestiefel. Trafen wir andere Scientologen, durften wir sie nicht ansprechen und sie uns auch nicht. Wir waren Aussätzige, und als ich meinem eigenen Mann begegnete, blickte er starr an mir vorbei. Trotz dieser Demütigungen und Erniedrigungen gab es Menschen unter uns, die vor Glück stammelten, die dankbar waren, daß man ihnen diese Chance zur Rehabilitierung gab.

Nach acht Monaten begriff ich endlich, daß man mich nicht hinauswerfen würde. Da hörte ich auf zu arbeiten. Schließlich sagten sie, daß ich nun in das Rehabilitierungsprogramm Zwei käme. Das bedeutete, auch von den anderen Gefangenen im Programm Eins völlig isoliert zu werden. Diese hätte ich nun zu bedienen, da sie noch eine Bewußtseinsstufe über mir seien. Also noch früher aufstehen, noch später ins Bett gehen, Frühstück für sie machen, den Tisch decken und abräumen, alles sauber machen, das Leben für andere verschönern, auch für die Degradierten. Von nun an schlief ich allein unter dem Dach, wurde von allen gemieden und nahm mein Essen allein und zusammengekauert im rückwärtigen Treppenaufgang ein. Ich fragte mich verzweifelt, was ich nun noch machen könnte. Mein Wunsch nach Freiheit war immer noch da, aber es fehlten mir längst die Kraft und auch der Mut, mein Schicksal in die eigene Hand zu nehmen. Mein Geruchssinn, mein Tastsinn, beinahe alles an Gefühlen und Sinneswahrnehmungen war mir verlorengegangen. Ich erlebte eine Dumpfheit, die der eines lebenden Toten nicht unähnlich war. Man schubste mich hierhin, man schubste mich dahin, und ich ließ es geschehen.

An einem Tag, als ich die Küchenabfälle weggeräumt hatte und demütig auf eine neue Anweisung wartete, sagte ein junger Offizier barsch zu mir: ›Denk dir etwas aus!‹ Ich wanderte zuerst ziellos durch das Haus, das für die Sea Org renoviert werden sollte. Auf dem Dachboden angekommen fiel mir ein, daß in einer Woche die anderen hier arbeiten sollten. Einer Eingebung folgend beschloß ich, für sie schon einmal aufzuräumen. Es standen dort Kisten und Koffer mit Scientology-Material. Staunend las ich Führungsanweisungen und Strategiepapiere, fand Organisationspläne und Karten, und irgendwie kam ich bei dieser Beschäftigung langsam wieder zu Bewußt-sein. Ich besorgte mir Kartons, beschriftete sie mit meinem Namen und legte soviel wie möglich von den Papieren hinein, die mir bedeutungsvoll vorkamen. Alles räumte ich ordentlich zusammen und dachte, wenn ich etwas Glück habe, kommen wir zusammen hier raus, wenn nicht, dann habe ich Pech gehabt.

Nach dieser seltsamen Aktion auf dem Dachboden war ein Stück Lebenswille zurückgekehrt, soviel, daß ich mich sogar ans Telefon traute, um meine Eltern anzuru-fen. Wie sie mir helfen sollten, wußte ich nicht, aber mein Bruder ergriff die Initiative. Er rief an und verlang-te, daß man mich zu Weihnachten nach Hause lassen soll-te. Es bedurfte einiger deutlicher Worte, bis ich schließlich die Erlaubnis bekam, vom 24. bis zum 27. Dezember zu meinen Eltern fahren zu dürfen.

Wir feierten zusammen ein schönes Weihnachtsfest, mit Singen, Essen, Geschenke auspacken und einfach nur den Weihnachtsbaum anschauen. Aber an jedem Tag ha-ben wir auch gemeinsam überlegt, was nun zu tun sei. Ich wollte weg von Scientology, wollte aber auch noch immer, daß dadurch keine neuen Schulden entstehen. Meine Brüder verstanden zwar nicht, warum ich erst ein-mal wieder zurück wollte, aber sie versprachen, ein Auge auf mich zu haben. Sie hatten mich schon bei meiner An-kunft kritisch betrachtet und meine etwas altmodische Kleidung bemerkt. So erhielt ich zu Weihnachten von ih-nen einen schicken, kurzen Rock, eine knappe Bluse, Netzstrümpfe, hochhackige Schuhe und Parfum. So aus-staffiert erschien ich am 27. Dezember abends wieder im RPF. Eine Parfumwolke schwebte mir voraus, und einige wären beinahe in Ohnmacht gefallen, so geschockt wa-ren sie. So etwas darf man in der Sea Org nicht tragen, das schädigt das Gehirn! Der erste Offizier schaute mich böse an und befahl mir, duschen zu gehen. Im Keller stünde wieder Wasser und in einer halben Stunde solle ich dort zur Arbeit erscheinen, aber ordentlich gekleidet. Darauf sagte ich nur schnippisch: ›Nein, ich gehe erst schlafen‹ und verschwand. Kaum hatte ich mein Zimmer erreicht, schoß auch schon der Ethik-Offizier wutschnaubend hinter mir her. Ich drehte mich um und erklärte ihm: ›Hier schlafen Frauen, und hier hast du nichts zu suchen. Ich gehe jetzt schlafen, und du gehst raus.‹ Der Leiter des RPF ging dazwischen und versprach, die Angelegenheit am nächsten Tag zu klären. Dem Ethik-Offizier blieb nichts anderes übrig, als unverrichteter Dinge wieder umzukehren. Der RPF-Leiter meinte, wahrscheinlich hätte ich kein gutes Weihnachtsfest gehabt, weil meine Eltern gegen Scientology eingestellt wären, während ich doch alles versuchen müßte, um mich zu rehabilitieren. Ich gab ihm hierauf besser keine Antwort und ließ ihn denken, was er wollte. Wir hatten in der Familie einen Plan ausgeheckt, und den wollte ich am nächsten Tag in die Tat umsetzen.

Natürlich erschien ich zu spät zum Morgenappell, aber ehe mir der Offizier dafür einen Verweis erteilen konnte, erzählte ich ihm die folgende Geschichte: Mein Bruder hätte gedroht, mit zwei UN-Soldaten zu erscheinen, um den ganzen Laden in die Luft zu sprengen, falls man mich nicht umgehend rausließe. Meine ganze Familie sei aufgebracht und antagonistisch gegen Scientology.

Dies sorgte sofort für einige Aufregung, und während man mich für meine schreckliche Familie bedauerte, verständigte man den scientologischen Sicherheitsdienst. Ab Mittag begann mein Bruder mit seinen Anrufen. Sobald ich den Hörer in der Hand hatte, sagte er ›okay‹ und legte auf. Ich hingegen tat für zehn Minuten so, als würde ich aufgeregt mit ihm diskutieren. Den Sicherheitsleuten erzählte ich anschließend, daß mein Bruder sich nun tatsächlich auf den Weg nach Kopenhagen machen würde. In den nächsten Stunden wiederholte sich das Spiel. Mein Bruder rief an, legte auf und ich redete für zehn Minuten aufgeregt mit dem Hörer in der Hand. Zwei Sicherheitsoffiziere wichen nun nicht mehr von meiner Seite. Der letzte Anruf meines Bruders, jetzt kurz vor Kopenhagen, wie ich ihnen sagte, erfolgte um 18:45 Uhr.

In der Zwischenzeit versuchten die Sicherheitsoffiziere verzweifelt, mich einer Sicherheitsüberprüfung nach der anderen zu unterziehen. Als alles nicht funktionierte, erklärte man mir, ich sei total verstört im Kopf, ich könne nicht einmal irgend etwas unterschreiben. Um 19:00 Uhr baten sie mich dann zu gehen. Fünfzehn Minuten später stand ich als freier Mensch auf der Straße und konnte meinen Bruder in die Arme schließen.

Erst zwei Tage später, in der Wohnung meiner Tante, habe ich begriffen, daß ich nun nie mehr zurückgehen mußte. An Sylvester um 24:00 Uhr sagte jemand aus der Familie strahlend: ›Jetzt fangen wir eine neue Zeit an, ein Neues Jahrzehnt.‹ Das Jahr 1990 hatte begonnen, und ich sagte: ›Und ich fange jetzt ein neues Leben an!‹ Dann begann ich zu weinen.«

Ein paar Wochen nach diesen Ereignissen klingelte ein Scientologe an der Tür ihrer Tante. Er habe einige Kartons für Susanne Elleby abzugeben, erklärte er. So erhielt Susanne ihre Kartons, die sie auf dem Dachboden des Sea-Org-Hauses gepackt hatte. Der Inhalt, die scientologischen Materialien und Dokumente, bildete den Grundstock für ihre Aufklärungsarbeit in Dänemark. Susanne Elleby hält Vorträge, berät Familien und gründete mit Freunden in Dänemark den Verein INGOLF (International Group of Liberty and Freedom).

4. Wir nutzen nur zehn Prozent unseres geistigen Potentials

Eine Beziehung im Würgegriff von Scientology

»Der da sagt, daß ein Gott sei, sagt mehr, als er weiß, und der das Gegenteil sagt, desgleichen.«

Mit diesem Zitat beginnt eine junge Frau ihre Darstellung einer zweijährigen Leidensgeschichte bei Scientology. Weiter sagt sie:

»Diese Worte von Immanuel Kant waren Teil meiner Lebensphilosophie, und ich suchte nach einer Deutung des menschlichen Daseins. Ebenso glaubte ich an die Unendlichkeit des menschlichen Geistes und wollte alles wissen, was über dieses Thema zu erfahren war. Die Scientology-Kirche war eine unter vielen anderen Einrichtungen, die zu diesen Gedanken Stellung nahm. Daß diese Religionsgemeinschaft nichts mit dem zu tun hatte, was ich unter geistiger Freiheit verstand, merkte ich erst, nachdem ich mich näher mit der Lehre von L. Ron Hubbard, dem Begründer dieser Wissenschaft, befaßte. Im Jahre 1987 hatte ich den ersten Kontakt zu Scientology und war für circa zwei Jahre Mitglied der Sekte. Nach meiner Flucht aus der Organisation distanzierte ich mich so stark von ihr, daß ich überhaupt nicht mehr über dieses Thema sprach und alles, was ich an Büchern und Kassetten erstanden hatte, bis auf wenige Ausnahmen, vernichtete. Lange Zeit blieb es mein Geheimnis, teils aus Scham und teils aus Selbstschutz. Den Ausgangspunkt dafür, mich doch noch zu öffnen, bildete ein Plakat, das ich entwerfen sollte. Im Elternausschuß des Kindergartens, den mein ältester Sohn besucht, wurde eine Veranstaltung zur Aufklärung über Scientology organisiert. Hierzu mußte ein Plakat entworfen werden, und ich war bereit, diese Aufgabe zu übernehmen. Ich besuchte einen Vortrag zum Thema und lernte den Referenten kennen, einen Diplomtheologen. Ihm verdanke ich den Mut, meine angestauten Erfahrungen mit Scientology zu verarbeiten. Ich hatte ferner Gelegenheit, in gemeinsamen Veranstaltungen meine Geschichte zu erzählen, obwohl ich dadurch einen sehr persönlichen Teil meines Lebens einer Anzahl von Menschen offenbarte, von denen mir die meisten unbekannt waren. Man müsse schon ziemlich dumm sein, wenn man auf eine Sekte hereinfällt, war ein häufiger Kommentar, den ich zu hören bekam. Solche Bemerkungen haben mich verletzt, aber auch darin bestärkt, anderen Menschen mitzuteilen, wie ein ›normaler‹ Mensch dazu kommt, freiwillig Mitglied einer solchen Einrichtung zu werden. Denn jeder kann, so sehe ich das heute, Opfer einer Sekte werden, die Krankheit, Unsicherheit oder Lebensumbrüche unter dem Deckmantel der Hilfestellung radikal für sich ausnutzt.«

Scham, Schuldgefühl, Verletzung. Menschen schweigen, trauen sich lange Zeit nicht, über ihre Erlebnisse zu berichten, die meisten trauen sich sogar nie. In den letzten Jahren konnten die Pressesprecher der Scientology hämisch grinsend darauf verweisen, daß es doch immer die gleichen Damen und Herren seien, die über ihre schlechten Erfahrungen berichteten. Scientology hingegen habe Tausende von zufriedenen Mitgliedern vorzuweisen. In der Tat waren es für Jahre immer die gleichen zwei, drei Ex-Scientologen, die ans Mikrofon traten. Wir wollten aber die vielen anderen, deren Schicksal wir kannten, nicht zwingen, es uns gleich zu tun.

»Ich wohnte damals in einem kleinen Dorf in der Nähe von Stuttgart. Die Wohnung teilte ich mir mit meinem italienischen Freund Mario. Wir führten ein anstrengendes, wenngleich auch aufregendes Leben, diskutierten stundenlang über menschliche Beziehungen, Gefühle und den Wert des Menschen in der Gesellschaft. Wir fühlten uns seelenverwandt, und oftmals betrachteten wir uns als eine Person. Themen, wie unterschiedliche Religionen, Astrologie und Wiedergeburt waren vorherrschend, wenn Freunde zu Besuch kamen. Skulpturen aus fernöstlichen Ländern schmückten unsere Räume und verdeutlichten unsere Weltanschauung nach außen. Eines Tages lag eine Wurfsendung mit der Abbildung von Albert Einstein in unserem Briefkasten. Wir nutzen nur zehn Prozent unseres geistigen Potentials, lasen wir mit Interesse, und so waren wir nicht abgeneigt, unsere wahren geistigen Kräfte zu entdecken, wie dort weiter versprochen wurde. Auf dem Handzettel stand die Telefonnummer des Dianetik-Zentrums Stuttgart, und da Mario Informationen zu diesem Thema haben wollte, rief er am folgenden Abend dort an. Auskünfte am Telefon könne man nicht geben, beschied man ihm, und so blieb ihm nichts weiter übrig, als sich zu einem ›unverbindlichen‹ Informationsgespräch anzumelden. Wir waren beide neugierig und gespannt. Scientology, die Lehre vom Wissen, Dianetik, eine moderne Wissenschaft der geistigen Gesundheit, dies paßte zu unserer damaligen Lebenseinstellung.

Mario und ich arbeiteten in der gleichen Firma, jedoch in unterschiedlichen Abteilungen. Gleich nach Arbeitsende fuhren wir gemeinsam nach Stuttgart, wo wir nach einigem Suchen dann vor einem unscheinbaren Bürogebäude landeten. Im Eingangsbereich war das Informationscenter, vollgepackt mit Büchern, Postern und Berichten von erfolgreichen Menschen. Die Atmosphäre war angenehm, die Menschen freundlich. Wir meldeten uns an der Rezeption, und nach kurzer Zeit erschienen zwei Herren, die sich als Berater vorstellten. Richard bat mich in ein winziges Besprechungszimmer, während Mario mit Frank in einem anderen verschwand. Richard bot mir mit einem Stuhl gleichzeitig das ›Du‹ an. Er fragte sofort, ob ich außer der Wurfsendung schon einmal etwas über Dianetik oder Scientology gehört hätte. Als ich verneinte, legte er sofort los, mir die ganze Wissenschaft zu erklären.«

Bemerkenswert, daß im Jahre 1987, entgegen der Meinung vieler Aufklärer, diese Begriffe nicht überall bekannt waren. Es war daher ein Leichtes, der jungen Frau mit pseudowissenschaftlichen Erläuterungen ein erstes Verständnis abzuringen.

»Bei der Lehre von L. Ron Hubbard ginge es im Wesentlichen um die Beseitigung von Störungen im Unterbewußtsein des Menschen, die von dort aus die Entwicklung des menschlichen Denkens negativ beeinflußten. Im weiteren Verlauf des Gesprächs verstand ich, daß der Mensch durch diese Blockaden in all seinen Fähigkeiten behindert werde und somit psychosomatischen Krankheiten einen guten Nährboden biete. Das klang irgendwie schlüssig. Ich selbst litt seit meiner Kindheit an einer Eidechsenphobie und vernahm mit Interesse, daß es die Möglichkeit gebe, Phobien jeglicher Art dauerhaft zu beseitigen. Schließlich befand Richard, daß es nun an der Zeit sei, einen Persönlichkeitstest durchzuführen, eine präzise Analyse meiner Stärken und Schwächen. Inzwischen war ich so vollgequatscht, daß ich diese Abwechslung dankbar annahm. Zweihundert Fragen unter dem beeindruckenden Titel ›Die Oxford Kapazitäts-Analyse‹ galt es zu beantworten. Mit Mario war man offensichtlich ähnlich verfahren, denn ich traf ihn rauchend im Vorraum, wo wir dann gemeinsam auf die Testauswertung warteten. Vor uns an der Wand hing ein überlebensgroßes Porträt von Hubbard. Wohin wir auch gingen, seine Augen schienen uns zu folgen.

Nach einer Weile rief man uns zur Testbesprechung, und jeder von uns verschwand in seinem Kämmerchen, lächelnd zwar, aber im Herzen eine angstvolle Ungewißheit. Ich erblickte auf einem Formblatt die Kurve meines Lebens im wilden Wechsel von Auf und Ab. Stärken in der Kommunikation, wie Richard mir freundlich erläuterte, würden behindert von Ängstlichkeit und Nervosität. Ich mußte zugeben, daß dieses ständige Auf und Ab in der Tat genau mein Leben widerspiegelt. Die Stimmungsschwankungen, meine Mutter nannte mich bereits als Kind ›launisch‹, machten mir tatsächlich zu schaffen. Sie beeinflußten meine Partnerschaft und meinen beruflichen Werdegang. Mangelndes Durchsetzungsvermögen in beiden Bereichen zogen mich immer wieder nach unten. Den Frust, der sich daraus ergab, vergrub ich in meinem Inneren, wo er als Saat für psychosomatische Krankheiten aufging, wie beispielsweise Dauererkältungen und Herzbeschwerden.

Hier also lag der Hund begraben. Ich war platt, wie zutreffend der Berater meine Persönlichkeit analysiert hatte.«

Richard wäre ein schlechter Scientologe gewesen, hätte er nicht Karin ›helfend‹ die Hand gereicht. Aber glücklicherweise machen auch Scientologen schwerwiegende

Fehler. Ein angebotenes Beratungspaket zum Preis von DM 1.500 ließ bei Karin die Kinnlade herunterfallen. Je nachdrücklicher Richard auf einen raschen Vertragsabschluß drängte, desto störrischer reagierte sie. Als alles nichts half, offerierte er flugs ein ›preiswerteres‹ Angebot zu einem Kommunikationskurs. Erstaunlich, wenn man bedenkt, daß er kurz zuvor im Persönlichkeitstest Karins Kommunikationsfähigkeit als besonders hoch eingestuft hatte. Karin verließ fluchtartig die Scientology-Niederlassung, Mario hinter sich herzerrend, der die ganze Aufregung nicht verstand. Karins Abenteuer hätte damit beendet sein können, hätte nicht bei Mario der Haken festgesessen. Scientology darf nie isoliert betrachtet werden, sondern man muß sie in Beziehung setzen zu dem Leben, das die Umworbenen führen, erst dadurch erschließt sich der innere Zusammenhang.

»Mario hatte zeitweise starke Depressionen, bedingt durch früher genommene Drogen, die Trennung von seiner Frau und den Tod seines zu früh geborenen Sohnes. Es war schwierig für mich, ihm zu helfen, und ich bekam daher immer öfter Aggressionen ihm gegenüber, teils aus Hilflosigkeit und teils, weil ich mit meiner eigenen Psyche Probleme hatte. Als ich es nicht länger ertragen konnte, verwies ich ihn an eine Beratungsstelle, was ihm letztlich jedoch nichts brachte. Mir tat es leid, ihm nicht helfen zu können und ihn auch noch in fremde Hände gegeben zu haben. Schuldgefühle quälten mich nun zusätzlich. Mario nahm heimlich mit der Scientology-Mission Kontakt auf und bestellte das Buch ›Die moderne Wissenschaft der geistigen Gesundheit‹. Zuerst war ich ärgerlich, aber schließlich duldete ich sein Interesse. Mario war der erste Mann in meinem Leben, der mir das Gefühl gab, eine ganz besondere Frau zu sein. Er verwandelte mich durch seine exotische Ausstrahlung, und ich gefiel mir in dieser Rolle ausnehmend gut. Als Italiener hatte er einen sehr guten Geschmack, was Kleidung betraf, und so verschwanden meine ›Lieschen-Müller-Klamotten‹ im Kleidersack. Er kaufte mir Lippenstift und Nagellack, frisierte meine Haare, bekochte mich mit fremdartigen Gerichten, führte mich oft zum Essen und Tanzen aus und nahm sich viel Zeit für mich. Ich fühlte mich wichtig und begehrenswert und nahm deshalb die störenden Eigenschaften in Kauf. Die Liebe machte mich blind und leichtsinnig.«

Karins Leben scheint zunächst wieder in geordneten Bahnen zu verlaufen. Marios Dianetik-Buch ist in italienischer Sprache verfaßt, weil er, wie er sagt, Mißverständnisse vermeiden möchte. Karins Italienisch ist nicht gut genug, und ihr eigenes Interesse noch nicht groß genug, sich eine Ausgabe in deutscher Sprache zu besorgen. Man macht Urlaub in Italien. Karin erliegt dem Zauber der italienischen Kultur – Rom, Florenz, Pisa und Venedig. Sie wähnt sich in trauter Zweisamkeit, wäre da nicht noch ein dritter Reiseteilnehmer gewesen: Dianetik. Mario liest morgens, mittags und abends sogar noch vor dem Schlafengehen in diesem monströsen Werk. Karins Hoffnung, Marios Interesse werde letztlich am Umfang des Werkes scheitern, erweist sich als trügerisch. Mario doziert, rekapituliert und erläutert die finalen Geheimnisse des menschlichen Geistes, so wie Hubbard sie sich vorstellt. Und sie resigniert. Ihr dämmert, daß auch sie sich ein Exemplar besorgen muß, will sie mit Mario im Gespräch bleiben. Die Maschinerie Scientology arbeitet, und schleift die Widerstrebende mit sich.

Zurück in Deutschland beginnt Mario seinen ersten Kurs: Erfolg durch Kommunikation. Karin begleitet ihn, aber immer nur bis zur Eingangstür. Sie ist nicht gewillt, diese Räume noch einmal zu betreten. Aber sie ist auch neugierig, was mit Mario geschieht, welche Veränderungen sich durch Scientology einstellen, welche Ergebnisse die Technik zeigt. Mario wird zum Strahlemann, behauptet, daß es ihm noch nie so gutgegangen sei und erklärt dies mit der funktionierenden Technologie von Scientology. Karins Neugier und Unruhe wachsen gleichermaßen. Sie fühlt sich angezogen und abgestoßen zugleich, ausgeschlossen, aber auch irgendwie schon beteiligt. Mario zeigt ihr privat die ersten Übungen und kritisiert ihre Fehler. Sie will Mario näher sein und verlagert ihr abendliches Warten von der Straße in den Empfangsraum. Gespräche mit Scientologen beginnen, aber alle Versuche, sie zu einem Kurs zu überreden, blockt sie ab. Noch müsse sie erst das Buch zu Ende lesen, das sie inzwischen preiswert erstanden hat. Sie merkt nicht, wie der Haken bei ihr festsitzt. Immer häufiger ruft man sie an, fragt nach Fortschritten mit dem Buch, nach dem Verständnis und, viel häufiger, nach möglichen Mißverständnissen. Aber noch hält sie dem Druck stand, erinnert sich an die hohen Geldforderungen aus dem ersten Gespräch, will sich noch nicht entscheiden. Die Anrufe nerven, aber die Anrufer bleiben höflich, und sie bleiben hartnäckig. Karin weiß nicht, daß sie keine Chance mehr hat. Das eigentliche Ziel, die Beziehung zu Mario aufrechtzuerhalten, hat längst an Bedeutung verloren. Inzwischen ist es eine Existenzfrage: Wird unsere Beziehung Bestand haben? Sie merkt, welche Bedeutung diese ›Wissenschaft‹ für Mario hat, und wenn sie ihn nicht verlieren will, muß auch sie Scientology in ihrem Leben einen Platz einräumen. Man kommt ihr entgegen, entschuldigt sich für das unglücklich verlaufene Anfangsgespräch, und Karin beschließt großmütig, nicht länger beleidigt zu sein. Für einen geringen Beitrag wird sie Mitglied, und Marios erste Aufgabe ist bewältigt: Er hatte Karin ›gehandhabt‹.

Bei dieser Vorgehensweise geht Scientology immer ein Risiko ein, aber es ist ein gut kalkuliertes Risiko. Der eine, Mario, ist begeisterter Scientologe, die andere, Karin, ist dagegen. Mario weiß noch nicht genau, was für ihn wichtiger ist, Scientology oder Karin. Die Spaltung seiner Gefühle, sein Hin- und Herschwanken, bezeichnet Scientology als ›Achterbahnfahren‹. Er ist ein möglicher Ärgernisverursacher, eine PTS *(potential trouble source)*. Der Störfaktor, Karin, wird als ›Unterdrücker‹ bezeichnet, SP *(suppressive person)*. Der Trick besteht nun darin, nicht sich selbst zum Buhmann zu machen, sondern den Schwarzen Peter dem anderen in die Hand zu drükken. »Karin ist es, die dein Weiterkommen verhindert, sie behindert dich aktiv auf deinem Weg zur völligen Freiheit, und auch wenn es uns leid tut, aber wir dürfen dir nicht erlauben, weiter hier zu studieren. Durch dich und den negativen Einfluß, den du hereinbringst, wäre die gesamte Gruppe in Gefahr. Willst du das?«

Verständlich, daß sich die Wut auf den Störenfried richtet. Mario war gezwungen, Karin zu ›handhaben‹, andernfalls hätte er nicht länger Scientology studieren dürfen. Karin lenkt tatsächlich ein, um Mario nicht zu verlieren. Sie belegt einen einfachen Kurs über die Studiertechnologie, um die Spannung herauszunehmen. Mario belohnt ihr Verhalten durch neue Aufmerksamkeiten, seinem Wunsch, mit ihr eine Familie zu gründen und notfalls auch eine weitere Arbeit anzunehmen, um seine Pflicht als Vater zu erfüllen. Gleichzeitig läßt er sich von Karin die Kurse bezahlen, weil er gerade kein Geld habe. Aber, so verspricht er, er würde ihr alles zurückzahlen. Natürlich bemerkt er den ganzen Widersinn seines Handelns nicht. Alle Seiten sind vorerst zufrieden, auch Karin, denn sie kommt aus dem Staunen nicht heraus, im scientologischen Kursraum auf einen Chemiker, einen Zahnarzt und drei Studenten zu treffen. Bei diesem hohen geistigen Niveau kann ihre Entscheidung nicht falsch gewesen sein. Und so wird auch Karin ein Opfer des scientologischen ›Ratten-Streß-Experiments‹. Handelt und denkt sie scientologisch, bekommt sie Zucker, ein Lob; handelt und denkt sie un-scientologisch, bestraft man sie mit Verachtung. Es dauert nicht lange, bis auch sie diese »Lektion« gelernt hat. Regeln für die Arbeit, Regeln für das Schlafen, Regeln für das Atmen, Regeln, Regeln, Regeln. Scientology wird bei allem die oberste Instanz, sogar beim Liebesleben.

»Wir wollten noch immer eine Familie gründen und verhüteten zu diesem Zeitpunkt nicht. Hubbard widmet diesem Thema im Dianetik-Buch vierzehn Seiten. Ich las, daß während der Zeugung, der Schwangerschaft und der Geburt bereits die Gefahr bestand, das Kind nachhaltig zu schädigen. Bereits bei der Zeugung erhält die Zygote (befruchtete Eizelle) das sogenannte Ur-Engramm, den ersten ›Schmerzschock‹, und dies kann das Embryo nachhaltig verwirren und sein ganzes Leben negativ beeinflussen. Dort las ich: Die Engramme, die ein Fötus empfängt, reichen für sich alleine schon aus, um Menschen in Irrenanstalten zu bringen. Wie soll man da als verantwortungsbewußter Mensch noch eine Familie planen können, beziehungsweise sich hemmungslos gehen lassen? Wer könnte da noch Lust empfinden, seiner Lust Ausdruck geben, wenn damit das Kind schon geistig gemordet wird? Jedes Wort, das die Liebenden sprechen, würde sich dem ungeborenen Kind als hypnotischer Befehl einprägen, und so muß auch die Geburt ohne jegliche Artikulation von Schmerz, Schreien, Stöhnen oder Fluchen, ablaufen. Unmöglich, für mich unvorstellbar, weil ich immer schon gerne gejammert habe. Mir blieb nur ein absolut kontrolliertes Liebesleben, das wirksamste Verhütungsmittel schlechthin. Wir kontrollierten uns bereits gegenseitig.«

Wenn man einen Menschen dazu bringt, sich auf eine bestimmte Art zu verhalten, dann folgt daraus, auch automatisch, daß er auf eine bestimmte Art denkt. Verhaltenskontrolle führt zu Gedankenkontrolle. Wenn beispielsweise eine schlichte Vase, die man für eine Warenhausproduktion hält, zu einer Vase aus der Ming-Dynastie erklärt wird, betrachtet man sie von nun an mit großem Respekt und geht viel vorsichtiger damit um.

»Krankheiten im üblichen Sinne gab es bei Scientologen nicht. Daher waren viele Mitarbeiter auch nicht krankenversichert. Das hat mich stutzig gemacht, aber niemand wollte sich dazu äußern. Mündliche Technologie sei nicht erlaubt, man muß es selber lesen, und ich würde es später schon begreifen. Später. Was immer ich wollte, ... später. Was immer ich dachte, ... später. Was immer ich träumte, ... später. Die Pläne der Gegenwart zerplatzen wie Seifenblasen. Nur die Zukunft zählt! War ich etwa schon geisteskrank, nur weil ich noch Träume hatte? Mario an seine Versprechen zu erinnern, erwies sich als sinnlos. Für ihn zählten nur noch Hubbard und seine Technologie. Er war besessen von der Idee, den Planeten zu retten, und seine Auslagen für Kurse stiegen und stiegen. Wenn ich erst ›clear‹ bin, erklärte er mir, dann kann ich all dies viel leichter durchsetzen. Später!

Sein Ziel war, Auditor zu werden. Für Hubbard sind Auditoren die wertvollsten Menschen auf diesem Planeten. Nur sie könnten mit ihrer qualifizierten Arbeit die Geisteskrankheit, unter der die Menschheit leidet, besiegen. Aber neben diesen Idealen hatte Mario auch praktische Gründe, die er anführte. Als Auditor könne er sich zusammen mit anderen Auditoren wechselseitig auditieren und so nicht nur schneller, sondern auch billiger seine völlige geistige Freiheit erreichen. Er spielte bereits mit dem Gedanken, nach Kopenhagen oder besser noch nach Florida zu gehen, um in den besten Zentren der scientologischen Welt seine Ausbildung zu erhalten. Ich nahm ihn noch nicht ganz ernst, denn seine gelegentlichen Höhenflüge waren mir bekannt. Als er aber betonte, dabei auch keine Rücksicht auf unsere Beziehung zu nehmen, wurde mir doch bang ums Herz. Für mich begann ein Wettlauf, ihn zu halten und in Scientology mitzuhalten. Ich wollte ihn nicht verlieren, und so begann ich, der Not gehorchend, mich intensiver mit der Lehre von Hubbard zu beschäftigen, unterdrückte meine Einwände und dachte nur noch an unsere gemeinsame Zukunft. Ich verlor mein Urteilsvermögen aus der Angst heraus, meinen Partner zu verlieren. Mario verkaufte seine Eigentumswohnung, und nach Abzug aller Schulden blieb ihm eine stattliche Summe. Meine bisherigen Auslagen für ihn zahlte er jedoch nicht zurück. Statt dessen kaufte er einen roten italienischen Sportwagen und fuhr seinen Stahlpenis meist ohne mich. Arme Sau! Kein Geld zum Tanken, aber einen Ferrariverschnitt fahren wollen. Meinen Einwand, daß dies scientologisch nicht in Ordnung sei, wischte er beiseite. Dieses Auto sei sein letzter Traum, den er sich verwirklichen wollte, ehe er endgültig bei Scientology einsteige. Wir hatten uns inzwischen eine hübsche Dreizimmerwohnung gemietet, aber die Renovierung und Einrichtung blieb ihm gleichgültig. Mich wunderte, daß er nicht gleich bei den Scientologen übernachtete, aber vor dieser letzten Konsequenz scheute er noch zurück. Mir konnte es nur recht sein, denn so hatte ich noch Zeit, ihn umzustimmen, beziehungsweise mich ihm noch besser anzupassen. Dennoch war ich verwirrt, verstand die ganze Situation nicht so recht und sah kein Licht am Ende des Tunnels. Aber mit Mitte Zwanzig hatten viele meiner Freundinnen eine Krise zu bewältigen, und so schob ich meine Unsicherheit auf diesen Faktor.

Mario hatte immer wieder erhebliche Schwierigkeiten in seinen Kursen, und da er unbedingt Auditor werden wollte, verordnete man ihm ein Reinigungsprogramm für den Geist. Reiner Körper, klares Denken – ein Spruch, der sich nicht falsch anhört.«

Wir nehmen leider viele Sprüche hin, ohne darüber nachzudenken. *Mens sano in corpore sano*, nur in einem gesunden Körper kann ein gesunder Geist leben, gehört zum humanistischen Erziehungsideal und kaum einer merkt, wie sich hier bereits das elitäre und totalitäre Denken eingenistet hat. Wären demnach auch in unserer nichtscientologischen Gesellschaft Kranke, Behinderte und Schwache zu den Geisteskranken zu zählen? Sind wir Scientology viel näher, als so mancher wahrhaben will? Scientology ist an vielen Punkten der heutigen Gesellschaft sehr ähnlich, nicht nur wenn es um die Leistungsprinzipien, um reine Erfolgsorientierung und Machtausübung geht. Kein Wunder, daß Karin und Mario der Möglichkeit einer Körpererneuerung mit Interesse entgegenblickten:

»Man verspricht, mit Hilfe des Reinigungsprogramms alle im Körper abgelagerten Gifte, die laut Hubbard das Denken nachhaltig beeinträchtigen, zu entfernen, sozusagen auszuschwitzen. Zu diesem Zweck begibt man sich in eine Sauna, aber nicht etwa zu den üblichen drei Saunagängen von fünfzehn Minuten, sondern für fünf Stunden! Eingeleitet wird die Prozedur durch Joggen und die Einnahme ungeheurerer Vitaminmengen. Das gesamte Programm sollte etwa vierzehn Tagen dauern. Es war ein denkbar ungünstiger Zeitpunkt, denn wir wollten umziehen. Mario war es egal, die scientologische Dringlichkeit darf durch solche Lächerlichkeiten, wie die Wohnung streichen, nicht behindert werden. Von Mario bekam ich also kaum etwas zu sehen. Nur seine stinkenden Handtücher durfte ich waschen und aufhängen. Er erzählte wenig, denn ich sollte dieses Programm ja auch noch absolvieren. Manchmal war er in sich gekehrt und manchmal völlig außer sich. Ich wußte nicht, was in ihm abläuft und wie ich ihm helfen könnte. Später erzählte er mir, daß er unter den Folgen seiner früheren Drogeneinnahme gelitten hätte, unter Halluzinationen und Sehstörungen. Die Sehstörungen waren so schlimm, daß ich ihn täglich fahren mußte. Aus den geplanten zwei wurden dann drei Wochen. Mario war wütend, weil es nicht so lief, wie er wollte, und wieder einmal gab er mir die Schuld für sein Versagen. Ich fühlte, daß immer noch etwas Vernichtendes über unserer Beziehung schwebte, hoffte aber, das Unheil mit Eifer und Gehorsam abwenden zu können und begann selbst mit dem Reinigungsprogramm. Zwar hatte ich keine Drogen genommen wie Mario, jedoch jede Menge Medikamente, und auch eine Operation mit Narkose hatte ich hinter mir. Auch mein Körper war also ›verseucht‹ und mußte entgiftet werden. Aber selbst wer sehr sparsam mit Medikamenten umgeht, wird nach Meinung der Scientologen über die Nahrungskette und die allgemeine Verseuchung der Luft Opfer der Giftstoffe. Ebenso hinterläßt die Sonne gefährliche Strahlungsrückstände in der Haut, die durch Entgiftung wieder entfernt werden können. Selbst atomare Strahlung stellt dann für Hubbard keine Gefahr mehr dar: »Ich will, daß Scientologen den vierten Weltkrieg überleben.«

Unter Sonnenbrand hatte ich wegen meiner hellen Haut schon immer gelitten, und beim Urlaub in Mexiko hatte ich sogar einen schwarzen Streifen auf dem Oberschenkel bekommen. Er verschwand zwar nach ein paar Tagen wieder, aber die Angst vor Hautkrebs blieb. So nahm ich also die Anstrengung auf mich, jeden Tag nach der Arbeit nach Stuttgart zu fahren und völlig ermattet fünf Stunden später nach Hause zurückzukehren. Der Kurs kostete 2.800 DM, zuzüglich der Vitamine. Wir waren zu viert, und vor der Sauna joggten wir durch die Innenstadt. Mir war es peinlich, denn ich glaubte die Blicke der Passanten auf mir zu fühlen. Wußten die Leute, was wir da taten, war bekannt, daß die Scientologen ihre Kursteilnehmer joggen ließen? Jeder von uns hatte Angst, schlapp zu machen, aber niemand wollte sich eine Blöße geben. Während Pilleneinnahme und Schwitzen mir kaum Probleme bereiteten, war es jedoch schwierig für mich, die vorgeschriebenen vier Liter Wasser zu trinken. Mir wurde übel, und Brechreiz plagte mich. Auch bei mir kam es eines Tages zu Sehstörungen, aber nicht so arg wie bei Mario. Außer der anhaltenden Mattigkeit ging es mir doch recht gut.

Plötzlich, ich traute meinen Augen nicht, kamen meine alten Sonnenbrände zum Vorschein, starke Hautrötungen und dazwischen die helleren Bikinistreifen. Sogar der dunkle Streifen auf dem Oberschenkel zeigte sich. Wir alle staunten über solche Phänomene, werteten sie als Beweis dafür, daß Scientology tatsächlich funktioniert. Und je länger dieses Programm dauerte, um so besser ging es mir. Die Mattigkeit verschwand, ich glaubte, viel deutlicher und klarer sehen zu können, meine Stimmung war beständig gut, und mich erfaßte ein Glücksgefühl, wie ich es noch nie erlebt hatte. Ich lachte oft, ohne zu wissen warum, aber es tat mir gut. Ich kann beschwören, daß ich keine Drogen genommen habe, aber der Zustand war ähnlich. Nach dem ›Warum‹ habe ich nie gefragt.

Nach vierzehn Tagen war das Programm für mich beendet, und beim abschließenden IQ-Test schnitt ich deutlich besser ab als vorher. Scientology hatte mich restlos überzeugt! Bedenken und Mißtrauen waren sozusagen ausgeschwitzt. Mein Erfolgsbericht war überwältigend, alle freuten sich so wahnsinnig für mich, und Mario strahlte ganz besonders, als ich kurz entschlossen ein paar Stunden Auditing kaufte. Endlich war ich auf dem richtigen Weg, und für kurze Zeit zogen wir wieder an einem Strang.«

In der Tat war es nur ein unbedeutendes Zwischenhoch für Karin. Wenn sie meinte, sie würde noch mit Mario an einem Strang ziehen, täuschte sie sich. Beide waren längst vom System instrumentalisiert, beide wurden benutzt, wenn es auch bei Mario besser gelang als bei Karin. Trotz einiger berauschender Erlebnisse im Auditing blieben bei ihr Zweifel. Zweifel, die Marios Entwicklung störten, seine Aktivitäten bei Scientology einfach verlangsamten.

Das scientologische Freund-Feind-Schema, mit dem Karin es im nächsten Abschnitt zu tun bekommt, bedarf einer Erläuterung. Diese einfache Form stellt sich so dar, daß es auf der einen Seite einen Unterdrückten und auf der anderen einen Unterdrücker gibt. Anders gesagt, der eine ist bei Scientology, der andere außerhalb. Der Unterdrückte wird aktiv behindert, bei Scientology Fortschritte zu machen, er fühlt sich hin- und hergerissen und wird für das System zum Problem. Die häufigste Lösung besteht darin, sich vom Störfaktor zu trennen, um nun ungestört weiter Scientology machen zu können. Einen solchen Fall habe ich anhand meiner eigenen Geschichte »Im Labyrinth der Scientology« beschrieben. Karins Fall ist insofern kurios, als daß beide Scientologen waren und trotzdem unter dieses Freund-Feind-Schema fielen. Man stelle sich ein einfaches Beispiel vor. Vor einer Postkutsche stehen zwei Pferde, die unterschiedlich schnell sind. Pferd A könnte zwanzig Kilometer pro Tag schaffen, Pferd B hingegen nur zehn. Das war nach Einschätzung der Scientologen die Situation von Karin und Mario. Karin, als Pferd B, mußte ausgespannt werden, damit Mario, Pferd A, seine volle Leistungsfähigkeit entfalten konnte. Pferd B war damit natürlich nicht unbrauchbar, sondern man mußte ihm nur eine andere Aufgabe geben.

»Mario war mitten im PTS/SP Kurs, um sich nicht länger von mir unterdrücken zu lassen, als ihm der Fallüberwacher mitteilte, daß er wegen seiner anhaltenden geistigen Probleme nicht weiter studieren dürfte. Mario hatte sich bereits mit einem Ethikbericht über seine schwierige Situation beklagt. Damit meinte er noch immer meine Zweifel und meinen hartnäckigen Wunsch, eine Familie gründen zu wollen, und sah voller Hoffnung einem klärenden Gespräch mit dem Ethik-Offizier Klara entgegen. Der scientologische Ethikbegriff bedarf einer Erklärung: Scientologen verstehen darunter das Entfernen von Gegenabsichten. Ich war in dieser Sichtweise unethisch, weil ich Marios Plänen nicht vorbehaltlos zustimmte. Mario hatte den Fehler begangen, mich nicht ausreichend zu ›handhaben‹, da ich die Gründung einer Familie über die Errettung des Planeten Erde stellte. Mir fehlte also nach wie vor der Blick für die entscheidenden Dinge.

Meine Vorsicht, die ich immer noch gegenüber Scientology walten ließ, erzeugte bei ihm Lernsperren, und so
konnte sich der arme, verwirrte Mario nicht vollständig
auf die Lehren von L. Ron Hubbard konzentrieren. Die
Dame mußte geopfert werden, das Spiel zu retten. Aber
ich wollte nicht geopfert werden und klammerte mich
verzweifelt an Mario. Der Zufall wollte es, daß ich ihn
auf dem entscheidenden Weg zum Ethikbüro begleitete.
Mit Bangen saß ich vor der Tür, hoffte, betete und hoffte.
Wir sind hier unter Freunden, sagte ich mir immer wieder. Wir sind doch hier, um einander zu helfen, um besser miteinander auszukommen. Ich liebe ihn!

Bleich und verstört verließ Mario das Büro des Ethik-
Offiziers. Schweigend zerrte er mich zum Auto, und erst
als wir viele Kilometer gefahren waren, brach er sein
Schweigen. ›Du behinderst aktiv meine Fortschritte in
Scientology. Deine Zweifel, deine Unsicherheit verwirren mich. Der Ethik-Offizier hat angeordnet, daß wir uns
trennen müssen, damit wir uns nicht länger gegenseitig
behindern.‹ Ich glaubte zuerst, er mache einen Scherz,
war der Überzeugung, daß wir es in einem gemeinsamen
Gespräch mit dem Ethik-Offizier klären könnten. Ich war
doch gewillt, als Scientologe weiterzumachen! Aber es
war hoffnungslos. Mario, mein Mario, sah in unserer Beziehung keine Perspektive mehr. Er hatte Geld eingezahlt, viel Geld für seine geistige Vervollkommnung: Die
Unendlichkeit und Unsterblichkeit lockten, schienen greif-
bar nah, und im Vergleich dazu spielte die Beziehung zu
mir nur eine untergeordnete Rolle.

Als es endlich in mein Bewußtsein drang, wurde mir
übel. Ich heulte, wurde von Krämpfen geschüttelt und im
nächsten Augenblick zornig. Doch Mario reagierte mit
einer Kaltschnäuzigkeit, die auch den Zorn zum Verschwinden brachte. Ich fühlte mich einfach nur noch

mißbraucht, gedemütigt und hoffnungslos. Im scientologischen Sinne, erklärte er, würden wir uns ja nicht aus den Augen verlieren, blieben wir ja dem gemeinsamen Ziel verbunden. Eine Beziehung auf höherer Ebene?

Ich fand es einfach nur gemein und geschmacklos, wie Mario mich abservierte. Obwohl unsere Beziehung durch Scientology bereits erheblich an Intensität eingebüßt hatte, wollte ich immer noch nicht aufgeben. Er ist ja fremdgesteuert, redete ich mir selbst Mut zu. Eines Tages wird er begreifen und zu mir zurückkehren. Mario erklärte großherzig, die Wohnung, und damit die Kosten, weiter mit mir teilen zu wollen. Daß er weder bei seinen Eltern Platz gefunden hätte, noch als Ausländer schnell an eine eigene Wohnung gekommen wäre, verschwieg er natürlich. Wir bildeten eine Art Wohngemeinschaft, wobei er mir natürlich die Pflege der Wohnung und seine dreckige Wäsche aufbürdete. Aber ich weigerte mich, weiter für ihn zu kochen, und so richtete jeder sein eigenes Fach im Kühlschrank ein, und wir gingen getrennt einkaufen und getrennt zur Arbeit. Eine bescheuerte Situation. Vor Freunden erklärte er unsere ›Trennung‹ mit einer Begebenheit, die sich zwei Jahre zuvor zugetragen hätte. Kein Wort über einen scientologischen Trennungsbefehl. Womöglich hätte man ihn für verrückt erklärt, vielleicht sogar uns beide. Das waren wir wohl auch.

So lebten wir wie Bruder und Schwester miteinander, und ich versuchte ihm zu zeigen, wie ernst ich an Scientology interessiert sei. Nur so, hoffte ich, würde ich ihn und den Ethik-Offizier umstimmen können.

Bei unseren Aufenthalten in der Stuttgarter Mission trafen wir auf zwei Münchner Frauen, die sich als Rita und Marion vorstellten. Sie luden uns zu einem Informationsgespräch ein. Als sie merkten, daß Mario und ich unterschiedlicher Ansicht waren, trennten sie uns kurzentschlossen. Rita sprach mit mir, und Marion knöpfte sich Mario vor. Rita war Malerin und hatte zuvor eine hohe Position in der Versicherungsbranche erreicht. Da ich ebenso gerne malte und auch sonst kreativ war, hatte sie leichtes Spiel, über die Kunst zu Scientology zu wechseln. Künstler kommen bei Hubbard gleich nach den Auditoren. Sie sind wichtig und wertvoll. Rita verkaufte Kurse für Scientology, eine wertvollere Arbeit, als in der Versicherungsbranche zu bleiben, erklärte sie mir lächelnd. Ihr Leben klang verlockend. Sie arbeitete nur den halben Tag in der Münchner Organisation, die restliche Zeit widmete sie sich der Kunst, besuchte Ausstellungen und genoß das Großstadtflair. So nebenbei würde man als Mitarbeiterin weiter den Weg der Brücke absolvieren. Alles ganz easy und nur unter Freunden. Das klang verlockend und vielversprechend, und in meinem Hinterkopf entwickelte sich eine neue Perspektive für mein Leben. Aber noch war ich auf Mario fixiert, wollte alles tun, ihn zurückzugewinnen. Rita bemerkte mein Problem, daß ich zu keiner vernünftigen Entscheidung fähig war, solange das Problem mit Mario bestand. Sie empfahl mir dringend, einen Partnerschaftskurs zusammen mit Mario in München zu belegen. Das würde Klarheit schaffen. Ein Hoffnungsschimmer!

Doch Mario weigerte sich entschieden. Er hätte keine Probleme mit der Partnerschaft, er wisse inzwischen, daß er nicht mehr mit mir zusammensein wollte. Am Ende gab er aber doch nach, vermutlich nur deshalb, weil er auf die Münchner Org neugierig war. Direkt am Botanischen Garten gelegen, war die Münchner Niederlassung um vieles größer als die Stuttgarter. Auch die Leute wirkten professioneller. Rita empfing uns freundlich und führte uns zu einem Vorführraum. Sie lächelte mir aufmunternd zu, und ich wußte, sie war auf meiner Seite. Der Film, den man uns zeigte, war in Flag aufgenommen, dem geistigen Hauptquartier der Scientology in den Vereinigten Staaten. Mario war begeistert, als er den Luxus sah, das schöne Ambiente, strahlende Offiziere in Weiß, glückliche Menschen. Für den eigentlichen Inhalt des Films, wie in Flag ein Eheproblem gelöst und sich zwei glückliche Menschen am Ende in den Armen lagen, dafür hatte er keinen Blick.

Rita schüttelte zwar traurig den Kopf, als sie von Marios Weigerung erfuhr, erklärte dann jedoch, daß man eben die Realität eines anderen Menschen weder brechen noch entwerten dürfe. Ihr schien nicht aufzugehen, daß ein Ethik-Offizier durch einen Trennungsbefehl meine Realität sehr wohl gebrochen hatte, und wenn es einen Trennungsbefehl schon gibt, warum nicht auch einen Zusammenseinsbefehl? Meine Welt war zusammengebrochen wie ein Kartenhaus, ich war hilflos gestrandet. In dieser schweren Stunde bot mir Rita helfend ihre Hand. Rita sagte, sie brauche mich. Nichts war in diesem Moment wichtiger als ein Mensch, der mich braucht.

Mario hatte mich mißbraucht und fallengelassen. Aber die Möglichkeit, meinem Leben in München als Mitarbeiterin bei Scientology einen neuen Sinn zu geben, ließ mich über Nacht wieder aufblühen. Nicht mehr länger vom Gefühl der Ohnmacht und Abhängigkeit besessen, begann ich, mich selbst endlich wichtig zu nehmen. Mit den Gedanken an meine neue Zukunft stürzte ich mich mit Elan und Freude in meine Arbeit. Kein Dienst nach Vorschrift mehr, wie damals, wenn ich mit Mario pünktlich um sechzehn Uhr die Firma verlassen hatte, sondern Einsatz. In Hinsicht auf Termine, Eilaufträge und die Zusammenarbeit mit den Kollegen lief alles viel besser. Das Exportgeschäft verlangt flexibles Handeln und nicht den starren Blick auf die Uhr. Diese Erfolge schrieb ich natürlich Scientology zu, die mir Mut gemacht hatte, mein

Leben in den Griff zu bekommen. An dieser Stelle hätte ich es auch damit bewenden lassen können, meinen gutbezahlten Job zu behalten, mit den Kollegen noch besser zusammenzuarbeiten und ein Leben ohne Mario zu führen. Aber ich legte meinem erstaunten Chef die Kündigung auf den Tisch. Als Beweggrund dafür gab ich die Trennung von meinem Verlobten an und daß ich erst einmal zu meinen Eltern zurückziehen wollte. Bei dieser Version blieb ich auch gegenüber den Kollegen, denn das Thema Scientology wollte ich nicht ins Spiel bringen. Ich fürchtete Kritik und übles Gerede, und das auszuhalten war ich noch nicht stark genug.

Ich investierte ein paar Tage Urlaub und fuhr nach München, um meine Grundausbildung zu absolvieren. Meinen Arbeitsvertrag unterschrieb ich schnell und ohne richtig nachzulesen, denn Zeit hat man als Scientologe nicht. Das Hochgefühl hielt an, und als ich ein paar Tage später zurück nach Stuttgart fuhr, befand ich mich derart in Trance, daß ich wie eine Irre über die Autobahn raste. Das Gaspedal durchgetreten bis zum Bodenblech, dazu die Musik von den Scorpions, fühlte ich mich bereits unsterblich. Diese Art von Rausch hatte ich zwar schon bei anderen gesehen, jedoch noch nie selbst erlebt. Immer noch ganz ›Superfrau‹ betrat ich die Wohnung, ließ mich auch nicht aus der Fassung bringen, als ich Mario dort in weiblicher Gesellschaft antraf. Frech und überlegen setzte ich mich zu ihnen, trank Wein und plauderte so lange scientologisch, bis die Frau das Weite suchte. Mario, fasziniert von meiner Sicherheit und meinem Auftreten, himmelte mich an. Zum ersten Mal seit dem Trennungsbefehl schliefen wir wieder miteinander, und kurz vor dem Einschlafen dachte ich noch voller Stolz an meinen Sieg nach Punkten. Mit Scientology könnte ich alles schaffen. Um so größer war der Katzenjammer am nächsten Morgen, als Mario reuevoll um Entschuldigung bat. Es müsse bei der Trennung zwischen uns bleiben. Vorbei mit der Hochstimmung!

Diese und weitere Demütigungen schürten meinen Haß und ein Feuer in mir. Ich wollte Mario beweisen, daß ich mehr wert sei als jede andere Frau. Wie besessen war ich von der Idee, daß ich durch Scientology dieses Ziel erreichen kann. Denn durch Weiterbildung und Steigerung meiner Fähigkeiten würde ich nicht nur als Scientologin im Wert steigen, sondern auch für ihn als Mensch und Frau. Diese irrsinnige Schlußfolgerung gab mir die Kraft, durchzuhalten. Auch die restlichen Urlaubstage, die ich bei meinen Eltern verbrachte, brachten mich nicht zu Besinnung. Voller Hoffnung machte ich mich dann auf den Weg in einen neuen Lebensabschnitt.

Mit meinem hoffnungslos überladenen Wagen fuhr ich direkt zur Münchner Org, wo mich Rita und Marion herzlich empfingen. Rita nahm mich später mit zu ihrer Wohnung und erst dort gestand sie mir, daß es vorerst mit dem eigenen Zimmer noch nicht klappe. Ich müßte bei ihr auf dem Boden schlafen und es mir, so gut es geht, gemütlich machen. Die erste Enttäuschung verkniff ich mir und holte ein paar Sachen aus dem Auto, denn Ritas Zimmer war wirklich nicht sehr groß. Den Rest des Tages bummelten wir durch München, und Deutschlands ›heimliche Hauptstadt‹ nahm auch mich gefangen. Rita sprach nur scientologisch, was mich zu stören begann, aber selbst das konnte den guten Eindruck nicht zerstören. Ich wußte, daß mein neues Leben kein Honigschlecken sein würde, daß ich hart und hingebungsvoll würde arbeiten müssen, um mein Ziel zu erreichen. Dennoch hatte ich im Hinterkopf bereits eine Art Konto eingerichtet, auf dem ich positive und negative Eindrücke zu verbuchen begann. Lag das daran, daß ich eine Kauffrau war?

Mein erster Arbeitstag brachte mich unmittelbar in den Kursraum. Alles war viel größer als in Stuttgart, und natürlich waren auch viel mehr Menschen dort, die über Bücher gebeugt studierten. Meine mangelnden scientologischen Sprachkenntnisse bereiteten mir ziemliche Schwierigkeiten, und ich kam mir vor, als befände ich mich auf einem anderen Planeten. Ich las und definierte, las und definierte und las und definierte, bis ich vom Kursüberwacher wegen meiner Mißverständnisse gehandhabt werden mußte. Aber auch das brachte mir nichts als Kopfschmerzen ein. Irgendwie hielt ich doch durch und war froh, wieder zu Marion gehen zu können. Dort wartete die nächste Überraschung auf mich, eigentlich waren es sogar zwei. Als erstes verkündete man mir, daß mein geplanter Schnellkurs, genannt *crash training*, nicht wie geplant in Kopenhagen, sondern in England auf Saint Hill stattfinden sollte. Saint Hill war zwar Hubbards sagenumwobener Landsitz, aber in Kopenhagen hätte ich Mario getroffen, so hoffte ich jedenfalls. Wieder eine riesige Enttäuschung. Außerdem sei es mit der Bezahlung nicht wie geplant gelaufen. Auch ich müsse mir einen Job nebenbei suchen, etwa Handpuppen verkaufen, in einem Imbiß arbeiten oder sonst irgend etwas. Mir rauchte der Kopf, denn ich fühlte mich aufs Kreuz gelegt. Bei der Anwerbung in Stuttgart hatte alles so klar und einfach geklungen, aber in der Realität saß ich nun mächtig in der Klemme. Meinen Eltern hatte ich versprochen, mich ab und zu telefonisch zu melden, doch diese Absicht wurde von Rita sofort vereitelt. Es wäre nicht gut für mich, einen intensiven Kontakt zur ›Außenwelt‹ zu halten. Freunde und Eltern, die von Scientology nichts verstünden, würden mich nur behindern. Außerdem müßte die Telefonleitung frei bleiben für die wirklich wichtigen Gespräche, wie Kurseinschreibungen oder Finanzangelegenheiten.

Hatte ich richtig gehört? Rita gab vor zu wissen, was für mich gut und richtig sei? Hatte das nicht auch schon Mario getan? War ich etwa vom Regen in die Traufe geraten?

Rita blickte mich hart und erbarmungslos an. Die Angst fraß an mir, und ich wagte keinen Widerspruch. Rita bemerkte meinen Zustand natürlich und versuchte bewußt locker darüber hinwegzuspielen, schwärmte von unserer phantastischen Zukunft. Doch ich registrierte sehr wohl, daß ich dafür in der Gegenwart zunehmend kontrolliert und abgeschottet wurde. Keinen Schritt konnte ich tun, ohne daß mich jemand sofort nach Absicht und Ziel fragte. Jeder kontrolliert hier jeden, das hatte ich begriffen, und die Minusliste meiner Bilanz wurde lang und länger. Am nächsten Tag erlebte ich dann noch das knallharte Management.

Ich blieb am Morgen in Ritas Büro, um zu lernen, wie Vertragsverhandlungen geführt werden, wie man Menschen zum ›Abschluß‹ bringt. Ein Ehepaar, etwa Mitte Fünfzig, kam herein. Etwas unsicher nahmen sie Platz, und Rita erklärte ihnen anhand diverser Listen und Unterlagen, welche Fortschritte sie bereits auf dem Weg zur totalen Freiheit gemacht hätten und was als nächstes zu tun sei. Die beiden nickten eifrig, bis Rita ihnen die Summe präsentierte, die sie noch einzahlen müßten: 137.000 Mark. Alle Einwände wischte Rita lachend weg. Sie wußte, daß die beiden ein Haus besaßen, sprach von Hypotheken, von Krediten, der sinnvollen Investition für die Zukunft, und am Ende hatte sie die Unterschrift. Ich war fasziniert von ihrer Macht und gleichzeitig grauste mir vor einer solchen Macht über Menschen.«

Karins Negativkonto läuft über. Wie aus einem Reflex heraus packt sie ihre Tasche, schnappt sich ihr Fahrrad und rast davon, nur weg von Scientology. Vermutlich wird man sie das gleiche fragen wie mich so oft: »Wann kam der Knackpunkt, wann haben Sie es denn begriffen?« Es ist meist die Addition vieler Beobachtungen, vieler Erlebnisse, und dann ist es manchmal nur ein kleiner Tropfen, der das Faß überlaufen läßt. Der Ausstieg erfolgt ebenso in kleinen Schritten wie der Einstieg. Beides läßt sich weder planen noch vorhersagen. Karin tat das einzig Richtige, brachte viele Kilometer zwischen sich und Scientology, fuhr heim zu ihren Eltern, verweigerte jedes Gespräch mit Scientologen, denn deren »Überredungskünste« waren ihr nur zu gut bekannt. Sie fand Menschen, die ihr Schutz und Zeit gaben, innerlich zur Ruhe zu kommen. Karin hat es inzwischen geschafft.

Bei den vielen Schicksalen, um die es in diesem Buch geht, um deren Motive zum Einstieg und zum Ausstieg, war dies wie bei Karin häufig der Geldaspekt. Darf eine Organisation, die sich selbst Kirche nennt, so viel Geld für Dienstleistungen verlangen? Das berechtigte Streben des Menschen, an sich zu arbeiten, eine Vervollkommnung zu erreichen, hat eine ehemalige Scientologin den »teuren Traum vom Übermenschen« genannt.

5. ... and rock 'n' roll

»Wir haben jetzt auch unseren Prominenten!« Sybille, Organisationssekretär in der Düsseldorfer Scientology-Organisation, stürmt freudestrahlend auf mich zu. Der »Prominente« erweist sich als ein Rock 'n' roll-Weltmeister, im Formationstanz zwar, aber immerhin. Wir gierten damals nach Anerkennung durch die Öffentlichkeit, und dabei konnten uns prominente Namen nur helfen. Amerika, du hast es besser, dachte ich damals seufzend. Dort haben sie einen Tom Cruise, einen John Travolta und andere hochkarätige Stars, die auf die Qualitäten von Scientology aufmerksam machen. Na ja, wenigstens ein Anfang, ein Weltmeister im Tanzen. Ich muß es eben nur richtig vermarkten. Denn das war damals meine Aufgabe, Akzeptanz in der Öffentlichkeit zu erreichen, positive Meldungen in Verbindung mit Scientology zu veröffentlichen.

Dieter Sperling ist längst kein Scientologe mehr. Er könnte eine interessante Geschichte über seinen Einstieg und Aufstieg erzählen. Er wurde *Clear*, bewältigte mehrere ›OT-Stufen‹, wurde Mitarbeiter der Sea Organisation, nicht ›freiwillig‹ wie ich, sondern durch scientologische Erpressung. Er stieg aus und wieder ein. Er heiratete eine Scientologin, es gab ein Kind und Streit um das Sorgerecht, als er abermals ausstieg. Dieter will seine Geschichte immer noch nicht erzählen, und ich respektiere das auch. Dennoch möchte ich einen besonderen Aspekt seiner Scientology-Geschichte darstellen, weil auch dies zum Schicksal eines Menschen, der Scientologe geworden war, gehören kann. Es geht um die Zweifel daran, ob jemand tatsächlich ausgestiegen ist. »Einmal Scientologe, immer Scientologe«, bekam auch ich schon zu hören. Hinter solchen Vorurteilen verbirgt sich die Angst, mit dieser Ideologie auch nur ansatzweise in Kontakt zu kommen. Auch fragt man mich ständig nach Namen und Namenslisten, als wäre ich in der Lage, eine riesige Datenbank über Mitglieder zu führen und die bei Bedarf aktuell zu veröffentlichen. Solche Listen dürfen auf Grund des Datenschutzes nicht geführt werden und könnten auch nicht aktuell sein.

Aber Scientology selbst veröffentlicht Listen von Mitgliedern und Namen von Menschen, die irgendeinen Kurs dort abgeschlossen haben. Solche Listen werden natürlich von Kritikern mit großer Aufmerksamkeit gelesen. Dieter Sperling tauchte nach seinem ersten Ausstieg in solchen Listen wieder auf, er war also wieder dabei.

Wer dann tagsüber seiner Beschäftigung oder seinen Geschäften nachgeht, während er abends in den Kursräumen von Scientology sitzt, ruft das Mißtrauen der Öffentlichkeit hervor. Kann und darf man mit einem Scientologen zusammenarbeiten und ihm vertrauen? Nachdem bei meinen Vorträgen in der Heimatstadt von Dieter Sperling immer wieder sein Name fiel, und auch seine Eltern nicht eindeutig wußten, ob das Geld, das er benötigte, um sich eine neue Existenz aufzubauen, nicht doch zweckentfremdet bei Scientology landete, entstand Ratlosigkeit. Ist er nun Scientologe oder ist er es nicht? Dieter selbst zögerte, darüber zu sprechen, bis er mich eines Tages anrief: »Solange das Gerücht verbreitet wird, ich sei Scientologe, habe ich keine Chance, mir eine neue Existenz aufzubauen. Überall stoße ich auf Mißtrauen.«

Seine Sorge konnte ich verstehen. Als ich selbst ausgestiegen war und zwei Jahre kaum ein Wort zu meiner Scientology-Vergangenheit geäußert hatte, argwöhnte man sogar, daß ich mit meinen Kenntnissen eine eigene Sekte gründen würde. Solchen Vermutungen konnte ich nur mit dem entschlossenen Schritt in die Öffentlichkeit begegnen. Ich machte deutlich, daß ich kein Scientologe mehr war.

Dieter und ich verabredeten uns zu einem Gespräch, und mehr als zwei Stunden schilderte er mir seine Situation. Er hatte sich, das machte er glaubhaft, tatsächlich von der Organisation gelöst. Ich schlug ihm vor, mit mir zusammen eine Veranstaltung zu machen, doch dazu war er noch nicht bereit. Als Alternative schrieb ich ihm einen formellen Brief, in dem ich ihm bescheinigte, daß er nach meinen Eindrücken aus diesem Gespräch der Scientology-Organisation nicht mehr angehöre. Dennoch denke ich, daß es für jeden Aussteiger im eigenen Interesse liegen sollte, sich schnell und angemessen von Scientology zu distanzieren. Ein Leben nach Scientology ist schwierig. Man sollte sich nicht aus falscher Scham oder falschem Stolz einen Neuanfang verbauen oder unnötig schwer machen.

6. Vater, Mutter, Kind

Die Verfassung der Bundesrepublik Deutschland stellt die Familie unter den besonderen Schutz des Staates. Die Familie erfährt diesen besonderen Schutz, weil man davon ausgeht, daß das Erlernen der sozialen Fähigkeiten, die für den Erhalt der demokratischen Gesellschaft von besonderer Bedeutung sind, nur dort wirksam eingeleitet werden kann. Die intakte Familie ist die Keimzelle für eine intakte, demokratische und soziale Gesellschaft. Daher ist die Familie auch eines der Hauptangriffsziele der Scientology-Organisation, da hier der soziale Friede an der Wurzel gestört werden kann.

Kinder spielen Vater, Mutter, Kind. Sie versuchen, im Spiel eine Welt zu begreifen, in der sie leben, aber in die sie noch keinen richtigen Einblick bekommen. Sind sie dann erwachsen, müssen sie versuchen, mit den erworbenen Einsichten die Probleme der Erwachsenenwelt zu bewältigen. Oftmals haben sie aber diesen Einblick immer noch nicht gewonnen. Wie sonst könnte man die hohe Scheidungs- und Trennungsrate erklären?

Ein Blick auf unser Zusammenleben in der Gesellschaft macht deutlich, warum Scientology floriert, warum Scientology – immer noch – so viele Menschen anzieht. Die Geschichte der Familie Ruhwald mag im Vergleich zu anderen wenig spektakulär sein. Es kann nicht von einem Selbstmord, einem Skandal, von hoher Verschuldung oder ähnlichem berichtet werden. Aber dennoch hat mich dieser Beratungsfall berührt, und ich halte ihn auch für erwähnenswert. Es ist eine Geschichte von Vater, Mutter und Kind.

Im April 1996 besuchte uns das Ehepaar Ruhwald zum ersten Mal. Die Tochter besuchte seit geraumer Zeit die Scientology-Filiale in Düsseldorf. »Was können wir tun?« fragten sie uns.

Zu jenem Zeitpunkt hatte ich damit angefangen, meine eigene Geschichte zu Papier zu bringen und war daher froh, daß meine Lebensgefährtin Sabine Kemming an solchen Gesprächen teilnahm und mir mit ihrer fachlichen Unterstützung ein wenig den Rücken freihielt.

In dieser Geschichte ist vieles verwoben: Vater, Mutter, Tochter, Großmutter und zwei aufmerksame Zuhörer und natürlich das Thema Scientology. Das Wort Berater möchte ich vermeiden. Als wir den Fall kennenlernten, da ahnte ich noch nicht, daß ich darüber je etwas schreiben würde. Ich dachte nicht, daß ich nach meiner eigenen Geschichte noch etwas zum Thema Scientology schreiben würde. Doch es gab Tage, an denen ich spürte, da ist noch soviel zu berichten, zu erklären und zu bereden. Ein solcher Tag war das erste Gespräch mit dem Ehepaar Ruhwald. Sie lebten zu diesem Zeitpunkt getrennt, die Scheidung stand im Raum. Es war schwierig, sich in dieser Situation auch noch um die Tochter zu kümmern, die Scientologin geworden war. Die Tochter hatte längst ihre eigene Wohnung, ging eigene Wege, und die Eltern hatten nicht das Bedürfnis, für sie noch Verantwortung zu übernehmen. Doch das Reizwort Scientology durchbrach schließlich den Schutzwall der eigenen Probleme und Sorgen, und die getrennten Eltern setzten sich wieder zur Beratung zusammen. Man sucht Hilfe, lernt Menschen ihn ähnlichen Situationen kennen und begreift, daß man als Eltern wieder gefordert ist.

»Wir haben damals in diesem Lebenstief beschlossen, daß wir uns nicht von den eigenen Problemen davon abhalten lassen, unserer Tochter trotzdem Eltern zu sein. Nicht als Vater und Mutter, die man ja schön gegeneinander ausspielen kann, sondern eben als Elterneinheit wollten wir an das Problem Scientology herangehen. Sicherlich nicht bis zur völligen Selbstaufgabe, soweit wollte ich nicht gehen, damals, aber diese Herausforderung hat mir und meinen eigenen Plänen ein wenig ›Dampf‹ entzogen.«

Herr Ruhwald hatte damals allerdings unter Dampf gestanden! Seine Frau war beim ersten Gespräch kaum zu Wort gekommen.

»Dazu steh ich«, sagt Herr Ruhwald. »Das war alles noch so frisch, so aktuell. Ich suchte meinen Lebensweg, und plötzlich muß ich feststellen, daß meine Tochter das auch tut, aber ganz anders. Ihr Weg hieß Scientology. Damit hatte ich nicht gerechnet. Ich hatte einiges über diese Organisation gelesen, aber daß sie auch in mein Leben einbrechen würde, damit hatte ich nie gerechnet. Das war eine Überraschung für mich.«

Man spricht gerne von ›Überraschung‹, als sei Scientology ein Naturereignis, dem man hilflos ausgeliefert ist, aber wenn man damit beginnt, die Hintergründe einer solchen Entscheidung einmal auszuleuchten, lernt man vieles verstehen. Herr Ruhwald beschreibt, daß seine Tochter offensichtlich über ein Problem im Umgang mit anderen Menschen in die Scientology-Organisation geraten ist. Er schildert sie als sehr impulsiv, mitunter schroff und wenig diplomatisch. Damit habe sie es schwer, Freunde zu gewinnen. Bei unserem Gespräch erleben wir ihn aber ebenso: impulsiv, energiegeladen, dominant; neben seiner Frau, die ruhig und still, fast ängstlich wirkt. Auch er hat wohl das Problem, sich zurückzunehmen. Für einen Mann ist das aber vielleicht ein weniger großes Handicap als für eine Frau, für die Tochter.

Erste Anzeichen für die Veränderung der Tochter findet Frau Ruhwald, als sie in der Wohnung der Tochter Post von Scientology sieht.

»In ihrer ganzen Wohnung lag alles offen herum. Da lag die Post, die ihr geschickt wurde, irgendwelche Benachrichtigungen und wer befördert worden war. Ferienprospekte aus Amerika und eben Briefe und Magazine mit dem Absender ›Scientology‹.«

Außerdem hatte die Tochter plötzlich sonntags nie mehr Zeit. Doch bevor sie die Tochter darauf ansprechen kann, erklärt diese aus eigenen Stücken ihre Zugehörigkeit zu Scientology.

»Das war Anfang '96. Da sind wir eigentlich darauf gestoßen. Sie war viel freundlicher, viel verbindlicher und netter.«

Ihr Mann ergänzt: »Ganz merkwürdig. Dann haben wir ein bißchen gedrängelt, bis wir schließlich einen Abend darüber gesprochen haben. Aber wir sind nie so richtig zur Sache gekommen. Sie war plötzlich so etwas von liebenswürdig, so gezwungen liebenswürdig, so höflich. Das hätte sie dort gelernt, und wir würden doch sehen, sie wäre uns gegenüber nicht mehr so ruppig wie früher. Das hat sie so auffällig betont, daß ich heute davon ausgehe, daß es ihr Problem war. Sie muß sich in ihrem Verhalten uns gegenüber selbst kritisiert haben und dann den Wunsch gespürt haben, sich in diesem Punkt ändern zu wollen. Davon war sie damals wohl überzeugt, wir sind darauf aber gar nicht eingegangen.«

Wir diskutieren mit den Eltern die möglichen Gründe für den Einstieg.

»Sie wollte offensichtlich an der ›gestörten‹ Kommunikation arbeiten. Ja unbedingt, ganz klar. Jetzt ist sie

110

wieder so wie früher, und wir sind auch froh darüber, daß sie wieder Ecken und Kanten hat. Es war ja so schlimm. Erst hat sie uns angeschnauzt, und dann hat sie den nächsten Tag im Büro angerufen und hat sich entschuldigt dafür und Süßholz geraspelt.

Wir haben damals dann beschlossen, ihr jede Hilfe zu geben, die sie braucht. Sie sollte es nur, von sich aus sagen, wenn sie Hilfe braucht. Wir sagten uns, wenn wir ihr Druck machen oder sie zu Erklärungen zwingen, dann treibt sie das nur tiefer hinein. Vielleicht schämt sie sich inzwischen auch, daß sie mit Scientology in die falsche Richtung gegangen ist. Wir waren bei einer Familie in Köln, die drei Söhne haben, einer von ihnen ist Scientologe. Die beiden anderen haben ihren Bruder bekniet, aber dadurch wurde er nur verstockter, noch verbohrter. Die Eltern hatten inzwischen resigniert. Irgendwann, meine ich, ist man für einen erwachsenen Menschen nicht mehr verantwortlich. Es kann wirklich nicht sein, daß man bis zur Selbstaufgabe am eigenen Kind herumzerrt. Da macht man sich sein eigenes Leben vielleicht auch noch kaputt.«

Herr und Frau Ruhwald reagieren jedoch unterschiedlich. Er hält sich betont zurück, um die Konfrontation zu vermeiden, sie bleibt offen, freundlich und neutral, aber insgeheim besorgt. Die Freunde der Tochter bleiben distanziert.

»Die haben ihr gesagt, du kannst da ruhig hingehen, aber wir gehen nicht mit dahin. Das stört uns auch nicht. Wir wollen aber nichts mehr davon wissen. Meiner Tochter habe ich dann vom ersten Beratungsgespräch in Krefeld erzählt. Darüber haben wir eine richtige Diskussion geführt, sehr freundlich. Sie wußte vieles nicht. Einmal habe ich sie zum Essen eingeladen, und sie hat ein Lokal ausgesucht. Anschließend hat sie mir gezeigt, wo sie sonntags hingeht. So habe ich mir zum ersten Mal das *Scientology Celebrity Center* auf der Luisenstraße von außen angesehen. Hineingehen wollte ich nicht, und sie hat mich auch nicht dazu gedrängt.«

Die Eltern gehen abends gemeinsam am *Celebrity Center* vorbei. Ihr Eindruck: Ein schicker Laden. Es wird getanzt, die Leute sind festlich gekleidet. Wer dahinter nichts vermutet, der denkt, es sei einfach eine nette Gesellschaft, so richtig Düsseldorfer Schickimicki.

Dann taucht plötzlich ein Problem auf. Sonja will nach Wien fliegen. Die Eltern wissen nicht, ob sie ihr noch trauen können, oder ob die Tochter insgeheim doch nach Kopenhagen in die europäische Zentrale der Scientology-Organisation fliegen will, um dort Kurse zu besuchen. Wir überlegen gemeinsam, wie sich die Eltern verhalten sollen. Leider wissen wir von anderen Fällen, daß bei Scientology »lügen die erste Stufe der Kreativität ist« und man, wenn es der eigenen Sache dient, auch Eltern täuschen darf. Aber Sonja läßt sich von der Mutter zum Flughafen bringen, und sie fliegt tatsächlich nach Wien, so wie sie gesagt hat. Natürlich gibt es auch in Wien einen Scientology-Stützpunkt, aber von Kopenhagen geht eindeutig die größere Gefahr aus. Wer erst einmal dort in die Kursmühlen der Scientology geraten ist, der ist viel schwieriger herauszulösen.

»Da haben wir uns große Sorgen gemacht, daß sie irgendwie endgültig abdriftet. Aber sie hat in Wien tatsächlich eine Freundin besucht, und nach ihrer Rückkehr ist sie sechs Wochen nicht mehr zu Scientology gegangen. Dann wurden die Abstände immer länger, und schließlich ist sie gar nicht mehr hingegangen. Aber sie hat vorher schon versucht, auch mich für die Sache einzunehmen. Was wir vorbringen würden, das würde nicht stimmen, ich sollte mir das Buch durchlesen, das sie mir gab. Sie

hatte mir schon mal so ein kleines Heftchen gebracht.
›Der Weg zum Glücklichsein‹, das war die erste Broschüre. Was dort stand, fand sie gut. Das sollte ich mir
auch einmal durchlesen, und ob ich nicht einmal mitge-
hen wolle, Samstagabends, oder wenn eine Veranstaltung
sei. Natürlich ganz unverbindlich, um mir auch einmal
die andere Seite anzuschauen.«

Frau Ruhwald versucht weiterhin, ihre Tochter freundlich und sanft zu bewegen, ihre neuen Freunde kritisch
zu betrachten und sorgfältig abzuwägen, was man ihr
dort als Wahrheit anbieten würde.

»Ich hab ihr gesagt, sie soll einmal überlegen, warum
sie dahingeht. Sie hatte keine Freunde zu dem Zeitpunkt.
Sie war allein. Ist angesprochen worden. Hat sich zuerst
gar nichts dabei gedacht. Hat auch ihrem Chef erzählt,
wo sie sonntags hingeht. Und jeder hat sich ja mit ihr
dann darüber unterhalten. Ich habe zum Beispiel gesagt,
von mir erhielte sie kein Geld, um dort Kurse zu belegen.«

Unerwartet bekommen die Ruhwalds Hilfe vom Arbeitgeber der Tochter.

»Ich muß dazu noch erwähnen, daß ihr Chef, ein Wirt-
schaftsprüfer, ihr zugesetzt hat. Er war auf einer Tagung,
auf der auch das Thema Scientology besprochen wurde.
Sie mußte ihm versprechen, nicht mehr dahinzugehen,
sonst hätte sie ihre Stelle verloren. Das war klar und
deutlich. Es war einfach Existenzangst, denn ihre Stelle
wollte sie nicht verlieren.«

Auch Sonjas Bank, mit der Herr Ruhwald redete, versprach mitzuarbeiten.

»Ich sprach dann noch mit ihrer Bank, habe dort angerufen. Da hat man zuerst ›gemauert‹. Darauf habe ich den
Filialleiter verlangt, der natürlich auch nichts sagen wollte: ›Darf ich Ihnen nicht sagen, ob Ihre Tochter bei uns

ein Konto hat.‹ Darauf habe ich ihm gesagt, er solle sich das genau überlegen. ›Meine Tochter gehörte eindeutig zu dieser Organisation ›Scientology‹. Sie müssen damit rechnen, daß sie irgendwann kommt und von Ihnen einen Kredit haben will. Und falls Sie ihr den Kredit geben, dann werden Sie das Geld niemals zurückbekommen. Von uns werden Sie keinen Pfennig bekommen, soviel kann ich Ihnen jetzt schon sagen. Sie können das auch schriftlich haben. Überlegen Sie sich es in Ruhe, ob Sie mit mir darüber reden wollen; hier haben Sie meine Büronummer. Rufen Sie mich an.‹ Dann hat er sich rückversichert. Eine Viertelstunde später hat er mich angerufen und war ganz auf meiner Seite. Er hat sich alle meine Privatnummern geben lassen, und wir haben vereinbart, daß er mich anrufen solle, wenn sie käme und einen größeren Betrag haben wolle. Dann habe ich gesagt: ›Nun schnüren Sie sie aber nicht ein, sie hat ja einen Dispositionskredit. Schließlich muß sie ja leben. Es muß schon was Gravierendes sein. Es kann auch sein, daß sie einen Bürgen mitbringt, aber das ist ein Scheinbürge, und Sie werden Ihr Geld nie wiedersehen.‹ Ich habe ihn beim Geld gekitzelt. Da konnte er nicht mehr anders. Aber wir haben nie mehr etwas von ihm gehört. Es ist wohl auch nie etwas geschehen. Sie hat eine Zeitlang mehr Geld ausgegeben, als sie verdiente. Aber das tun viele Leute. Das ist ja nicht so dramatisch. Wir unterstützten sie. Sie hat eine Wohnung von uns. Da zahlt sie nur eine kleine Miete. Ich denke, inzwischen kommt sie über die Runden. Sie ist eine kleine Angestellte im Büro. Sie verdient aber noch nicht viel.

Wir haben also sehr ruhig, mit möglichst großer Gelassenheit und umsichtig alle möglichen Gefahrenquellen ausgeschaltet. Sie ist also, trotz unserer ablehnenden Haltung, mit uns im Gespräch geblieben. Wir wissen, daß das nicht immer so funktioniert. Es kann daher kein Patentrezept zum Umgang mit dem scientologischen Kind sein, aber vielleicht hilft diese Vorgehensweise in einigen Fällen. Es gibt eine Fülle von Gefahrenquellen, die man gar nicht alle ausschalten kann. Für uns war das Wichtigste, daß sie weiter mit uns geredet hat, und wir so von neuen ›Trends‹ rechtzeitig erfuhren. So hatte man ihr plötzlich angeboten, abends nach dem Kurs noch die Bücherei bei Scientology zu leiten. Als sie Interesse zeigte, erweiterten sie das Angebot sofort, sie sollte halbtags arbeiten und ihre normale Arbeitsstelle auf 50 Prozent reduzieren. Uns hat sie erzählt, sie bräuchte nicht mehr in ihrer alten Firma arbeiten. ›Ja‹, sagte ich, ›wie willst du denn leben?‹

›Ja, wenn ich Bücher verkaufe ...‹

›Paß mal auf, da verdienst du nichts. Ist dir das nicht bekannt? Sie nennen sich hochtrabend ›religiöse Bruderschaft‹ und man arbeitet dort ehrenhalber.‹ Darauf ist sie gar nicht eingegangen. Das hat sie mir alles nicht geglaubt. Aber irgend etwas hat sie dann wohl begriffen. Sie brauchte natürlich wie jeder Mensch Geld. Das hat sie wohl begriffen, denn die Idee mit der Bücherei hat sie fallenlassen.«

In einem andern Punkt sind die Eheleute Ruhwald allerdings weniger erfolgreich:

»Ich hatte Sonja gesagt, daß Sie oder Ihr Mann bereit wären, zu einem Gespräch vorbeizukommen und sich mit ihr auseinanderzusetzen. Das hat sie sich zuerst aufmerksam angehört, dann aber wohl bei Scientology darüber gesprochen. Sie kam wieder und hat mir eine Zeitschrift mitgebracht, die ich lesen sollte. Ob ich denn wüßte, daß die geschiedene Frau Potthoff noch in der Kirche arbeiten und ihr Ex-Mann ganz schreckliche Lügen über die Kirche verbreiten würde? Aus diesem Grund könne sie kein Gespräch mit Ihnen führen.

Da war sofort ein Feindbild da. Sie wollte auch von der JU nichts wissen. Sie wußte, daß die stark mit Aufklärungsarbeit beschäftigt waren, das hat man ihr wohl im ›Centrum‹ gesagt. Wahrscheinlich hat sie dort darüber gesprochen. Ich hatte so den Eindruck, die bringen sie dazu, auch über alles Private ganz offen zu reden.«

Hatte bisher Frau Ruhwald alle Gespräche mit der Tochter geführt, während ihr Mann nur die Gespräche im Hintergrund führte, wie beispielsweise mit der Bank, beschließt er schließlich doch, seine gespielte Unwissenheit aufzugeben. Eine gewagte Entscheidung, riskiert er doch, daß seine Tochter sich von ihrer Mutter verraten fühlt.

»Ich durfte ja bis zu einem bestimmten Zeitpunkt von all dem nichts wissen. Offiziell war ich gar nicht eingeweiht. Nur meine Frau war mit ihr im Gespräch. Im Oktober/November habe ich dann die Flucht nach vorn ergriffen und sie angerufen. Diese Heimlichtuerei mag ich nicht. Ich mußte mit dem Mädel selber reden. Zunächst war sie etwas erschrocken. Woher ich das wüßte? ›Ja mein Gott, auch wenn deine Mutter und dein Vater im Moment nicht zusammenleben, bist du uns wichtig. Darüber reden wir am Telefon regelmäßig.‹ Na ja, da hat sie sich beruhigt. Irgendwann Weihnachten hat sie gesagt, wir könnten ganz beruhigt sein, sie würde nicht mehr dorthingehen. – Das war unser schönstes Weihnachtsgeschenk.

Jetzt hat sie immer den Anrufbeantworter laufen, falls jemand von Scientology anruft, denn sie hat Angst vor Repressalien. Es könnte sein, daß nochmals jemand auf sie zukommt, weil sie hat ihren Kurs nicht fertig gemacht hat. Im Moment hat sie einen Nachsendeauftrag, da sie immer noch Post von Scientology erhält. Ich hab nur gesagt, wenn das nicht aufhört, wenn immer noch was geschickt wird, wenn der Nachsendeauftrag aufhört, dann müssen wir zum Rechtsanwalt.«

Bei Herrn Ruhwald ist ein Rest von Angst um die Tochter geblieben. Wir geben ihm den Rat, zusammen mit seiner Tochter einen Brief in einem deutlichen Ton abzufassen, bevor er einen Anwalt einschaltet. Noch nach vielen Jahren bekommen Aussteiger Post mit der Aufforderung, sich doch zu melden. Es besteht eigentlich kein Grund zur Angst, wenn man sich dagegen wehrt. Es ändert sich nur, wenn man öffentlich gegen die Scientology-Organisation auftritt. Dann muß man damit rechnen, daß man sehr genau beobachtet wird. Scientologen suchen dann irgend etwas im Leben des Betroffenen, womit sie ihn öffentlich in Mißkredit bringen können. Das ist die Aufgabe der OSA, des scientologischen Geheimdienstes.

Herr Ruhwald: »Auch wenn ein kleiner Rest von Angst und Sorge geblieben ist, sind wir sehr froh über die Entwicklung. Wir kennen jetzt auch die Freundin aus Wien, die zum Geburtstag da war. Sie heiratet jetzt, und meine Tochter ist eingeladen. Abends ist sie jetzt auch immer auch zu Hause und wohnt in dem Haus, in dem wir auch eine Wohnung haben und in dem auch meine Schwiegermutter wohnt. Oma sorgt für sie und das ist eine phantastische Symbiose. Sie kann dort essen, und Oma sieht dann schon, ob sie regelmäßig nach Hause kommt. Sie ist voll eingeweiht in die ganze Sache und würde uns sofort Bescheid sagen.
Oma hat natürlich am Anfang nicht geglaubt, daß es Leute gibt, die bei Scientology ihr ganzes Vermögen verlieren und noch jahrelang Schulden haben.
Sie glaubt es inzwischen. Obwohl Sie schon 75 Jahre alt ist. Und ich denke, sie hat einen guten Einfluß auf

Sonja. Von der Oma nimmt sie fast mehr an als von mir. Wir lassen es einfach mal laufen. Wir würden es schon sehr, sehr schnell spitzkriegen, wenn da wieder etwas in die verkehrte Richtung liefe. Aber ich bin eigentlich überzeugt, es läuft im Moment gut. Sie kommt jeden Abend nach Hause.

Eigentlich geht es ihr ja jetzt auch besser. Aber es gab eine Übergangszeit. Das war im Oktober/November, da haben wir drüber gesprochen, ob wir uns zusammensetzen sollten, ob Herr Potthoff noch zu einem klärenden Gespräch vorbeikommen solle. Dann hat sie endgültig beschlossen, daß sie nicht mehr dorthingeht. Nach Weihnachten sagte sie, sie brauche irgend einen Platz, wo sie am Wochenende hinkönne. Sie befürchtete wohl, daß sie doch wieder irgendwann hingehen würde, wenn sie alleine sei.«

Frau Ruhwald: »Das hat sie aber so klar nicht gesagt.«

Herr Ruhwald: »Ja, da war sie sich nicht so sicher. Gefeit ist sie bestimmt nicht dagegen, wenn eine Situation käme, die ähnlich wäre und jemand sie wieder ansprechen würde. Aber wer ist sich dessen schon sicher? Ich bin der Überzeugung, wenn es noch ein paar Arbeitslose mehr gäbe, und es käme wieder ein Goebbels wie damals, würden die Leute alle wieder ›Hosiana‹ rufen.«

Wir hatten die ganze Zeit nur über die Tochter geredet, wollten aber auch darüber sprechen, wie das Leben der Eltern verlaufen war.

Frau Ruhwald: »Zuerst war ich schon ängstlich. Ich wußte nicht, wie ich reagieren sollte, als meine Tochter mir gesagt hat, wo sie hingeht. Ich dachte, daß jemanden, der normal denkt, ein solcher Fehler nicht unterlaufen können. Ich habe erst einmal alles herausgesucht, was es an Information darüber gab, wen wir ansprechen könnten, wer Erfahrung mit solchen Fällen hätte und wie man verhindern könnte, daß sie dort für immer bleiben würden.«

Herr Ruhwald: »Wir beide hatten seit dem Zeitpunkt einen sehr guten Kontakt. Und haben uns regelmäßig ausgetauscht. Trotz Trennung haben wir uns gesagt: Das müssen wir gemeinsam anpacken. Ich bin dabei allerdings anders vorgegangen, habe rumgerödelt, wie das so meine Art ist. Aber vor allem haben wir Informationen gesammelt, wo es nur möglich war.«

Auch mit engen Freunden hat Herr Ruhwald über sein Problem gesprochen. Frau Ruhwald hat sich bewußt nur ihrer Mutter anvertraut. In jedem Fall hat es die Eltern, die ja selber in der schwierigen Situation waren, ihre Beziehung zu klären, eine Menge Energie gekostet.

»Ja, nun kam das Problem dazu, daß, obwohl wir zu der Zeit auch Kontakt hatten, im Grunde zu dem Zeitpunkt unsere Lebenswege ganz klar getrennt verliefen und wir nicht weit von der Scheidung entfernt waren. Jeder lebte sein eigenes Leben: Ich hatte eine eigene Wohnung, eigentliche sogar mehrere Wohnungen. Beruflich war ich voll belastet und habe auch nicht jeden Tag an Sonja gedacht. Ihr Chef hat damals sehr liebenswürdig reagiert – ich bin da anders. Wenn ich eine Firma hätte, und jemand von meinen Angestellten wäre Scientologe, ich wüßte nicht, ob ich so sanft reagiert hätte. Wahrscheinlich hätte ich ihn vor die Alternative gestellt: Hör damit auf oder du fliegst raus. Aber ich habe in den vielen Gesprächen, die ich in dieser Angelegenheit führen mußte, so viele Standpunkte kennengelernt und mußte dabei lernen, daß meine Herangehensweise nicht die einzige ist, die zum Ziel führen kann. Ich bin dadurch tatsächlich ruhiger und gelassener geworden, wobei ich meinen Charakter allerdings immer noch nicht verleugnen kann. Vielleicht hatte Sonja Glück, an einen Chef zu geraten, der es nicht mit dem Holzhammer versuchte. Aber sie hatte ja auch von sich aus mit ihm über ihre Kurse gesprochen. Vielleicht war das ein Impuls für ihn, wie eine verantwortungsvolle Führungsperson zu handeln und zu versuchen, sie zu beeinflussen. Seltsamerweise hatte unsere Tochter Angst, es könnte jemand von unseren Bekannten erfahren, daß sie Scientologin ist. Auf der anderen Seite hat sie es ihren eigenen Freunden immer erzählt. Das sind auch diejenigen, mit denen sie jetzt noch zusammen ist. Aber von unseren Bekannten sollte es keiner erfahren. Vielleicht hatte sie Angst, sie könnten sie dann vielleicht nicht mehr mögen. Weil sie solche Unterschiede machte, haben wir angefangen, über unsere Bedeutung als Eltern nachzudenken, was wir wohl der Tochter eigentlich bedeuten, wie sie uns einschätzt. Wir waren plötzlich selbst auf dem Prüfstand: Vater, Mutter, Kind.

Ein Stückchen Lebenserfahrung, eine Herausforderung, mit der wir nicht gerechnet hatten, möchte ich es heute nennen. Daß es Dinge gibt, die man gar nicht für möglich hält, hat mich sehr wach gemacht, und jetzt bin ich den Dingen gegenüber noch skeptischer, als ich es sowieso schon bin. Wir haben als Familie einfach unheimlich viel Glück gehabt, daß unsere Tochter, egal aus welchen Gründen, rausgekommen ist. Wir haben aber auch viel Lebenserfahrung daraus gezogen, auch ich in meiner Rolle als Vater.

Früher hätte ich immer gesagt, sie ist 29 und lebt ihr eigenes Leben. Aber jetzt? Ich bin als Vater – außer wenn ich irgendwann einmal in der Kiste liege – für mein Kind verantwortlich, und das werde ich auch bleiben, auch wenn sie es vielleicht gar nicht merkt. Ich werde die Verantwortung nicht los. Ich habe gedacht, ich hätte keine Verantwortung mehr, sie wäre ein erwachsener Mensch und könnte alles alleine entscheiden. Aber es hat sich herausgestellt, daß sie es eben nicht kann und wir als Eltern auch nicht. Wir haben die Bedeutung von Familie neu verstanden, das war wichtig. Ich bin mir gar nicht sicher, ob sie in zehn Jahren in einer ähnlichen Situation nicht noch einmal verführt werden könnte. Das ist sicherlich möglich. Es sind ja auch erwachsene Leute in der Gruppe, es sind ja nicht nur Jugendliche. Das ist kein ängstlicher Zweifel an der Tochter, sondern eine nüchterne Einschätzung, nachdem ich begriffen habe, wie leicht es ist, auf die Scientology-Schiene zu geraten.

Ich habe auch schon überlegt, ob man sich mehr für ihre Probleme hätte interessieren sollen. Sie leidet z. B. ungeheuer unter folgendem: Ich habe eine Schwester, die zwei Kinder hat, und zu der es überhaupt keinen Kontakt gibt. Und Sonja hätte so gerne eine große Familie. Onkel und Tanten, wo sie hingehen kann. Wir sind relativ alleine: Meine Mutter und mein Vater sind gestorben, meine Schwester wohnt nicht hier, und mein Schwager will keinen Kontakt mit der Familie. Meine Tochter hätte aber gerne einen riesigen Freundeskreis oder Verwandtschaft, wo sie hingehen kann, das hat ihr gefehlt. Also habe ich beschlossen, Sonja einfach am Wochenende wieder mal einzuladen. Sie sagt ja auch: Ihr kommt ja nie zu mir. Da waren wir wirklich oft zu bequem. Das werden wir demnächst auch einmal machen. Einfach Kuchen kaufen, hinmarschieren. Sie hat sich jetzt ein Meerschweinchen angeschafft. Na ja, sie war allein. Bevor man mit niemandem spricht, spricht man eher mit einem kleinen Schwein. Das war auch in diese blöde Phase. Jeder von uns mit sich selber beschäftigt, mit seinen eigenen Problemen und wie man alles geregelt bekommt. Ich glaube, darunter hat sie auch gelitten. Der erste Schritt ist getan: Sie hat die Oma, die sich um sie kümmert, und ihre Eltern hat sie wieder gemeinsam. Und das ist auch schön.

Das Gespräch hat mich wieder motiviert, nicht nachzulassen. Das ist eine Aufgabe, die man übernehmen könnte. Diese ›Abwehrschlacht‹ gegen Scientology, das könnte etwas sein, wo ich noch einmal Energie hineinstecken wollte. Wenn Sie da eine Idee haben, wäre ich gern bereit, etwas zu tun. Wenn man persönlich davon betroffen war, kann man ganz anders darüber reden, als wenn man theoretisch darüber spricht.«

7. Test it ...

Ein gefährlicher Selbstversuch, um den Sohn zu retten

›Test it‹ wird man auf großformatigen Plakatwänden aufgefordert, und auch Scientology erklärt immer gerne: »Scientology kann man nicht erklären, Scientology muß man machen!« Kein Wunder, daß Menschen aus Neugier oder Selbstüberschätzung in die ›Falle Scientology‹ geraten können. Neuem gegenüber offen zu sein, ist ja kein schlechter Wesenszug, und wenn man etwas nicht selbst probiert, kann man ja auch wirklich nicht darüber reden.

»Meine Großmutter sagte schon immer, ›probieren geht über studieren‹, und ich wollte schließlich wissen, was meinen Sohn Walther so an Scientology faszinierte, und so entschloß ich mich, Scientology einmal auszuprobieren, nur so als Test.«

Herr Freiwald spricht offen über seine Erfahrung mit Scientology, manchmal in so drastischen Worten, daß ich sie kaum wiedergeben kann. Er hat in Deutschland noch die Nazidiktatur miterlebt und findet sehr treffende Vergleiche zwischen Scientology und der menschenverachtenden Naziherrschaft. Sein Selbstversuch bei Scientology, der glücklicherweise ohne Folgen für ihn blieb, hat ihn in seiner Meinung nur bestärkt.

Im Zuge seiner Recherchen willigte er ein, in der Scientology-Organisation in Hannover das Angebot eines kostenlosen Auditings anzunehmen. Er vermutete bereits, daß Auditing ein Hypnoseverfahren sein könnte, doch er fühlte sich stark genug, sich dieser Hypnose, falls sie tatsächlich verwendet werden sollte, entziehen zu können. Um seinen Sohn zu retten, war er bereit, fast jedes Wagnis auf sich zu nehmen. Das Auditing begann an jenem Nachmittag zunächst mit stundenlangen Konzentrationsübungen in Form von Wort- und Gedächtnisübungen. Ziel dieser Übungen sei es, so versicherte man ihm, sich »in der Gegenwart zu befinden und sich dort zu stabilisieren«. Teils aus Neugier und Durchhaltewillen, teils aber auch aus anerzogenem Gehorsam gegenüber der Autorität, befolgte er alle Anweisungen bis zur Erschöpfung. Danach führte man ihn in einen abgedunkelten Raum, um mit der Arbeit auf dem *Timetrack* zu beginnen. Gemeint ist damit ein Verfahren, mit dem die verschiedensten Lebenserinnerungen, die von Scientology insgesamt als ›Zeitspur‹ des Menschen bezeichnet werden, in Erinnerung gerufen werden.

Der Erfolg der Auditing-Hypnosetechnik ist an verschiedene Voraussetzungen gekoppelt. Die wichtigste ist, daß der Auditierte keinen Zweifel daran hegt, daß man ihm helfen will. Würde er daran zweifeln, wären seine inneren Widerstände größer als die Mechanismen und Techniken der Hypnose. Der zweite Aspekt ist die Sicherheit des Hypnotisators, der bei Scientology Auditor genannt wird. Er darf keine Zweifel daran hegen, daß seine Technik funktioniert. Seine Überzeugungskraft und Sicherheit, die er auf den Hypnotisierten ausstrahlt, muß über jeden Zweifel erhaben sein. Wer andere suggestiv beeinflussen will, muß sich auch selbst wirksam Suggestionen erteilen können. Als notwendige Charaktereigenschaften hier für sind Geduld, Einfühlungsvermögen, Selbstsicherheit, Anpassungsfähigkeit und ein funktionierendes Kommunikationsmodell. Diese Voraussetzungen werden im scientologischen Training geschaffen, in dem der Scientologe in langen Übungen darauf vorbereitet wird, diese »Überlegenheit« zu entwickeln. Der Auditor wird auf eine ›Stufe der absoluten Wahrheit‹ hin trainiert, so daß er keine Bedenken hat, alles auszuführen, was das scientologische Konzept ihm vorgibt.

Grundsätzlich kann jeder hypnotisieren, der die notwendigen Techniken beherrscht, aber wegen des damit einhergehenden Eingriffs in das Unterbewußtsein einer anderen Person und der tiefgreifenden Verantwortung sowie der weitreichenden Möglichkeiten – auch des Mißbrauchs – gehört das Instrument der Hypnose nur in die Hände von entsprechend verantwortungsbewußten und gut ausgebildeten Ärzten, Therapeuten und Heilpraktikern. Diese Qualifikation ist bei Scientology nicht gegeben. Die Hypnosetechniken, die bei Herrn Freiwald, und natürlich bei vielen anderen, angewendet werden, kann man bei Scientology in einem Wochenendseminar ohne jede staatliche Prüfung und Überprüfung erlernen.

Zwei Aspekte sind beim scientologischen Auditing in besonderem Maße zu kritisieren. Zum einen wird bei Scientology bestritten, daß man Hypnosetechniken anwendet, zum anderen fehlt die fachliche und moralische Qualifikation des Auditors. Beides führte zur Forderung, Scientology-Auditing zu verbieten. Diese Forderung muß eindeutig unterstützt werden.

Der Hypnotisand, bei Scientology der zu Auditierende – oder auch *pre-clear* genannt – muß dagegen nur eine Voraussetzung mitbringen: Er muß suggestibel sein. Die Suggestibilität stellt eine der wichtigsten Voraussetzungen für das menschliche Zusammenleben dar, ihr Fehlen darf vermutlich als krankhaft bezeichnet werden.

Beim Auditing – und dies gilt generell für Hypnosetechniken – ist die Empfänglichkeit für Suggestion individuell unterschiedlich ausgeprägt. So wird ein Mensch, der Vertrauen zum Hypnotisator/Auditor hat, der eher hysterisch als zwanghaft ist und unter Leidensdruck in einer Ausnahmesituation steht, leichter zu hypnotisieren sein als jemand, der Angst hat, die Kontrolle zu verlieren, starrköpfig und zwanghaft veranlagt ist und unter dem Einfluß von Aufputschmitteln steht. Kein Wunder, daß Scientology daher verbietet, 24 Stunden vor dem Auditing Tabletten oder Alkohol zu sich zu nehmen und immer auf der Suche nach dem ›Ruinpunkt‹, dem emotionalen Ausnahmezustand eines Menschen, ist.

Die Auditing-Hypnosetechnik wird auch in den folgenden Anweisungen zum Hypnotisieren deutlich: »Auch die äußeren Einflüsse sollen stimmig sein. So sollte zumindest die Erstbehandlung schon deswegen in der Praxis des Therapeuten stattfinden, um das Autoritätsgefälle auszunutzen. Der Hypnotisand sollte auf einer Couch liegen, denn schon das Hinlegen bildet einen Teilreiz, der beim Hypnotisanden den Engrammkomplex des Schlafens auslösen kann. Während der Hypnose sollten Telefon und andere möglicherweise ablenkenden Geräte ausgeschaltet, das Licht gedämpft und die Raumtemperatur angenehm sein.«

Tatsächlich habe ich selbst 1981 nach solchen Regeln in Düsseldorf das Auditieren erlernt, wobei man mir jedoch versicherte, es sei keine Hypnose.

Nachdem man Herrn Freiwald in den abgedunkelten Raum gebracht hatte, versetzte man ihn in einen leichten Trancezustand. Er sollte sich an ein Ereignis seines Lebens ›erinnern‹ und dann zu diesem Ereignis ›zurückgehen‹. In seiner frühen Kindheit angekommen, wurde er nach einem angenehmen Erlebnis gefragt. Er schilderte, wie er im Garten seines Großvaters auf einen Baum kletterte. Der Auditor forderte ihn auf, sich an alle Eindrücke zu erinnern: Geräusche, Gerüche, Lichteinflüsse, Vogel-stimmen usw. Er wartete eine Zeit und fragte dann: »Herr Freiwald, können Sie die Linden riechen?« Die Stimme des Auditors war ruhig, überlegen und suggestiv, und Herr Freiwald merkte, wie sie Kraft über ihn gewann, wie er abglitt, wie er tiefer und tiefer in eine angenehme Trance geriet. In diesem Augenblick erkannte er die Ge-fahr, riß sich gewaltsam aus dem Bann, schlug mit der Faust auf den Tisch und schrie laut: »Und jetzt ist Schluß!«

Der sichtlich irritierte Auditor schoß aus dem Raum. Herr Freiwald bezahlte 25 DM und durfte sofort gehen. Frau Freiwald beschrieb ihren Mann, als er nach vier Stunden Scientology-Behandlung wieder zu Hause ein-getroffen war, wie folgt: »Er sah total erschöpft aus. Ich habe ihn kaum wiedererkannt. Er war total fertig.«

Bei Herrn Freiwald fehlten eigentlich die Vorausset-zungen für eine erfolgreiche Hypnose. Weder Leidens-druck in einer Ausnahmesituation noch Hysterie waren bei ihm vorhanden. Aber in diesem Selbstversuch er-kannte er die engeren Zusammenhänge für die Abhängig-keit seines Sohnes.

»Er ist zu Scientology gegangen, weil er Eheprobleme mit seiner Frau hatte. Seine erste Frau, mit der er zwei Kinder hat, war fremdgegangen. Und dadurch hatte er ei-nen Blackout, er war furchtbar durcheinander. Scientolo-gen nennen das den ›Ruinpunkt‹. Damals war er knapp über dreißig und ein bodenständiger Handwerker. Er ist Tischler von Beruf. Nun läuft ja nicht jeder mit Ehepro-blemen direkt zur nächsten Scientology-Organisation. Entscheidend, wie so oft, sind persönliche Kontakte. In dem Ort wohnt der leitende Direktor der Scientology-Or-ganisation von Hannover, ein Herr Winkler, der nebenbe-ruflich Karosseriearbeiten an Autos macht. Er kauft alte

Autos auf, renoviert sie und verkauft sie zu einem guten Preis. Unser Sohn hatte davon gehört, auf einem Dorf spricht sich so etwas herum, und war mit seinem Wagen dort gelandet.

Die beiden haben sich angefreundet und kamen auch auf sein Eheproblem zu sprechen. Mehr kann sich ein Scientologe gar nicht wünschen. Da steht jemand vor ihm mit einem großen, unlösbaren Problem und er als Scientologe hat natürlich die Lösung.

Der Sohn belegte die ersten Kurse, schwärmte den Eltern vor von neuen Möglichkeiten, zum Beispiel ohne Abitur bei Scientology studieren zu können.

Er wollte sich hocharbeiten, etwas Besseres werden, vielleicht sogar Karriere machen. Scientology verspricht da ja alles mögliche, auch die Chance, als Mitarbeiter etwas zu erreichen. Aber zuerst muß man an sich selber arbeiten, fähiger werden, alle geistigen Blockaden aufheben. Erst einmal hat er den ›Reinigungsrundown‹ gemacht, dann Auditing, und so weiter. Und nach einiger Zeit haben wir gemerkt, daß seine Augen starr und glasig wirkten und er uns ständig manipulieren wollte. Wenn er etwas von mir wollte, meist ging es ihm um Geld, starrte er mir in die Augen, ohne wegzuschauen. ›Vati, du hast uns den Kredit versprochen, und wir brauchen noch was für die Wohnung.‹ Geld, Geld, Geld. Ein paarmal haben wir natürlich auch Geld gegeben, weil ich noch nicht dahinter gekommen war, wofür er es wirklich brauchte und daß er gar kein richtiger Student war.«

Doch es kommt zum ersten Rückschlag. Der Sohn will seine Ehe in Ordnung bringen, doch seine Frau willigt nicht ein, mit ihm bei Scientology ein Ehehandling durchzuführen. Doch Scientology macht aus der Niederlage einen Sieg, indem man ihn mit einer Scientologin verkuppelt. Er heiratet Katharina, die in Hannover für die

Anwerbung neuer Mitglieder zuständig ist. Walther ist in die Falle gegangen.

Herr Freiwald beschreibt seinen Sohn als hilfsbereit. Er sei eigenwillig gewesen, auch schon als Kind, aber keineswegs falsch. Einerseits Draufgänger, andererseits einfühlsam. Seine Leidensfähigkeit hat er unter Beweis gestellt, als er trotz des Fehltritts seiner Frau nicht die Trennung suchte, sondern lange Zeit versuchte, die Beziehung zu retten.

»Seine vermeintliche Chance, mehr aus sich zu machen, band ihn immer fester an Scientology, aber die endgültige Bindung erfolgte durch die Ehe mit der Scientologin und dem gemeinsamen Kind, das sie dann hatten. Dadurch war er fester gebunden. Und dann das verdammte Auditing! Danach war er vollständig verändert, sprach von früheren Leben, die er schon einmal gelebt hat, seinen ganzen Erfahrungen auf dem *timetrack*. Das war für ihn alles bewiesen, das war seine unumstößliche Wahrheit, die ich ihm nicht nehmen konnte. Da hab ich ihm gesagt: ›Junge, das sind eigene Wahrnehmungen, eine Suggestionen, Hypnose oder so.‹ Da hat er zurückgefragt: ›Woher weißt du das?‹ Mir hat er dann eine Stelle aus dem Dianetik-Buch gezeigt, wo Hubbard behauptet, es sei keine Hypnose. Aus diesem Grund habe ich es dann selbst ausprobiert, um sicherzugehen, daß ich recht habe. Die Hypnosen bei Scientology sind ja nicht positiv, sondern negativ. So sehe ich es. Wenn es positiv wäre, dann hätten die Teilnehmer nicht so eine Last mit sich rumzuschleppen, dann hätten sie nicht immer diesen glasigen und starren Blick. Man muß sich doch nur einmal diese Frau Weber im Fernsehen anschauen. Damals hieß sie noch Tietzel und war hier in Hannover Pressesprecherin für Scientology. Ich will ja nicht übertreiben, aber andere sehen es ja auch. Auditoren, das sind ja keine Spezialisten, sie machen Schnell-kurse. Nach ein paar Tagen können sie ein Auditing abhalten. Überlegen Sie sich das mal! Normalerweise brauchen Sie, wenn Sie sich wirklich mit der Materie befassen, meiner Ansicht nach mindestens zwei bis zweieinhalb Jahre. Und dann müssen Sie moralisch inte-gere Absichten haben, um wirklich zu heilen. Und Ihre Einstellung muß auch positiv sein. Aber bei Scientology sind es negative Ideologien, Auditing wird zum Aushor-chen benutzt und belastet die Psyche. Ich hätte meinem Sohn ja gerne geglaubt, daß er durch Auditing freier würde, aber ich sah, wie er zitterte, hektisch wurde, immer seltsamer redete. Nach einer stundenlangen Un-terhaltung mit mir sagte er: ›Du kannst mir das nicht nehmen, den *timetrack*. Ich habe das alles noch einmal erlebt. Ich war ein Mörder und will jetzt alles in Ord-nung bringen, das kannst du mir glauben.‹ Ich war ent-setzt, er glaubte, er wäre in einem früheren Leben ein Mörder gewesen und daß er im Himalaja gewesen sei. Und vielleicht ist das auch heute noch so. Ich weiß nicht, wie er das alles verarbeitet hat, ob er heute noch darun-ter leidet und ob das für ihn noch Folgen haben kann. Er redet ja nicht darüber.

Als er ausstieg, da hatte er so eine Wut, daß er es ih-nen heimzahlen wollte. Aber dann hat er doch Angst ge-habt, wegen seines Kindes, denn seine Frau ist zunächst geblieben.«

Der Anfang vom Ende war der finanzielle Ruin des Sohnes. Selbst wenn man kein ausgeprägter Materialist ist, sollte man doch irgendwann merken, wenn man nur noch ausgenutzt wird. Bei Walther begann es langsam zu dämmern, aber mitentscheidend war auch die entschlos-sene Haltung der Eltern. In einer Initiative von Betroffe-nen holten sie sich das notwendige Wissen.

»Bei uns hatte er schließlich Hausverbot. Am Telefon habe ich ihm gesagt: ›Ich habe hier ein Abhörgerät, die Polizei hört alles mit. Ich stehe mit der Polizei in Verbindung.‹ So war ich sicher, daß er nicht anruft und uns belästigt. Was er gedacht hat, weiß ich nicht. Ich hab knallhart geblufft. Ich habe das am Telefon gesagt, und die standen bei ihm im Center. Ich habe gehört, daß immer Stimmen hinter ihm waren, wenn er telefonierte. Wenn er anrief, ging es immer um Geld. Sie riefen sogar nachts an, da hatten sie keine Hemmungen. ›Mach Geld, mach mehr Geld‹, so lautet ja die Devise. Schließlich hab ich gesagt: ›Jetzt ist Feierabend. Endgültig. Du läßt dich hier nicht mehr sehen.‹ Das hat ihn natürlich unter Druck gesetzt, aber das eigentliche Gaunerstück haben die Scientologen selbst geliefert. Manchmal muß man ja froh sein, daß die Scientologen in ihrer Gier nach Macht und Geld über das Ziel hinausschießen. Jedenfalls ist Walther dadurch wieder zu Verstand gekommen.

Er hatte Bücher bei Scientology gekauft, etwa für 1.500 oder 2.000 DM. Die wollte er in eigener Regie verkaufen, um von der Provision zu leben. Mit einem kleinen Imbißladen in der Organisation, mit Wurstbrötchen und Kaffee, wollten er und seine Frau zusätzlich Geld verdienen. Er hat das in eigener Regie finanziert, und dann haben sich die ›ehrlichen‹ Scientologen bedient, gegessen und getrunken, aber bezahlt haben sie nichts. Walther hat das eine Weile mitgemacht, immer wieder Brötchen geschmiert und Kaffee gekocht, aber nie Geld in der Kasse gehabt. Vielleicht hat er sogar geglaubt, das wäre seine eigene Schuld, wieder so ein Verbrechen in einem früheren Leben, für das er jetzt Buße tun muß. So bescheuert denken die Scientologen!

Inzwischen waren sie bis über beide Ohren verschuldet, rund 60.000 DM, obwohl beide als feste Mitarbeiter

›angestellt‹ waren, was aber nicht heißt, daß sie für ihre 80 bis 90 Stunden, die sie pro Woche arbeiten mußten, Anspruch auf Bezahlung gehabt hätten. Für Scientology arbeiten zu dürfen, ist eine Ehre, wer wagt da schon nach Bezahlung zu fragen!

Es wurde immer schlimmer. Zum Schluß haben sie nur noch Wasser und Nudelsuppen gegessen. Katharinas Vater hatte ihre Wohnung, in der sie zuletzt gewohnt hatten, noch bezahlt. Für die Wohngemeinschaft hat er nochmals 3.000 DM geopfert. Das hätte ich nicht gemacht. Da wäre ich knallhart gewesen. Sollten sie doch sehen, wo sie bleiben. Da hat er einen Fehler gemacht. Und ob er auf diese Weise nicht auch noch die anderen Scientologen, die dort gewohnt haben, unterstützt hat, das ist auch noch die Frage. Aber erst durch den finanziellen Ruin ist die Erkenntnis gekommen, so daß Walther dann weggegangen ist und Katharina alleine war. Den Kontakt mit seinem Sohn hat er gehalten. Mit dem Enkelkind hatten wir Mitleid und um seine Zukunft machten wir uns Sorgen, deshalb hielten wir auch immer ein Auge auf die Entwicklung, auch wenn wir Walther gegenüber hart blieben.

Dann begann die letzte Episode, das war im Jahr 1990. Walther hatte noch diesen riesigen Berg von Scientology-Büchern, und als die Mauer fiel und die Scientologen mit Bussen bis zum Dach voll mit Dianetik-Büchern in den Osten fuhren, machte auch er sich auch auf den Weg.

Eigentlich ist es ein Witz, ein schlechter sogar, daß Walther durch den Verkauf seiner Dianetik-Büchern eine Chance bekam, ohne Dianetik und Scientology leben zu können. Als er im Osten war, kam er mit so vielen Menschen ins Gespräch, daß er wieder eine andere Sichtweise bekam. Außerdem mußte er feststellen, wie gnadenlos dort die ahnungslosen Menschen von Scientologen ausgebeutet wurden. Einen alten Mann haben sie so bedrängt und in die Enge getrieben, bis er 30.000 DM von seinem Konto ab, um es Scientology zur Verfügung zu stellen. Das hat meinen Sohn so angewidert, daß er sich für seine Glaubensgenossen geschämt hat. Noch waren es ja seine Glaubensgenossen, auch wenn er glaubte, die Bücher in eigener Regie zu verkaufen. Als man ihn aber zwingen wollte, seinen Profit aus dem Buchverkauf an Scientology abzuführen, hatten sie endgültig den Bogen überspannt. An dem Punkt ist er dann aufgewacht, hat sein Geld genommen und sich von Scientology verabschiedet.«

Nach der Trennung von Scientology wird der Sohn für ›vogelfrei‹ erklärt. Das bringt seine Frau Katharina mit dem gemeinsamen Kind in eine neue Zwangslage. Sie darf keinen Kontakt mehr zu ihrem Ehemann haben.

»Nun stand sie alleine da, durfte nichts von Walther annehmen und erhielt nichts mehr von ihren Eltern, die inzwischen auch begriffen hatten, daß es in der Auseinandersetzung mit Scientology keinen humanen Mittelweg geben kann. Nachts um zwei kam sie todmüde aus dem Zentrum von der Arbeit nach Hause. Wo den Jungen lassen? Wie den Jungen versorgen? Wie kann ich dem Jungen noch eine Mutter sein? Den Jungen hat sie öfter hierhin gebracht, aber alles konnten wir auch nicht übernehmen. Dann waren Schüler vom Gymnasium als Babysitter da, die haben andauernd gewechselt. Das war grauenvoll. Zum Schluß ist er in einen evangelischen Kindergarten gegangen. Nun war sie ganz allein und merkte, wie wenig Rückhalt sie von Scientology erhielt. Kinder stören nur die Produktion! Wir müssen Katharina wirklich anrechnen, daß ihr das Kind dann doch wichtiger war, als für Scientology zu produzieren. Und auf einmal bekam Walther einen Anruf von Katharina: ›Walther, hol mich raus.‹ Walther ist mit einem Auto hingefahren, und Katharina ist aus einem Fenster geklettert. Ob die anderen noch was mitbekommen haben, das wissen wir nicht. Sie hatte schlauerweise ihren freien Tag zur Flucht genutzt.

Walther kam eines Tages zu mir und sagte: ›Ich hab was angestellt!‹ Da habe ich erst einmal einen Schrecken bekommen. ›Ich habe Katharina nach Hause gebracht.‹ Sie sind nach Hause gefahren, und so ist sie zurückgekommen. Ihr Vater hat sie dann nach erstaunlich kurzer Zeit in der VHS unterbringen können. – Sie arbeitet in der Computerbranche und hat seitdem drei Tage in der Woche gearbeitet. Daß sie das so schnell wieder konnte, das ist schon erstaunlich, denn sie war viel länger bei Scientology als Walther.«

Hat diese Geschichte ein gutes Ende? Wir wissen es nicht. Viele Menschen kämpfen mit ihrem Gefühl von sinnlos vergeudeter Lebenszeit. Für die Jüngeren vielleicht eine Chance, aus dem Erlebten zu lernen, für die Älteren vielleicht eine bittere Erkenntnis, daß ihre Erfahrung aus dem Nationalsozialismus nicht dazu geführt hat, daß die nachfolgenden Generationen den neuen »Geheimen Verführern« widerstehen können.

Herr Freiwald erklärt sich diese Vorgänge, die in seiner Familie stattgefunden haben, mit den zeitgemäßen Erscheinungen in unsere Gesellschaft, die, ähnlich wie bei Scientology, nur den Profit des einzelnen statt das Wohl der Gemeinschaft im Auge haben und somit Moral und soziale Verantwortung zum Aussterben verurteilen.

8. Dinge, die nicht sein sollten: Management by Scientology

(Namen und Ortsangaben in diesem Bericht sind zum Schutz der Personen geändert.)

Scientology-Pressesprecherin Sabine Weber nennt Scientology gerne die ›Religion des 21. Jahrhunderts‹. Sie könnte damit recht behalten, wenn man davon ausgeht, daß sich dem islamischen Fundamentalismus allmählich ein kapitalistischer Fundamentalismus entgegenstellt. Unter Religion ist dabei nicht länger Spiritualität zu verstehen, sondern Gesetze der Natur und des Geistes. Dem etwas außer Kontrolle geratenen Kapitalismus könnte man so eine Ideologie verschaffen, die die Theorie, daß es Aufgabe der wirtschaftlich Starken sei, die Schwachen in den Untergang zu treiben, pseudowissenschaftlich belegt.

Tatsächlich haben solche Vorstellungen dazu geführt, daß Scientology-Technologien als ›Management-Technologien‹ in der Wirtschaft Anklang gefunden haben. Die ›Gesetze des Marktes‹ weisen eine frappierende Ähnlichkeit mit dem scientologischen System auf. Solche Systeme sind jedoch, auch wenn sie bei einigen zu unglaublichem Wohlstand führen, gleichzeitig für eine Verelendung verantwortlich, die nur noch von der Sklaverei übertroffen wird. Der soziale Störfall durch Scientology wird auf der Wirtschaftsebene zum Sozialterrorismus.

In Hamburg hatte man diese Dimension frühzeitig erkannt und entsprechend gehandelt. Hamburg war neben

München bereits in den achtziger Jahren der wichtigste Handelsplatz für Scientology in Deutschland. Die Politikerin Ursula Caberta erkannte den scientologischen Angriff auf die soziale Marktwirtschaft und die Demokratie. Ihre Bemühungen richteten sich auf staatliches Handeln gegen die Unterwanderung von Politik und Wirtschaft durch Scientology. Seit 1992 leitet sie die Arbeitsgruppe ›Scientology‹, die dem Hamburger Innensenator unterstellt ist. An keiner anderen Stelle wurde seitdem so intensiv Material zusammengetragen und bewertet. Die verheerenden Folgen durch *Management by Scientology* konnten so eindeutig belegt werden. Der soziale Störfall, der sich hinter der Wohnzimmertür oder der schalldicht verschlossenen Konferenztür anbahnte, wurde so der Öffentlichkeit bekannt.

Caberta setzte den Hebel an der richtigen Stelle an. Sie untersuchte die wirtschaftlichen und politischen Aktivitäten der Scientology-Organisation, und sie störte, wo es am meisten schmerzte: bei den Einnahmen, beim Geld. Damit geriet sie auch mehr als mancher andere in das Fadenkreuz des scientologischen Geheimdienstes. Es ist eine alte Wahrheit, daß gerade die erklärten Gegner der Demokratie deren Spielregeln und Möglichkeiten am besten kennen und für sich zu nutzen wissen. Unter dem Schutz des Rechts auf freie Meinungsäußerung kann Scientology sie leicht anfeinden. Das gehört zum Geschäft der politischen Auseinandersetzung. Ursula Caberta quittiert es mit einem Lachen, bei einem guten Wein – wie man ihr unterstellte –, den sie sich meiner Meinung nach aber auch verdient hat, nachdem sie die Spitzenstellung der Hamburger Scientology-Organisation zum ›Einsturz‹ bringen konnte.

Scientology und Wirtschaft – in diesem Bereich. Hier ist es wohl am schwierigsten, einen kühlen Kopf zu bewahren, vernünftige Einschätzungen vorzunehmen und dabei auf dem Boden des Rechtstaates zu bleiben. Caberta hat auch in der Kritikerszene ihre teils bitteren Erfahrungen machen müssen, mit Menschen, die weit über das Ziel hinausschießen, die beispielsweise ›Sondergerichte‹ für Scientologen fordern. Caberta setzt neben ihrer politischen Arbeit sehr stark auf Aufklärungsarbeit. Daß dies der richtige Weg ist, ist auch meine Meinung. Auch sie bezeichnet Scientology inzwischen als sozialen Störfall. Ihr geht es in besonderem Maße um die Probleme in der deutschen Wirtschaft, ausgelöst durch die Organisation *WISE*, dem *World Institute of Scientology Enterprises*, und das Material darüber kennt sie wie kaum eine andere. Das Scientology-System ist an manchen Stellen löchrig geworden, so daß immer mehr Materialien in der Hamburger Behörde landen, auf den Schreibtischen von Kriminalbeamten oder bei der Staatsanwaltschaft. Immer mehr Menschen in Deutschland lösen sich aus dem System und suchen Schutz beim Staat. Dabei ist es für sie nicht immer einfach, sich aus dem Gedankenwirrwar, das Scientology in ihren Köpfen angerichtet hat, zu befreien. Sie fühlen, daß etwas nicht stimmt, sie stellen fest, daß Scientology keinerlei Rechtsauffassung hat und wollen ihr Gewissen erleichtern, wie im folgenden Beispiel:

Frage: Richtet sich Ihre Anzeige lediglich gegen die einzelnen Personen Marker, Wibbel, Olof, Wolz und Müller? Inwieweit wollen Sie Anzeige auch auf die Scientology als Organisation erweitern?

Antwort: Ich kenne mich rechtlich nicht aus. Das Problem ist, daß ich lediglich beweisen kann, daß Gelder von den genannten Personen aus der Firma herausgezogen und an die Scientology gezahlt wurden. Ich kann nicht sagen oder beweisen, daß Scientology wußte, daß die Firma zum Zeitpunkt der Spenden bereits vor der Pleite stand oder durch die Spenden in die Pleite gezogen wurde. Ich kann lediglich sagen, daß Scientology wußte, daß die Gelder aus der Firma ›Marker‹ stammten. Inwieweit Personen angestiftet wurden, Gelder aus der Firma zu ziehen, obwohl bekannt war, daß dies zu ungesetzlichen Handlungen führen mußte, kann ich nicht beweisen.

Frage: Wollen Sie selbst Scientology noch unterstützen?

Antwort: Den Grundgedanken von Scientology halte ich nach wie vor für eine gute Sache, die Organisation jedoch und die Personen, die im Moment dahinterstehen, möchte ich zur Zeit nicht mehr unterstützen. Das schließt nicht aus, daß ich zu einem späteren Zeitpunkt die Organisation nach einem Wechsel von Management und verantwortlichen Personen wieder unterstützen werde. Das hängt davon ab, ob der Grundgedanke, der hinter Scientology steht, verfolgt wird oder ob alles weiterhin so gehandhabt wird wie jetzt. Im Moment wird meines Wissens nach das Gebiet Scientology benutzt, um vielen Leuten, die in der Öffentlichkeit bekannt sind, das Geld aus der Tasche zu ziehen, was dann in ungeklärte Kanäle fließt.

Der Grundgedanke von Scientology, ein ethisches Leben zu führen, wird ad absurdum geführt, wenn man Leute in die Verschuldung treibt oder Mitarbeiter der Organisation dazu veranlaßt, dies zu tun.

Paul Nager ist verzweifelt, fühlt sich in einer ausweglosen Lage. Er muß mit ansehen, wie Gelder aus der Firma, in der er arbeitet, abgezogen werden und zu Scientology fließen. Die Firma vertuscht und verschleiert diese sogenannten Spenden in Millionenhöhe, Bilanzen werden gefälscht, Schmiergelder werden gezahlt. Paul Nager ist Scientologe, er arbeitet in der Firma des Scientologen Marker. Nagers Versuche, die Angelegenheit ›Scientology‹-intern zu regeln, scheitern. So sieht er nur noch die Möglichkeit, bei der Kriminalpolizei Anzeige zu erstatten. Nager scheint nicht zu wissen, daß er allein dadurch schon ein nicht mehr gutzumachendes scientologisches Schwerverbrechen begangen hat. Wer außerhalb von Scientology Gerichte anruft oder nicht-scientologischen Behörden Beweismaterial übergibt, wird zum Verbrecher *(suppressive person)* erklärt. Nager scheint auch nicht zu begreifen, daß dies ein prinzipieller und ›ethischer‹ Grundsatz der von ihm immer noch geschätzten Scientology-Organisation ist und nicht etwa eine Anordnung der derzeitigen Führung. Wer auch immer diese Organisation leitet, jetzt oder in Zukunft, wird sich an diese Grundprinzipien halten müssen.

Aber Nager hatte hiermit wenigstens einen ersten Schritt in Richtung Ausstieg getan. Seinen Unterlagen und Dokumenten verdanken wir wichtige Informationen darüber, in welchem Maße sich Unternehmer dem System Scientology unterwerfen. Sein Chef hingegen war immer noch im System gefangen. Ausgeplündert, verzweifelt, aber immer noch gehorsam, versucht er, sich zu rechtfertigen. Scientology erlaubt die Beschwerde, nimmt sie aber nie ernst. Das wissen die meisten Mitglieder allerdings nicht. So schreibt Marker, verzweifelt und gebrochen, einen langen Bericht, der schonungslos sein Leiden, seine Ausplünderung und auch seinen absurden Gehorsam dokumentiert. Er nennt diesen Bericht »Dinge, die nicht sein sollten«:

»1989 startete ich bei Scientology. Ich bin ein ›Patron Meritorious‹ und ›Clear‹. Ich tat alles, was möglich war, um die Verbreitung von Scientology auf dem Planeten mit all dem Geld, was ich besaß und meiner Arbeit während meiner Zeit als Sea-Org-Mitglied zu unterstützen. Ich habe eine Menge Fehler gemacht, aber dahinter war immer die Absicht, zu helfen. Jetzt befindet sich meine Firma in einer aussichtslosen Lage und mir wird gedroht, daß ich aus Scientology hinausgeworfen werde. Das ist nicht in Ordnung!«

Alle Namen und Ortsangaben dieses Schicksals sind geändert. Die Hauptschauplätze der scientologischen Wirtschaftsaktivitäten lassen sich längst nicht mehr den Zentren in Hamburg, München, Stuttgart oder Frankfurt zuordnen. Solche Fälle kann es im Pfälzer Wald, in der Niederlausitz oder in Dithmarschen geben. Aber die Fäden laufen in den deutschen Stützpunkten von Scientology zusammen, werden dort gebündelt und weitergeleitet in die amerikanischen Zentralen. Gebündelt wird vor allem Geld und dies in einem kaum abschätzbaren Ausmaß. Diese Aktivitäten gehen einher mit Arbeitsplatzvernichtung und Störung des sozialen Friedens. Zeigt sich ein Scientology-Stratege einmal besorgt, wenn ein Mitglied zuviel Geld ausgibt, dann richtet sich diese Sorge höchstens darauf, von diesem Geld selbst zuwenig abzubekommen. Der soziale Friede wird in Scientology als »immerwährender Geldfluß und Gehorsam« definiert. Ist dieser soziale Friede gefährdet, läßt man die Störenfriede fallen wie eine heiße Kartoffel, unabhängig davon, wieviele Verdienste sie sich vorher erworben haben.

Peter Marker besaß eine Druckerei. Es fiel ihm leicht, diese zu leiten, so daß er sich langweilte. Eines Tages flatterte ihm eine Werbung über ein Buch von Les Dane ins Haus, in dem beschrieben wird, wie man erfolgreicher verkaufen kann und neue Kunden gewinnt. Er bestellte das Buch beim CCI-Institut und ahnte nicht, daß er mit Scientology in Kontakt gekommen war. Reinhold

Stricker, Chef des Instituts, bewegte ihn dann telefonisch zu einem Treffen, um ihm neueste Management-Methoden zu erläutern. Marker kaufte prompt seinen ersten Kurs ›Ethik für Manager‹ für etwa 2.500 DM. Erst während er dieses Seminar besuchte, entdeckte er den Zusammenhang mit Scientology.

Sein Vater hatte bereits in Frankfurt Druckaufträge für Scientology übernommen. Er bezeichnete die Scientologen als seltsam, aber von guter Zahlungsmoral. Marker beschloß, sorgsam zu prüfen, mit wem er da in Kontakt gekommen war. Aber obwohl alle Presseartikel, die er studierte, Negatives berichteten, war er von der Logik von Scientology total begeistert. Deshalb kaufte er gleich fünf Scientology-Wirtschaftskurse und ließ sich von Stricker im Management beraten. Es ging ihm gut, er fühlte sich klarer und bestimmter in seinem Auftreten und war ohne jeden Argwohn, als man ihm weitere Angebote machte, sein Lebensgefühl zu verbessern. Wie jeder Mensch hatte auch er etwas, das ihn bedrückte. Scientologen nennen es den ›Ruinpunkt‹. Sein ›Ruinpunkt‹ waren seine unglücklich verlaufenen Liebesbeziehungen, nachdem die erste Ehe bereits gescheitert war. Er beschloß, sich vom wissend lächelnden Stricker helfen zu lassen, um diesen Punkt aufzuarbeiten. Auditing würde sein Problem lösen, versicherte ihm Stricker, und er versprach ihm den besten Auditor der Frankfurter Organisation. Das war das Ende seines freien Willens.

Das Auditing veränderte ihn rasant, raubte ihm jede Beziehung zur Realität. Nach einem langen Verkaufsgespräch mit Maggie McCash, der Leiterin der Frankfurter Organisation, verlief sein Leben nur noch nach Scientology-Gesetzmäßigkeiten. Er kaufte 100 Stunden Auditing und jedes verfügbare Scientology-Buch. Er kaufte die Preisliste rauf und runter, jeden Kurs, den man ihm schmackhaft machte. Er kaufte gleich drei E-Meter, ohne sie überhaupt bedienen zu können, er kaufte die Bronzebüste von L. Ron Hubbard, kaufte ein Clear-Armband, ohne Clear zu sein, bezahlte schon für die OT-Stufen, den Aufenthalt auf dem Scientology-Kommandoschiff ›Freewinds‹ für ein ganzes Jahr, und kaufte und kaufte und kaufte.

Die Frankfurter mögen sich die Hände gerieben haben über einen solchen Glücksgriff: Einnahmen von 800.000 DM. Einen ähnlichen Fall habe ich 1984 in Düsseldorf erlebt. Dort war ein Stahlgroßhändler, ebenfalls von Stricker angeworben, durch Auditing einem Kaufrausch verfallen. Seine Scientology-Karriere dauerte nur drei Jahre, und er beendete sie mit einer Pistolenkugel, nachdem er seine Firma ruiniert hatte.

Nachdem Marker die Privat- und Firmenkonten für Scientology vollständig leergeräumt hatte, mahnte ihn die Leiterin der Frankfurter Org, nicht mehr soviel Geld auszugeben. Aber sofort wurde er wieder gedrängt, mehr zu kaufen, um die Einnahmestatistik der Woche zu retten. Schließlich flog er nach ›Piranha-City‹, und dort gab man ihm den Rest.

Die Stadt Clearwater in Florida, ein ehemaliges Piratennest am Golf von Mexiko, wird heute von modernen Piraten beherrscht. Clearwater ist das technische Hauptquartier der Scientologen, hochtrabend das ›Mekka des Auditings‹ genannt. Dort lauern auf Schritt und Tritt die Registrare, die Geldeintreiber. Selbst wenn man bereits Millionen eingezahlt hat, kann man immer noch Geld spenden für diese Kampagne, für jene Kampagne. Markers Konten waren leer, aber das interessierte dort niemanden. Sie riechen das Geld, das noch aus den letzten Ritzen herausgepreßt werden kann. Marker schreibt nichtgedeckte Schecks aus. Sie wissen es, und sie nehmen es in Kauf.

Ist ein Scheck über 100.000 Dollar nicht gedeckt, ist man leicht erpreßbar und ein paar zehntausend Dollar fallen am Ende doch für Scientology ab. Man muß nur ordentlich Druck machen. »Make things go right«, sorg dafür, daß die Dinge richtig laufen, du mußt es nur richtig wollen, dann wird es schon funktionieren.

Man mag geneigt sein, dies alles der Verantwortung oder der Dummheit des einzelnen anzulasten. Aber oft, wie auch in diesem Fall, reicht die Wirkung weiter. Es geht um Mitarbeiter, deren Arbeitsplatz in Gefahr gerät, es geht um Lieferanten, die ihre Rechnungen nicht mehr bezahlen können, Kinder und Ehefrau, die keinen Unterhalt mehr erhalten, es geht um Steuergelder, die nicht mehr gezahlt werden und um Banken, deren Kredite nicht mehr zurückgezahlt werden können. Aus dem Wahn des einzelnen wird ein sozialer Brandherd, der kaum noch zu löschen ist. Marker beginnt die Substanz, die Firma, zu zerstören. Und Scientologen zündeln und plündern mit.

Statt das Übel an der Wurzel zu bekämpfen, Scientology zu verlassen und sich nur noch der Firma zu widmen, flieht er vor der Verantwortung zurück nach Clearwater. Dort kommt er zu der ›Erkenntnis‹, daß er die Firma nicht braucht, nie wirklich wollte, und er unterschreibt einen Arbeitsvertrag bei der Sea Organisation für die nächsten Milliarden Jahre. Wenn er die Firma verkauft, kann er alle Schulden zahlen, inklusive der geplatzten Schecks, so seine kindliche Hoffnung. Sofort riechen die Registrare das zu erwartende Geld und verplanen die Einnahmen aus der noch nicht verkauften Firma bis auf den letzten Pfennig. Schlimmer noch, die Registrare errechnen erst, was man ihm noch unbedingt verkaufen muß und nach dieser Summe legen sie einen völlig unrealistischen Verkaufspreis fest. Bei einer Summe von fast zwei Millionen Mark, weit über dem tatsächlichen Wert, wurde die Firma praktisch unverkäuflich. Marker geriet zwischen Hammer und Amboß. Scientology in Clearwater forderte das Einhalten des Arbeitsvertrages, andernfalls gäbe es ›Strafverfahren‹. Scientology in Frankfurt bestand ebenfalls auf Vertragserfüllung, denn dort hatte er bereits vorher einen Mitarbeitervertrag unterschrieben, hatte die Arbeit aber nie angetreten. Die Banken drohten damit, die Kredite platzen zu lassen, Mitarbeiter verließen seine Firma und nahmen Kunden mit, aber Marker war immer noch guter Hoffnung, alles regeln zu können.

Die Lage war schrecklich, aber auch dieser Schrecken ließ sich steigern. Marker stellte als Geschäftsführer seiner Firma den ersten Scientologen ein, in der Überzeugung, nun einen echten, positiv denkenden Verbündeten zu haben. Richard Stolp, dem neuen Geschäftsführer, ging es zwar nur darum, möglichst schnell in dieser Firma seine eigenen finanziellen Probleme zu lösen und nicht etwa darum zu helfen, die Firma wieder zu sanieren, aber das war Marker nicht weiter wichtig. Als Qualifikation reichte die Tatsache, daß Richard Stolp eine Zeitlang in der Frankfurter Org stellvertretender Direktor gewesen war.

Ist erst einmal ein Scientologe in der Firma, ist der zweite nicht weit. Das zu erwartende Geld aus dem Verkauf der Firma lockte den Scientologen Kai Olof an, der im Auftrag der Internationalen Scientology-Vereinigung IAS unbedeutende Titel zu horrenden Preisen verkaufte. Seltsamerweise floriert dieser Titelhandel bei Scientology bestens, obwohl niemand so recht weiß, welche Stellung er sich damit erkauft. Der Titel eines *Patron* kostet 40.000 Dollar, *Patron with Honors* 100.000 Dollar und *Patron Meritorious* gar 250.000 Dollar.

Dieser IAS-Stratege quartierte sich auch gleich mit zwei weiteren Mitarbeitern in Markers Haus ein, um ihn so besser unter Kontrolle bringen und ausplündern zu können. Markers Haus wurde zum Hauptquartier, von dem man rund um die Welt telefonierte, natürlich auf Kosten des Hausherrn. Mit im Haus wohnte außerdem die Scientologin Jutta Robert, Markers Geliebte. Sie wurde von Olof kurzerhand rausgeworfen, weil sie nicht ›effektiv mitarbeitete‹. Marker schluckte auch diese Demütigung in seinem eigenen Haus, denn einem Mitarbeiter der IAS, der höchsten Behörde bei Scientology, darf man nicht widersprechen.

Inzwischen meldeten sich tatsächlich zwei Kaufinteressenten für die Druckerei, wurden jedoch durch die Einflußnahme von Kai Olofs verprellt, da er den Preis für die Firma noch einmal um 500.000 DM auf nun fast zwei Millionen heraufsetzte. Marker wurde bedrängt, nicht nur den einfachen Titel *Patron,* sondern *Patron Meritorious* zu kaufen.

Schließlich fand man doch noch einen ›seriösen‹ Käufer, den Scientologen Fritz Wibbel, der sich spontan entschloß, die Firma zu kaufen. Er zahlte bar 100.000 DM aus seiner Brieftasche und versprach, den Rest zu besorgen. Die 1,9 Millionen hätte er zwar nicht, aber er sei sicher, bei seiner Bank einen Kredit zu erhalten. Mit dieser scientologischen Zusage schrieb Marker sofort seine Schecks für die IAS aus, zwar immer noch ungedeckt, aber wer würde es wagen, am guten Willen zu zweifeln.

Mit der Gewißheit, sein ›Haus bestellt‹ zu haben, begann Marker, seinen Haushalt aufzulösen. Ein Mitarbeiter der IAS erhielt den Mercedes mit Autotelefon. Natürlich versprach er, den Wagen später zu bezahlen, verursachte aber statt dessen ein paar Tage später auf der Autobahn einen Totalschaden. Die IAS zahlte weder das Auto, noch übernahm man die Verantwortung für das Wrack. Statt dessen wurde ein Mietwagen benutzt und die Rechnung an die Druckerei geschickt. »Make things go right«, nennt man das in Scientology.

Marker indessen war frohgemut zurück in Clearwater, schließlich hatten ihm alle fest versprochen, zu Hause die Dinge zu regeln, wie etwa den Unterhalt an seine Frau weiterzuzahlen, Rechnungen zu begleichen und die Firma ordentlich zu führen. Blankoschecks in genügender Anzahl hatte er ihnen dagelassen. Die wurden auch fleißig gebraucht, aber für ganz andere Zwecke. Das Geld wanderte weiter auf die Konten der IAS.

Scientology hat ein fein abgestimmtes System für Beschwerdefälle. Über sogenannte ›Wissensberichte‹ darf Klage geführt werden. Marker schrieb empört einen Wissensbericht über Olof, dieser wiederum über Marker, und der Ethik-Offizier, der solche Berichte erhält, legte sie zu den Akten. Man könnte sie auch gleich in den Papierkorb werfen, aber das wäre natürlich zu auffällig. Es geht nicht um Gerechtigkeit, sondern um ›Geldfluß und Gehorsam‹, denn nur dadurch ist Scientology so stark geworden.

Natürlich blieb es nicht bei diesen ersten zwei Wissensberichten. Jeder beschuldigte jeden, nur nicht sich selbst und schon gar nicht Scientology. Berge von Papier wurden beschrieben, Wissensbericht folgte auf Wissensbericht, Verfahren zur Wahrheitsfindung wurden verlangt, aber in der Zwischenzeit wurde die Firma weiter ungerührt ausgeplündert. Jeder war von der Rechtmäßigkeit seines Tuns völlig überzeugt. Als dann endlich von Scientology Verfahren eingeleitet wurden, geschah dies nur, um die Störenfriede loszuwerden.

Den deutlichsten Schlußkommentar zu dieser unglaublichen Geschichte kann wohl nur ein Scientologe selbst formulieren. »Dinge, die nicht sein sollen« nennt Makler seinen Bericht. Damit meint er jedoch nicht, daß man ihn finanziell so ausgeplündert hat, sondern daß man ihn aus Scientology ausschließen will:

»Kai versprach, Geld zu verdienen, so daß seine Frau mir die DM 50.000 DM zurückgeben könnte, welche ich ihr für ihren Patron geliehen hatte. Bis heute hat sie mir nur 2.000 DM gezahlt. Vor einem Monat sprach ich mit ihm am Telefon und fragte ihn, was er nun weiter auf diesem Zyklus unternehmen wolle. Er wußte darauf keine Antwort. Ich sagte ihm, daß es nicht o.k. sei, 200.000 DM aus der Firma herauszunehmen, da er die finanzielle Situation, in der sich die Firma befand, doch kenne. Er antwortete mir darauf, daß er normalerweise mehr Geld in seiner eigenen Firma machen würde, daher sei es fein mit ihm, das Geld herauszunehmen, schließlich habe er ja in meiner Firma geholfen und habe in dieser Zeit nicht für sich selbst arbeiten können.

Fritz, Richard und ich übernahmen die Firma mit der guten Absicht, einander und auch Scientology zu helfen. Jetzt wird uns Meineid dem Finanzamt und den Lieferanten gegenüber vorgeworfen.

Als beitragende Scientologen benötigen wir Hilfe von unserer Gruppe und nicht ein Declare.

Dies ist wahr.«

Kann das wahr sein?!

9. Happy Kids?

Der Terror gegen Menschen bei Scientology wird auf allen Ebenen geschickt verschleiert, natürlich auch dort, wo es um Kinder geht. Eine ausgeklügelte Werbestrategie, verpackt in schön und erhaben klingende Worte vom Frieden, von der Freiheit und vom großen Glück, verdeckt geschickt, was man mit Menschen antut. »Kinder sind keine Hunde, die man abrichtet«, tönt Hubbard großspurig. Doch was hat das schon für eine Bedeutung, wenn es bei Scientology keine Kinder gibt. Es gibt nur Thetanen mit großen und mit kleinen Körpermaschinen. Natürlich weiß man, daß eine kleine Maschine nicht so viele Steine tragen kann wie eine große, aber das ist auch schon der einzige Unterschied, den man macht. Auch die kleine Kohlenstoff-Wasserstoff-Maschine muß produzieren. Und wenn die kleinen Maschinen noch nicht richtig produzieren können, dann sollen sie zumindest die großen nicht davon abhalten, ihre Arbeit zu verrichten. Sie werden einfach beiseite geschoben. Wie, das beschreibt der Scientology-Aussteiger Gunther Träger in dem Buch ›Scientology greift an‹ folgendermaßen:

»Scientology ist besonders stolz darauf, die einzige Technologie zu besitzen, die den Kindern eine goldene Zukunft ermöglicht. Ich war immer ein Kindernarr. Wäre mein Leben anders verlaufen, ich hätte mir auch durchaus vorstellen können, Kindergärtner zu werden. So war ich sehr zufrieden, daß sich Scientology der Kinder annahm. Man hatte sogar einen eigenen Kindergarten für

scientologische Kinder eingerichtet. Der vielverspre-
chende Name: *Happy Kids*, glückliche Kinder. Eines Tages besuchte ich diesen Kindergarten, und ich war ent-
setzt. In einem düsteren Souterrain hatte man die Kinder
abgeladen, kein auch nur halbwegs vernünftiges Spiel-
zeug war für sie da, überall lag Dreck herum, die Teppiche
waren abgewetzt, außerdem schienen sich die Betreuer
nicht sonderlich um das Wohl der Kinder zu kümmern.

Ich erfuhr in einem Gespräch mit diesen Aufsehern,
daß hier vor allem Mädchen und Buben von Scientologen untergebracht wurden, die entweder mit scientologischen Kursen oder als Orgmitarbeiter beschäftigt waren.
Die brachten die Kinder in aller Herrgottsfrühe und holten sie in der Nacht wieder ab. Ein Familienleben war da
nicht möglich. Ihre Kinder kannten sie nur schlafend.
Nicht einmal am Wochenende konnten diese Scientolo-
genkinder ihre Eltern sehen, vielleicht manchmal an einem Feiertag oder im Urlaub. Die ach so großartige Arbeit für Scientology und die Rettung der Welt ließen
keinen Platz für so unwichtige Dinge wie Familie und
Kinder. Ich war erschüttert. Dies sollte die schöne neue
Scientology-Welt sein? Und ich erinnerte mich, daß ich
viele Scientologen kannte, die geschieden waren. Deren
Kinder in scientologische Internate kamen, wahrscheinlich unter ähnlichen Umständen wie diese armen Wür-
mer. In Hochglanzbroschüren erklärt Scientology immer
wieder, wie wichtig eine intakte Familie sei, welch großartige Eltern Scientologen seien. Und die Wirklichkeit
hatte ich in diesem Drecksloch vor Augen! So viel Lüge,
so viel Betrug, so viel Scheinmoral!«

Auch die Geschichte der Aussteigerin Tanya, deren Fall
berechtigterweise auch in der Politik und der Presse hohe
Wellen schlug, belegt diese Scheinmoral. Tanya hat ihre

Kindheit und Jugend als Scientologin erlebt und wurde davon ›geprägt‹ – man hat ihr nie die Chance gegeben, Kind zu sein. Als sie mit Hilfe der britischen Polizei und Unterstützung der deutschen Botschaft 1996 aus der Scientology-Zentrale in England nach Hamburg floh, da mußte sie sich sogar vor ihrem scientologischen Vater verstecken. Sie war damals noch nicht volljährig. Inzwischen ist sie 19 und lebt unter einer anderen Identität.

Erwachsene treffen freiwillig die Entscheidung, sich Scientology anzuschließen, Kinder von Scientologen haben keine Wahl. Sie müssen mitmachen, weil ihre Eltern nach strengen Regeln leben:

»Wir sind hier nicht zum Spiel. Unsere persönliche Zukunft hängt davon ab, daß wir weitermachen und keine größeren Fehler machen. Es geht nicht darum, ob es noch etwas anderes gibt. Das gibt es nicht. Niemand kann halb bei Scientology sein und halb draußen. Scientologen sind Scientologen, egal, was für eine Art von Leben sie führen.«

Tanya sagt, Scientology sei eine Diktatur, und sie will, daß die Öffentlichkeit dies erfährt. Mit Frau Caberta, Leiterin der ›Arbeitsgruppe Scientology‹ in Hamburg, die maßgeblichen Anteil an Tanyas Flucht aus England hatte, habe ich über diesen Fall diskutiert. Sie verwies mich auf verschiedene Interviews, die Tanya zu ihrer Geschichte gegeben hatte und betonte die Notwendigkeit, sich mit der Situation von Kindern bei Scientology genauer zu befassen. Tanya selbst könne es wohl erst mit einem größeren zeitlichen Abstand.

So war ihre Geschichte erst am 21.4.97 zu lesen:

»Meine Eltern sind Scientologen, solange ich denken kann. Und wenn man es genau nimmt, müßte ich für die nächste Milliarde Jahre auch bei Scientology arbeiten.

Denn für diesen wahnwitzigen Zeitraum habe ich mich vor zwei Jahren verpflichtet.

Meine ersten Psychokurse bekam ich mit acht Jahren, weil ich mich mit meiner Stiefmutter nicht verstand.«

›Nicht verstehen‹ heißt auf Scientologisch nicht gehorchen. Scientologische Kindererziehung bedeutet, Anweisungen zu befolgen. Konflikte dürfen nicht ausgetragen werden, Kinder lernen nicht, Konflikte zu bewältigen. Die Amerikanerin Ruth Minshull beschreibt in ihrem Buch ›Zum Frühstück Wunder‹ den scientologischen Drill, den man Erziehung nennt:

»Sagen Sie dem Kind, was Sie von ihm erwarten. Ich las eine Woche lang den Jungen jeden Morgen die Hausregeln vor, um sie ihnen einzuprägen. Wurden sie dann später irgendwie verletzt, sagte ich nur: ›Schreib dir dafür einen Minuspunkt an!‹ Ich brauchte mich nicht mehr mit einer großartigen Belehrung darüber aufzuhalten. Ich handelte einfach. Wenn Sie nach dieser Methode handeln, ist es möglich, daß Ihr Kind zunächst Widerstand leistet. Dann dürfen Sie nicht argumentieren oder sich rechtfertigen. Denn wenn die Regeln bekannt sind, ist alles gesagt.«

Minuspunkte, Pluspunkte, Regeln einhalten! Also auch Kinder werden der Statistikregel unterworfen, die besagt:

»Wenn man niedrige Statistiken belohnt und hohe Statistiken bestraft, dann erhält man niedrige Statistiken.

Das ist ein natürliches Gesetz, und die Jungen verstanden es leicht.«

Jedes normale Kind wehrt sich gegen eine solche Behandlung und eine unerträgliche Bevormundung durch Regeln, die weder natürliche Gesetze sind, noch verstanden werden können. Ob nun bei Tanya oder anderen, dieser Widerstand muß gebrochen werden. ›Wortklären‹ ist eine solche Methode, ›Konfrontieren‹ eine weitere. Psychokurse für Kinder, wie Tanya es nennt, beginnen damit, daß man die scientologischen Begriffe drillt. Dieser Vorgang ist eng gekoppelt mit einer systematischen Veränderung der Sprache, der Veränderung der semantischen Bedeutung, der sogenannten ›Re-definition‹, des ›Wortklärens‹ und des Schaffens neuer Begriffe. Schon der scientologische Begriff des ›Klärens‹ oder ›Wortklärens‹ ist eine solche Redefinition. Eigentlich müßte es heißen ›Einschränkung und rigide Festlegung von grundsätzlich bekannten Begriffen‹. ›Klärung‹ im demokratischen Sinn hieße, im jeweiligen Kontext, zwischen den jeweiligen Teilnehmern an einer Kommunikation, Begriffe im Sinne der Verständigung auf eine für den jeweiligen Moment gültige Definition festzulegen. Verständigung aber ist bei Scientology nicht gefragt, sondern Befolgung. Wird ein Zusammenhang nicht verstanden und sucht man ein Gespräch zur Erklärung oder Verständigung, so fragt der Kursleiter kurz und bündig: »Welches Wort hast du nicht verstanden?«

Hätte ich es selbst in meiner Zeit als Scientologe nicht erlebt, ich würde es kaum glauben. Mein über 33 Jahre erworbener Sprachschatz brach damals nach wenigen Wochen zusammen, wurde ausgehöhlt und sinnentleert. Kinder, so unter Druck gesetzt, können erst gar keinen eigenen Wortschatz erwerben. Vermutlich wird Tanya mehrere Jahre benötigen, um sich einen normalen Sprachschatz anzueignen und mit ihren Gefühlen leben zu können. Folgerichtig sagt sie auch:

»Manchmal glaube ich, daß ich niemals normal werde leben können. Beispielsweise fühle ich mich bei Gleichaltrigen unwohl. Zu Jugendlichen habe ich kaum Kontakt. Ich hatte nie Freundschaften zu Jungen, ich war nie in einer Disco oder auf Partys. Selbst meinen 18. Geburtstag habe ich nur mit Erwachsenen gefeiert.«

Aber damit nicht genug. Bei Scientology wird kein Unterschied zwischen Männern, Frauen und Kindern gemacht.

»Aufgewachsen bin ich in Südafrika und Süddeutschland. Meine Eltern waren oft nicht da. Ich habe früh lernen müssen, Entscheidungen für mich selbst zu treffen. Ich bin zu dem geworden, was Scientologen für alle Kindern wünschen: kleine Erwachsene, die ihre Probleme, ihre Wünsche und Sehnsüchte mit sich selbst ausfechten. ›Das ist dein Problem, löse es‹, ist wohl einer der Sätze, die ich in meinem Leben am häufigsten gehört habe.«

Kindererziehung durch Anleiten, Erproben von Verhaltensweisen, Gewähren von Nähe, Liebe und Verständnis findet nicht statt. Das scientologische Kind lernt früh den Drill kennen und der wird zur einzigen Richtschnur. Hubbard gibt präzise Anweisungen, wie man dafür sorgt, daß die Regeln und Gesetze der Scientology strikt eingehalten werden. In seinem Buch ›Eine neue Sicht des Lebens‹ heißt es:

»Das Hauptproblem der Kindererziehung ist, die Kinder zu erziehen, ohne sie zu zerbrechen. Sie sollten ihr Kind so erziehen, daß sie es nicht zu kontrollieren brauchen, und daß es sich jederzeit selbst in der Gewalt hat. Davon hängt sein gutes Verhalten, seine körperliche und geistig-seelische Gesundheit ab.

Kinder sind keine Hunde, sie können nicht wie solche abgerichtet werden. Sie sind keine kontrollierbaren Dinge. Sie sind – und wir dürfen diese Tatsache nicht übersehen – Männer und Frauen. Ein Kind ist keine besondere Tierart, die sich vom Menschen unterscheidet. Ein Kind ist ein Mann oder eine Frau, nur noch nicht zur vollen Größe herangewachsen. Jedes Gesetz, das für das Verhalten von Männern und Frauen gilt, gilt auch für Kinder.«

Tanya fährt fort:

»Ich erinnere mich an eine Situation, als ich fünfzehn Jahre alt war. Ich hatte Probleme in der Schule und zu Hause. Ich fühlte mich allein gelassen und ungeliebt. Ich dachte sogar an Selbstmord. Ich wünschte mir, mein Vater würde mich in die Arme nehmen und mir sagen, daß er mich liebt. Er tat es nicht – und ich wollte ihn auch nicht darum bitten. Schließlich fragte ich, was er machen würde, wenn ich mich umbrächte. Seine Antwort: ›Das liegt allein in deiner Verantwortung, Tanya.‹«

Sind beide Elternteile Scientologen, ist das Schicksal des Kindes fast vorprogrammiert. Aber auch dann, wenn ein Elternteil scientologisch lebt, gibt es Risiken für das Kind. So steht eine Mutter vor der schwierigen Frage, ob sie dem gemeinsamen Kind den Kontakt zum scientologischen Vater erlauben darf. In ihrer Ratlosigkeit schrieb sie mir einen Brief. Briefe des Vaters zeigten deutlich, wie tief er in die Gedankenwelt eines Herrn Hubbard abgetaucht ist und mit diesem Denken auch den siebenjährigen Jungen nicht verschont. Die Namen in diesen Briefen sind geändert.

Sehr geehrter Herr Potthoff,

mit großem Interesse und Betroffenheit für die einzelnen Schicksale habe ich Ihr Buch ›Im Labyrinth der Scientology‹ gelesen. Ich wende mich an Sie mit der Bitte um fachkundigen und menschlichen Rat. Vor Ihnen habe ich verschiedene andere Organisationen im Bereich Sektenberatung konsultiert, aber bisher keine Antworten bekommen können. Und so hoffe ich sehr, daß Sie mir weiterhelfen können.

Ich bin siebenunddreißig Jahre alt und alleinerziehende Mutter eines siebenjährigen Jungen. Der Vater meines

Sohnes trennte sich vor viereinhalb Jahren, im Sommer 1993, von uns, als Michael drei Jahre alt war. Unsere Beziehung war nie wirklich gut, aber beide hatten wir ein sehr inniges Verhältnis zu unserem gemeinsamen Sohn. Der Vater von Michael, Peter, ist von Beruf Systemprogrammierer, ein echter Computerfreak mit einem großen Fachwissen und sehr hohem Einkommen. Da er jedoch in der Vergangenheit nie andere Interessen als die EDV hatte, fanden nur wenige Menschen Zugang zu ihm, so daß er nie einen richtigen Freundeskreis hatte. Darüber hinaus konnte er sehr jähzornig sein, was die Menschen abgeschreckt und eingeschüchtert hat.

Jedoch richtete sich sein Jähzorn nie gegen sein Kind, er war immer ein wunderbarer Vater, geduldig, liebevoll, großzügig und sehr engagiert, und er holte Michael nach unserer Trennung jeden Samstag und brachte ihn Sonntagmittag zurück. Dies änderte sich auch nicht, als er beruflich für eine Bank in Frankfurt tätig war. Er behielt seine Wohnung in Hamburg und kam an den Wochenenden, um mit seinem Kind zusammen zu sein. Für Michael zahlte er freiwillig jeden Monat 700 DM Unterhalt, d. h. mehr als den Höchstsatz, da er meinte, es mache ihm Freude, sein Kind zu unterstützen.

Im Frühjahr 1996 erzählte er mir zum ersten Mal von den hervorragenden Kursen, die er an der Akademie für Management und Kommunikation in Frankfurt belegt habe. Er würde sich weiterbilden, und er hätte sich noch nie in einer Institution so wohl gefühlt. Ich dachte mir nichts dabei. Zum ersten Mal wunderte ich mich, als er mir seine neue Freundin Sylvia mitsamt ihren drei Kindern vorstellte, denn auch sie besuchte nach kurzer Zeit die Akademie, obwohl sie nicht einmal einen Hauptschulabschluß besitzt.

Im Spätsommer 1996 klagte Michael dann zum ersten

Mal darüber, daß es bei Papa nicht mehr ganz so toll sei, seitdem er immer so viele Gespräche mit ihm führen müsse. Ich dachte, Peter hätte so eine erzieherische Phase und sagte Micki, er solle seinem Vater klarmachen, daß es ihm so nicht mehr gut bei ihm gefalle. Nachdem Michael seinen Vater wegen der immer längeren und intensiveren Kurse an der Akademie mehrere Wochenenden nicht gesehen hatte, bat er mich am darauffolgenden Wochenende, vor seinem Besuch mit seinem Vater zu sprechen, damit er nicht wieder diese schrecklichen Gespräche führen müsse.

Ich rief Peter also an und trug ihm Mickis Anliegen vor. Peter erklärte mir, daß diese Gespräche sehr wichtig für Mickis Weiterentwicklung seien und daß es ihm langfristig sehr guttun würde, auch wenn es im Moment sehr anstrengend sei. Er wäre eben bestrebt, seine neu erworbenen Fähigkeiten und Kenntnisse an sein Kind weiterzugeben. Es gab einen Wortwechsel, schließlich versprach Peter mir, Micki in Ruhe zu lassen.

An einem Nachmittag im Oktober 1996 hatte ich plötzlich den Wunsch, bei Peter anzurufen, um zu hören, ob auch alles in Ordnung sei. Ich tat dies auch, um Peter vorzuschlagen, zur Entspannung der Situation mit Micki ins Kino zu gehen. Er antwortete, er würde auf keinen Fall mit Micki ins Kino gehen, er hätte eine wichtige Unterredung mit ihm, die noch einige Zeit andauern würde. Im Hintergrund schrie mein sechsjähriger Sohn: ›Ist das meine Mami, bitte, Mami, hol mich schnell hier ab! Es ist so schrecklich hier!‹ In diesem Moment wußte ich, daß es sich um irgendeine Sekte oder etwas ähnliches handeln mußte, was Peter so veränderte. Ich raste also durch die Stadt, drang mit meinem Schlüssel, den ich noch besaß, in die Wohnung ein; es kam zu einem fürchterlichen Krach, bei dem Peter die verschiedensten scientologischen Werke auf den Tisch warf. So klärte sich die Situation der letzten Wochen und Monate.«

Die Mutter weiß zu diesem Zeitpunkt noch nicht, daß die ›Gespräche‹, über die der Junge klagt, von denen sie annimmt, daß es eine ›erzieherische Ader‹ des Vaters sein könnte, Auditing-Verhöre sind. Hypnosetechniken, die bereits beim Kind angewendet werden. Weiter schreibt sie:

»Ich wußte zum damaligen Zeitpunkt bereits einiges über Scientology, und so schrieb ich Peter in den folgenden Wochen zwei Briefe, in denen ich ihm dieses Wissen mitteilte und legte ihm auch verschiedene Bücher und Veröffentlichungen bei. Gleichzeitig teilte ich ihm mit, daß er Micki nur in meinem Beisein sehen dürfe.

Die Bücher gab er mir wortlos zurück, und auf die Briefe reagierte er mit dem beiliegenden Schreiben. Von seinem Besuchsrecht machte er bis Weihnachten 1996 unregelmäßig etwa alle drei Wochen Gebrauch. Sobald ich jedoch den Raum verließ, flüsterte er Micki zu, daß es Mama ganz schlechtgehe, weil sie die Wahrheit nicht begreife und daß sie beide, Micki und er, daran arbeiten müßten, daß es mir bald bessergehe. So verbot ich auch diese Besuche. Da Peter und ich nie verheiratet waren und ich das alleinige Sorgerecht habe, war dies leicht möglich.

Daraufhin wurde mir von Peter im Frühjahr 1997 zunächst der Unterhalt für Michael gekürzt, später ganz eingestellt. Ich klagte mit Hilfe meiner Anwältin meinen Unterhaltsanspruch ein. Peter suchte sich eine scientologische Anwältin, die ihm im Grunde bei einer klaren Rechtslage auch nicht weiterhelfen konnte. Von der Möglichkeit, sein Besuchsrecht einzuklagen, machte er nie Gebrauch. Ich gewann den Unterhaltsprozeß vor dem Zivilgericht mit einem eindeutigen Urteil im Oktober 1997, doch Peter bezahlt dennoch nicht.

Ich werde nun in Kürze meinen Unterhaltstitel erhalten, der die Grundlage zur Pfändung bildet. Sollte er zufällig derzeit keinen Auftrag haben, könnte ich Strafanzeige wegen Unterhaltspflichtverletzung stellen, und man würde ihm dann vermutlich die große Eigentumswohnung nehmen, die er 1997 von den Scientologen gekauft hat.

Dies ist der sachliche Hintergrund für eine menschliche Situation, die für meinen Sohn und mich nicht mehr nachvollziehbar ist. Mein Kind leidet extrem unter dem Verlust dieses wunderbaren Vaters, der ihm nun nicht mal mehr eine Karte schickt. Immer häufiger hat er verzweifelte Weinkrämpfe. Er möchte seinen Vater so gern in meinem Beisein treffen, aber dies lehnt Peter kategorisch ab.

Darüber hinaus hat Peter noch einige Spielsachen, die Michael bei seinem letzten Besuch in Peters Wohnung vergessen hat. Er hat seinen Vater mehrfach telefonisch angefleht, ihm diese Dinge zurückzugeben, aber Peter antwortet nur, die Dinge würden bei ihm auf Micki warten, bis er kommt, um wieder bei ihm zu sein und von ihm die ganze Wahrheit zu erfahren, die seine Mutter nicht verstehen kann. In der Schule hat Michael, der ein intelligentes Kind mit einem wachen Geist ist und einst sehr guten schulischen Leistungen, Lernblockaden, und er träumt ständig im Unterricht.

Ich bin völlig ratlos und überfordert und habe so viele Fragen. Wie hat Ihre geschiedene Frau mit Ihren Töchtern die Situation bewältigen können? Haben Sie auch versucht, Ihre Kinder in die scientologische Gedankenwelt hineinzuziehen? War es falsch, Peter die Möglichkeit zu nehmen, Micki am Wochenende bei sich zu haben, und ist der Schaden, der durch den Vaterverlust entsteht, möglicherweise größer als der, der durch die weiteren Besuche entstanden wäre? Mittlerweile wohnt Peter in einem Haus, in dem nur Scientologen Eigentumswohnungen besitzen, und Micki will dort nicht alleine hin.

Wieso leistet er nicht dem Unterhaltsurteil Folge und läßt es auf einen Strafprozeß ankommen, obwohl dies nicht nur seine Tätigkeit bei Scientology aufdecken würde, sondern ihm auch immer höhere Kosten verursachen, seinen Arbeitsplatz gefährden und ihn zu einem Vorbestraften machen würde? Was läuft bloß in seinem Kopf ab? Und begebe ich mich in irgendeine Gefahr, wenn ich mein Verfahren bis zuletzt durchziehe, wie ich es vorhabe? Ich bin auf dieses Geld angewiesen, da der Unterhaltsvorschuß vom Jugendamt ja nur dem Mindestsatz entspricht und auch nur für sechs Jahre gezahlt wird.

Und haben Micki und ich irgendeine Möglichkeit, Peter aus dieser Welt zurückzuholen? Nachdem ich Ihr Buch gelesen habe, bleibt mir wenig Hoffnung, denn bei Ihnen hatten ich und auch meine Freunde den Eindruck, daß Sie bis zuletzt etwas von sich selbst zurückbehalten haben, das Sie nur in den Jahren bei Scientology aufgegeben hatten, das Ihnen aber am Ende den Absprung ermöglicht hat. Bei Peter merke ich nichts von so einem Rest. Wo könnte man ansetzen?

Mein Sohn muß jetzt in eine Kindertherapie, um den Vaterverlust irgendwie zu bewältigen, der nicht nötig gewesen wäre. Ich wäre Ihnen so dankbar, wenn Sie versuchen würden, mir wenigstens ein paar Antworten zu geben und hoffe inständig, von Ihnen zu hören.

Mit freundlichem Gruß.«

Briefe dieser Art mit der Bitte um Hilfe erhalten viele Beratungsstellen in Deutschland, aber es gibt die berechtigte Annahme, daß sich noch mehr Menschen in ähnlichen Situation immer noch nicht trauen, ihr Schicksal einem anderen anzuvertrauen, um Hilfe zu erhalten. Diesen Menschen soll der Brief Mut machen, ihre Sorgen zu schildern. Es geht um den Schutz des Kindes, und helfen kann man nur, indem man die Methoden der Scientologen immer wieder erläutert. Es ist keine andere Art der Kindererziehung, sondern Menschenverachtung, was dort praktiziert wird. Wichtig ist auch zu zeigen, in welchen Kategorien Scientologen denken. Dafür soll als Beispiel einer der Briefe des Vaters stehen:

»Liebe Veronika,
mit großem Bedauern habe ich Deinen Brief zur Kenntnis genommen und hoffe, Du wirst bald beide Augen weit aufmachen und die Wahrheit erkennen.
Ich möchte Dir meinen Standpunkt ebenfalls schriftlich mitteilen. Da wir bisher ja leider nicht in der Lage waren, vernünftig darüber zu sprechen, empfehle ich Dir, diesen Brief wirklich sehr, sehr aufmerksam zu lesen und sicherzustellen, daß Du wirklich alles verstehst. Und nun zu meiner Stellungnahme:

1. gibt es einige Dinge, die ich mir nicht mehr nehmen lasse. Darunter fallen z. B. meine Freundin und zukünftige Frau Sylvia und ihre Kinder, darunter fällt natürlich auch Michael, denn sonst bräuchte ich diesen Brief nicht zu schreiben, und darunter fällt selbstverständlich auch Scientology (hier habe ich endlich viele, viele vernünftige Menschen gefunden, die ich anderweitig vergeblich gesucht habe. Menschen, die wirklich und ehrlich daran interessiert sind, daß es mir besser- und bessergeht und ich fähiger werde, das Leben zu meistern).
2. bin ich der Meinung, daß die Dianetik und Sciento-

logy *wirklich* und *wahrhaftig* die *einzige Chance* sind, der Menschheit auf dem Planeten Erde eine Welt *ohne* Kriminalität zu bringen. Aus dieser Tatsache (ich verstehe mittlerweile, daß Du das nicht begreifen kannst), leitet sich ab, daß diese Welt dann frei von Kriegen, Drogen, sexuellem Mißbrauch oder überhaupt jedweder Art von Gewalt sein wird, sei es physischer oder geistiger Natur, in der *jeder* vernünftige Mensch (auch Du ...) glücklich sein kann und *keine Angst* vor irgend etwas haben muß, weil jeder jedem vertrauen kann (derzeit sind wir davon ja nun leider noch sehr, sehr weit entfernt).

3. wiederhole ich deshalb meine Frage an Dich (in der Hoffnung, daß Du sie mir jetzt vernünftig beantwortest): Was ist Dein Problem mit Scientology? Ich behaupte (denn anders ist Dein Verhalten nicht zu erklären), daß Du noch keine einzige Anschuldigung gegen Scientology in ihrer Richtigkeit überprüft hast. Jede Information, die Du über Scientology hast, ist aus dritter Hand, und obwohl Du das Scientology-Handbuch hast und behauptest, daß Du es gelesen hast, hast Du noch *nichts* (wirklich überhaupt nichts) von Scientology oder der Dianetik verstanden (verzeih mir bitte, aber die Wahrheit ist hart und schwer zu konfrontieren).

Desweiteren schreibe mir bitte, was Scientology speziell Dir getan hat (Ich habe zwar eine Ahnung, aber ich würde gern von Dir die Wahrheit erfahren. Ich wende mich nämlich nicht an Dritte, um Informationen zu bekommen, sondern an die Quelle, den einzig richtigen Ort).

Als nächstes wüßte ich gern, ob Du glaubst, daß sich Deine Situation (speziell bez. meiner Person) eigentlich noch verschlechtern kann und was das bedeuten würde. Wenn *Du* Dir das überlegt hast, wüßte ich gern, ob Du nicht auch meinst, daß unsere Beziehung anders aussehen könnte.

Tja, dann bleibt eigentlich kaum mehr als die Frage, ob Du den Wunsch hast, wieder eine bessere Beziehung zu mir zu haben. Ich jedenfalls hege den Wunsch (zu 90 Prozent Michaels wegen, wenn ich ehrlich bin), unser Problem aus der Welt zu schaffen.

Meine Hoffnung ist, daß Deine Hoffnung ist, daß wir, nicht nur ausschließlich Michaels wegen, wieder auf eine vernünftige Basis kommen. Das Paradoxe daran ist, daß, auch wenn Du *gegen* Scientology bist, die Dianetik doch die einzige Möglichkeit birgt, unser Verhältnis wieder in Ordnung zu bringen.

4. möchte ich Dich darauf hinweisen, daß Michael außerordentlich vernünftig und intelligent ist (damit erzähle ich Dir ja nichts Neues), und er wird die Wahrheit sehen. Und wenn er die Wahrheit sieht, hoffe ich wirklich inständig, daß er Dir Dein jetziges Verhalten verzeiht, sobald er erkennt, weshalb er nicht mehr mit mir zusammen sein darf und was *Du* ihm damit antust (ich sagte bereits, die Wahrheit kann sehr hart sein).

5. kannst Du Dir vorstellen, daß ich meinerseits rechtliche Schritte einleiten würde, um Michael wieder so sehen zu können, wie es vor dem Zeitpunkt war, an dem Du erfuhrst, daß ich Scientologe geworden bin? Möchtest Du wirklich einen Rechtsstreit mit mir beginnen, den Du nicht gewinnen kannst (es kann keinen Gewinner geben in so einem Streit)? Du würdest Dir wirklich sehr viel Ärger ersparen. Solltest Du jedoch wirklich so unvernünftig sein (und Deine Augen auch weiterhin vor der Wahrheit verschließen) und mich dazu zwingen, diesen Schritt zu tun (was ich wirklich

zutiefst bedauern würde), würdest Du es extrem schwer haben, mich jemals wieder als Freund zu gewinnen (ich könnte mich auch irren, und Du könntest es vielleicht sogar sehr leicht haben, denn ›wahre Größe ist die Größe, die ein Wesen ein anderes Wesen auch dann noch lieben läßt, wenn es ihm das sehr schwer macht‹).

6. nur mal zwischendurch: Ich werde Dir genau dann die 700 DM monatlich wieder zahlen (und nicht einen einzigen Pfennig rückwirkend), wenn Du zur Vernunft gekommen bist und Michael und mich wieder so zusammenkommen läßt, wie es bis September 1996 war. Ich verspreche Dir, daß ich einen Weg finden werde, Dir nur noch das Minimum dessen zu zahlen, was ich gesetzlich zu zahlen habe, wenn Du mich zu irgend etwas zwingst.

7. wüßte ich gern, warum ich Dir 1.000 DM für *deinen* Autounfall *zwischendurch geschenkt* habe, warum ich Dir 1.000 DM (oder waren es doch nur 700 DM) für Michaels Bett dazu gegeben habe, um Dir zu helfen, wenn ich jetzt von Dir so über den Tisch gezogen werde? Das ist wirklich nicht fair. Oder findest Du *das* fair? Außerdem habe ich im Grunde ein Verbrechen begangen, indem ich Dir 200 DM nicht überwiesen habe, sondern bar in die Hand gegeben habe, damit Du von irgendeinem Amt mehr Geld übrig behältst. Findest Du *das* eigentlich richtig? Ist *das* Deiner Ansicht nach ethisches Verhalten? Ich gebe Dir die Möglichkeit, jemanden zu bescheißen. Das ist *Betrug*. Das ist unethisch (ganz abgesehen davon, daß ich mich strafbar mache). Das ist Steuerhinterziehung (Und ich werde das in Zukunft auch nicht mehr mitmachen, viel eher tendiere ich dazu, Selbstanzeige zu erstatten und das wieder in Ordnung zu bringen. Leider könnte ich

Dich, um meine Ethik wirklich zu 100 Prozent zu erfüllen, da nicht raushalten).

8. weiß ich mittlerweile eine ganze Menge mehr über den Verstand und seine Funktionsweise. Ich weiß nicht nur, wie er funktioniert, ich weiß auch daß und wie einem mehr oder weniger geistig kranken Wesen geholfen werden kann. Ich selbst bin noch nicht gut genug dazu in der Lage, aber ich arbeite daran. Deshalb (und nur deshalb) verstehe ich auch Dein Verhalten und weiß, daß es *nicht*, ich wiederhole, *nicht* Dein ureigenster Wunsch ist, Michael und mich noch länger zu trennen. Ich weiß außerdem, daß Dir geholfen werden kann (dummerweise nur von denen, die Du so vehement angreifst). Übrigens wird auch Sylvia bald zu denen gehören, die Dir helfen können und denen Du eines Tages dankbar sein wirst, daß sie nicht aufgegeben haben in ihrem Bestreben, die Welt zu verbessern und den Menschen wirklich zu helfen, in einer friedlichen Welt zu leben, ich zitiere: ›in der es keine Verbrechen mehr gibt und ein fähiges Wesen Rechte haben kann‹, L. Ron Hubbard.

9. würde ich mich freuen, wenn Du die Presse aufmerksam, ich wiederhole, aufmerksam beobachten würdest. Denn dann könntest Du hin und wieder (und immer öfter) einen Artikel in der Zeitung lesen, der nicht nur der Wahrheit wesentlich näher kommt als alles, was bisher so in den Medien verbreitet wurde, sondern auch aufzeigt, wo die Verursacher dieser ganzen Misere sitzen ... (und natürlich, wer sie sind). Diese Artikel sind übrigens nicht von Scientologen geschrieben (Oder möchtest Du allen Ernstes behaupten, daß alle Menschen, z. B. Professoren von der Uni Hamburg, nichts in der Birne haben, wenn sie sich nicht gegen, sondern für Scientology aussprechen. Ich würde mir

das wirklich noch einmal gewissenhaft durch den Kopf gehen lassen, wenn ich Du wäre).

Zum Schluß würde ich nur noch gern von Dir wissen, ob Dein Krebs eigentlich vollständig besiegt wurde und ob es Dir diesbezüglich wirklich gutgeht. Auf jeden Fall hätte ich da ein hochinteressantes Buch für Dich, falls es nicht so ist (Oder auch für den Fall, daß Du jemanden kennst, der oder die Krebs – jeglicher Art – oder sogar Aids hat. In der Zwischenzeit werde ich zusehen, daß ich dieses Buch mehrfach bekomme, um es gleich weiterleiten zu können, denn ich habe leider auch nur Kopien von ihm ...).

In der Hoffnung auf ein baldiges, wieder wirklich vernünftiges Verhältnis, erwarte ich Deine Stellungnahme zu unserer Situation und vor allen Dingen eine wirklich ehrliche Antwort auf die Frage, was Du für Michael und uns alle wünschst. Alles Gute und Gruß, Peter.«

Glückliche Kinder kann es in Scientology nicht geben, und wenn dieses System von seiner besonders grausamen Seite kennenlernen möchte, muß man sich das Schicksal der Kinder in Scientology ansehen.

10. Trennungsbefehl

14. Mai 1996

»Liebe Mama, lieber Papa,

in den letzten Tagen habe ich über unsere Differenzen wegen Scientology nachgedacht.

Dabei habe ich mir angesehen, wie ich versucht habe, Euch die Wahrheit über Scientology zu vermitteln. Neben unseren zahlreichen Gesprächen habe ich Euch deutsche und ausländische Gerichtsurteile gezeigt, das Buch ›Was ist Scientology‹ gegeben und mehrere Ausgaben der ›Freiheit‹ zukommen lassen, so daß Ihr hättet erkennen können, daß Ihr über Scientology falsch informiert seid.

Damit wollte ich erreichen, daß Ihr meine Religion akzeptiert, so wie ich Eure Religion akzeptiere.

Da wir wegen unserer religiösen Überzeugungen nicht einig werden können, bin ich zu dem Entschluß gekommen, jeglichen Kontakt zu Euch abzubrechen.

Ludwig«

Die Eltern, die mir diesen Brief ihres Sohnes schicken, nennen ihn einen ›Trennungsbefehl‹. Er ist nicht der erste Brief dieser Art, er wird nicht der letzte sein, den ich erhalte.

Scientology-Offiziere sagen, daß es einen Trennungsbefehl nicht gebe.Es sei eine Erfindung der ›Feinde‹, behaupten sie. Ich habe das auch mehrere Jahre behauptet, als ich Chef der scientologischen ›Verbreitungsabteilung‹

in Düsseldorf war. Man hatte mir versichert, die Praxis der Trennung sei aufgehoben worden. Aber, so wurde einschränkend gesagt, das Grundrecht eines Menschen auf Kommunikation schließe auch das Recht ein, keine Kommunikation haben zu wollen. Ein Brief wie oben, das lernt man bei Scientology, gehört zu den natürlichen Grundrechten eines jeden Menschen. Die *Seperation Order*, wie dieser Befehl in der Sprache der Scientologen heißt, wird nur in äußersten Notfällen ausgestellt. Man will schlechte Presse vermeiden. Diesen Notfall habe ich erlebt, als meine zweite Frau nicht bereit war, den Kontakt mit mir abzubrechen und mir einen Brief entsprechenden Inhalts nicht schreiben wollte. Man schickte mir einen offiziellen Trennungsbefehl.

Klaus und Maria Zander, die mir den Brief schickten, hatten den ausdrücklichen Wunsch, diese Informationen an die Öffentlichkeit zu bringen. Auszugsweise ihr Begleitschreiben, das von ihrer großen Not zeugt:

»Leider komme ich erst jetzt dazu, Ihnen eine Kopie des Trennungsbriefes zu schicken, den wir vor zwei Monaten von unserem Sohn erhalten haben. Wir sind sehr daran interessiert, diesen Brief an die Öffentlichkeit zu bringen. (...) Wir sehen schon lange keine Chance mehr, unseren Sohn in Gesprächen zu erreichen. Seit er bei Scientology ist, sind keine wirklichen Gespräche mehr möglich. Bis zu diesem Trennungsbrief haben wir wenigstens noch ein paar Worte wechseln können. Wenn wir unserem Sohn nicht helfen können, so wollen wir wenigstens ein klein wenig dazu beitragen, daß anderen Menschen eine Erfahrung erspart bleibt, wie wir sie durch Scientology in unserer Familie erleben. Wer schon etwas von Scientology und seinen Praktiken gehört hat, ist nicht so leicht zu beeinflussen wie jemand, der überhaupt keine Ahnung hat. Auch würde es uns helfen, den Scientologen klarzumachen, daß wir uns nicht ›handhaben‹ lassen oder gar vor ihnen kuschen.

Wir wünschen uns nichts sehnlicher, als daß unser Sohn endlich erkennt, auf welch menschenverachtendes System er sich eingelassen hat, das sein junges Leben auf ganz furchtbare Weise ruiniert.

Ludwig, 1967 geboren, ist der älteste von unseren drei Söhnen. Er lebt seit sieben Jahren in Frankfurt und hatte dort eine sehr gute Stelle bei der Bank, war Optionshändler bei der Deutschen Terminbörse. 1992 geriet er in die Scientology-Organisation und fiel auf die Versprechung, sehr viel Geld in kurzer Zeit verdienen zu können, herein. Bevor wir Eltern erfuhren, was mit unserem Sohn geschehen war und was Scientology ist, hatte er bereits einen Kredit von 80.000 DM bei seinem Arbeitgeber mit der Begründung aufgenommen, er brauche das Geld zur Weiterbildung. Dieses Geld und noch einiges mehr bekam Scientology als ›Spende‹. Ludwig hat dann auch gleich in den ersten Monaten bei dieser Organisation weit über hundert Auditing-Sitzungen gehabt.

Seit wir von seiner Mitgliedschaft erfahren haben (Ende 1992), bemühen wir uns mit der ganzen Familie, ihn zur Einsicht zu bringen, ergebnislos, – bzw. mit dem Ergebnis, daß er nun den Trennungsbrief geschickt hat.

Im Sommer 1994 verlor unser Sohn seine Arbeit aufgrund eines Spiegelberichtes, in dem berichtet wurde, daß leitende Optionshändler der Bank Schriften von Scientology per Fax verbreiten. Damals hatte unser Sohn schon einmal den Kontakt zu uns abgebrochen. Er machte uns für den Verlust seiner Arbeit verantwortlich. Wir gaben aber keine Ruhe und haben immer wieder versucht, ihn in der Frankfurter Organisation telefonisch zu erreichen. Unsere beiden jüngeren Söhne und der Vater haben sich auch oft mit dem Ethik-Offizier auseinander-gesetzt und unangenehme Fragen gestellt.

Ludwig wurde trotz hoher Schulden Mitarbeiter bei Scientology, obwohl er laut Vertrag keine Schulden haben durfte. Wir haben die Organisation darauf aufmerksam gemacht, und er konnte dort nicht weiterarbeiten. Statt dessen ging er zu einem Lehrgang nach Hamburg, um das Verhältnis zwischen ihm und uns und Scientology ›abzuklären‹. Wir haben dann in zwei Fernsehsendungen über SC von unserer Situation bzw. der Entwicklung unseres Sohnes bei Scientology gesprochen. (...) Im Kölner Stadtteil Sürth beteiligten wir uns an einem ›Gesprächskreis Sekten‹. Das Problem vor Ort war die Schüler-Nachhilfe-Organisation ›Lernmal‹. Nachdem die Familie Lernmal ihre Schule und den Wohnsitz ein paar Kilometer weiter weg verlegt hatte, ließ das Interesse der Anwohner und der Gemeinde, sich weiter zu engagieren, nach.

Anfang 1995 wurde Ludwig von Scientology ausgeschlossen. Er kam jedes Wochenende zu uns, mit dem Versuch, uns zu ›handhaben‹. Im Mai fand er neue Arbeit bei einer Versicherung. Wir atmeten auf und glaubten, nun habe er keine Zeit mehr, sich mit Scientology zu beschäftigen. Wir beteiligten uns an zwei Radiosendungen, um deutlich zu machen, wie menschenverachtend Scientology ist, und daß wir uns nicht ›handhaben‹ lassen. (...) In den letzten Monaten wurde unser Sohn wieder sehr schwierig. Seine Gegenwart wurde immer unerträglicher, weil alles nur wie eine Fassade wirkte. Im Mai erhielten wir schließlich den Trennungsbrief aus Amerika. Wir haben erfahren, daß er inzwischen seine Wohnung aufgegeben hatte und zu einer zehn Jahre älteren Scientology-Mitarbeiterin gezogen war, deren Mann vor vier Jahren bei einem Autounfall tödlich verunglückt war.

Wir haben unserem Sohn immer gesagt, daß wir keinen Trennungsbrief akzeptieren werden. So haben wir den Brief zurückgeschickt, nachdem wir uns reichlich Kopien gemacht hatten. Der Frankfurter Org. haben wir mitgeteilt, daß wir diesen Brief für unsere Öffentlichkeitsarbeit nutzen werden.

Man sagt, daß so viele junge Menschen sich nicht um die Eltern oder Familien kümmern. Wir hatten immer ein gutes Verhältnis zu unserem Sohn, es gab keine wesentlichen Schwierigkeiten. Er war vernünftig, zuverlässig, fleißig, aufmerksam, einfach ein pflegeleichter Sohn, um den man sich keine Sorgen machen brauchte, und wir hatten ein gutes Vertrauensverhältnis zueinander. Das ist alles zerstört worden.

Wir wissen auch von anderen betroffenen Angehörigen, die noch Schlimmeres durchmachen als wir. Was muß durch Scientology noch alles passieren, wie viele Menschen psychisch zerstört werden, bevor Verantwortliche – Politiker und Vertreter der Kirchen – in geeigneter Weise gegen diese Organisation vorgehen?«

Teil III:
Soziale Störung

1. Mein Mann wurde Scientologe

»Harmonie in der Beziehung ist immer der Schlüssel zum Erfolg.«

Cordula ist von der schlichten Wahrheit dieses Satzes beeindruckt. Frau Neumann scheint dies nicht nur selbst zu leben, sondern auch bereit zu sein, ihr das Geheimnis der harmonischen Beziehung mitteilen zu wollen.

»Bei Scientology«, fährt Johanna Neumann lächelnd fort, »wird das Leben in Dynamiken eingeteilt. Die erste ist die Ich-Dynamik. Auf ihr entwickelt der Mensch seine Persönlichkeit. Die zweite Dynamik ist die Partnerschaft, die Ehe, Sexualität und Kinder. Die dritte ist die Gruppe. Also alle Menschen, zu denen Sie Beziehungen pflegen, oder, im Fall Ihres Mannes, seine Firma. Dynamiken bauen aufeinander auf. Wenn auf der ersten Dynamik bereits Störungen vorhanden sind, dann stehen Partnerschaft und Ehe bereits auf tönernen Füßen. Anstatt die Grundlagen in Ordnung zu bringen, neigen die meisten Menschen dann dazu, sich in die nächste Dynamik zu stürzen. Verstehen Sie?«

Cordula denkt kurz nach und nickt dann: »Sie meinen, mein Mann ist deshalb überaktiv in seinem Beruf, weil er ...«

»Genau! Wenn Sie ihm helfen, sich auf der ersten Dynamik zurechtzufinden, dann erst kann er mit Ihnen eine harmonische Beziehung aufbauen, so, wie Sie es sich wünschen und verdienen.«

Sechzehn Jahre sind seitdem vergangen. Die Ehe, die damals durch Scientology verbessert werden sollte, existiert seit fünfzehn Jahren nicht mehr. Wieder eine betrogene Hoffnung. Aber mit diesem Scientology-Schicksal schlage ich ein neues Kapitel auf, das Kapitel der sozialen Störung, die Scientology verursacht. Was geschieht mit Menschen, die sich nicht an die scientologischen Regeln halten wollen, wenn beispielsweise in einer Ehe der eine Ehepartner an Scientology nicht interessiert ist oder gar ablehnt? Ist Scientology tolerant oder gibt es Sanktionen und wie weit reicht dann der Arm des Systems? Welche Chancen hat ein Mensch, den der scientologische Bannstrahl trifft und wie verändert sich sein Leben?

Das Kapitel der sozialen Störungen möchte ich mit einem schwierigen Interview beginnen: einem Interview mit meiner ersten Frau Cordula. In meinem Buch ›Im Labyrinth der Scientology‹ habe ich beschrieben, wie ich unter den Einfluß der scientologischen Richtlinien geriet und nach knapp sieben Wochen Mitgliedschaft meine Frau und meine Kinder verließ, so wie es die scientologischen Richtlinien über die Handhabung von Unterdrückung vorschreiben. In den Jahren meiner Mitgliedschaft habe ich nie über das Schicksal meiner Frau und meiner Kinder nachgedacht, aber als Scientology sich daranmachte, meine zweite Ehe zu zerstören, begann ich aufzuwachen. Verständlich, daß ich, als die zweite Ehe auch zerbrach, über die Hintergründe der ersten Trennung intensiver nachzudenken begann. Unser Grundgesetz stellt Ehe und Familie unter den besonderen Schutz des Staates, aber auch hieran ist Scientology nicht interessiert, wenn es darum geht, eigene Ziele zu verfolgen. Man behauptet zwar, man halte sich strikt an Gesetze, aber das Einhalten der eigenen Richtlinien ist wichtiger. Im Schatten einer hohen Scheidungsrate mögen solche Maßnahmen vielleicht nicht so auffallen, aber gerade hier wird die Skrupellosigkeit des Systems besonders deutlich.

»Mich hat diese positive Lebenshaltung der Scientologen tief beeindruckt. Ich erhoffte mir eine ähnliche Haltung, für uns beide eigentlich.«

Fünfzehn Jahre nach unserer Scheidung spreche ich mit meiner ehemaligen Frau zum ersten Mal wieder über unsere Ehe, über Scientology und unsere Trennung und über die Auswirkungen auf ihr Leben und die Entwicklung unserer Kinder. Ich ahne bereits, daß ich mir auch einige unangenehme Dinge über mich selbst werde anhören müssen.

»Anfangs war ich wirklich begeistert.« Auch für Cordula ist es schwer, nach all den Jahren den Faden wieder aufzunehmen, ihre Verletzungen einzugestehen, gerade gegenüber dem Mann einzugestehen, der ihr diese Verletzungen zugefügt hat. »Es ging so schnell, ich wußte auch nicht, habe ich es nun mit dir zu tun oder mit Scientology oder mit beidem. Ehe ich überhaupt begreifen konnte, warst du weg, und ich war verwickelt in Auseinandersetzungen über Sorgerecht, Besuchsregelung und finanziellen Angelegenheiten. Du hast den Strom abgemeldet, das Telefon, und dann hast du auch bald keinen Unterhalt mehr gezahlt. Ich kam mir so hilflos vor, wurde von den Ereignissen regelrecht überrollt.«

Eine kurze Pause tritt ein. Wir waren beide Opfer einer Ideologie geworden, jedoch auf ganz unterschiedliche Weise. Für sie, die im Gegensatz zu mir, Scientology sehr schnell den Rücken kehrte, war ich nicht nur Opfer, sondern auch Täter. Ich war es, der sie unter Druck gesetzt hatte, der ihr die Kinder wegnehmen wollte, der ihr finanzielle Fesseln anlegte, der als reale Bedrohung vor ihr stand. Scientology gelingt es leider bis heute, sich immer wieder hinter den Handlungen einzelner zu verstekken, gelingt es, zu behaupten, daß es die einzelnen Menschen wären, die die Fehler machten. Vorsichtig versuche ich, an den Ausgangspunkt zurückzukehren: »Nach all den Jahren, nach den vielen Gesprächen mit Scientologen und Ex-Scientologen weiß ich, daß eigentlich jeder einzelne versucht, mit Scientology ein persönliches Problem zu lösen. Mein Problem von damals kenne ich, meinen krankhaften Ehrgeiz. Aber was wolltest du, was hast du dir von Scientology versprochen?«

Cordula lehnt sich zurück und denkt kurz nach: »Zu Beginn ging es um eine Verbesserung der Kommunikation, um mit dir wieder besser in Kontakt zu kommen, denn ich fürchtete, daß du dich durch den Beruf immer weiter von mir entfernen würdest. Es hat mir irgendwie eingeleuchtet, daß man beruflich weiterkommt, durch einen Kommunikationskurs, und es hat auch gestimmt. Nur, plötzlich hatte ich das Gefühl, daß sich meine Persönlichkeit verändert, daß ich eingeengt wurde. Vielleicht erinnerst du dich, daß ich damals immer ziemlich kaputt war, wenn wir von Düsseldorf nach Hause fuhren.«

»Das hat mich damals überhaupt nicht interessiert, ich hatte genug mit mir selbst zu kämpfen.«

»Ja, das weiß ich«, sagt Cordula lachend.

»Damals dachte ich, die gute Cordula ist eben manchmal ein Schlappschwanz. Kein Wunder, daß sie das nicht aushält. Mir war es also ziemlich gleichgültig, ob du weitermachst oder nicht.«

»Den Beruf und deine Ziele hattest du ja schon immer in der Vordergrund gestellt«, fährt Cordula fort, »aber was ich dann erlebte, das sprengte alle Dimensionen. Die ersten Eindrücke waren für mich total positiv, absolut. Es schien auch, daß die Neumanns ihre familiären Probleme viel besser im Griff hatten als wir. Alles leicht, locker und wunderbar. Nur war das ein Bild, das sich immer wiederholte. Scientologen hatten für mich so ein Computerglücklichsein, alle die gleiche Richtung, inklusive Norbert. Auch bei dir hat das unheimlich schnell funktioniert.«

»Es dürfte interessant sein, über welche Punkte du dann gestolpert bist. Was hattest du beobachtet, was mir offensichtlich entgangen war?«

»Du hattest damals wenig Zeit für die Kinder, und so hast du nicht mitbekommen, wie die Scientologen an den Kindern interessiert waren. Sie sollten unbedingt Nähkurse machen, da war Frau Neumann ziemlich hartnäckig. Dann machte sie plötzlich eine Bemerkung, sie hätte ja viele Freunde, aber die Scientologen seien ihr die wichtigsten. Dann mußten wir einen Test machen, wo wir angeben mußten, welche Leute in unserem Umfeld gegen Scientology eingestellt waren.«

»Daran kann ich mich nicht erinnern, komischerweise. Das muß ich verdrängt haben, interessant.«

»Das war der erste Aspekt: Was geht die das an, was ich für Freunde und Bekannte habe und ob sie für oder gegen Scientology sind? Der nächste Aspekt war dann, als Beate Lohse mich gedrillt hat, als ich mit dieser ›33‹ so Schwierigkeiten hatte, als ich immer in Lachtränen ausgebrochen bin.«

»Was ist 33?«

»Sie hat Gefühle geäußert, aber nur in Zahlen, nicht mit Worten. Sie hat geschauspielert, und ich mußte todernst bleiben, durfte auf nichts reagieren. Bei der 33 war bei mir Feierabend. Ich brach in Lachen aus, wurde fast hysterisch dabei. Zuerst, weil ich so lachen mußte, fand ich das noch komisch, aber dann fühlte ich mich selbst nicht mehr, war so merkwürdig ausgehöhlt. Und das war ein Knackpunkt bei mir, an dem ich mich gefragt habe, inwieweit ich hier manipuliert werde? Welches Verhalten wollen die mir aufzwingen? Dann begann auch noch die Lobhudelei über Ron Hubbard! Wir haben ihm ja so viel zu verdanken und was der alles für uns getan hat. Und da hatte ich das Gefühl: Dem Fanatismus, dem haste gerade die Hand gereicht.«

»Offensichtlich hast du andere Eindrücke gesammelt als ich. Du hast keinen näheren Kontakt gesucht?«

»Nein, ich hatte ja noch andere Kurse laufen, den Töpferkurs und den Kochkurs. Und dann kam noch so ein komischer Abend, so ein geselliges Beisammensein, wo sehr komische Typen dabei waren, so daß ich dachte, du mußt dir mal die Hände waschen gehen. Das waren viele Puzzlestückchen. Und dann hatte ich mir ja auch vom Kommunikationskurs versprochen, daß wir beide wieder ins Gespräch kommen, und das war dann überhaupt nicht so. Wir haben also rein scientologisch gemauert. Gut gelernt! Du hast dann auch gleich den zweiten Kurs angefangen, ohne daß wir darüber gesprochen hätten. Darüber war ich sauer. Du hast deinen Ego-Trip durchgezogen, scientologisch unterstützt, und das war nicht das, was ich mir vorgestellt hatte. Da bin ich erst einmal auf Distanz gegangen.«

»Hast du dich denn nicht beschwert?«

»Bei wem denn? Du hast nicht mehr zugehört, und Beate versuchte es wieder mir ihrem Ron, der jedes Problem gelöst hätte. Nur mein Problem, das wurde dadurch nicht gelöst.«

Scientology, die Lehre vom Wissen, sollte tatsächlich schon bei so einfachen Problemen versagen? Unvorstellbar für einen Anhänger der Organisation, unvorstellbar damals auch für mich. Die einfache Regel lautet: Das System ist immer richtig, die einzige Schwachstelle ist der Mensch. Wer Scientology nicht anwenden kann, zählt zu den Unfähigen, wer Scientology angreift, ist automatisch ein Krimineller. Während ich auf diese Regeln gedrillt und abgerichtet wurde, suchte Cordula Rat und Hilfe außerhalb von Scientology.

»Mein Bruder«, fährt Cordula fort, »besorgte mir Material von einem Pfarrer Haack aus München. Da ich noch unentschieden war, habe ich das erst einmal in Ruhe durchgelesen und habe das Grauen bekommen. Ich wußte überhaupt nicht, wie ich mich jetzt verhalten sollte. Mit dir war darüber nicht zu reden, weil man dir das wohl schon verboten hatte. Ich sah die Gefährdung der Kinder und auch meine eigene. Die Bedrohung kam dann auch durch dich. Nach zwei vergeblichen Versuchen, irgendwie ein Gespräch mit dir zu führen, habe ich dir mehr oder weniger die Pistole auf die Brust gesetzt, und dann bist du einfach ausgezogen. Da war für mich klar, daß Feierabend war zwischen uns beiden. Ich hatte aber immer noch das Bedürfnis, dir irgendwie aus dieser Situation herauszuhelfen, weil ich die Gefahr sah. Erst später, in den Beratungsgesprächen, habe ich begriffen, daß ich dir nicht helfen kann, daß ich loslassen muß, auch um meine Kinder zu schützen. Also habe ich die Scheidung eingereicht.«

»Ehe wir in die Auseinandersetzung einsteigen, vielleicht noch etwas zur Klärung. Die Scientologen sagen ja gerne, daß der Ärger immer dann anfängt, wenn sich diese Experten einmischen. Leute wie Pfarrer Haack würden die Betroffenen in die Hysterie treiben. Mir hatte man das auch vorhergesagt, und es traf auch wunderbar ein. Ich war wieder einmal überrascht, wie klug die Scientologen sind. Die wußten schon vorher, wie es ablaufen wird.«

»Mal langsam!« Cordula ist fast wütend. »Der Ärger fängt doch mit den Scientologen an, immer dann, wenn man eine andere Meinung vertritt als die. Nur, die sind so glatt trainiert, daß man sie nicht aus der Reserve locken kann. Immer nur lächeln, lächeln, lächeln. Der Ärger fing mit dir an, als du damit begannst, mich unter Druck zu setzen. Ich war in keiner Weise hysterisch. Ich wußte nur, daß ich das nicht mehr wollte, und dann hast du mich attackiert und bedroht. Hast du das etwa vergessen?«

»Ein harter Vorwurf!«

Natürlich weiß ich, was ich damals getan hatte, aber ich bin auch neugierig auf Cordulas Gefühle. Für den Scientologen zählt nur das Ergebnis. Meine ›Fähigkeit‹ konnte ich nur unter Beweis stellen, indem ich Ergebnisse vorweisen konnte. Eine steigende Statistik bedeutete in diesem Fall, daß ich mich gegen eine Nicht-Scientologin behaupten konnte. Ein wichtiger Punkt war bei der Trennung natürlich, wer die Kinder bekommt. Der Scientologe ist automatisch immer der bessere Erzieher. So jedenfalls sieht es Hubbard, so müssen es auch die Scientologen sehen. Hubbard, als Science-fiction-Autor, verwendet einen Begriff aus der Science-fiction-Sprache: ›Humanoid‹, d. h. ›menschenähnlich‹. Meine Frau war also laut Hubbard kein richtiger Mensch, und meine Aufgabe war es nun, sie vollständig unter Kontrolle zu bringen, was bei einem ›Nicht-Menschen‹ doch nicht so schwierig sein dürfte, wie man mir klarmachte.

Ich wurde später oft gefragt, auch vom Verfassungsschutz und von Staatsanwälten, ob ich konkrete Befehle erhalten hätte, ›Jagd‹ auf meine Frau zu machen. Die Technik, die angewandt wurde, war in Wiklichkeit viel subtiler. Damals wurde ich vom Geheimdienst der Scientologen auf diese Aufgabe hin trainiert und vorbereitet. Da Scientology behauptet, daß hinter jedem Angriff auf die Organisation eine kriminelle Vergangenheit des Angreifers verborgen steckt, ist die ›Gegenattacke‹ von vornherein gerechtfertigt. Scientologisch arrogant und selbstsüchtig, wie ich damals war, hatte ich natürlich keinen Gedanken daran verschwendet, welche Auswirkungen meine Vorgehensweise auf Cordula haben könnten. Ich lebte nach der Regel, der Starke habe **immer** recht. Ich kenne praktisch keinen Scientologen, der dies hinterfragen würde. Um so wichtiger erscheint es mir nun, aufzuzeigen, wie zerstörerisch und menschenverachtend solche Handlungen sind, gleichgültig, ob man begreift, was man tut oder nicht. Meine Tüchtigkeit als Scientologe sollte daran gemessen werden, wem die Kinder zugesprochen würden. Selbstverständlich, so glaubt man, ist nur ein Scientologe der Aufgabe der richtigen Kindererziehung gewachsen. Man gab mir Hubbards Handlungsanweisungen, ›Richtlinienbriefe‹ genannt. Jedesmal, wenn ich eine Frage stellte, weil mir ein Zusammenhang nicht klar erschien, erhielt ich zur Antwort: »Welches Wort hast du nicht verstanden?« Nach dem zehnten Wiederholen des Abschnitts, den ich nicht verstehen konnte, wurde, was ich las, langsam zur ›Wahrheit‹. Den Gegner aufs Straßenpflaster klatschen zu lassen, gehört zu den Pflichten eines Scientologen.

»Was waren das für Drohungen?« fragte ich Cordula.

»Oh, das fing zuerst ganz harmlos an.« Schon bei der Erinnerung an das, was nun fast sechzehn Jahre zurückliegt, wird Cordula blaß. Das Lächeln in ihrem Gesicht ist verschwunden, und auch ich spüre die Anspannung, weil ich mir nun einiges werde anhören müssen, dessen ich mich heute schäme. »Du wolltest sofort eine offene Besuchsregelung, also die Kinder immer dann sehen können, wenn es in deinen Zeitplan paßt. Natürlich hast du nicht eine Sekunde über meinen Zeitplan nachgedacht, daß ich nach deinem Auszug mein Leben völlig neu ordnen mußte, besonders auch wegen der Kinder. Zu diesem Zeitpunkt wollte ich dir sogar noch helfen, blieb also freundlich und gesprächsbereit. Aber eine offene Regelung konnte es aus meiner Sicht nicht geben. Du bist sofort aggressiv geworden, und dann begann der Telefonterror.«

»Telefonterror ist ein interessantes Stichwort. Es gibt ja Menschen, die darüber lächeln, die nicht glauben wollen, daß das schlimm ist.«

»Es war so schlimm, daß ich am Ende jedesmal zusammenzuckte, wenn das Telefon klingelte. Zuerst wolltest du deine ganze sprachliche und rhetorische Überlegenheit ausspielen. Ich wurde immer verwirrter. Du hättest bessere Möglichkeiten, bessere Beziehungen, meine Chancen wären gleich Null. Es gab Tage, da hatte ich wirklich Angst, du könntest recht haben. Aber ich ließ die Kinder alle vierzehn Tage zu dir. An solchen Tagen habe ich Blut und Wasser geschwitzt, weil ich nicht wußte, wie du die Kinder beeinflussen würdest. ›Kein Scientology für die Kinder‹, hattest du mir versprochen, aber dann kamen sie mit komischen Zeichnungen nach Hause, Thetabäumchen (Darstellung des Thetans in Form eines Baumes, der ein lächelndes Gesicht zeigt, Anmerkung des Verfassers) und so, stellten mir Fragen über Scientology. Da wußte ich, daß meine Angst berechtigt war und daß ich nun Hilfe von anderer Seite brauchte, Jugendamt, Familiengericht vielleicht. Anstatt mein alltägliches Leben zu ordnen, begann ich Material über Scientology zu sammeln. Wen ich auch ansprach, keiner wollte sich mit Scientology beschäftigen, viele hatten keine Ahnung, was sich dahinter verbarg. Unsere gemeinsamen Freunde entdeckten damals nichts Komisches an dir, rieten mir, die Sache nicht so ernst zu nehmen. Es sei einfach eine normale Trennungsgeschichte. Aber ich wußte bereits mehr. Ich mußte regelrecht Überzeugungsarbeit leisten, auch bei deinen Eltern, die sich natürlich erst einmal vor dich stellten und nicht begreifen wollten, daß ihr ›lieber Sohn‹ eine Gefahr für die eigenen Kinder darstellte.«

»Meine Aufgabe bestand damals darin, dich als verwirrt und lebensuntüchtig darzustellen. Wäre das beinahe gelungen?«

»Und ob! Ich fühlte mich regelrecht umzingelt. Freunde zogen sich zurück, weil sie das ganze Theater nicht verstanden. Dann kamen Strafanzeigen von dir. Meine Nebeneinkünfte sollten überprüft werden. Geld von dir bekam ich da schon nicht mehr. Oh ja, ich hätte dreizehn Jahre Knast bekommen, wenn deine Anschuldigungen alle gestimmt hätten. Außerdem ging es um das Sorgerecht, kriminelle Machenschaften, Meineid. Eine lange Liste von Beschuldigungen. Die haben richtig gesucht, kann ich dir sagen.«

»Aber nichts gefunden, oder?«

»Natürlich nicht! Aber die Beamten mußten ja ihre Pflicht tun, und damit waren wir ganz schön beschäftigt.«

Was die Betroffenen nur selten wissen, ist, daß hinter solchen Angriffen eine ausgeklügelte Strategie von Scientologen steckt. Ich bekam keine Befehle, sondern mußte Anweisungen studieren. Die Lösung eines Problems besteht immer darin, genau das zu tun, was Hubbard in seinen Anweisungen aufgeschrieben hat. Eine sehr perverse Form der Befehlsweitergabe. Die Anweisungen lauten: Angreifen, Untersuchungen einleiten. Irgendein böser Verdacht wird dann schon hängenbleiben.

»Ich mußte dann für die Kinder Sozialhilfe beantragen, in der Hoffnung, daß das Sozialamt dich schröpfen würde. Aber da war nichts. Die armen Männer werden ja nicht geschröpft.«

»Damals stand ich selbst schon finanziell auf ganz dünnem Eis.«

»Du Armer! Aber wo stand ich mit zwei Kindern? Im luftleeren Raum! Die Sozialhilfe mußte dann meine Mutter zurückzahlen. Die war vielleicht glücklich! Hattest du eigentlich nie Gewissensbisse dabei?«

Nein, ein schlechtes Gewissen hatte ich nicht dabei. Hätte ich eins gehabt, so wäre es nur ein Zeichen meiner Unvollkommenheit gewesen. Mein Ziel war ja die Vollkommenheit, und zur höchsten Erkenntnisstufe eines Scientologen gehört es, zu wissen, daß alles im Leben aus einem selbst heraus entsteht, das Gute wie das Schlechte. Man kann sich also bei niemandem beklagen, wenn etwas nicht gelingt, man hat es ja selbst verursacht. Das bedeutete natürlich auch, daß Cordulas Probleme von ihr selbst verursacht waren. Für mich also ein ›scientologischer Freispruch‹. Für Außenstehende ist diese scientologische ›Erkenntnis der Wahrheit‹ kaum nachzuvollziehen, und so hoffen sie auf einen letzten Funken von Anstand, Verantwortungsgefühl oder Gewissen – vergeblich. Dies ist also der Hintergrund dafür, daß ich ohne Gewissensbisse so grausam auf meine Frau Jagd machte. Mitleid und Mitgefühl sind für einen Scientologen überlebensfeindliche Gefühle. Es ist also ganz im Sinne der scientologischen Strategie, das gesamte Umfeld des ›Gegners‹ zu verwirren. Das grausame Spiel mit meiner Frau ging also in die nächste Runde, fing an, Wellen zu schlagen und nun auch das Leben anderer zu beeinträchtigen. Und es dauerte eine ganze Weile, ehe für sie so etwas wie Solidarität entstand.

»Das Schwierige war«, fährt Cordula fort, »daß ich mich erst einmal in einer totalen sozialen Inflation befand. Ich mußte mich neu orientieren, denn das soziale Umfeld zog sich von mir zurück. Keiner konnte damals etwas mit der Situation anfangen. Auch die Ämter mußte ich erst einmal wachrütteln. Die haben mich völlig verständnislos angestarrt, als käme ich von einem anderen Stern. Du warst ja auch viel bekannter in der Stadt, kanntest jede Menge Geschäftsleute und Politiker durch deine Werbearbeit, und dein Vater war im Stadtrat. Für die Männer war ich die sitzengelassene Ehefrau, die hysterisch wird. Mit den ganzen Unterlagen bin ich angerückt und habe denen die Unterlagen auf den Tisch geknallt und gefragt, ob das so sein dürfe. Das war bei der Fürsorge, mit der ich zunächst zu tun hatte, später auch beim Rechtsanwalt. Ich habe ihnen die Unterlagen gebracht und meine Sorgen vorgetragen, ich konnte schließlich nicht warten, bis das Kind in den Brunnen gefallen war. Ich wußte, was auf die Kinder zukommen würde. Schließlich haben sie sich mit den Kopien unter dem Arm, und dann mit den Gutachten, die ich mir von der Kirche und von Heinemann in Bonn habe geben lassen, auf den Weg gemacht. Ich hatte sie endlich dazu bewogen, sich das Material durchzulesen, was sicherlich viel Arbeit für sie war! Aber es hat schließlich Auswirkungen gehabt in Krefeld beim Familienrichter. Mein Rechtsanwalt hat es aber rundweg abgelehnt, sich damit auseinanderzusetzen. Alle Schriftsätze mußte ich ihm aufsetzen. Für ihn war ich nur ein Sozialfall und nicht der Mühe wert. Da habe ich mir dann einen anderen Anwalt gesucht, der bereit war, sich damit zu beschäftigen.«

Cordula hält erschöpft inne. Sie beschreibt eine Situation, die ich inzwischen aus vielen Gesprächen kenne. Sie hatte um Unterstützung regelrecht kämpfen müssen, hatte Überzeugungsarbeit geleistet und mir dann vor dem Familiengericht in Krefeld eine empfindliche Niederlage bereitet. Zum ersten Mal stand in deutschen Gerichtsakten etwas über die Gefährdung von Kindern durch ein scientologisches Elternteil. Mir wurde kein Besuchsrecht zugesprochen. Diese Niederlage traf mich ins Mark, aber anstatt aufzuwachen, wurde ich noch fanatischer. Noch viel härter traf diese Niederlage Scientology. Diese prozeßwütige Organisation läßt sich keine Niederlage vor Gericht gefallen. Was nicht sein darf, das kann auch nicht sein. Meine scientologische Karriere geriet in Gefahr, denn ich hatte nun ein Schwerverbrechen begangen. Durch meine Schuld stand der Name Scientology mit einem negativen Vorzeichen in deutschen Gerichtsakten. Man ließ mir keine Zeit, über meine Gefühle als Vater nachzudenken, sondern erinnerte mich an meine Pflicht, alles zu tun, um Scientology zu schützen. Der Geheimdienst von Scientology nahm sich meiner an, und ich wurde gnadenlos darauf trainiert, die Sache zu bereinigen. Andernfalls wäre mein Weg bei Scientology zu Ende, drohte man mir unverhüllt. Cordula sollte die Ergebnisse dieses Trainings schon bald zu spüren bekommen.

»Du hast dann wieder daran gearbeitet, mich als geisteskrank und kriminell hinzustellen. Bei einem Psychologen der Stadt Krefeld hattest du auch noch unverschämtes Glück, weil der ein Fan des bekannten Jazzpianisten Chick Corea war.«

»Klar, Scientology weiß schon, was die Prominenten wert sind. Wenn Leute wie Julia Miguenes, Chick Corea, Tom Cruise und so weiter, Scientologen sind, dann kann ich doch nicht gefährlich sein, oder? Ich mußte jede Chance nutzen, die sich mir bietet, dachte ich. Und sollte alles nicht klappen«, erkläre ich lachend, »gibt es einen hübschen Leitsatz von Hubbard: Wenn du auf einen Unterdrücker stößt, fällt dir unter Umständen eine einfache Lösung ein. Doch leider ist sie ungesetzlich.«

»Das findest du zum Lachen?« fragt Cordula empört. »Ich fand deine Morddrohungen gar nicht komisch.«

»Habe ich das getan?« frage ich erschrocken.

»Und ob, voll ausformuliert! Hast du das etwa vergessen? Damals, bei Helens Einschulung, da hast du mir gedroht, wenn ich dir die Kinder am Wochenende nicht gebe, dann würdest du die Sache schon klären, mich erschießen, wenn du einen Revolver hättest. Weiß wie die Wand warst du, hast mich angestarrt, daß ich dachte, jeden Moment springst du mich an. Deine Eltern waren dabei und auch die Kinder, aber das hat dich nicht gestört. Dann hast du noch von etwas gefaselt von ›aufs Pferd steigen und das Schwert ziehen‹. Voll im Wahn!«

»Man hatte mich damals auf die Trennung von den Kindern auditiert. Auf die Frage ›War da früher schon einmal ein ähnliches Ereignis?‹ war ich dann plötzlich in einem früheren Leben, so eine Geschichte mit Pferd und Schwert, um meine Kinder zu befreien«, stottere ich hilflos.

»Ja spinnst du eigentlich?! Und einem solchen Mann, der sich in früheren Leben bewegt, dem sollte ich meine Kinder anvertrauen? So einen Mist hast du den Psychologen natürlich nicht erzählt. Da hast du den liebevollen Vater gespielt, der alles für seine Kinder tun würde, der keiner Fliege etwas zuleide täte. Ich wußte ja inzwischen, daß du bei den Scientologen unter Druck stehst, aber an dem Punkt waren mir meine Kinder einfach wichtiger.«

»Wie hast du das erfahren.«

»Eines Tages bekam ich einen Anruf von der Mutter deiner neuen Scientologen-Frau. Da war ich zuerst natürlich vorsichtig. Aber durch sie habe ich dann eine Menge neuer Informationen erhalten, was ihr beide bei Scientology treibt. Die war zuerst auch begeistert von ihrem Schwiegersohn, bis ihre Tochter so einen komischen Arbeitsvertrag bei Scientology abgeschlossen hat. Da wurde sie neugierig und hat sich kundig gemacht, was Scientology eigentlich ist. Sie war genauso erschrocken wie ich.«

»Da habt ihr euch dann zusammengetan? Damals habe ich mit den Zähnen geknirscht. Meine Schwiegermutter verbündet sich mit meiner Ex-Frau. Eine schöne Kombination!«

»Für mich war sie aber wichtig. So erfuhr ich, daß auch andere mit Scientology Probleme hatten. Man hält dich ja für ein bißchen überdreht, wenn du so alleine kämpfst, aber durch die anderen Betroffenen fing ich langsam wieder an, an mich selbst zu glauben. Mucha, ein Mann vom Düsseldorfer Jugendamt, hat dann eine Selbsthilfegruppe gegründet, und da haben wir uns gegenseitig unser Leid geklagt.«

»Wie wichtig waren diese neuen Kontakte für deine Lebenssituation?«

»Das war ungemein wichtig, weil du dich angenommen fühltest und verstanden ...«

» ... wie in einer Sekte. Ich habe damals geschrieben: ›Düsseldorfer Jugendamt gründet Sekte gegen Scientology.‹ Aber ich will mich nicht darüber lustig machen, das Thema ist viel zu ernst. Es sind jedoch nach wie vor die Argumente der Gegenseite, und diese Eltern- und Betroffeneninitiativen stehen unter Beschuß von Scientology. Heute auch zusätzlich von der neuen Generation von Experten, besonders den Psychologen, die sich inzwischen auch des Themas angenommen haben, die den Eltern laienhafte Aufklärungsarbeit vorwerfen.«

»Wo waren die denn damals, als wir sie gebraucht haben? Wir mußten uns doch notgedrungen selbst helfen, weil die zu feige waren, Stellung zu beziehen. Ohne Leute wie Mucha, ohne die Courage der Eltern, hätten die uns doch damals am liebsten in die Klapsmühle gesteckt. Ich bin auch Mucha unheimlich mißtrauisch entgegengetreten, habe den erst einmal gefragt, wie er überhaupt dazu kommt und welche Erfahrung er hat. Und da war er sehr geduldig, hat sich Zeit gelassen, hat mir auch klargemacht: Patentlösungen gibt es nicht. Lösungen müssen erarbeitet werden. Für mich wurde klar, daß ich mich in erster Linie von dir lösen mußte, denn nur so konnte ich meinen Kindern wieder eine Stütze werden.«

»Wie siehst du das heute, im Abstand der Jahre? Hat Scientology auch dein Leben verändert, welche Erfahrung hat dir das gebracht?«

»Natürlich kann man aus jeder Lebenserfahrung etwas Positives ziehen. Ich habe gelernt, zu kämpfen. Aber insgesamt ist das eine Erfahrung gewesen, die man nicht machen muß. Es hat den Kindern geschadet. Es war sehr schwierig, die Kinder über die Zeit zu bringen und damit fertig zu werden. Ich denke, daß sie heute noch Defizite aus dieser Zeit haben, mit denen sie sich vielleicht den Rest ihres Lebens herumschlagen müssen. Da kann ich als Elternteil auch nichts machen. Also es ist eine Ungeheuerlichkeit, daß eine Gruppe eine Familie so zerstören kann.«

»Bei einer normalen Scheidung ...?«

» ... wäre es wahrscheinlich einfacher gewesen. Wir hätten ja noch miteinander reden können. Aber dein anderes Denken und deine andere Sprache, das war wie ein totaler Schnitt. Helen hat ungeheure Verlustängste bekommen, die sie heute noch teilweise spürt. Sandra hat ihren Vater gesucht. Es war ja über Jahre nicht da. Dann, als sie älter wurden und sagten, wir möchten mal mit Norbert reden, mal sehen, wie unser Vater so ist, das fand ich unheimlich süß, aber ich habe auch gleich wieder Angst bekommen. Ist er wirklich raus, auf was für einen Menschen treffe ich nach all diesen Jahren? Sandra war damals sechzehn und Helen vierzehn. Da stand ich dann vor der Entscheidung, läßt du den Kontakt zu, mit allen Problemen, die dann auftreten können? Ich habe eine

Weile mit mir gerungen. Alle haben gesagt, laß es lieber. Aber dann dachte ich mir, wenn ich es jetzt nicht zulasse, dann werden sie es irgendwann hinter meinem Rücken tun. So hatte ich wenigstens die Chance einzugreifen, wenn es schiefgehen sollte. Wir sind dann erst einmal ganz unverbindlich gemeinsam spazierengegangen.«

In Erinnerung daran muß ich laut lachen: »Sandra hat mir etwas gesagt, was ich zuerst gar nicht verkraften konnte. Sie sagte: ›Du siehst als Mann doch gar nicht so toll aus. Wieso hast du bei Frauen so viel Erfolg?‹ Zuerst war ich sprachlos und dann habe ich kapiert, daß ich eine Tochter habe, die sich bereits für Männer interessiert. Über Puppen und Kinderbücher würde ich wohl nicht mehr mit ihr reden können. Da habe ich auch begriffen, was ich als Vater in den Jahren alles versäumt hatte.«

»Ja, das hattest du. Aber damals, beim Spaziergang, da merkte ich, daß dir noch eine Menge Gefühle fehlten. Sandra hat sehr darunter gelitten, daß du so emotionslos warst. Du hattest noch einen weiten Weg vor dir. Wolltest aber gleich mit aller Macht wieder Vater sein.«

»Zwei Jahre nach dem Ausstieg war ich auch noch nicht gesund, aber ich war ungeduldig, leider wohl auch zu ungeduldig.«

Cordula lacht: »Das hast du immer mir vorgeworfen. Ich würde ein Haus haben wollen, vorne mit Blick auf die Nordsee und hinten mit Blick auf die Alpen. Heute weiß ich, daß das dein Problem war.«

2. Unsere Tochter kann sich nicht lösen

»Ihr könnt mich nur verstehen, wenn Ihr auch mitmacht.«

»So einen Fall wie den Ihren hätte es in Scientology nicht geben dürfen. Es war eine Ausnahme, es war ein Betriebsunfall«, erklärte mir einmal ein junger Scientologe nach einem Vortrag. Auch Scientologen reagieren empfindlich auf den Vorwurf der sozialen Störung, das System selbst sowieso. Beharrlich weigert man sich, in solchen Fällen und Schicksalen das systembedingte Versagen zu sehen. Man spricht von Einzelschicksalen, die man bitte nicht verallgemeinern dürfe. In einem System, das ausschließlich auf Erfolg, Macht und Stärke ausgerichtet ist, darf es solche Fälle nicht geben. Die Erfolgreichen im System Scientology mögen sich glücklich wähnen, weil sie reibungslos funktionieren und es deshalb auch fast keine schmerzhaften Sanktionen gibt. Die Aussteiger, die wieder Fuß fassen konnten in einer demokratischen Gesellschaft, können sich glücklich schätzen, weil sie die Fesseln erkennen und abstreifen konnten. Aber wie fühlen sich die Menschen, die im System Scientology nicht richtig funktionieren, dort an den Rand gedrängt werden, aber sich dennoch mit beinahe kindlichem Fanatismus weiter an Scientology klammern, als sei es wirklich der einzige rettende Strohhalm? Sie bleiben zwischen allen Stühlen sitzen. Scientology will sie nicht länger, sie sind bereits finanziell ausgeplündert, als Arbeitskraft machen sie nur Fehler und verursachen

Störungen, und sie wollen nicht zugeben, einem Irrtum verfallen zu sein.

Hubbards Sprache und Sprachregelung mag den Anhängern weise und manchmal gar lyrisch erscheinen. Dem Kenner offenbart sich hingegen eine zynische Brutalität, die den vermeintlich Schwachen hoffnungslos an die Wand drückt. Sein Ausspruch ›Wir haben dich lieber tot als unfähig‹ schwebt wie ein Damoklesschwert über jedem Scientologen.

»Der Mensch ist im Grunde gut«, schreibt Hubbard. »Er ist sogar so gut, daß er sich selbst davon abhält, Böses zu tun, notfalls dadurch, daß er sich selbst aus der Umgebung entfernt.«

Was dieser Satz bedeutet, zeigt das Schicksal einer jungen Scientologin aus Norddeutschland. Ihre Eltern waren beharrlich gegen ihre Aktivitäten in Scientology. All ihre Appelle, die Eltern zu überzeugen, sie zum Mitmachen zu bewegen, waren gescheitert. Scientology duldet solche Zustände nicht. Das Mitglied wird zum ›möglichen Ärgernisverursacher‹ erklärt, wird massiv unter Druck gesetzt, die Situation endlich in den Griff zu bekommen. ›Handhaben‹ nennen das die Scientologen und meinen damit, den Kritiker entweder zu bekehren oder ihn wenigstens zum Schweigen zu bringen. Gelingt weder das eine noch das andere, zwingt man das Mitglied, Beweise der Trennung von den unterdrückerischen Personen vorzulegen. Andernfalls wird die Teilnahme an Kursen in Scientology unmöglich. Die junge Frau fühlte sich in einer hoffnungslosen Lage. Auf der einen Seite standen ihre Eltern, die sie liebte, auf der anderen Seite war ihre Sehnsucht nach Vervollkommnung ihres Wesens durch Scientology. Diesen Konflikt meinte sie nicht lösen zu können, und so beschloß sie, sich aus der Umgebung zu entfernen. Als Thetan, so hatte man es ihr beigebracht, sei sie unsterblich, und sie könne jederzeit auf die Erde zurückkommen, um sich einen neuen Körper zu suchen. Sie setzte sich also ans Steuer ihres Autos und raste gegen einen Baum.

Neun Jahre sind seitdem vergangen. Die junge Frau überlebte den Unfall, aber ihr Leben scheint seitdem mindestens so zerstört und verformt wie das Wrack des Autos, an dessen Steuer sie damals saß. Ihre Eltern bemühen sich vergebens, ihr zu helfen, ihr den Weg in ein Leben ohne die makabre Sehnsucht nach Scientology zu ermöglichen. Nichts von dem ist bisher gelungen. Schlimmer noch, die Versuche schlugen nicht nur fehl, sondern steigerten die Aggression der Tochter von Jahr zu Jahr. Die Briefe zwischen Eltern und Tochter belegen, wie sich die junge Frau am Ende in eine Wut steigerte, die kaum noch zu begreifen ist. Sie scheut selbst davor nicht zurück, die eigenen Eltern des sexuellen Mißbrauchs zu bezichtigen. Der Druck, den Scientology ausübt, um Kritiker zum Schweigen zu bringen, zerstört auch den letzten Rest von Anstand und Gewissen. Inzwischen ist der Kontakt zur Tochter seit fast fünf Jahren völlig abgebrochen. Auf Bitten der Eltern führte ich in den vergangenen Jahren zwei Gespräche mit ihr. Beide blieben ohne Erfolg, ebenso der Versuch, über Briefe in Kontakt zu kommen.

Um eine Lösung von Scientology vollziehen zu können, ist natürlich erst einmal ein Kontaktabbruch notwendig. Dennoch kennen wir inzwischen genügend Fälle, bei denen eine innere Bindung bestehenbleibt, selbst wenn der Betroffene es gar nicht will. Diese Bindung wirkt über viele Jahre, sorgt sogar dafür, daß es einem nach Jahren schlechtergeht als unmittelbar nach der Trennung. Über diese sonderbaren Phänomene, ähnlich wie im Fall der Miriam Gruiten, wissen wir immer noch sehr wenig, um so wichtiger ist deshalb die Darstellung solcher Schicksale. Deshalb verabrede ich mich mit den Eltern in Norddeutschland, und wir treffen uns am Hauptbahnhof. Sie wollen mir die Geschichte der Tochter erzählen.

Die Mutter sucht in ihren Erinnerungen: »Das war 1986, einundzwanzig war sie damals. Unsere Tochter wurde hier vor dem Hauptbahnhof, ungefähr dort, wo wir jetzt sitzen, angesprochen. Dort war ein Bücherstand von Scientology aufgebaut. Da sie jeden Tag von ihrer Firma zum Bahnhof lief, hat man die Gelegenheit genutzt, sie anzusprechen. Neugierig wie sie war, hat sie sich überzeugen lassen, das Dianetik-Buch zu kaufen: ›Die moderne Wissenschaft der geistigen Gesundheit‹! Wenn man das Buch kauft, dann fragen die Scientologen sofort nach Adresse und Telefonnummer. Dann wird angerufen, und man läßt nicht locker. Unsere Tochter hatte ihre eigene Wohnung in unserem Haus, und so haben wir gar nicht mitbekommen, daß dort ein intensiver Kontakt entstand. Das wissen wir von ihrer Freundin. Sie wurde jedesmal gefragt: ›Hast du das Buch schon gelesen?‹ oder ›Können wir dir helfen?‹. Worauf sie dann zu ihrer Freundin gesagt hat: ›Die sollen mich endlich in Ruhe lassen. Die nerven mich‹. Da war sie noch kritisch.«

»Also mit fliegenden Fahnen ist sie keine Scientologin geworden?«

»Nein, aber irgendwann hörte sie sich dann wohl doch einen Vortrag an. Ich weiß nicht, wie der Vortrag hieß. Es gibt jedenfalls abends kostenlose Vorträge. Und zu einem solchen Vortrag ist sie gegangen. Ihr Einstieg begann mit einem Kommunikationskurs.«

Ihr Mann mischt sich ein: »Sie ist von diesem jungen Mann, der die Bücher verkauft, angesprochen und zu einer Tasse Kaffee eingeladen worden und hat dann diesen inzwischen bekannten Persönlichkeitstest gemacht. Der Persönlichkeitstest hat bei ihr hundertprozentig eingeschlagen. Die Scientologen haben, so erzählte sie uns später, genau die Stelle gefunden, an der sie Schwächen hatte, und man bot ihr die Chance, ihre Persönlichkeit zu stärken. Sie hatte vielleicht Orientierungsprobleme in dieser Zeit. Sie wollte damals studieren, wußte aber nicht was, und dann kamen die Scientologen gerade im richtigen Moment. Sie sagte uns plötzlich: ›Ich will gar nicht mehr studieren, ich hab mir etwas anderes ausgedacht.‹«

»Eigentlich war sie ein intelligentes Kind und hatte keine Probleme, weder in der Schule noch in der Firma. Sie wollte noch fähiger werden«, ergänzt die Mutter.

»Hatte sie damals Freunde, eine Clique, war sie sozial eingebunden?«

Der Vater schmunzelt: »Sie war sehr kontaktfreudig und hatte viele Freunde. Außerdem tanzte sie in einer Formation. Leider ist diese Gruppe damals auch gerade zusammengebrochen, weil die jungen Männer alle zur Bundeswehr eingezogen wurden. Sie war zu diesem Zeitpunkt ein bißchen orientierungslos, und das war ein gefundenes Fressen für die Scientologen. Sie hatte Zeit, sich mit etwas anderem zu beschäftigen. Ungefähr nach vier Wochen hat sie sich auf einmal für meine Probleme, meine beruflichen Probleme interessiert. Auffällig, sehr auffällig, dachte ich damals. Ein Mensch kann sich doch nicht so schnell verändern, das geht doch normalerweise langsam, kontinuierlich. Plötzlich wollte sie mir sogar helfen. Sie meinte, die Scientologen könnten auch mir bei der Bewältigung meiner beruflichen Probleme helfen. Sie wollte mir immer einreden, daß ich berufliche Probleme hätte! Hatte ich eigentlich gar nicht, höchstens ein paar Kunden, die nicht pünktlich zahlten, und dafür gab es auch keine Patentlösung.«

»Mir als Mutter hat sie anfangs kaum etwas erzählt. Sie fing dann den scientologischen Kommunikationskurs an, und auf einmal hatte sie keine Zeit mehr. Der war ihr sehr, sehr wichtig. Da man ihr einredete, sie müßte den Kurs ganz schnell über die Bühne bringen, ist sie fast täglich ins Dianetik-Zentrum gegangen. Und das war schon erstaunlich. Plötzlich war sie zu diesen Kursen immer pünktlich. Das war schon eine gravierende Veränderung. Als Mutter war ich da sogar glücklich. Mein Mann und ich haben uns immer wieder gewundert, daß sie plötzlich so pünktlich, so freundlich und aufmerksam wurde. Na ja, man liebt die Kinder, wie sie sind, aber über das eine oder andere ärgert man sich doch schon mal. Ich habe ja auch nicht immer meinen besten Tag, und warten war nie meine Stärke. Sie entwickelte sich ungewöhnlich, aber eigentlich nicht negativ. Über Scientology wußten wir ja nichts, und über Dianetik konnte ich im Lexikon auch nichts finden. Richtig aufgewacht sind wir erst nach einer Fernsehsendung von ›Buten & Binnen‹ vom Bremer Regionalsender. Dort wurden die verschiedenen Sekten aus Bremen und Umgebung vorgestellt.«

»Wieviel Zeit war inzwischen vergangen?«

»Ein halbes Jahr etwa. Wir hatten von Bhagwan gehört und von Mun, aber von Scientology hatten wir bis dahin noch nie etwas gehört. In der Sendung sprach man von großen Summen, die ein Kursteilnehmer in die Scientology-Organisation einzahlen muß. Meine Frau und ich haben daher beschlossen, das Sparbuch unserer Tochter in unseren Safe zu nehmen. Sie hatte 5.000 Mark drauf. Zusätzlich hatte sie noch einen Bausparvertrag. Wir wollten nicht übermäßig ängstlich sein. Das Kind muß erwachsen werden, da können wir uns nicht in alles einmischen, was uns als Älteren nicht gefällt. Aber was wir für sie gespart hatten, das wollten wir nicht unnötig aufs

Spiel setzen. Sie hatte ja schon ihren Job geschmissen und arbeitete ohne jede Absicherung in der Scientology-Mission. Und dann kam sie eines Tages nach Hause, sie wohnte damals schon beim Leiter der Scientology-Mission, bei Herrn V., der sich Präsident nannte. Sie war ihm mehr oder weniger hörig. Damals wollte sie sich ihr Sparbuch holen, und es war natürlich nicht da. Wir konnten es ihr nicht geben. Sie hat uns gleich beschuldigt, wir würden es ungerechtfertigterweise zurückhalten.«

»Wie hat Ihre Tochter auf diese ersten Warnungen reagiert?«

»Sie hatte Angst, daß wir der Sache negativ gegenüberstehen könnten. Sie wollte uns Informationen immer vorenthalten ...«

»... und auch verheimlichen wahrscheinlich!«

»Wir haben dann begonnen, eine kritische Haltung zu zeigen, oder haben versucht, mit Gesprächen an sie heranzukommen. Wir wußten ja nicht, daß man in dieser Organisation mit einer kritischen Haltung schon zum Feind erklärt wird. Was das bedeutet, wußten wir noch weniger. Wir konnten uns nicht vorstellen, daß sie die einundzwanzig Jahre mit uns, ihren Eltern und ihrer Schwester, einfach vergißt, daß Sie keinen Wert mehr haben sollten. Wir kennen Familien, wo so etwas früh anfing. Vater und Sohn wie Feuer und Wasser oder Mutter und Tochter in irgendeiner Konkurrenzsituation! Aber ein Bruch mit beiden Elternteilen, und so abrupt und ohne Vorwarnung, wir waren wie vor den Kopf geschlagen. Mit ihrem Buchverkauf war sie sehr erfolgreich. Das lief sehr gut damals hier vor Ort.«

»Hatten Sie auch Kontakt zu ihrem früheren Freundeskreis? Kamen die Freunde zu Ihnen ins Haus, wußten Sie, mit wem Ihre Tochter Umgang hatte?«

»Sie hatte einen sehr großen Freundeskreis. Die kamen auch zu uns ins Haus.«

196

»Gab es da warnende Stimmen oder Irritationen in dem Freundeskreis? Hat sich jemand an Sie gewandt und gefragt, was mit Ihrer Tochter los sei?«

Die Mutter, die sich zwischenzeitlich etwas aus dem Gespräch zurückgezogen hatte, meldet sich wieder zu Wort: »Hm ja, sie hatten versucht, mit ihr Kontakt aufzunehmen, aber haben es dann schnell aufgegeben, weil keine gemeinsame Basis mehr da war. Sie hat dann allen Kontakt abgebrochen und gesagt, sie könnten sich nur wieder gut verstehen, wenn sie auch mitmachen würden. Da die Freunde dies nicht wollten, hat sie den Kontakt abgebrochen.«

»Oder die anderen haben ihn abgebrochen, weil sie mit ihr nicht mehr richtig kommunizieren konnten. Jetzt rede ich auch schon in dieser Sprache! Die konnten einfach nicht mehr mit ihr reden. Die war zu, unsere Tochter.«

»Wie hat sich das Tochter-Vater-, Tochter-Mutter-Verhältnis verändert? Begann sie, anders mit Ihnen umzugehen als vorher?«

»Wir haben sie ja kaum noch gesehen. Sie hat ja bei Herrn V. gewohnt.« Die Mutter zeigt erste Reaktionen auf das Gespräch. Ihre Stimme beginnt zu schwanken, aber noch hat sie sich in der Gewalt. »Kontakt hatten wir nur, wenn ich sie zum Essen eingeladen habe. Mein Mann hat sich da rausgehalten, er war ja der große Kritiker.«

»Wir haben Herrn V. und unsere Tochter dann öfter einmal zu uns zum Essen eingeladen«, bestätigt ihr Mann. »Beide sind auch gekommen. Bei solchen Gelegenheiten bin ich auch mal ein bißchen ›ans Eingemachte gegangen‹. Unsere Tochter hatte uns erzählt, sie würde gerne noch einen Kurs machen und dann noch einen, und dann wüßte sie genau, was sie wolle. Wir wollten wissen, was das für Kurse sind, weil wir uns unter den Bezeichnungen überhaupt nichts vorstellen konnten. Unter einem Kurs ›das Auf und Ab des Lebens‹ konnten wir uns ja noch so vage etwas vorstellen, aber was ein ›Hubbardqualifizierter Scientologe‹ sein soll, das war uns nicht klar. Es ging ja auch schon nicht mehr um 150 DM, wie am Anfang, sondern bereits um 1.500 DM und mehr. Bei solchen Summen bin ich es einfach gewohnt, zu schauen, was es dafür an Gegenwert gibt. Das sollte eigentlich normal sein, und ich muß mich wirklich wundern, wie leicht manche Leute ihr sauer verdientes Geld ausgeben, ohne genau zu wissen, was sie dann dafür erhalten. Unsere Tochter hatte dieses Geld und meinte, es sei eine sinnvolle Investition in ihre Zukunft. Das wollte ich genauer wissen, und so habe ich sie immer wieder darauf angesprochen, wie sie sich ihre Zukunft denn vorstellt. Das wisse sie eben erst, wenn sie den Kurs gemacht habe, deshalb will sie ihn ja machen, gab sie zur Antwort. Irgendwie drehte sie sich im Kreis, und auch Herr V. konnte sich nicht richtig dazu äußern. Immer, wenn unsere Tochter zuviel erklären wollte, legte er ihr einfach seine Hand auf den Oberschenkel, und dann hörte sie auf zu erzählen. Dann hat er die Sache übernommen ...«

»... abgeblockt hat er das Gespräch«, wirft die Mutter mit leichtem Ärger in der Stimme ein.

»Dann kam noch eine Sache hinzu«, fährt der Vater fort, »unsere Tochter war damals noch arbeitslos gemeldet und bezog Arbeitslosengeld. Daraufhin hab ich Herrn V. angesprochen. Ich sagte: ›Das geht doch irgendwie in die Hose. Auf der einen Seite haben Sie unsere Tochter eingestellt in ihrem Laden, und sie bezieht trotzdem noch Arbeitslosengeld. Das gibt doch Probleme.‹

›Es gibt überhaupt keine Probleme‹, sagte er, ›sie ist

nur probeweise angestellt.‹ In Wirklichkeit hat er es wohl nicht besser gewußt. Irgendein Scientologe hat für unsere Tochter Krankenkassenbeiträge abgeführt, danach ist es aufgeflogen. Unsere Tochter mußte dann doch noch 4.600 DM Arbeitslosengeld zurückzahlen. Aber irgendwie hatte ich den Eindruck, daß dies alles sie überhaupt nicht belastet hat. Früher war sie ganz anders: Sie war wirklich sparsam und hat Geld auf die ›hohe Kante‹ gelegt. Ihren Bausparvertrag mit über 7.000 DM hat sie später einem Scientologen aus Hamburg übereignet. Wir haben nie herausfinden können wofür.«

»Können Sie noch ein paar prägnante Veränderungen in ihrem Wesen beschreiben, wie vorhin: erst sparsam und plötzlich keine Beziehung mehr zum Geld?«

»Da gab es eine ganze Reihe von Veränderungen. Sie machte uns den Vorwurf, wir wären zu materialistisch eingestellt und dächten immer nur ans Geld. Ein unberechtigter Vorwurf! Sie brach, das sagten wir schon, den Kontakt zu ihren Freunden ab. Das Verhältnis zu uns, gerade auch zu mir, wurde merklich kühler. Ihre Eltern und auch ihre Schwester waren nicht mehr wichtig für sie, und überhaupt wirkten ihre Gefühle wie eingefroren. Alles wirkte überkontrolliert, wie auswendig gelernt. Besonders nett, was aber wie aufgesetzt wirkte, war sie immer nur dann, wenn sie uns ›handhaben‹ mußte, nachdem wir irgendwelche Aktivitäten gegen Scientology unternommen hatten. Aber, das merkten wir sehr deutlich, weder ich noch meine Frau waren länger ihre Bezugspersonen. Zuerst dachte ich, das seien normale Abnabelungsprozesse, wie sie für Töchter normal sind, wenn sie einen Mann als Bezugsperson haben. Aber im Prinzip waren alle ihre vorherigen Lebensziele und Aufgaben wie weggewischt. Kein Gedanke mehr an ein Studium, an Freunde oder an die Eltern. Für sie gab es nur noch Scientology.«

»Es wird inzwischen allgemein als gefährlich einge-schätzt, daß Gefühle und Ängste bei Scientology unter Trance und Hypnose einfach ausgeblendet werden. Man erklärt sie für nicht mehr vorhanden, aber verlagert sie ei-gentlich nur ins Unterbewußtsein.«

»Unsere Tochter war von Natur aus sehr emotional, im allerbesten Sinne. Sie war sehr optimistisch und sehr ein-fühlsam, schon als Kind, im Gegensatz zu ihrer Schwe-ster, die sehr nerven konnte. Wenn ich Zeitung gelesen habe, hat sie mich nie gestört, sondern hat sich anderwei-tig beschäftigt. Sie ist erst dann zu mir gekommen, wenn ich Zeit für sie hatte. Sie war sehr aufmerksam, was Ge-burtstage angeht, hat sich viele Gedanken gemacht, was sie uns schenken könnte, und es wurde dann viel geba-stelt. Sie war richtig idealistisch eingestellt. Als sie bei Scientology war, hat sie unsere Geburtstage laufend ver-gessen. Das ist auch so eine typische Veränderung. An die Familie hat sie überhaupt nicht mehr gedacht, alles andere war ihr wichtiger.«

»Mich als Mutter hatte sie ganz ausgeblendet. Mir war oft so, als gäbe es zwischen mir und meiner Tochter eine Glaswand. Die Gefühle meines Kindes waren mir ja ver-traut, das ergibt sich, wenn man ein Kind großzieht. Das war das plötzlich vorbei, und ihr schien es auch nichts aus-zumachen. Sie sagte des öfteren zu mir: ›Mama, du ver-stehst mich überhaupt gar nicht.‹ Heute weiß ich, was sie damit meinte. Damals wußte ich es nicht. Es war wohl so, daß sie meine Sprache und meine Gefühle überhaupt nicht mehr verstehen konnte oder es nicht mehr wollte. Ich habe einmal gelesen, daß Hubbard alle Nichtscientologen als geisteskrank bezeichnet. So muß meine Tochter mich wohl betrachtet haben, als ein krankes, minderwertiges Wesen.« Die Mutter beginnt zu weinen und bittet ihren Mann mit einer Handbewegung, weiterzuerzählen:

»Ich werde mal erzählen, wie versucht wird, Kritiker fertigzumachen. Nach den ersten Zeitungsaktionen, die wir gestartet hatten, rief unsere Tochter mich an und bat um ein Gespräch. Wir trafen uns an einem neutralen Ort, denn in die Wohnung wollte sie nicht mehr kommen. Ihr Blick war starr und gläsern, und dann hat sie ihr Ritual, das man ihr eingepaukt hatte, runtergespult wie eine schlecht gelernte Rolle. Sie verlangte von mir, alles zurückzunehmen, was ich über Scientology und unsere Erfahrungen gesagt hatte. Das waren aber doch Fakten, das waren Tatsachen. Warum sollte ich mich davon distanzieren? Wenn ich das nicht tun würde, dann würde sie öffentlich behaupten, daß ich sie sexuell mißbraucht hätte. Ich war zuerst sprachlos, das war ungeheuerlich! ›Das mußt du mir mal näher erläutern. Ich kann mich daran beim besten Willen nicht erinnern. Ich habe mich höchstens beim Gute Nachtsagen über dich gebeugt und bin an deine Brust gekommen. Das kannst du ruhig behaupten, aber das glaubt dir keiner.‹ sagte ich, und dann geschah etwas Seltsames. Sie sagte ihr einstudiertes Sprüchlein auf, wie man es ihr aufgetragen hatte. Danach war sie plötzlich wie umgewandelt, richtig erleichtert. Wir haben uns untergehakt und haben mit dem Boot eine kleine Tour gemacht. Ich hab' gedacht: Jetzt ist sie bald wieder die alte. Wie so etwas dann ganz schnell umkippt.«

»Es kippt um. ›Kippphänomen‹ sagt man ja wohl dazu«, wirft die Mutter ein.

»Wir schöpften also wieder Hoffnung. In der Stadt haben wir sie des öfteren von so einem Bücherstand weggeholt und sie dann zum Essen eingeladen. Sie ist dann, während wir gegessen haben, viermal zum Telefon gelaufen und hat Bescheid gesagt, wo sie jetzt ist und wann sie wiederkommt. Das Schuldgefühl, das sie inzwischen hatte, hat sie richtig hin- und hergerissen. Aber wir konnten sie ja nicht festbinden und wollten ihr auch zeigen, daß wir ihr vertrauen. Wir gerieten dadurch natürlich auch in eine Zwickmühle und merkten, daß wir es alleine nicht schaffen konnten. Wir brauchten Menschen, Fachleute, um mit ihnen darüber zu reden. Die Probleme wurden größer, und so sind wir zur Sektenberatung gegangen. Das war ein wichtiger Schritt, denn wir trafen dort Menschen in ähnlichen Situationen.«

»Mein Mann und ich haben die meiste Freizeit damit zugebracht, anderen zu helfen, die auch betroffen waren. Wir mußten unglaublich viel lernen, um die Materie zu verstehen. Wo sind Chancen und wo sind Grenzen? Wir sind durch ganz Deutschland gefahren, haben Leute besucht, die in der gleichen Situation waren oder Aussteiger so wie Sie.«

»In der Hoffnung, Sie würden etwas bewirken können?«

»Ja, die Hoffnung darf man nie aufgeben«, pflichtet der Vater bei, »aber es ist schwierig. Wir haben versucht, Scientology zu verstehen. Wir haben Scientology-Bücher auch gelesen, weil unsere Tochter immer wieder sagte: ›Ihr versteht mich nicht.‹

›Ja, dann mußt du uns mal erklären, warum wir dich nicht verstehen.‹

›Das kann man nicht erklären, Scientology muß man erleben, da muß man selbst dabeisein.‹ Sie hat uns immer wieder animiert, in die Mission zu kommen. Die Scientologen haben auch einmal alles vorbereitet für mich und einen Termin mit mir vereinbart für ein Beratungsgespräch. Aus beruflichen Gründen mußte ich aber wieder absagen. Sie waren sehr enttäuscht.

Ich habe unsere Tochter auch einmal unangemeldet in der Mission besucht. Daraufhin kam sie und sagte, sie hätte jetzt keine Zeit für mich, und hat mich zum Warten in einen Raum geschickt, in dem ich zufällig auf die in einem Sessel schlafende Personalbearbeiterin traf. Die ganzen Ordner standen in dem Raum. Ich sagte: ›Holen Sie mir mal die Akte von unserer Tochter heraus‹. So sah ich dann zum ersten Mal diesen Arbeitsvertrag. Unsere Tochter kam dazu und auch der Leiter der Mission. ›Wie kannst du solch einen Vertrag unterschreiben? Da steht nicht drin, wieviele Tage Urlaub du erhältst, da steht nicht drin, welches Gehalt du beziehst. Alles, was normalerweise in einen Arbeitsvertrag hineingehört, keine Sozialversicherung, keine Krankenkasse, nichts. So etwas kann man doch nicht unterschreiben!‹ Herr V. sagte daraufhin, das könne man mit der freien Wirtschaft nicht vergleichen, sie wären eine Kirche. Ich hielt ihm entgegen, selbst in einer Kirche bekämen die Bediensteten einen vernünftigen Vertrag, und nicht so einen mysteriösen Fünfjahresvertrag. Na ja, wir kamen jedenfalls auf keinen grünen Zweig. Nach meinen weiteren Aktivitäten in der Öffentlichkeit hatte ich dann auch Hausverbot.«

»Inzwischen sind viele Jahre vergangen. Wie schätzen Sie rückblickend diesen Kampf um Ihre Tochter ein? Haben Sie verloren?«

»Wir haben Fehler gemacht, so sehe ich das heute. Wir haben anfangs zu heftig reagiert und haben ihr sogar Vorwürfe gemacht. Wir haben immer geglaubt, sie könnte einfach wieder weggehen und wieder ein normaler Mensch sein. Aber das war überhaupt nicht mehr möglich. Schon nach vier Wochen, so schätze ich das heute ein, haben Außenstehende praktisch keine Chance mehr. Die kleinen Erfolge zwischendurch ließen uns das nicht einsehen. Ein weiterer Fehler war vielleicht, in den Medien und in der Presse immer mit Namen aufzutreten. Das würde ich heute auch nicht mehr machen, denn mei-

ne Tochter hat sich dadurch irgend wie verunglimpft ge-
fühlte. Sie hat es immer als sehr persönliche Bedrohung
aufgefaßt. Das sind die Fehler, die ich aus der heutigen
Sicht gemacht habe. Aber wir haben wirklich immer versucht, den Kontakt in irgendeiner Form zu halten. Dadurch, daß wir beide Kritiker geworden sind, hat man
auch versucht, uns als Ehepartner auseinander zu bringen.« An seine Frau gewendet: »Du hast auch einmal geäußert, du würdest dich unter Umständen von mir trennen.«

»Haben Sie heute resigniert?«

»Ja, das kann man sagen. Wir haben alles versucht, ihr
zu helfen, es hat nicht funktioniert. Als Eltern können wir
nicht mehr helfen. Und damit wir nicht selbst dabei vor
die Hunde gehen, haben wir gesagt: Wir geben es auf.
Wir wollen auch leben. Sie muß ihr Leben selbst in die
Hand nehmen. Unsere Sorge ist nur, daß sie irgendwann
ein Sozialfall wird. Es ist uns ja auch zum Vorwurf gemacht worden, daß wir nicht loslassen können. Sie wäre
ein erwachsener Mensch, der selbst mit seinem Leben
klarkommen muß, gleichgültig, in welche Richtung es
läuft.«

»Gibt es auch Vorhaltungen, daß Sie nicht weiter-
kämpfen, daß Sie niemals aufgeben dürfen?«

»Nein. Mir hat einmal ein Psychologe gesagt, man
muß das mit Drogensüchtigen vergleichen. Dort müssen
letztendlich die Eltern auch ihre Kinder loslassen, sonst
gehen sie vor die Hunde. Ich weiß nicht, ob man das vergleichen kann, aber ich denke schon.«

»Ich wüßte heute nicht, wie ich mich verhalten sollte,
wenn ich ihr plötzlich begegnete, oder wenn sie auf einmal wieder bei uns vor der Tür stehen würde«, wirft der
Vater ein. »Nach der Aktion, die sie gestartet hat, bezüglich der sexuellen Verfehlung. Sie hat sich da richtig hin-

eingesteigert. Zuerst soll ich es gewesen sein, später dann meine Frau und ich gemeinsam. Das hat auch eine ziemliche Spaltung bei uns bewirkt, in unserem Gefühl gegenüber dem eigenen Kind. Sie ging damit tatsächlich zum Staatsanwalt, und das hätte übel enden können. Sie hat sich aber in so viele Widersprüche verwickelt, daß die ganze Angelegenheit niedergeschlagen wurde. Die Verleumdungsaktion mit den Briefen, das hätte ich ihr noch verziehen, weil sie psychisch krank ist, aber diese Anzeige ist mir doch ziemlich an die Nieren gegangen. Ich müßte mir heute sehr überlegen, ob ich sie noch einmal wiedersehen möchte.

Das Schlimme ist ja, daß man den Opfern nicht helfen kann. Es gibt zu wenig Therapeuten, die sich mit diesen speziellen Veränderungen auskennen. Sie hat immer gesagt: ›Ein Therapeut kann mir nicht helfen. Die einzigen, die mir helfen können, sind die Scientologen. Das sind die besten Therapeuten.‹«

»Haben sie den Eindruck, daß Scientology auf Bemühungen der Eltern gut eingestellt ist und Gegenmaßnahmen ergreift, wenn Eltern oder Freunde den Trennungsprozeß einleiten wollen?«

»Mit Sicherheit! Wir wissen heute, daß man sogar Gespräche mit den Eltern regelrecht vorher einübt. Wenn beispielsweise der Vater, so wie ich, gegen Scientology ist, dann übt man, den Vater zu ›handhaben‹. Ein Scientologe spielt den Vater und schimpft und attackiert. Der andere muß lernen, diese Angriffe auszuhalten, und die richtigen Antworten werden einstudiert. Aber unsere Tochter war in diesem Punkt wohl nicht so perfekt, wie Scientology es sich gewünscht hatte. Sie muß furchtbar unter diesem Druck gelitten haben und wollte deshalb auch in das Zentrum der Scientologen nach Florida fliehen. Aber auch diese verlangten, daß sie vorher ihre Eltern ›handhaben‹ müßte. Wir hatten ja nicht die geringste Ahnung, wie sehr sie dabei immer weiter unter Druck geriet, wie sie geradewegs auf die Katastrophe zusteuerte. Wir erhielten ein paar Jahre später von ihr, das war 1991, einen sehr langen Brief von, in dem sie versuchte, uns ihre Probleme zu schildern. Sie war in ihren Gefühlen schrecklich zerrissen. Sie sprach von ihrer Liebe zu uns und im nächsten Moment von ihrer Lust, mich ermorden zu wollen.«

Diese Briefe hatte ich gelesen, und ich kann verstehen, daß die Mutter an dieser Stelle ihre Tränen nicht mehr zurückhalten kann. Auch ihr Mann ist für eine ganze Weile still, bis er weitersprechen kann.

»Unsere Tochter wollte dann nach Hamburg, ließ sich aber wieder umstimmen, bei Scientology weiterzuarbeiten. Dann war sie plötzlich entschlossen, ins Scientology-Zentrum nach Kopenhagen zu fahren. Aber auch dort setzte man sie weiter unter Druck. Sie kehrte sofort um, fühlte sich nun völlig unverstanden und alleingelassen, und so traf sie ihre einsame Entscheidung.

›Und ich entschied, diese ganzen Arschlöcher einfach zu verlassen und mein Glück irgendwo anders zu finden. Ich fuhr gegen einen Baum und verschwand.

Nach zwei Wochen kam ich wieder. Es hatte nicht funktioniert. Ich war wieder da und wurde zum Tiger. Ich begann, für mich zu kämpfen. Und damit hatte ich eine Menge zu tun, denn ich mußte erst einmal meinen Körper wieder klarmachen – scheiß Zeit war das. Hat alles nichts genützt. Es gab offenbar nirgends jemanden, der mich versteht und liebt und mit Wärme aufnimmt.‹

Wir nahmen unsere Tochter nach dem ›Unfall‹ bei uns auf und hofften, daß wir sie nun vom Alptraum ›Scientology‹ befreien könnten. In dieser Zeit haben wir ihre Bankschulden von über 7.000 DM bezahlt, weil wir dachten, das bringt sie ein gutes Stück weiter in ihrem ›neuen Leben‹. Das sollte sich als Trugschluß erweisen. Die Sehnsucht nach Scientology war stärker. Wir wissen nicht, ob es unserer Tochter bewußt ist, auf was sie sich eingelassen hat. Sie hat uns in all den Jahren nie ihr wahres Gesicht gezeigt.

Wir wissen nicht, wie man herausgefunden hat, daß unsere Tochter bei uns wohnte, wir wissen auch nicht, wie die Scientologen den Kontakt wieder herstellten, und wir wissen nicht, warum sie sich nicht von der Ideologie ›Scientology‹ lösen konnte.

Heute leben wir in Trauer um den Verlust unserer Tochter. Bei noch lebenden Kindern hört die Trauer wahrscheinlich nie auf.

Auch die Großeltern, die in all den Jahren immer wieder den Kontakt zu unserer Tochter suchten und herstellten, sind traurig, daß sie nicht mehr kommt. In unserer vorher intakten Familie fehlt ein Glied, das nicht zu ersetzen ist.«

3. Wir haben dich lieber tot als unfähig

Seltsame Arbeitsverträge eines Scientologen

»Du stehst mal wieder in der Zeitung!« Martin schaut mich grimmig an und knallt mir die Rheinische Post auf den Tisch. Nachdem der Film ›Gehirnwäsche der Scientology‹ in der ARD gelaufen war, hatte sich unsere Freundschaft rapide abgekühlt. Meine Wohnung, oder besser gesagt sein Bauernhof, war dabei gefilmt und für viele erkennbar gezeigt worden. Anonyme Anrufer hatten damit begonnen, das Leben seiner Kinder zu bedrohen. Auch wenn ich zuerst über sein Verhalten erbittert war, denn er hatte mir uneingeschränkte Unterstützung im Kampf gegen Scientology zugesagt, konnte ich verstehen, daß Morddrohungen unsere Freundschaft unterhöhlen mußten.

Mit meiner neuen Popularität wußte ich noch nichts anzufangen, und so hatte ich arglos einem Journalisten, der die Aktivitäten eines niederrheinischen Unternehmers unter die Lupe genommen hatte, Fragen beantwortet. Dieter S., Inhaber einer Boutiquenkette mit dem Namen ›Vanessa‹ war bezichtigt worden, nicht nur Scientologe zu sein, sondern auch seinen Mitarbeitern das Gedankengut der Organisation aufzuzwingen.

War dies zulässig? Wohin würde das führen? Zu solchen Fragen hatte ich Stellung genommen, und es führte zu zwei interessanten Reaktionen. Möglicherweise hatten sie sogar miteinander zu tun. Die erste Reaktion war die Kündigung meiner Wohnung. Martin, mein Freund, warf mich nach vier Jahren des Um- und Ausbaus von dem alten Getreideboden, wo ich mir eine neue Heimat schaffen wollte, hinaus. Ohne einen Pfennig Geld stand ich auf der Straße. Natürlich war es nicht nur seine Entscheidung, sondern Scientologen hatten von außen kräftig Druck auf ihn ausgeübt, unter anderem durch Morddrohungen gegen seine Kinder. Die nächste Reaktion war ein Anruf von Dieter S. Er müsse mich unbedingt sprechen, erklärte er mir am Telefon.

Wir verabredeten uns in einer nahe gelegenen Gaststätte zum Mittagessen. Seltsamerweise hatte ich vor dieser Begegnung keine Angst. Erst heute weiß ich, was mich damals so sicher gemacht hatte. Ich war erst zwei Jahre aus der Scientology-Organisation heraus, aber noch immer lebte ich mit dem Bewußtsein, ein hervorragend trainierter Scientologe gewesen zu sein. Von meiner Ausbildung und Funktion her stand ich weit über ihm, und damit würde ich ihn auch in Schach halten können. Ich könnte, wenn ich nur wollte, noch immer Macht über Menschen ausüben. Und an diesem Tag wollte ich es.

Es war sogar noch leichter, als ich gedacht hatte. Scientologen sind auf Befehl und Gehorsam trainiert, und er machte da keine Ausnahme, trotz seiner herausragenden Stellung als erfolgreicher Unternehmer.

Er erwies sich als typischer Scientologe, und ich mußte lächeln, als ich ihn bereits nach wenigen Sätzen mit meinem bei Scientology antrainierten Verhalten eines Vorgesetzten, man nennt es dort Exec-Verhalten, in die Ecke gedrängt hatte. Nach dem Motto, ich (der Vorgesetzte) will keine Probleme, sondern Lösungen (vom Untergebenen), schlug er mir vor, mir 20.000 DM zu zahlen, damit ich in Zukunft ›das Maul halte‹ und seine Geschäfte und Aktivitäten als Scientologe nicht weiter störe. Vielleicht hätte ich ihn auf 30 oder 40.000 hochtreiben können, vielleicht hätte ich die 20.000 annehmen sollen, meine finanzielle Lage war schwierig genug, und das schien er zu wissen, aber ich lehnte ab. Später erfuhr ich von einer seiner ehemaligen Mitarbeiterinnen, daß er mich deshalb einen ›Idioten‹ genannt hatte. Aber auf die Art und Weise wollte ich mich nicht für den Rest meines Lebens von Scientology abhängig machen lassen.

Einige Jahre später lernte ich Margot kennen. Margot war Mitarbeiterin bei Dieter S. gewesen, nicht in der Zentrale, sondern in einer seiner Filialen als Verkäuferin. Ihr gefielen die Stellenanzeigen ausnehmend gut:

»Bei ›Vanessa‹ bestimmen Sie selbst, wie attraktiv ›**Ihr**‹ Arbeitsplatz ist. Wir bieten alle Voraussetzungen dafür, daß Mode verkaufen Spaß macht. Sie bringen den Rest mit: Interesse und Aktivität, denn bei ›Vanessa‹ werden Sie bevorzugt gefördert. Sie können schon beim Vorstellungsgespräch erleben, wie anders ›Vanessa‹ ist.«

Anders war auf jeden Fall der Einstellungstest, der 200 Fragen umfaßte. Die Persönlichkeitsanalyse sollte sicherstellen, so erklärte man, daß die Karriere maßgeschneidert verliefe. Die Auswertung bekam Margot nie zu sehen, dafür jedoch andere Merkwürdigkeiten, beispielsweise die der speziellen Firmenethik. Unter dem Titel ›Unsere Einstellung zur Ausbildung‹ las sie verblüfft:

»Wenn sich ein Mitarbeiter für ›Vanessa‹ entscheidet, betrachten wir ihn als Mitglied für alle Zeiten.«

Ein Job mit sicherer Zukunft wäre nicht schlecht, denkt Margot, aber soviel Zukunft mußte es ja nun auch nicht gerade sein. Noch schmunzelt sie über den Text, aber das vergeht ihr, als sie weiterliest:

»Wir lassen niemals eine aufgeschlossene Einstellung zu. Wenn jemand fortgehen will, lassen wir ihn schnell fortgehen. Wenn sich jemand für uns entschlossen hat, so ist er an Bord, und ist er an Bord, dann ist er zu denselben Bedingungen hier wie alle anderen von uns – gewinnen oder beim Versuch sterben. Wir lassen ihn niemals ein halbherziger Mitarbeiter sein (ob im Verkauf oder sonstwo). Nur die Tiger überleben – und selbst sie haben es schwer. Wir werden überleben, weil wir zäh und hingebungsvoll sind. Wenn wir jemanden wirklich ordnungsgemäß ausbilden, wird er mehr und mehr zum Tiger. Wenn wir halbherzig ausbilden, uns davor fürchten, zu kränken und Angst davor haben, etwas durchzusetzen, dann machen wir Verkäuferinnen nicht zu guten Verkäuferinnen – und damit werden alle im Stich gelassen.

Die richtige Ausbildungseinstellung ist: Du bist hier, also werden wir dich zu einer Spitzenverkäuferin machen, was auch immer geschieht. Wir haben dich lieber tot als unfähig.«

»Was hast du damals gedacht, als du das gelesen hattest?« frage ich Margot.

»Zuerst war ich ziemlich platt, dann bekam ich es aber irgendwie nicht in mein Bewußtsein. Es war so absurd, daß ich es zu verdrängen begann. Ich wollte ja auch den Job. Woher sollte ich auch wissen, daß das am Ende tatsächlich so gemeint war, und woher sollte ich wissen, daß dieser Text aus den Anweisungen von Scientology übernommen war. Da stand nichts von Scientology, und ich wußte auch nichts darüber! Außerdem, so etwas kann es doch in unserem Land nicht wirklich geben, dachte ich. Wir haben doch Gesetze, Arbeitsschutz, Kündigungsschutz und so, man kann doch nicht einfach machen, was man will.«

»Mehr hast du also nicht zu sehen bekommen?«

»Nein, ich habe dann mehr oder weniger frech meine Arbeit in der Boutique gemacht. Aber in der Zentrale, in Bracht, da ging es, wie ich später von Kolleginnen hörte, ganz anders zu. Es gab Gerüchte über Scientology, aber keiner wollte so richtig mit der Sprache heraus. Erst ein anonymes Flugblatt brachte den Stein ins Rollen.«

»Dieses Flugblatt bekam ich auch. Dieter S. dachte wohl, ich hätte es initiiert und bot mir Geld, wenn ich die Mittäter preisgebe. Dort standen heftige Anschuldigungen: ›... werden überwiegend junge Frauen und Mädchen eingestellt, die nicht oder kaum mit normalen Arbeiten beauftragt werden, sondern sich während der Arbeitszeit stundenlange Verhöre und seelische Folter gefallen lassen müssen. Der Zwang, den Arbeitsplatz behalten zu wollen, um nicht in die Armut getrieben zu werden, bringt die armen Menschen dazu, sich diesen üblen Machenschaften hilflos auszuliefern. Uns sind Fälle bekannt, in denen Mitarbeiterinnen über Wochen täglich stundendauernde Weinkrämpfe hatten und vor Angst und Verzweiflung in einem halben Jahr zwölf Pfund abgenommen haben.‹

Das hat selbst mich überrascht. Bei Scientology konnte ich mir das alles noch vorstellen, aber daß die Methoden auch auf Firmen übertragen werden, das war selbst mir neu. Hat sich denn niemand gewehrt?«

»Sicher, aber auf eine einfache Art: Man hat gekündigt. Die Personalfluktuation war groß, und ich bin schließlich auch gegangen. Aber der Druck auf die Verkäuferinnen in den einzelnen Läden, es waren ja 26 Boutiquen, war noch nicht groß. Das meiste hat sich in der Zentrale abgespielt und konzentrierte sich erst einmal auf das Top-Management. Chef, Ehefrau und Personalchef haben Scientology voll in die Firma eingeführt.«

»Dieter S. hat später der Presse erklärt, diese Firmenethik sei ›überspitzt lustig‹ zur Mitarbeitermotivation formuliert worden. Um weitere Mißverständnisse zu vermeiden, habe er das Blatt aus dem Verkehr gezogen.«

»Aber mündlich hieß es auch weiterhin: ›Wir haben

dich lieber tot als unfähig.‹ Ich weiß auch wirklich nicht, was man daran lustig finden kann. Dazu muß man wohl Scientologe sein.«

»Weiter hat Dieter S. behauptet, die Mitarbeiterin Anke W., die den Stein mit Hilfe der Presse ins Rollen gebracht hat, habe bereits nach drei Tagen die Kündigung erhalten und habe sich nur zum Schein einstellen lassen, um die Firma zu diffamieren. Er präsentierte dann lauter ›glückliche‹ Mitarbeiterinnen mit einem Flugblatt: ›Wir sind stolz, bei ›Vanessa‹ zu arbeiten.‹«

»Wenn Anke sich wirklich eingeschlichen haben sollte, finde ich das sehr mutig. Sie kannte die Gerüchte und wollte sich wohl genau informieren, und sie hat in der kurzen Zeit eben sehr genau hingesehen, hat sich nicht von seinem blendenden Auftreten täuschen lassen. Ich habe das ja auch erlebt. Solange man brav mitmacht, sieht alles fantastisch aus. Man mußte zwar nicht gleich alles mitmachen, da hatte man ein wenig Spielraum, aber grundsätzlich mußte man schon zeigen, daß man mit der Management-Technologie von Hubbard einverstanden ist. Wer zögerte, bekam sofort Druck. Natürlich wurde keiner ›gezwungen‹, Scientologe zu werden, aber wenn man nach der Technologie arbeiten muß, dann ist man im Verhalten ein Scientologe, oder sehe ich das etwa falsch?«

Margot legt mir zur Bestätigung ein Rundschreiben vor. »Endgültige Klarstellung«, steht dort und weiter: »Um alle eventuellen Gerüchte und sonstigen Eindrücke klarzustellen, werde ich noch mal zum Thema ›Scientology‹ Stellung nehmen. Wir, die Firmengruppe ›Vanessa‹, sind und bleiben ein Wirtschaftsunternehmen, meine Religionszugehörigkeit tut nichts zur Sache. Aber nehmen wir einmal an, ich wäre ein Mohammedaner, so würde ich wohl kaum erwarten, daß Sie den Koran auswendig lernen. Genausowenig erwarte oder verlange ich, daß die Mitarbeiter der Firma ›Vanessa‹ Scientologen sind oder werden.

Wir haben in dieser Firma in einigen Punkten die Management-Technologie von L. Ron Hubbard eingesetzt. Das bedeutet zum Beispiel, daß Leistung belohnt wird. Auch das wird so bleiben. Für die Bezahlung und Beförderung sind ausschließlich gute Leistungen der Maßstab und niemals eine Mitgliedschaft.

Das war vorher so, ist jetzt so und wird auch in Zukunft so bleiben.«

Ich lasse das Blatt sinken und habe einen schlechten Geschmack im Mund. Hubbard-Versatzstücke, wie ich sie aus unzähligen Scientology-Anweisungen kenne. Dieter S. scheint davon besessen, was mich nicht wundert, denn mir war es ähnlich gegangen. Nur die Dimensionen haben sich inzwischen verschoben. Was ich damals vor 14 Jahren mit vier oder fünf Mitarbeitern scientologisch in der Wirtschaft begann, das führte Dieter S. mit wesentlich mehr Menschen durch. Und immer wieder wird so getan, als wären Scientology und die Management-Technologie etwas völlig Unterschiedliches.

Auch Margot wird in Prozesse verwickelt, als sie sich allzu kritisch zu den Geschäftsmethoden und zur Firmenideologie äußert. Die Prozesse kann sie kaum bezahlen. Dieter S. spielt seine ganze Macht aus. Das Schlimme jedoch ist, daß eine Frau wie Margot, die es gewagt hat, sich gegen die Management-Technologie von Scientology aufzulehnen, auf den scientologischen Fahndungslisten bleibt. Sie versucht, mich zu einem Vortragsabend zu gewinnen, und wir treffen uns in einem Café in der Innenstadt. Kaum ist sie zurück in ihrer Firma, erhält sie per Telefon ernst gemeinte Warnungen. Man legt ihr nahe, den Umgang mit einem gewissen Herrn Potthoff

besser zu meiden. Dieser Vorgang wiederholt sich mehrmals. Wer sie anruft, bleibt ihr verborgen. Aber man verspricht ihr, weiter auf sie ›zu achten‹.

»Wir haben dich lieber tot als unfähig!«

4. ... oder das Lager des Feindes in Flammen aufgeht.

Die Morgensonne flammte auf, als ich mit Ralf-Dietmar Mucha das Rheinland erreichte. Wir waren die ganze Nacht durchgefahren, von dem kleinen Ort Benz auf Usedom, oben an der Ostsee, zurück nach Düsseldorf. In Benz hatten wir an einer Aufklärungsveranstaltung über Scientology teilgenommen. Wir ahnten nicht, daß zur gleichen Zeit auf Usedom ein Haus aufflammte.

Man hatte immer wieder nach meiner Faxnummer gefragt, und daher hatte ich beschlossen, mir ein Faxgerät zu besorgen. Nun spuckte diese Maschine Tag und Nacht Papier aus. Das Papier, das aus der Maschine quoll, brachte Nachrichten aus Usedom. Ich brauchte eine Karte, um herauszufinden, wo es lag. Es war der äußerste Zipfel der neuen Bundesrepublik, direkt an der polnischen Grenze. Eine Halbinsel in der Ostsee. Was war da los? Scientology auf Usedom? Schwer vorstellbar!

Mein Verstand weigerte sich noch immer, das zu akzeptieren, was ich doch seit Jahren wußte. Gerade wegen der hemmungslosen Expansionspolitik hatte ich Scientology ja verlassen. Mit diesem Wissen hatte ich mich an die Beratungsstelle in Düsseldorf gewandt, die ›Aktion Psychokultgefahren‹, hatte Kontakt mit meinem ehemaligen ›Feind‹ Mucha aufgenommen und berichtet, was ich in Kopenhagen erlebt und beobachtet hatte. Man hatte mich erst einmal ausgelacht! Kein vernünftiger Manager, keine einzige Behörde in diesem Land würde sich auf diesen Unsinn einlassen. Aber das, was hier als Unsinn abgetan wurde, ist in Wirklichkeit eine gute Tarnung, mit der man nicht nur Menschen, sondern auch Behörden gründlich hinters Licht führen kann.

Mit Ralf-Dietmar Mucha, Vorsitzendem der ›Aktion Psychokultgefahren‹ aus Düsseldorf, der jetzt mein Verbündeter im Kampf gegen die ›Machtmaschine Scientology‹ war, startete ich am 16. Januar 1992 in Richtung Usedom. Ein Pfarrer, Friederich von Kymmel, hatte uns eingeladen, dort etwas zur Strategie der Scientologen zu sagen. In den vielen Faxen, die er mir zugesandt hatte, wurde besonders ein Name genannt: Peter-Uwe Krumholz. Ich kannte ihn nicht persönlich, aber in der Scientology-Welt war er kein unbeschriebenes Blatt. Krumholz war damals eine Art ›Märtyrer‹ für uns, jemand, der für die gute Sache leiden, der sogar das Land verlassen mußte, um nicht in das Räderwerk einer »ungerechten und tyrannischen Justiz« zu geraten, wie Hubbard die Justiz des demokratischen Rechtstaates gerne nannte. 1977 war Krumholz in Berlin ins Gerede gekommen. Man warf ihm vor, Drogenabhängige unter den Einfluß von Scientology gebracht zu haben. Für die Scientology-Tarnorganisation ›Narconon‹ hatte er zu diesem Zweck 1,3 Millionen Fördergelder aus den öffentlichen Kassen abgezogen, so der Vorwurf. Damals nannte er sich ›Reverend‹ und trug zur Tarnung den weißen Kragen eines Priesters. Krumholz' Wandlung vom ›Reverend‹ und seiner Beschäftigung mit Randgruppen der Gesellschaft zum exklusiven Management-Trainer spiegelt die Wandlung, die die Scientology-Organisation in den letzten 20 Jahren durchlaufen hat. Unter dem Druck, immer mehr leisten zu müssen, waren auch Menschen in hohen Positionen fällig geworden für Techniken und Technologien, die eine Leistungsteigerung versprachen.

›Management by Scientology‹, das war auf Usedom ein wichtiges Thema geworden. Krumholz hatte es natürlich vorsichtiger ins Spiel gebracht. Auch er hatte gelernt, Lügen als ›kreativen Akt‹ zu werten, den ›geisteskranken‹ Menschen nur das zu erzählen, was sie in ihrer Beschränktheit verkraften können. Er hatte es neutraler als Management-Technologie verkauft, selbst den scientologischen Namen WISE hatte er dabei geschickt aus dem Spiel gelassen. Zum Verhängnis geworden war ihm jedoch unter anderem sein Firmenemblem, bestehend aus Dreiecken, die einem Journalisten, der zufällig auf Usedom eine Reportage drehte, seltsam vertraut vorkamen. Sie erinnerten ihn an die Scientology-Dreiecke, und seine Vermutung erwies sich als richtig. Während mir viele in den letzten zwei Jahren hatten einreden wollen, Scientology und Wirtschaft, das könne nicht funktionieren, hatte das *World Institute of Scientology Enterprises* (WISE) ungestört weiterarbeiten können, auch in Deutschland.

›Management by Scientology‹ wird natürlich immer als ›Erfolgsstory‹ verkauft. Ein ehemaliger Journalist und aktiver Scientologe macht dies auf eine besonders pfiffige Art und Weise. Der Scientologe H. A. Mehler schreibt über erfolgreiche Methoden und erfolgreiche Menschen. In einem Buch mit dem vielversprechenden Titel ›Selfmademan und Millionäre‹ verspricht er, das ›Geheimnis‹ zu lüften, wodurch sich erfolgreiche Menschen von anderen unterscheiden. In diesem Buch werden einige Scientologen vorgestellt, unter anderem der bekannte Management-Trainer Reinhold Stricker. Der formuliert dort in einem Interview die Erfolgsstory folgendermaßen:

»Als ich endlich funktionierende, anwendbare Management-Methoden an die Hand bekam, boomte mein Institut. Von da an rauchte der Kamin. Von da an konnte ich – jetzt mit den richtigen Daten ausgestattet – viel besser und in viel kürzerer Zeit organisieren. Ich erledige heute Dinge in Minuten, für die ich früher Stunden brauchte ...«

»Und Sie haben keinen Wunsch mehr ...?«

»Aber sicher! Mein Ziel ist, daß das CCI-Institut weltweit als *das* Institut für professionelle Management-Ausbildung angesehen wird.«

Ich fühle, wie ich nach Luft schnappe, weil Reinhold Stricker noch immer nicht die Katze aus dem Sack gelassen hat. Wie auf die Folter gespannt, frage ich ein letztes Mal nach, und nehme mir vor, daß dieser Vorstoß bezüglich der Management-Technologie, der Methode, die so ganz offensichtlich funktioniert, die ohne Zweifel seine Unternehmen so nach oben katapultiert hat, mein letzter Vorstoß sein wird.

»Worum handelt es sich bei dieser Methode?«

»Es handelt sich um eine rechtlich geschützte Management-Technologie, die von der internationalen Management-Organisation WISE, Hauptsitz Los Angeles, ihren Mitgliedern zur Verfügung gestellt wird und die mir so viel Erfolg bescherte. Heute bin ich nicht nur Mitglied, sondern auch WISE-Vorsitzender im Raum Frankfurt. Sie können damit Unternehmen aufbauen. Sie können Unternehmen vor dem Abgrund retten oder aus einer Stagnation herausführen. Und Sie können Unternehmen, denen es gutgeht, zu noch höheren Zonen tragen. Aber ich wäre unfair, wenn ich Ihnen ein paar Brocken hinwerfen würde und Ihnen weiszumachen versuchte, daß mit ein paar Sätzen alles mitzuteilen ist. Es erfordert ein regelrechtes Studium, einen Kurs oder ein Seminar ...«

Stricker funkelt mich an und lächelt noch einmal sein Mona-Lisa-Lächeln.

»Einverstanden«, antworte ich schließlich nach einer kurzen Pause. »Was kostet dieser Kurs? Wie lange dauert er? Und wann kann ich starten?«

Vor dem Abgrund retten, das klang nicht nur auf Usedom gut und verlockend, wo die Menschen das Wort Scientology nicht einmal kannten, dafür das Wort Arbeitslosigkeit um so besser. Auch auf Usedom sollte von nun an der Kamin rauchen, wenn auch manchmal etwas zu heftig. In der Nacht der Veranstaltung von Benz brannte das Haus der Konstanze Buchholz bis auf die Grundmauern nieder. Sie war eine neue Managerin nach Scientology-Muster und soll sich drei Tage zuvor vom scientologischen Leitwolf Krumholz losgesagt haben. Der Fall konnte nie geklärt werden, jedoch findet sich eine mögliche Erklärung in den scientologischen Anweisungen zur Unterstützung von Machtpersonen und zur Unterdrükkung von Gegnern:

»... Es kann auch darin bestehen, daß der Gegner nachts dumpf aufs Straßenpflaster klatscht oder das Lager des Feindes, als Geburtstagsüberraschung, in Flammen aufgeht.«

Wer sich von Scientology abwendet, wird zum Feind erklärt, zum Freiwild. Aber wie kam Scientology nach Usedom, und warum ließ man dort den Kamin so heftig rauchen, bis die Flammen herausschlugen?

Nach scientologischer Definition war der Osten Deutschlands ein einziger, riesiger ›Ruinpunkt‹. Probleme über Probleme forderten geradezu dazu heraus, Scientology anzulocken. Und sie kamen in Scharen, um dem Land die Segnungen einer ›funktionierenden Technologie‹ zu bringen. Manchmal war es einfach nur Zufall, wo sie sich genau betätigten. Im Falle Krumholz war wohl ausschlaggebend, daß seine Frau, die 1945 enteignet worden war, ein Grundstück auf Usedom wieder zugesprochen bekam. So reifte der Plan, dort auch scientologisch aktiv zu werden.

Auf Usedom gab es Anfang 1991 kaum Gewerbe, touristisch keine Perspektive, es war somit ideal, hier Menschen, denen das Wasser bis zum Hals stand, mit großartigen Plänen zu begeistern. Die klassische Ausnahmesituation, in der man nach jedem Strohhalm greift. Das Programm ›Aufschwung Ost‹, gerade von der Regierung ins Leben gerufen, brauchte natürlich tüchtige und weitsichtige Männer. Als einen solchen präsentierte sich Krumholz dem Arbeitsamt Stralsund und den lokalen Politikern auf Usedom. Mit weitreichenden Plänen, von der Schaffung neuer Infrastrukturen bis hin zur qualifizierten Umschulung von LPG-Bauern zu Führungskräften, verschaffte er sich Unterstützung und Bewunderung zugleich.

Das Projekt des Herrn Krumholz hieß PPDU, Pilotprojekt Dargen/Usedom. Welches Projekt er hier eigentlich antestete, verriet er nicht. Es fragte auch keiner danach, denn alle, fast alle, waren geblendet von der Geschwindigkeit, mit der das Geld zu rollen begann. 30 Millionen sollten es werden, die mit Hilfe des Arbeitsamtes und der verschiedensten AB-Maßnahmen der Halbinsel den Segen bringen sollten.

Mit rund 500 ABM-Anträgen, 111 Beschäftigten und mehr als 3 Millionen bereits gezahlter Gelder kam Bewegung in die ländlichen Gemeinden. Aber es kam auch Bewegung in die Gemüter der Menschen. Nicht, daß man Krumholz verübelt hätte, daß er an seinem Projekt verdienen wollte! Aber wenn öffentliche Gelder fließen, bedarf es auch einer öffentlichen Kontrolle, und die wurde von Krumholz kategorisch verweigert. Scientologen versuchen zwar, den Staat für eigene Ziele zu nutzen, verweigern jedoch dem Staat Einsicht in Bücher und Absichten. Den Bauern und Bäuerinnen, die in nur sechs Wochen zu ›Top-Managern‹ ausgebildet werden sollten, wurde strengste Geheimhaltung auferlegt, sie durften über keine Vorgänge und Maßnahmen berichten. Die Dörfler begannen, sich in zwei Lager zu spalten, der soziale Friede war gestört.

Als ich am 17. Januar 1992 in Benz über Scientology berichtete, über Strategien, Abrichtungstechniken und über Veränderungen im Verhalten des Menschen, warfen sich die Menschen im Saal vielsagende Blicke zu. Genau so hatten sie es erlebt! Menschen, die wie unter Hypnose herumliefen, Persönlichkeitsveränderungen bei langjährigen Freunden, wo die Freundschaft in Feindschaft umschlug, nur weil man es wagte, Kritik oder Bedenken zu äußern, oder zur Vorsicht mahnte.

An diesem Abend hätten die Menschen, die sich in Benz versammelt hatten, zufrieden sein können. Krumholz hat inzwischen sein PPDU aufgeben müssen, nicht so sehr wegen seiner Scientology-Aktivitäten, sondern weil er als Scientologe demokratische Regeln nicht einhalten wollte. Doch die Menschen blieben unruhig, denn Krumholz hatte die Insel noch nicht verlassen. Hinter seinem Pilotprojekt stand sein eigentliches Projekt, und das trug den namen CCU, Congress Centrum Usedom. Das PPDU war als Pilotprojekt gedacht, um damit auf Kosten der Allgemeinheit die Infrastruktur für sein eigentliches Hauptprojekt zu schaffen. Er versuchte, weiteres Land zu dem Grundstück, das seine Frau nach der Wiedervereinigung zurückerhalten hatte, dazuzukaufen, um – wie aufgrund seiner scientologischen Geisteshaltung zu vermuten ist – einen scientologischen Stützpunkt nach amerikanischem Vorbild an der Ostsee anzulegen. Vorbild war natürlich das scientologische Hauptquartier FLAG in Florida. Dort kann man nach einem Besuch von Disney-

Land dann ›Hubbard-Land‹ besuchen und sich beeindruckt zeigen, welche Macht und Ausdehnung Scientology in den Vereinigten Staaten bereits erreicht hat. Wenn man die Pläne auf Usedom zusammenfaßt, Kongreßzentrum, Flughafen, Seehafen, Golfplatz usw., dann liegt dieser Gedanke nicht so fern. Ebenso die strategische Lage, Ostseeraum, ehemaliger Ostblock und Deutschland in zentraler Lage in Europa, sprechen für ein solches Projekt. Mitentscheidend war sicher auch der Ehrgeiz der Scientologen in Deutschland, England und Italien in der Machtausübung zu überflügeln. Die Zentrale in Kopenhagen ist ja kein scientologischer Erbhof, sondern jedes Land hat die Möglichkeit, ein eigenes Oberzentrum zu errichten, sofern der Nachweis erbracht wird, daß ›Geldfluß und Gehorsam‹ die gewünschte Dimension erreicht hat. Auf Usedom, wären Krumholz' Pläne aufgegangen, wären diese Dimension leicht erreicht worden. Zum Leidwesen der deutschen Scientologen hatten die Italiener bereits kurz zuvor diesen Nachweis erbracht und in Mailand ein eigenes Oberzentrum erhalten.

Usedom ist ein Beispiel dafür, wie der soziale Friede einer ganzen Region nachhaltig gestört werden kann, wenn die scientologischen Machtpläne nicht nur den einzelnen, die Familie oder die Firma, sondern eine ganze Region betreffen. Die Region wurde in ihrer Entwicklung um mehrere Jahre zurückgeworfen, denn das Mißtrauen und die Angst, die Scientology zurückgelassen hat, sind noch längst nicht verschwunden. Der Argwohn ist geblieben und kann auch Menschen treffen, die dort wirklich helfen wollen.

5. Such dir eine Position in der Nähe von Macht

Es fing ganz harmlos an, so wie gewohnt: »Mein Bruder ist Scientologe geworden. Können Sie ihm das nicht ausreden?« Solche und ähnliche Telefonanrufe kannte ich zur Genüge. Das einzige, was ich mit einem inneren Seufzer quittierte, war die Tatsache, daß es sich diesmal um einen studierten Menschen handelte, um einen Mediziner. Irgendwie hatte ich immer noch die Hoffnung, daß uns Verstand und Bildung wirksamer vor einer Verführung schützen könnten. Aber eigentlich wußte ich, es konnte jeden treffen, nur nicht zu jeder Zeit. Im Leben eines Menschen mußte etwas schiefgelaufen sein, was er nicht verarbeiten, nicht verkraften konnte. Alle bisherigen Lebenserfahrungen konnten dieses Problem nicht lösen. Und dann war da ein Freund, der die Schlinge auslegte, der die Lösung schlechthin anbot. Aus dieser Verzweiflung heraus wird er nach dem Strohhalm greifen.

Vielleicht werden es nur die Menschen verstehen, die sich einmal zutiefst in ihren Gefühlen verletzt gefühlt haben, die eine so schmerzliche Enttäuschung in der Liebe erfahren haben, daß sie sich sagen: »Ich wünschte, ich wäre ihr nie begegnet. Streiche sie aus deinem Gedächtnis! Lösche jede Erinnerung an sie!«

Aber wir können die Erinnerung an Menschen nicht einfach löschen. Sie überfällt uns. Am Morgen, wenn wir aufwachen, am Abend, wenn die Wohnung leer ist und noch in der Nacht, in unseren Träumen. Man möchte mit dem Kopf gegen die Wand hämmern, man trinkt vielleicht Alkohol, um sich zu betäuben, aber die Erinnerungen kommen immer wieder hoch. Kann man sie denn nicht loswerden?

»Man kann!« sagt der Freund.

»Wie kann man Erinnerungen löschen?« lautet die verzweifelte Frage. »Ich gäbe wer weiß etwas dafür, wenn ich diese Frau für immer aus meinem Gedächtnis löschen könnte.«

Nachdem ich diesen Teil der Geschichte kannte, konnte ich mir den Rest gut vorstellen. Der Scientology-Gründers Hubbard behauptet, der Verstand des Menschen sei einem Computer vergleichbar, in dem man nicht länger benötigte ›Aufzeichnungen‹, mit Hilfe des ›Auditing-Verfahrens‹ löschen könne. Dies war mir nur zu gut vertraut. Darauf war auch ich einmal hereingefallen. Aber Menschen sind keine Computer.

Nachdem es mir gelungen war, diesen Irrtum auszuräumen, stellte ich die Frage: »Wer hat Ihnen denn diesen Unsinn erzählt? Was ist das für ein Freund, den sie da haben?«

Diese Frage hätte ich besser nicht gestellt, denn sie bescherte mir einige unruhige Monate.

»Bernd Lang«, erhielt ich zur Antwort.

»Wer ist Bernd Lang?«

»Den kennen Sie nicht? Bernd Lang ist der designierte Nachfolger von Emil Beck!«

Eigentlich interessiere ich mich nur für Motorsport, aber Emil Beck, das ist eine Größe, die fast jeder kennt. Das Fechtzentrum Tauberbischofsheim war unter seiner Leitung zu einer der renommiertesten deutschen Sportstätten geworden. Emil Beck, das war schon eine wirkliche Größe! Und sein Nachfolger ein Scientologe? Bei dieser Vorstellung wurde selbst mir schwindelig. Eine solche Machtstellung durfte ein Scientologe niemals einnehmen!

Die oft zitierte Anweisung Hubbards, »such dir eine Position in der Nähe von Macht«, kam hier mit aller Deutlichkeit zum Tragen. Oft werde ich gefragt, welche Verbände und Firmen denn in Deutschland von Scientologen geleitet werden. Die Enttäuschung ist groß, wenn ich keine sensationellen Enthüllungen machen kann. Scientologen denken viel langfristiger, als die meisten Menschen wahrhaben wollen. Es geht den Strategen erst einmal um subtile Einflußnahme und Tarnung. Als Schreiber von Reden einer Führungskraft, als Berater eines Managers oder einfach als Sekretär eines politischen Hoffnungsträgers kann man viel besser Daten und Informationen weiterleiten, sammeln und auswerten. Der Fall des Spions Guillaume an der Seite des späteren Bundeskanzlers Willy Brandt zeigt diese Strategie sehr deutlich auf. Schritt für Schritt begleitete er Brandt über Jahre bis an die Spitze der Macht, ehe er enttarnt wurde. Scientology arbeitet meist nach ähnlichen Konzepten.

Lang wurde enttarnt und erhielt die Kündigung. Der Prozeß, den er gegen Cheftrainer Emil Beck und den Fechtclub Tauberbischofsheim anstrengte und in dem er auf Wiedereinstellung klagte, ging natürlich als Sensation durch den Blätterwald, zog weite Kreise. »Erschütterter Vater, verlorener Sohn«, titelte die Stuttgarter Zeitung oder »Cheftrainer Beck fühlt sich bedroht«, wie die Main-Post zum Prozeß schrieb. An anderer Stelle schrieb die Journalistin Katrin Pokahr: »Wird Scientology-Affäre Musterprozeß? Emil Beck wirkte betroffen. Der Medaillenschmied schien mit den Tränen zu kämpfen. Ohne jede Gefühlsregung dagegen das Gesicht des Münchner Anwalts Wilhelm Blümel. Er schien den gerichtlichen Streit geradezu zu suchen.«

Blümel, gemeinhin als ›Haus- und Hofanwalt‹ der Scientologen bezeichnet: »Dieser Fall scheint durchaus für einen Musterprozeß geeignet.«

Im Prozeß wird aufgedeckt, daß Lang nicht nur Scientologe sein wollte, sondern auch innerhalb des Fechtzentrums für die scientologische Sache missionierte. Um seine zukünftige Führungsarbeit im Verband bewältigen zu können, besuchte Lang Kurse bei der ›Akademie für Management und Kommunikation‹ (AMK), einer rein scientologisch geführten Organisation, die auch eingebunden war in WISE International. Beck berichtete, daß Lang nach diesen Seminaren mit psychischen Problemen zu kämpfen hatte, mit Erscheinungen, z. B. »Lichter, die auf ihn zukämen«. Beck ahnt nicht, was das bedeutet und erfährt auch viel zu spät, daß Lang mit Säbelfechtern des Olympiastützpunktes stundenlange Saunagänge durchführte. Dieser rein scientologische Auditing-Prozeß wird ›Reinigungsrundown‹ genannt, und kann zu noch schlimmeren Erscheinungen als dem ›Auftauchen von Lichtern‹ führen.

Ein Prozeßbeobachter schreibt: »Blümels Schützling Bernd Lang erwiderte während des Gütetermins kein Wort auf Fragen aller Art. Danach bestätigte er gegenüber unserer Zeitung abermals, daß er sich eine Rückkehr ins Fechtzentrum vorstellen könnte. Niemand der Prozeßbeobachter glaubt wirklich, daß Bernd Lang ins Fechtzentrum zurückkehren wird und will. Diese Forderung existiert wohl eher aus prozeßtaktischen Gründen, um eine mögliche finanzielle Abfindung in die Höhe zu treiben. Dem Fechtclub geht es allem Anschein nach darum, den Fall Bernd Lang endgültig abzuschließen und so für besorgte Eltern und Sponsoren ein Exempel zu statuieren. Denn nichts brächte Emil Becks Lebenswerk wohl mehr in Gefahr als der Kontakt zu Scientology.«

Ein anderer Prozeßbeobachter formuliert: »Aber kein Staat, kein Deutscher Sportbund, kein Olympiastützpunkt, kein Amt, keine Schule, kein Verein sollte das Risiko eingehen, potentiellen Verbreitern von totalitärem Gedankengut eine Plattform zu bieten, egal, wes Geistes Kind sie sind. Nicht in Positionen ohne Macht – und am allerwenigsten in Positionen mit Macht.«

»Such dir eine Position in der Nähe von Macht.« Die Folgen dieser Affäre sind nur sehr schwer einzuschätzen. Unsere Gespräche mit Freunden und der Familie Emil Becks zeigen, daß dort noch heute die Angst vor Scientology besteht. In der Familie Bernd Langs und seinem Freundeskreis sieht es ähnlich aus. Der soziale Störfall hat nachhaltig Kreise gezogen. Für mich ist es auch kein Zufall, daß in der bald danach ausgetragenen Olympiade die deutschen Fechter überraschend schwach abgeschnitten haben. Wenn es um Scientology geht, das zeigt meine Erfahrung, gibt es solche ›Zufälle‹ nicht.

Teil IV:
Demokratischer Widerstand

Was kann man tun, was tut der Staat? Die Ansätze sind ganz unterschiedlich, denn nicht alles kann vom Staat geregelt werden. Persönliches Engagement ist wichtig, aber Selbsthilfe darf dabei nicht zur Selbstjustiz werden. Man darf sich nicht wundern, wenn sich angesichts verschiedener Urteile wieder Mißtrauen breitmacht, nicht Mißtrauen gegen die Justiz, sondern gegen eine Unterwanderung. Wie anders soll man solche Urteile erklären? Haben erfahrene Juristen, Journalisten und Politiker allesamt keine Ahnung? Mitte des Jahres las ich in der ›Rheinischen Post‹:

»Die ›böse‹ Überraschung von Lyon«

In Frankreich schüttelt man den Kopf über das Urteil des Berufungsgerichts von Lyon, das Scientology den Status einer Religion zugebilligt hatte. Innenminister Chevènement betonte gestern, daß die Regierung Frankreichs die Anerkennung von Scientology als Religionsgemeinschaft ablehne. Richter Fenech, der die Tätigkeit von Scientology in Lyon untersuchte und das Material für den ersten Prozeß lieferte, sprach von einer ›bösen Überraschung‹.

Pfarrer Vernette, Sektenbeauftragter der Katholischen Kirche, sah im Urteil einen Freibrief für ›totalitäre Sekten‹, die Zeitung Le Figaro schreibt von einer ›vergifteten Rechtsprechung‹. Ähnlich wie die Zeitung Le Monde weist das Blatt France-Soir darauf hin, daß weltweit nur noch deutsche Behörden als Bollwerk gegen den wachsenden Einfluß von Scientology übrigbleiben.

Ist Deutschland tatsächlich das letzte Bollwerk? Dann stellt sich die Frage nach der Zukunft. Sind wir nun Don Quichotte oder etwa Asterix? Kämpfen wir einen sinnlosen Kampf gegen Windmühlenflügel oder können wir mit Hilfe eines Zaubertranks der Macht trotzen? Bei unserer Recherche und den Gesprächen gingen wir natürlich auch der Frage nach, wie viel man bereit ist zu ertragen und auszuhalten, wie lange Menschen etwas erdulden, ehe sie bereit sind, Widerstand zu leisten. Zivilcourage ist kein Angebot im Supermarkt.

1. Wir standen fast jeden Abend vor der Scientology-Mission in Bremen

Wie Eltern den Hinauswurf des Sohnes aus Scientology provozierten

»Also, das war ja eine verrückte Idee! Wer kam denn darauf?«

»Meine Frau ist damit angekommen.«

»Mit welcher Idee bin ich angekommen?«

»Daß wir in der Innenstadt rumlaufen, oder du alleine. Du hast es zu Hause nicht mehr ausgehalten.«

»Diese Hilflosigkeit, daß man nichts tun kann!«

»Eigentlich war das gar nicht gegen Scientology gedacht. In erster Linie war es für dich ein Ventil, um der Hilflosigkeit zu entgehen. Und ich, muß ich ehrlich sagen, war dagegen. Ich war dagegen, daß die Nachbarschaft was davon mitkriegt. Wie die Männer oft so sind: alles unter der Decke halten. Wir hatten ziemliche Diskussionen darüber. Aber wie das dann so ist, meine Frau hat sich durchgesetzt! Und dann hat sie es konsequent durchgezogen. Ich habe zu der Zeit noch gearbeitet, bin zuerst gar nicht dahintergekommen.

Aber eines Tages bekam ich einen Krankenschein, weil ich doch einen Arbeitsunfall hatte. Da hatten wir Zeit, einmal gründlich darüber zu reden, und sie hat mich davon überzeugt, daß wir etwas für unseren Jungen tun müssen. Ich habe dann Kai, seinen Freund, angesprochen, weil ich den Hintergrund verstehen wollte. Bin dann auch mit vor die Mission gegangen, habe mir das die ganze Zeit angeguckt, zwei Tage lang. Dann erst habe ich mir ein Herz gefaßt. Und es hat auch gleich geklappt, den ersten hab' ich davon abgehalten, da reinzumarschieren. Der hatte gedacht, er bekommt einen kostenlosen Persönlichkeitstest. Er war sehr erschrocken, als ich ihm sagte, das ist Scientology, wo Sie reingehen wollen. Nachher machte es sogar Spaß. So ein Erfolgserlebnis mußte haben, sonst geht's nicht. Und nachher war alles Gewohnheit. Später war ich richtig spitz drauf. Da haben wir uns gegenseitig angetrieben.«

Wovon Herr Platteck spricht, das nennt man Zivilcourage. Mit dem Ehepaar Platteck führe ich das wohl erfrischendste Gespräch zu diesem Thema, trotz des ernsten Hintergrundes. Er ist Handwerker, einer von der Art, dem man bedenkenlos sein Auto, den Kühlschrank oder sonst etwas zur Reparatur überließe. Er redet klar und schnörkellos über ein schwieriges Thema. Sohn Jens wurde Scientologe in Bremen, und sie beschließen, nach vielen fruchtlosen Gesprächen mit dem Sohn, Widerstand zu leisten. Die Bremer Scientology-Mission, damals in der Innenstadt gelegen, ist ihr Ziel. Die Straße, in der sich die Mission befand, heißt ›Am Wegesende‹. Sehr beziehungsreich in bezug auf Scientology, man könnte auch von Sackgasse sprechen. Dort wollen sie Passanten ansprechen, sie davon abhalten, sich in die Mission locken zu lassen. Das Lockangebot der Scientologen ist ja meist der Persönlichkeitstest, die Oxford Kapazitätsanalyse. Mit diesem Test, der auf der Straße verteilt wird, den man Passanten in die Hand drückt mit der Behauptung, eine kostenlose Persönlichkeitsanalyse durchzuführen, ködert man Menschen, und die wenigsten Menschen wissen, daß sie damit in ein ungewisses Schicksal geraten können. Glücklicherweise lassen sich nicht viele so ködern.

Aber man kann vorher nie wissen, wer sich davon beeindrucken läßt und wer nicht.

»Sie gingen in die Fußgängerzone von Bremen, standen vor dem Haus der Scientologen. Welche Gefühle waren das?«

»Also mir ging es erst ganz schlecht und wenn ich drüber gesprochen habe, dann habe ich erst mal geheult«, beginnt Gerda Platteck. Sie ist klein und zierlich, und erst beim zweiten Blick entdeckt man ihre Entschlossenheit, ihren Willen, sich nicht unterkriegen zu lassen. »Das interessiert sowieso keinen, dachte ich. Dann hab' ich mich vor die Schaufenster gestellt. Und wenn ich mit jemandem gesprochen hatte, war ich wieder vollkommen fertig. Habe mich irgendwohin gestellt, mich wieder beruhigt und dann weitergemacht.«

»Ja, geheult hab' ich ja nun nicht. Aber man muß eine persönliche Hemmschwelle überwinden«, pflichtet ihr Mann bei, »da mußt du erst rüber, habe ich mir gesagt. Und wenn du das erst geschafft hast, ich muß sagen, man wird immer professioneller. Wir waren nachher so gut, daß wir zu 90 oder 95 Prozent den Zulauf gestoppt haben. Was haben die nicht alles versucht, uns da weg zu kriegen! Und eins muß ich ganz ehrlich sagen, damals wußte ich ja auch noch nicht, daß die hauptamtlichen Mitarbeiter, die da rumliefen und die Leute ankoberten, daß die danach Geld bekamen, wieviel Leute sie zum Persönlichkeitstest angeschleppt haben. Also, die jungen Mädchen oder jungen Frauen, die da rumliefen, die haben dann wegen uns nichts verdient. Das tat mir auf der einen Seite leid, also menschlich gesehen. Aber auf der anderen Seite hatte ich denn wieder so die Wut, was für Verbrecher das sind, nicht die einzelnen Mitarbeiter, sondern die Organisation. Das waren ja die Opfer, die nach-

234

her wieder ungewollt zu Tätern wurden. Die waren von ihrer eigenen Idee so begeistert, daß die gar nicht wußten, was anderswo an Elend dadurch entsteht. Aber abends haben wir gesagt, oh, Therese ist wieder da – wir kannten die ja schon, und die hatte 'nen Spitznamen von uns – oder der alte Hase – so hatten wir die Leute genannt, das muß einfach sein.

Die haben mit uns wirklich alles versucht an Tricks! Der Centerleiter kam runter, sprach mit uns, wollte uns weglocken. Wollte mit uns in ein Café gehen, uns 'nen Kaffee ausgeben. Ich sagte: ›Junge, du hast doch selbst kein Geld, selbst als Direktor nicht. Laß dein Geld mal stecken. Ich bin Handwerker, ich hab' Geld genug.‹

Wo ich mich jetzt noch so spontan dran erinner', was so haften geblieben ist, wo ich fast geheult hab', oder wir beide, das war auf einem Sonnabend. Wir haben ja manchmal sonnabends von 10.00 Uhr vormittags bis 9.00 Uhr abends, bis sie dicht machten, da gestanden. Die Geschäftsleute in der Gegend kannten uns ja schon alle, haben oft mit uns geredet. War denen auch nicht so recht mit dieser Scientology in der Nachbarschaft. Und auf einmal kamen sie alle runter. Die haben sich Strategien ausgedacht, wie sie uns wieder loswerden. Das waren bestimmt 15 Leute. Damit waren sie in der Überzahl und sprachen die Leute an, alle mit Werbematerial in der Hand. Das wäre ja nun nicht so schlimm gewesen, aber unser Sohn war dabei, den haben sie rausgescheucht. Der Sohn verteilt die Prospekte, und wir stehen da plötzlich vor unserem Jungen. Da war ich dann doch erst einmal ganz schön fertig. Zu den Leuten, die die Prospekte angenommen haben, sind wir denn hingegangen, haben unseren Spruch aufgesagt: ›Wissen Sie eigentlich, was dahintersteckt?‹ Haben ihnen dann unsere eigenen Flugblätter gegeben: Das ist 'ne gefährliche Sekte, Scientology-Sekte. Und man muß sagen, zu 90 Prozent haben die dann das Werbematerial fallen lassen wie eine heiße Kartoffel, als wenn sie glühende Kohlen in der Hand hätten. War für die Leute ja schwer zu erkennen, weil die sich nicht als Scientology vorstellten, sondern als Dianetik-Beratung, und wer stellt sich unter Dianetik was vor.

Aber an diesem Sonnabend, das war schon schwer für uns. Wir standen auf der Rheinstraßenseite, einer links, einer rechts im Fußgängerstrom. Wenn die hier standen, hat sich einer da hingestellt und einer da, und so konnste immer alle ansprechen und aufklären, was da abläuft. Aber dann sind sie mit 10 bis 15 Mann runtergekommen, und da kommst du nicht gegen an. Da sind uns sehr viele durch die Lappen gegangen, aber das war auch nicht so schlimm. Daß unser Sohn auf der anderen Straßenseite stand, der wußte auch gar nicht, wo er hingucken sollte, das tat weh.«

»Der ging an uns vorbei, der Junge, schaute nicht einmal die Mutter an, dabei ...«

»Das war das Schlimmste. Das war denn vielleicht eine Stunde. Dann waren sie alle wieder drinnen bis auf die Hauptamtlichen da. Aber da haben wir uns lange nicht von erholt. Als wir dann nach ein paar Tagen wieder ruhiger geworden sind, haben wir gesagt: Jetzt erst recht, und wir sind wieder hingegangen.

Dann wußten sie nicht mehr, was sie machen sollten. Wie Sie schon gesagt haben, im Vortrag, die Statistiken waren rückläufig, und dann sucht man einen Schuldigen. Haben keine Leute mehr gekriegt. Da haben sie unseren Sohn denn einfach nach Hamburg geschickt, weil seinetwegen die Statistiken in Bremen rückläufig waren. Das wußten wir ja gar nicht, weil Jens nicht mehr zu Hause wohnte. Da kam der Kalle runter und fragte, weswegen wir denn hier unten noch stehen. Wir sollten doch nach

Hamburg gehen. Da wäre unser Junge jetzt. Der wäre nicht mehr in Bremen, schon lange nicht mehr. Ich glaube, seit vierzehn Tagen.

Aber was habe ich mit Hamburg zu tun? Wir sind hier in Bremen. Ich hatte Sie doch auch noch angerufen, gefragt, wie wir darauf reagieren sollen. ›Nicht nachlassen, weitermachen‹, haben Sie da gesagt und deshalb haben wir auch weitergemacht.«

»Das Schreiben haben Sie doch gesehen, wo der Riedl geschrieben hat, der Jens sei jetzt nicht mehr bei Scientology.«

»Ja, das war der Ausschluß. Aber zuerst ist er nach Hamburg. Und dann sag' ich, Mensch, ich ruf' den Potthoff mal eben an. Und der hat gesagt: ›Was heißt jetzt: ›was sollen wir machen?‹ Weitermachen!‹ Und denn haben wir uns auch nicht beirren lassen. Und deswegen haben sie ihn rausgeschmissen. Aber sie haben uns gleich gesagt, das geht gar nicht, das ist nur eine Finte. Damit haben die uns lahmlegen wollen. Wir haben aber nicht nachgelassen. Wir sind trotzdem hingelaufen, auch als Jens ausgeschlossen war. Und wir würden heute noch dort stehen, man gewöhnt sich daran. Wenn einer jeden Abend in die gleiche Kneipe geht, und sie macht plötzlich zu, dann weiß der abends gar nichts mehr anzufangen. Das ist uns nachher direkt schwergefallen, nicht mehr dazustehen. Wir wußten gar nicht mehr, was wir abends anfangen sollten. Dann sind die zum Osterdeich gezogen, und da ist kein Lauf. Da ist nichts. Da haben sie zuerst auf der anderen Straßenseite einen Anwerber hingestellt. Radfahrer, sie haben die Leute vom Rad geholt, aber das bringt ja nichts. Wenn die da drei Mann ansprechen können, ist das viel. Das lohnt sich nicht. Du hast keine Erfolgserlebnisse und also auch keine Lust. So haben wir erst einmal aufgehört. Aber wenn die mal wieder in eine andere Gegend ziehen, mit mehr Publikum, wer weiß. Dann machen wir vielleicht wieder Aktionen.

Die haben uns fotografiert und alles. Man sagt ja, daß die Scientologen Telefonterror machen oder sonst irgend etwas, uns haben sie nicht bedroht oder gestört oder sonst irgend etwas. Allerdings hat mich meine Frau auch soweit gekriegt, daß ich in der Nachbarschaft rumgegangen bin und gesagt habe, so und so ist das. Wenn hier mal jemand kommt und komische Fragen stellt, dann wißt ihr Bescheid und habe das erzählt, mit was für Mitteln die arbeiten können.

Es wird ja überhaupt viel erzählt und geschrieben, was Scientologen alles machen, wenn sie jemanden zum ›Feind‹ erklären. Wir wollten jedenfalls kein Risiko eingehen, und so bin ich auch zu meiner Bank gegangen und habe gesagt: ›Über unsere Vermögensverhältnisse nur Auskunft geben, wenn wir unsere ausdrückliche Einwilligung gegeben haben.‹ Braucht ja keiner wissen, was wir haben und was wir nicht haben. Befürchtet haben wir es nicht, aber wir wollten keinen Fehler machen. Trotzdem denke ich, daß die über uns ziemlich gut Bescheid wußten, durch Jens. Wir wollen ihm ja nichts Böses nachsagen, aber die haben die Mittel, die Mitglieder auszufragen, und unser Sohn hat ihnen mehr vertraut als uns. Das finde ich immer noch seltsam, aber damit muß man sich wohl abfinden. Zur damaligen Zeit wußten die bestimmt bis auf 10.000 Mark, was wir haben.

Jens war ein lieber, netter, problemloser Junge. Haben nie Ärger mit ihm gehabt, hat nie viel ausgefressen oder was, und wenn, dann sind wir da nicht dahintergekommen. In der Schule lief alles problemlos, hat glatt sein Abi gemacht. Allerdings ist ihm das nicht zugefallen. Er war ein ehrgeiziger Mensch oder ist ein ehrgeiziger Mensch. Er mußte sich sein Abi erarbeiten und auch seine Mittlere Reife mußte er sich erarbeiten. Aber er war dann direkt so ehrgeizig. Es reichte ihm nicht, daß er gerade durchkam, nein, er wollte gut sein. Er hat seine Mittlere Reife mit 1,2 gemacht und wollte eigentlich aufhören. Und dann haben wir mit ihm geredet und haben gesagt, gut, mach doch dein Abitur. Das Abi, das war 2,7 oder 2,5, also es war noch sehr, sehr gut, und da haben wir gedacht, daß er studiert. Die Jüngeren sollen es ja mal besser haben als wir. Das kennen Sie ja. Sein Wunsch war von klein auf, seit er zwölf oder dreizehn war, Berufsoffizier zu werden. ›Ich will zur Bundeswehr, ich will Offizier werden.‹ Und denn hat er sich beworben. Seit seinem fünfzehnten Lebensjahr hat er Bodybuilding gemacht, aber sie haben ihn trotzdem nicht genommen, er hätte leicht X-Beine. Da ist für ihn eine Welt zusammengebrochen. Damit hat er nie gerechnet, daß sie ihn nicht nehmen würden. Und dann ging das holterdiepolter. Der Junge mußte doch wenigstens einen Beruf lernen. Die meisten Bewerbungen waren schon gelaufen. Und denn haben wir durch sehr viele Beziehungen noch eine Lehrstelle für ihn gekriegt, aber auch nur, weil einer krankheitshalber absagen mußte. Er hat seine Bewerbung geschrieben, den Direktor der Firma kannten wir, und denn ist er in die Firma gekommen. Kann sein, daß er darüber nicht so glücklich war. Aber damit muß man im Leben doch rechnen, daß man sich umstellen muß. Wir haben ihm ja nie vorgemacht, daß das Leben ein Schlaraffenland ist, wo alle Wünsche erfüllt werden.

Und dann fängt das Undurchsichtige an. Als wir dahinter kamen und dachten, daß wir ihm Scientology noch ausreden könnten, hat er in der Erregung was fallenlassen, daß sein unmittelbarer Vorgesetzter ihn da mit reingenommen hat. Wir können es nicht beweisen. Wir wissen es wirklich nicht. Und zwar war das so: Er hatte zuerst ziemliche Schwierigkeiten in der Firma, es lag ihm einfach nicht.«

»Wie alt war er da?«

»Achtzehn oder neunzehn. Aber wie schon in der Schule hat er sich mächtig reingekniet, und dann ging es auch. Aber plötzlich sagt er, er wolle aufhören. Er käme nicht klar mit seinem Lehrherrn. Ich sagte, wenn du bei jeder Schwierigkeit gleich die Flinte ins Korn wirfst, wird das im ganzen Leben nichts. Da mußt du durch. Gut, er ist dann auch geblieben. Wenn ich gewußt hätte, was sich daraus entwickelt, dann hätte er auch Straßenfeger werden können, wäre er vielleicht noch besser dran als heute. Er hat mal gesagt, sein Vorgesetzter, wie soll ich sagen, der hätte ihn zusammengeschissen, daß die Heide wackelte. Wenn Feierabend war, denn hat er ihn ins Büro geholt. Jens meinte, als Junggeselle wüßte der wohl mit seiner Freizeit nichts anzufangen.«

»Und Jens?«

»Ja, es gab ein paar Mädels, für die er sich interessierte. Aber sein Chef hat ihn dann nach Feierabend festgehalten, hat ihn immer noch reingeholt. Dies müssen wir noch aufarbeiten, und das müssen wir noch machen. Und denn, als er Schwierigkeiten hatte, hat er zu Jens gesagt, er soll doch mal zum Dianetik-Kurs gehen. Er wäre auch dagewesen, und das habe ihm sehr geholfen. Da hat er mal so was von sich gegeben, aber so richtig schlau geworden sind wir daraus nie. Die Firma hat ihn zweimal zurückstellen lassen. Er ist also relativ spät zum Bund gekommen, als er schon älter war. Wir sind ja auch nicht so ganz arm und haben ihm ein Auto geschenkt, einen Käfer. Na ja, wenn er beim Bund ist, dann kann er mal nach Hause kommen. Und dann ist er ganz selten nach Hause gekommen, obwohl er gar nicht weit weg war. Nur alle vierzehn Tage. Wir haben uns gewundert, bis wir dahinterkamen, daß er jeden Abend im Scientology-Center in Bremen war. Wir haben noch gedacht, das tut ihm gut. Das muß ich immer wieder sagen, die erste Zeit bei Scientology hat er sich zu seinem Vorteil verändert. Er war akkurat, er war pünktlich. Nett und freundlich war er ja schon immer. Und dann haben wir gesagt: Guck mal, was das ausmacht. War immer gut drauf. Und nachher sind wir dann drauf gekommen durch irgendeinen Zufall, daß er fast jeden Abend am ›Wegesende‹ war. Sind wir ja zuerst gar nicht hintergekommen. Er hatte ja sein Auto, war unabhängig.«

»Aber da wußten wir ja auch noch nicht, was das ist.«

»Heute ist das ganz anders. Heute weiß jeder Streifenpolizist, wer und was Scientology ist. Damals, als wir dahinter kamen, bin ich zur Polizei gegangen, weil ich mehr darüber wissen wollte. Ich war fast überall. ›Ja, die gibt es wohl, aber es liegt nichts gegen sie vor.‹ Was wußten wir Otto Normalverbraucher, was ein Dianetik-Center ist oder Ron Hubbard oder so, wußten wir doch überhaupt nicht. ›Ne, da liegt nichts vor. Da machen Sie sich mal keine Gedanken«. So hat man mich damals nach Hause geschickt.‹

»Wann wurde es denn merkwürdig?«

»Merkwürdig wurde es, als er vom Bund zurück und wieder in seiner Firma war. Da fing es an. Die Wehrpflichtigen bekamen, wenn sie aufhörten, ein paar Tausend Mark als Starthilfe. Ich glaube, 5.000 Mark waren das. Auto und Benzingeld, das hatten wir alles bezahlt bei dem kargen Wehrsold. Aber Vater ist ein vorsichtiger Mensch, er hat das alles aufgeschrieben. Und wenn denn zwischendurch mal ein bißchen größere Beträge da waren, haben wir ihm natürlich Geld gegeben. Er hat immer gesagt: ›Vater, das leihst du mir, das zahl' ich alles wieder zurück. Ich kriege ja vom Bund so und so viel Geld.‹

Als er vom Bund wieder da war, war da nicht mehr die Rede von. Da hatte er das Geld schon zu Scientology gebracht.«

»Das hat Sie nachdenklich gemacht?«

»Nein, immer noch nicht. Ach, unser Junge! Wir haben nur den einen, wir können uns das leisten. Eines Abends kam er und sagte: ›Vater setz dich mal hin.‹

›Ja‹, sag’ ich, ›was ist denn?‹ Da sagte er, er brauche so um die 4.000 Mark. Das erste, was ich sage: ›Haste das Auto kaputt gefahren, hast du einen Unfall gebaut, mußt du heiraten?‹ Guckt er mich so komisch an und meint: ›Nein, das ist für einen Reinigungsrundown.‹

›Was ist ’n Reinigungsrundown?‹

›Ja, ich geh’ ja jetzt zum Dianetik-Kurs und dann werde ich fähiger. Geh doch mal mit.‹

Das ist vermutlich für jemanden, der das nicht kennt, ganz komisch, was zwischen Scientologen und Nicht-Scientologen so geredet wird. Das ist ja manchmal wie eine Sprache aus einer anderen Welt. Also ich sollte dann mit zum ›Wegesende‹, zu den Scientologen. Na ja, er ließ dann keine Ruhe, brauchte ganz dringend das Geld. Als ich ihn fragte, ›du hast doch Geld bekommen, beim Bund, wo ist das denn geblieben?‹, hat er nichts darauf geantwortet. Hat nur komisch geguckt, und ich habe nicht weiter nachgebohrt. Aber er hat nachgebohrt, wollte unbedingt, daß ich mir das anschaue. Schließlich bin ich eines Tages mitgegangen, wollte dem Jens ja keine unnötigen Schwierigkeiten machen.

Alle waren mächtig freundlich zu mir. Ich konnte mich überall umsehen. Und dann haben sich Leute gegenübergesessen, ich wußte wirklich nicht, was die da machen. Entweder haben die sich nur stumm angestarrt, oder sie warfen sich irgendwelche Zahlen an den Kopf. Fand ich irgendwie merkwürdig. Und denn ging das los. Das war gerade die Zeit, wo Tschernobyl auseinandergeflogen ist. Da haben sie uns in einen Raum geführt, Jens und mich. Da waren ein Videorecorder und ein Fernseher. Sie haben eine Kassette eingeschoben und uns beide allein gelassen.

War so ein Werbefilm von Scientology mit einem Atompilz. Und der Reinigungsrundown, erklärt mir Jens, der sei gegen Atomstrahlen, macht einen immun, sagen sie. Ja, da wußte ich auch nicht viel mit anzufangen. Für mich war das Humbug. Hätten sie auch Kasperletheater zeigen können. Ich denk', wollen die mich hier verarschen?

Dann kam die Centerleiterin Diesl: ›Na, Herr Platteck, haben Sie sich das angeguckt?‹

›Ja‹, – ich habe das ja alles nicht so ernst genommen –, ›das ist doch wohl nicht wahr. Da können Sie in Rußland doch Millionen verdienen, wenn Sie in Rußland nur zehn Menschen von Atomstrahlen heilen. Dann gehen Sie doch jetzt nach Rußland und machen den Reinigungsrundown, dann brauchen die alle nicht evakuiert werden, dann sind die doch immun.‹ Darauf hat sie zuerst nichts gesagt. ›Die Menschheit ist ja so dumm, sie will sich nicht helfen lassen‹, hat sie dann gesagt. Darauf antworte ich: ›Ja, und dann gibt es auch noch Menschen, die wollen sich nicht melken lassen.‹ Darauf wußte sie nichts mehr zu sagen, und Jens war auch ganz stumm. Das Thema Geld war damit erledigt, und er ist uns auch nie wieder um Geld angegangen. Nie wieder!«

Als ›Reinigungsrundown‹ bezeichnet Scientology ein spezielles Streßverfahren, bei dem die Kandidaten für zwei oder mehr Wochen täglich fünf Stunden lang in die Sauna geschickt werden. Unter anderem soll dieses Verfahren immun gegen atomare Strahlung machen. Hub-

bard wollte, daß Scientologen den Dritten Weltkrieg
überleben.

»Meine Frau und ich haben dann darüber gesprochen.
Wir dachten, daß Jens das Urteil seines Vaters ernst
nimmt, daß er es dann auch für Humbug halten würde.
Wir haben das noch nicht für gefährlich gehalten. Wenn
wir nur gewußt hätten, was wir heute wissen! Dann hätten wir noch was tun können. Nachher ja nicht mehr. Und
da haben wir ihn uns mal vorgeknöpft und haben ihm
klipp und klar gesagt, daß von uns nichts zu holen ist,
rein gar nichts. Für sein berufliches Weiterkommen,
wenn er studieren will, ist es eine Selbstverständlichkeit,
daß wir ihm finanziell unter die Arme greifen. Aber für
Humbug: nichts. Und da war eine ganze Zeit Ruhe.

Aber ich muß noch erzählen, warum wir dann so hartnäckig bei den Scientologen vor der Tür gestanden haben. Diese Hartnäckigkeit haben die uns beigebracht,
und das begann ungefähr vier Monate, nachdem ich im
Center war. Da sitzen wir bei uns auf der Terrasse, wollten gerade gemütlich Kaffeetrinken. Wer kommt da um
die Ecke: Jens; im Schlepptau die Centerleiterin Diesl.
Und das ist ein so unsympathisches Weib, so ärmlich angezogen, so schmuddelig. Na ja gut, jedem das Seine.
Und denn fing sie an, wieviel war des noch, ach so,
20.000 Mark. Der Jens sollte studieren, in Hamburg, er
wäre ja so begabt. Was er studieren sollte, da bin ich damals noch gar nicht hintergekommen: Dianetik. Und das
kostet soviel. Und durch Jens wußten sie ja, wieviel Geld
wir haben, und daß wir ihm ein Studium finanzieren würden. Geschickt eingefädelt, um von Scientology abzulen-
ken! Ein Studium sollte es jetzt also sein.

Ich schau' mir die beiden an und sage: ›Das ist viel
Geld. Was gibt es denn dafür?‹ Dann kommt nur: ›Ja,

244

der Jens ist so begabt, und Sie machen sich geradezu strafbar, es wäre kriminell, wenn Sie ihren Sohn diese Chance verbauen würden, wegen läppischen 20.000 Mark.‹

›Haben Sie überhaupt schon mal 5.000 Mark auf einem Haufen gesehen?‹ sage ich. Guckt sie mich nur komisch an. Ich sage: ›So wie Sie angezogen sind, so ärmlich, haben Sie noch nicht mal 200 Mark auf einem Haufen gesehen. Und dann wollen Sie mir sagen, daß 20.000 DM kein Geld ist?‹ Aber sie ließ nicht locker: ›Das ist gut angelegt, eine Investition in seine Zukunft. Der Jens wird später sowieso mal alles erben.‹ Nun mußte ich doch ein bißchen deutlicher werden: ›Aber wenn er bei Ihrer Organisation bleibt, kriegt er gar nichts, auch das Haus nicht. Das wird verkauft, und dann wird das Geld verjubelt.‹ Da wurde sie richtig schnippisch. ›Scheißhaus‹ hat sie nicht gerade gesagt, aber: ›Ihr Haus, das braucht der Jens nicht. Der wird später mal ein viel größeres haben.‹

Wie weiß ich auch nicht, aber dann ging es hart auf hart, und ich hab' sie dann quasi rausgeschmissen. Aber sie mußte wohl das letzte Wort haben. Bei Scientologen heißt das ›Ursache sein‹. Noch in der Tür sagt sie: ›Im übrigen will ich Ihnen nur sagen, ich wollt' gar nicht kommen. Der Jens hat gesagt, ich solle mitkommen.‹

Jens hat nichts dazu gesagt, der hatte ja zu dem Zeitpunkt noch sein Auto. Also, rein ins Auto und weg. Der Jens war noch gar nicht zu Hause, da ging das Telefon: ›Hier Diesl! Da der Jens so begabt ist, habe ich mich für ihn persönlich in Hamburg noch einmal eingesetzt. Man ist bereit, ihm ein Stipendium über 10.000 Mark zu gewähren. Sie brauchen nur noch 10.000 Mark dazuzuzahlen. Das könnten Sie doch tun!‹

Ich war zuerst sprachlos. Ob ich denn Chinesisch gesprochen hätte oder was, frage ich sie. Ich wieder raus nach draußen, sage: ›Mutter, du das kann nicht angehen, die läßt sich nicht abschütteln.‹ Und jetzt kommt der Hammer: Halbe Stunde später geht das Telefon noch mal: ›Hier ist Frau Diesl.‹

Normalerweise hätte ich gleich auflegen müssen, aber dann wurde ich neugierig. Sie hätte noch mal mit Hamburg gesprochen. Jens erhält ein Stipendium von 15.000 Mark. Blieben für uns nur noch 5.000, aber ich müßte jetzt gleich zusagen. Ich darauf: ›Ich kann Ihnen definitiv sagen, der kriegt keine 50 Pfennig!‹ Da hätte ich ein gutes Geschäft gemacht innerhalb von ein paar Stunden. Mein lieber Mann, da war ich aber besser als sie.« Herr Platteck lacht dröhnend. »Aber die Geschichte ist immer noch nicht zu Ende. Man muß wirklich erzählen, wie verbissen die Scientologen hinter dem Geld herjagen. Die lassen einfach nicht locker.

Es kamen viele Anrufe für Jens. Wir haben die gleiche Telefonstimme. Eines Tages gehe ich ran, und da ist irgendeine Scientology-Persönlichkeit aus der Schweiz am Telefon: ›Jens bist du das? Ich wollte dir nur Bescheid sagen, mit deinem Bankkredit, das haben wir in Ordnung gebracht. Den kannst du haben.‹ Leider hat er nicht gesagt, von welcher Bank.

Und dann waren wir hellhörig. Wir sind dann zu Jens' Bank gegangen. Mit dem Direktor sind wir verwandt, über vier Ecken. Ist ein ganz feiner Kerl. Der hatte dann Verständnis für unsere Lage, weil die mit ihrem Sohn auch Drogenprobleme hatten. Mit solchen Leuten konnte man reden. Die kannten sich aus. Die konnten sich in anderer Leute Leid hineinversetzen. Denn sind wir mal hingegangen abends. Ich wollte wissen, wieviel Geld er aufgenommen hat. Sagt er: ›Das kann ich nicht sagen. Das ist Bankgeheimnis.‹ Aber er hat das anders formuliert:

›Ein Mitarbeiter, der uns nicht 10.000 DM wert ist, den entlassen wir gleich.‹ Da hatten wir eine Orientierung, wie hoch sich Jens verschuldet haben könnte.

Wir haben versucht, einer Organisation Widerstand zu leisten, und es ließe sich noch viel dazu sagen. Als man uns die Ausschlußerklärung schickte, glaubten wir, unser Ziel erreicht zu haben. Es erwies sich als Täuschungsmanöver, aber wir hatten doch gesehen, daß wir dieser Organisation ein wenig Sand ins Getriebe streuen konnten. Es war ein Teilerfolg, und wenn dies häufiger gelingt, vielleicht ...! Aber eigentlich ging es ja um unseren Jungen, den wir großgezogen hatten und den wir nicht verlieren wollten. Und wir wollen die Hoffnung auch nicht aufgeben. Wir haben auch heute noch ein ganz herzliches Verhältnis zum Jens. Er ist nett, lieb und freundlich. Wir unterhalten uns über jeden Scheiß, nur nicht über Scientology. Dann fällt eine Jalousie, und wenn du kritisierst, dann flippt er aus.«

2. Die Arbeitsgruppe ›Contra Scientology‹ in Iserlohn

»Mami, ich will auch ein OT werden!«

Brigitte Krieger lacht, als sie diesen Satz wiedergibt. »Das sagte mein Sohn, als er eines Tages vom Spielen hereinkam. Er war damals fünf. Natürlich wollte ich wissen, was ein OT ist, und er erzählte mir stolz, ein OT könne durch Wände gehen und fliegen. Kinderkram, dachte ich, Phantasie aus irgendeinem Film. Erst nach und nach bekam ich mit, wie ernst der Hintergrund tatsächlich war. Die Kinder einer anderen Familie auf dem Hof erzählten, daß ihr Papa ein solcher OT sei. Es hatte also nichts mit einem Film zu tun, sondern mit einer Überzeugung, die von ihnen Scientology genannt wurde.«

Brigitte Krieger ist Lehrerin und nimmt die Erziehung und Entwicklung ihrer drei Söhne sehr ernst. Zusammen mit ihrem Mann Martin wohnte sie in Iserlohn-Letmathe zur Miete in einem kleinen, freistehenden Haus, das zum Gesamtkomplex eines ehemaligen Bauernhofes gehörte. Mit im Haus wohnte eine Freundin mit zwei Kindern. Den Hof teilte sich das Geschwisterpaar Kaspers. Das Haus der Familie Krieger gehörte Frau Kaspers, die selbst im Haus ihres Bruders wohnte. Damals begann Brigitte vorsichtig erste Erkundigungen einzuziehen. OT, die Abkürzung für einen operierenden Thetan, begann ihr Leben zu verändern.

»Es war damals so, daß wir, vier befreundete Familien mit Kindern, mehrere Jahre lang zusammen auf einem Hofanwesen gewohnt haben. Wir hatten dort viel Bewegungsfreiraum, und wir haben uns alle gut miteinander verstanden. Wir wußten von vornherein, daß der Besitzer der anderen Gebäude des Hofes zusammen mit seiner Frau bei Scientology war, eben so einer komischen Kirche, wie wir anfangs meinten. Aber wir haben uns darüber keine weiteren Gedanken gemacht. Jeder sollte doch glauben, was er wolle, dachte ich damals. Wir wurden ja auch in keinster Weise damit behelligt. Die fuhren eben am Wochenende immer weg, und das war es auch schon. Das Haus, das wir gemietet hatten, stand allein für sich auf dem Hof, und so hatten wir unsere Ruhe. Außerdem war unsere Vermieterin die Schwester dieses Scientologen, sie selbst hatte mit Scientology nichts zu tun.«

Brigitte steht auf und geht ans Fenster. »Von hier aus kannst du es sehen«, fordert sie mich auf, zu ihr zu treten. 800 Meter Luftlinie entfernt liegt der Hofkomplex im Iserlohner Stadtteil Letmathe, wo das ganze Drama begann. Von ihrer jetzigen Wohnung im dritten Stock hat man einen guten Überblick. Brigitte Krieger sieht immer noch aus wie eine Kunststudentin, und trotz ihrer Löwenmähne sieht man ihr keinesfalls an, daß sie auch wie eine Löwin kämpfen kann. Einige Jahre war sie Sprecherin der Arbeitsgruppe ›Contra Scientology‹ in Iserlohn, hielt Vorträge, sprach mit anderen Betroffenen und half, den Widerstand zu organisieren. Erst nach der Geburt des dritten Kindes zog sie sich ein wenig zurück und erklärt freimütig, daß sie diesen Abstand dringend benötigt hatte. Irgendwann waren die Kräfte einfach aufgebraucht, und die Familie forderte auch ihr Recht. Aber damit brach die Arbeit der Gruppe nicht zusammen, die neue Sprecherin der Gruppe, Isabella Milkereit, hat die Arbeit konsequent weitergeführt. Mit beiden Frauen bin ich verabredet, um über Motive, Erfolge und Mißerfolge in ihrem Kampf gegen Scientology zu sprechen. Oftmals wird ja beklagt, daß die Öffentlichkeit und Behörden erst dann aufwachen, wenn das Kind in den Brunnen gefallen ist. Das Beispiel Iserlohn zeigt jedoch, daß es auch anders geht.

»Das freistehende Haus dort, da wohnten wir. In dem Haus dahinter, da wohnte unsere Vermieterin beim Bruder zur Miete, und da wohnte noch eine Frau mit ihrem Kind, mit der wir befreundet waren. Über sie erfuhren wir ein bißchen mehr über dieses scientologische Ehepaar, weil sie in ihrer Wohnung mehr davon mitbekam. Aber das war noch mehr auf der Ebene von Gesprächen unter Nachbarn, was man sich halt so erzählt, wenn man sich trifft. Die Frau des Scientologen mußte eines Tages für längere Zeit nach Kopenhagen. Plötzlich stand sie mit allen Koffern wieder vor der Tür, worauf ihr Mann Hans ziemlich wütend wurde. Er hat sie gleich wieder zum Bahnhof gebracht, und eine Zeitlang bekamen wir sie nicht mehr zu sehen. Einen Reim konnten wir uns darauf nicht machen, wir wollten auch nicht wissen, was sie in Kopenhagen machte. Auffällig war nur die heftige Reaktion des Ehemannes.«

»Wußtest du, daß Kopenhagen ein Hauptquartier der Scientologen ist?«

»Nein, überhaupt nicht. Wir hörten nur etwas von Seminaren und Weiterbildung. Es hat uns noch nicht interessiert, weil wir nicht betroffen waren. Merkwürdig wurde es erst, als meine Freundin Heiligabend 1989 plötzlich die Kündigung bekam, ohne jede Begründung oder Vorwarnung. Das heißt, Hans Kasper hat schon versucht, es zu begründen, mit notwendigen Umbaumaßnahmen und damit, daß dort gute Freunde einziehen sollten. Sie wollte natürlich nicht ausziehen, und da ihre Wohnung im Haus praktisch offen zugänglich war, begannen die Unannehmlichkeiten. Sie fühlte sich mehr und mehr beobachtet, hatte das Gefühl, daß man während ihrer Abwesenheit in der Wohnung herumschnüffelte, und so hat sie nach drei Monaten aufgegeben. Parallel dazu tauchten immer mehr Leute auf dem Hof auf, inspizierten die Gebäude, taten geheimnisvoll und verschwanden wieder. Teilweise fuhren sie dicke Autos mit Düsseldorfer Kennzeichen. Sie waren auch auffallend gut gekleidet. Darunter waren auch ab und zu die Leute, die später in die ›freigemachte‹ Wohnung einzogen, die inzwischen umgebaut und vergrößert worden war, ein Ehepaar mit vier Kindern, das fünfte war unterwegs. So wurde es recht lebendig auf dem Hof, worüber wir zuerst auch froh waren. Den Mann sahen wir selten, er fuhr jeden Morgen zur Arbeit nach Leverkusen, während die Frau, eine Thailänderin, uns erzählte, sie sei einmal Opernsängerin gewesen.«

»Wußtest du, daß die neue Familie auch zu Scientology gehörte?«

»Ja, schon, aber das war für uns zu diesem Zeitpunkt immer noch einfach irgendeine andere Religionsgemeinschaft. Mehr konnten wir darüber auch nicht in Erfahrung bringen. Wir wurden ja auch nie damit behelligt bis zu dem Zeitpunkt, als unsere Kinder all diese merkwürdigen Dinge erzählten. Der Älteste von dieser neuen Familie, Lucas, behauptete, er könne durch Wände gucken, und sein Vater könne sogar fliegen. Ich frag' mich nur, warum der dann jeden Tag hundert Kilometer mit dem Auto nach Leverkusen fahren mußte!«

Brigitte lacht wieder, wird aber rasch ernst. »Wir haben bei Tisch zuerst darüber gelacht und unseren Kindern das irgendwie zurechtgerückt. Denn die Scientologen-Kinder haben das fest geglaubt und ganz ernsthaft davon geredet. Der Jonas hätte sogar schon mal allein durch seine Gedanken ein Auto angehalten. Er hätte an der Straße gestanden und gesagt: ›Auto, bleib stehen‹, und das Auto

wäre stehengeblieben. Solche Geschichten haben die
sich erzählt! Da dachte ich dann doch, meine Güte, was
ist das eigentlich? Mein Sohn ist zu Frau Jockel gegangen und hat gesagt: ›Wenn der Hans fliegen kann, dann
soll er doch vom Eiffelturm springen.‹ Sie hat dann komisch gelacht und gesagt, daß man so etwas nicht macht.
Unsere Kinder wollten, daß sie mit den komischen Geschichten aufhören.«

»Die Kinder haben sich dagegen gewehrt?«

»Sie waren so etwas von uns nicht gewohnt, sie waren
zum Schluß richtig empört und haben die Kinder im
Sandkasten zur Rede gestellt. Da fing es dann an zu kri-
seln. Unsere Freundin Edeltraud, die im dritten Haus dort
drüben wohnte, ist in die Bücherei gegangen und hat sich
ein Buch über Scientology besorgt. Das hat sie mir dann
gezeigt. Haarsträubend! Sie ist daraufhin zu Herrn Jok-
kel gegangen und hat verlangt, daß seine Kinder so etwas
nicht mehr erzählen sollen. Für die Scientologen war das
der Anlaß, uns den Krieg auf dem Hof zu erklären. Zuerst der Edeltraud und dann, als ich mich mit ihr solida-
risch erklärte, auch uns. Das war irgendwie traurig, denn
die Leidtragenden waren die Kinder. Sie durften nicht
mehr mit unseren Kindern spielen, auch wenn diese deswegen geheult haben. Sie wurden regelrecht weggezerrt,
wenn unsere Kinder den Hof betraten. Wir wollten ja nur,
daß die Kinder nicht über Scientology sprachen und ahnten nicht, daß Scientologen so scharfe Grenzen ziehen
zwischen Freund und Feind.«

»Das heißt also, nicht ihr habt euch zurückgezogen,
sondern die Scientologen haben so heftig reagiert?«

»Genau, ich kann das ja einmal schildern. Edeltraud
wurde sofort zur ›Unruhestifterin‹ erklärt. Herr Jockel
kam zu mir, sehr freundlich zuerst, ständig lächelnd und
wollte wissen, ob ich meinen Kindern auch verbieten

wollte, mit seinen zu spielen. Das hätten wir keineswegs vor, auch Edeltraud nicht, sagte ich ihm. Er soll doch die Tatsachen bitte nicht verdrehen. Uns ginge es nur darum, daß unsere Kinder nicht mit Scientology-Gedankengut behelligt werden. Da wurde er plötzlich ganz starr und nahm eine drohende Haltung an. ›Dann weiß ich ja, auf welcher Seite Sie stehen.‹ Von da an war Schluß mit der Freundschaft der Kinder. Den Kindern wurde immer wieder gesagt, wir seien an allem schuld. Auch wenn die Beschuldigungen keinerlei Substanz hatten, so waren wir doch durch das ständige Wiederholen der Vorwürfe beunruhigt. ›Sie verstoßen gegen Gesetze, wir werden jetzt rechtliche Schritte gegen Sie einleiten!‹ Eines Abends, es war bereits dunkel, standen sie dann zu zweit bei mir an der Tür. Kaspers brüllte mich an, während Jockel mich unverwandt anstarrte. Ich war so etwas nicht gewohnt und wußte damals auch noch nicht, daß sie dieses Anstarren und Angst einjagen trainieren. Es war wirklich bedrohlich, Jockel kam immer näher auf mich zu, und ich dachte, dem fallen gleich die Augen aus dem Kopf. Aber glücklicherweise war gerade Edeltraud zu Besuch, und so verschwanden die beiden wieder. Nach diesem Besuch bekam ich eine unheimliche Wut. Da entstand wohl auch der erste Gedanke, sich irgendwie zur Wehr zu setzen.«

Diese seltsame und bedrohliche Haltung der Scientologen bleibt sogar oftmals den Experten ein Rätsel. Scientologen fordern zwar Toleranz vom Staat und der Gesellschaft, bleiben selbst jedoch im höchsten Maße intolerant allen anderen Menschen gegenüber, die ihre Ideologie nicht teilen oder einfach nicht als Religion anerkennen wollen. Wenn Scientologen einen anderen Menschen als ›Feind‹ einstufen, dann lauten die entsprechenden Anweisungen: Eine Person, die in den Ethikzustand eines Feindes zurückgestuft worden ist, gilt als vogelfrei. Man darf ihr ihr Eigentum abnehmen, sie in jeder Weise verletzen, ohne daß man von einem Scientologen dafür bestraft wird. Man kann ihnen Streiche spielen, sie verklagen, sie belügen oder vernichten. Auf diesem Hof in Letmathe spielte sich auf engstem Raum das ab, was in der Gesellschaft insgesamt inzwischen als ›sozialer Störfall‹ bezeichnet wird. Die beiden scientologischen Familien stehen den drei nicht-scientologischen Familien und Menschen drohend und feindlich gegenüber. Dazu gehört sogar die eigene Schwester, die der Scientologe Kaspers aus dem Haus ekelt. So wird Platz geschaffen für das dritte scientologische Paar, das nun einzieht. Das Kräfteverhältnis hat sich damit dramatisch verschoben, alle Nicht-Scientologen sollen zum Auszug gedrängt werden. Für Außenstehende sah es eher aus wie Mobbing, Freunde zuckten gelangweilt die Achseln, wenn sie von den Vorfällen hörten. Schlechte Nachbarn gibt es eben überall! Aber sind Scientologen einfach nur schlechte Nachbarn?

»Erst als wir Anfang 1990 den Film ›Gehirnwäsche‹ im Fernsehen gesehen hatten, begannen wir, die ganze Dimension zu begreifen. Nun begann auch der eine oder andere unserer Freunde uns zuzuhören, die ganze Sache ernst zu nehmen. Plötzlich waren da auch andere Informationen. Es kam noch hinzu, daß am Haus plötzlich ein Firmenschild hing, Dr. Fach und Partner, und jemand erzählte uns, die wollen ein Schulungszentrum für Scientologen auf dem Hof einrichten. Nun begann auch die Stadtverwaltung zu reagieren, denn dort landete immer mehr Werbematerial der Scientologen, bombastisch aufgemacht, mit dicken Goldbuchstaben und toll gestaltet. Wir hatten zu diesem Zeitpunkt praktisch schon eine kleine Betroffeneninitiative. Von unserem Pfarrer unterstützt trafen wir uns regelmäßig im Gemeindehaus, ohne aber zu wissen, welchen Weg wir einschlagen sollten. Mit unseren ersten Bemühungen, von außen Unterstützung zu bekommen, landeten wir bei einem Sektenbeauftragten der evangelischen Kirche. Sein Kommentar: ›Ja, suchen Sie sich doch einen Rechtsanwalt.‹ Da war ich erst einmal ziemlich enttäuscht. Aber wir ließen nicht locker und nahmen dann Kontakt zum Sekteninfo Essen auf. Zu unserer Überraschung waren sie dort alle schon bekannt: die Familien Kaspers und Jockel, Fach und Partner und auch das Ehepaar Wüstenfeld, das in die freigemachte Wohnung inzwischen eingezogen war. Wir stießen auf viele Menschen, die etwas wußten, aber niemand wußte, was man machen kann.«

»Es hat sich also nichts bewegt?«

»Doch, ganz erheblich, aber leider nur die Höhe unserer Telefonrechnung! Wir bekamen schon das Gefühl, uns an Scientology die Zähne auszubeißen. Aber dann stieß der Sozialdezernent der Stadt Iserlohn, Dr. Besler, zu uns, und von da an bekam unsere Initiative Fahrt.«

»Normalerweise schalten sich die Behörden erst sehr spät ein. Wieso waren Vertreter der Stadt Iserlohn so schnell dabei?«

»Das hatten sich die Scientologen selbst zuzuschreiben. Die hatten damit begonnen, an den Bürgermeister und an andere Personen des öffentlichen Lebens Werbematerial zu versenden. Dick aufgemachte Broschüren mit Goldlettern drauf sollten auf die sozialen Programme, wenn man das so nennen darf, von Scientology aufmerksam machen.«

»War bekannt, daß man in Iserlohn oder in der näheren Umgebung ein Schulungszentrum von Scientology errichten wollte? 1984, damals war ich noch dabei, haben wir schon konkrete Pläne dafür gehabt.«

»Davon wußten wir nichts, aber wir wunderten uns

schon, daß die beiden Scientologen an unserem Häuschen interessiert waren. Es war ja das Erbteil der Schwester, aber Jockel wollte genau wissen, wie viele Zimmer es gäbe, bis unters Dach. Dann hieß es eines Tages, das Haus stünde eigentlich auch dem Hans zu. Da merkten wir, daß auf dem Hof grundlegende Veränderungen geplant waren. Als nächstes zog tatsächlich die Schwester aus. Edeltraud erhielt einen Brief, sie dürfe die Katze nicht mehr auf dem Hof laufen lassen, unserer Mitbewohnerin drohte man unverhohlen, sie müsse schön aufpassen, damit ihr nichts geschehe. Die Kinder wurden solange angestarrt, bis sie Angst bekamen und sich bei uns versteckten. Immer wieder dieses unsägliche Anstarren! Bis auf ein paar Zentimeter kam der Jockel an einen heran, mit starrem Blick und dann mit einem unverschämten Grinsen. Ich bekam das Gefühl, nicht mehr in einer normalen Welt zu leben, aber niemand von uns wußte, wie wir das einem Außenstehenden vermitteln konnten. Die Initiative, die so entstand, war eher Ausdruck unserer Hilflosigkeit. Als Dr. Besler dann zu uns stieß, erfuhren wir auch von den anderen Aktivitäten. Polizeidienststellen hatten Post erhalten, in der Fußgängerzone verteilten Scientologen Testbögen und machten Buchwerbung, und auch der lokale Radiosender MK wurde seit Wochen bedrängt, eine Werbesendung von Scientology auszustrahlen. Die Stadt hatte also beschlossen, frühzeitig einzugreifen, ehe das Kind in den Brunnen gefallen war. Im Februar 1991 war das Thema Scientology zum ersten Mal ein Punkt auf der Tagesordnung der Jugendhilfe-Ausschußsitzung. Man beschloß, Experten zu Rate zu ziehen. Aber auf eines möchte ich hinweisen, ich habe mich lange Zeit nicht wohl in meiner Haut gefühlt. Ich hatte unheimliche Ängste, diesen Schritt aus der Anonymität in die Öffentlichkeit zu tun. Die größere

Angst hatte ich jedoch vor den Scientologen. Wie würden sie reagieren, welche Gefahren drohten mir und meiner Familie? Ich hatte ja erlebt, wie die auf dem Hof mit uns umgingen, und es sollte später ja auch noch viel schlimmer kommen.«

Bereits im Mai '91 verfaßte der Rat der Stadt Iserlohn eine Resolution zum Thema Scientology. Es galt, einer Scientology-Hysterie vorzubeugen und auf seriöse Information zu setzen:

**Resolution
des Rates der Stadt Iserlohn**

In den vergangenen Wochen und Monaten ist in bekannten Nachrichtenmagazinen und Wochenzeitungen immer wieder über die Scientology-Sekte berichtet worden.

Auch der Rat der Stadt Iserlohn hat sich in seiner Sitzung am 7. Mai 1991 ausführlich mit der Problematik befaßt.

Es ist bekannt geworden, daß die Scientology-Sekte in Iserlohn tätig ist und durch Werbekampagnen auf sich aufmerksam macht.

Rat und Verwaltung der Stadt Iserlohn kennen die Scientology-Sekte und das Hauptwerk Dianetik ihres Gründers Ron L. Hubbard und wissen, daß diese Sekte, die sich selbst Scientology-Kirche nennt, in Iserlohn aktiv ist. Anlaß dieser Resolution ist es, erste Informationen über diese Organisation zu geben und vor dieser Organisation zu warnen.

Was verbirgt sich hinter Scientology/Dianetik?

Die Scientology-Sekte ist mit einer Vielzahl von Anhängern, einigen tausend Mitarbeitern und einem geschätzten Jahresumsatz bis 250 Mio. DM

»Marktführer unter den Seelenfängern, weit größer als die Zeugen Jehovas, Bhagwan oder die Moon-Sekte«, so der ›Stern‹ vom 26. April 1990 unter dem Titel »Millionen durch Gehirnwäsche«.

Seit Beginn des Jahres 1991 hat die Sekte eine große Werbekampagne gestartet mit dem Ziel, das Buch Dianetik zu vertreiben, welches vermeintlich schlüssige Erklärungen über die Funktionsweise, Krankheiten und Heilung der menschlichen Psyche anbietet. Es werden Dianetik-Seminare angeboten. Sie »beinhalten eine einfache Technik, die Ihnen, Ihrer Familie und Ihren Freunden über Schwierigkeiten des Lebens hinweghelfen ...«. Aber nicht selten beginnen die Schwierigkeiten damit erst. »Ein junger Familienvater aus Dresden nahm Sparbücher und eine Erbschaft, zusammen über 100.000 DM, und setzte sich in die Münchner Sektenzentrale ab.« (Alex life, NDR 3, vom 9. April 1991).

Die Staatsanwaltschaft München: »Die Scientology-Sekte ist ein riesiger, multinationaler Wirtschaftskonzern (...) Eine beliebte Verkaufstechnik ist es, dem Interessenten vorzumachen, der Test habe ergeben, er sei ein Selbstmordkandidat (...) Scientology (...) benutzt zur Abwehr innerer und äußerer Gegner der Organisation auch geheimdienstliche Methoden, operiert im Grenzbereich der Illegalität und scheut ggf. auch nicht vor kriminellen Aktionen zurück ... Aufgrund der Beweismittel besteht weiterhin der Verdacht, daß Ziel der Organisation die wirtschaftliche Ausbeutung hörig gewordener Kunden ist, die selbst wieder zur Kundengewinnung und Kundenausbeutung eingesetzt werden« (Staatsanwaltschaft München, 115 Js 42989/84).

Wer kein Geld hat, dem wird ein kostenloses Studium angeboten. Er muß dann eine erhebliche Arbeitsleistung gegen ein geringes Taschengeld erbringen.

Das Arbeitsgericht München spricht von einer »arbeitsrechtlichen Entrechtung großen Stils«. Durch einen Lügendetektor (Elektrometer) werden die Mitglieder auf Loyalität getestet. Dazu die Staatsanwaltschaft München: ein »Angriff auf die Menschenwürde«.

In Abstimmung mit kirchlichen und autonomen Organisationen, die seit langem vor Scientology warnen, ist das Jugendamt der Stadt Iserlohn bestrebt, ein kleines Info-Paket zu erstellen und dieses an einem Informationsabend in Zusammenarbeit mit kirchlichen und autonomen Gruppen vorzustellen. Es soll Interessierten einen ersten Zugriff auf Hintergrundwissen ermöglichen.

Es wird die Bitte an alle Iserlohner gerichtet, im Gespräch mit gesellschaftlichen Gruppen, vor allem aber mit Hilfe- und Ratsuchenden auf die Möglichkeit seriöser Information aufmerksam zu machen. Auskünfte über seriöse Informanten gibt das Jugendamt, Abt. Jugendpflege, unter Telefon 02371/217-2295. Auch Kirchen werden diese Informationen geben können. Gemeinsames Ziel muß es sein, so viele Menschen wie möglich, die geistige Orientierung suchen, vor Scientology und ihren Tarnorganisationen zu schützen.

Die Stadt Iserlohn kennt die Bestrebungen der Scientologen. Rat und Verwaltung werden das rechtlich Mögliche tun, um der Arbeit der Scientologen in Iserlohn entgegenzutreten.

Im Jugendamt wurde eine Auskunfts- und Beratungsstelle eingerichtet, die eng mit der Initiative ›Contra Scientology‹, wie sich die Betroffenen inzwischen nannten, zusammenarbeitete. Zu den Familien vom Hof stieß früh Isabella Milkereit. Auf einem Informationsabend des Iserlohner Grundschulelternrates hatte sie von der Scientology-Problematik erfahren und beschäftigte sich aus Interesse weiter mit dem Thema:

»Ich war ja nicht so direkt betroffen wie Brigitte, aber ich habe gleich gemerkt, das Thema geht uns alle an. Bei den Aktivitäten der Scientologen in der Stadt handelte es sich längst nicht mehr nur um ein kleines Problem. Ich habe mich auch darüber geärgert, wie mit verdeckten Karten gespielt wird, wie Menschen fast unbemerkt in Scientology hineingeraten. Gerade Kinder und Jugendliche müssen auf so etwas vorbereitet werden, und so empfand ich es für mich als eine Aufgabe, bei der Initiative mitzuarbeiten. Als die Stadt Iserlohn dann signalisierte, daß sie ohne große Bürokratie die Initiative unterstützen würde, kam die Arbeit richtig in Schwung. Im Jugendamt hatten wir unseren Ansprechpartner, und die haben uns durch ihre Kontakte mit Material versorgt. Wir mußten unglaublich viel lesen. Manchmal dachte ich, es sei leichter, Chinesisch sprechen und schreiben zu lernen als Scientologisch. Das war für uns eine völlig neue Denkwelt. Besonders haben wir uns natürlich um die Problematik der Kinder gekümmert, wir waren als Mütter daran ja auch besonders interessiert. Wir sind da auf Texte gestoßen, die uns einfach schockiert haben, wie beispielsweise:

›Die grundlegende Schwierigkeit, die wir bei aller Jugendkriminalität antreffen, liegt im anscheinend humanen Programm, jede Art von Kinderarbeit zu verbieten. (...) Gesetze wurden erlassen, um Kinderarbeit zu verbieten. Diese Gesetzgebung, von der bestmöglichen Absicht getragen, ist jedoch direkt für die Jugendkriminalität verantwortlich. Indem man Kinderarbeit verbietet ..., schafft man Schwierigkeiten in der Familie, so daß es fast unmöglich wird, eine Familie zu unterhalten.‹

Es war kaum zu glauben, was wir da lasen. Da mußte ich mich einfach engagieren, etwas tun, um Kinder vor solchen Einflüssen zu schützen.«

»Gerade das Thema Kinder war wichtig«, ergänzt Brigitte. »Die Beobachtungen, die ich auf dem Hof an den Kindern der Scientologen machte, stimmten mich nachdenklich. So fiel mir zum Beispiel auf, daß die Kinder, die damals im Alter von ein bis sechs Jahren waren, bis auf einen bestimmten Abstand an uns herankamen, plötzlich in der Bewegung erstarrten und uns unentwegt anschauten. Das kam mir absolut unnatürlich vor. Meine Kinder waren ja im selben Alter und eigentlich immer in Bewegung.

Ein anderes Mal fiel der sechsjährige Junge beim Fußballspielen hin. Weinend lief er zu seinen Eltern, wurde aber von seinem Vater sofort an die Stelle zurückgeschickt, wo er sich verletzt hatte. Dort preßte er seine Hände und Knie an den Boden und wiederholte es mehrere Male. Ein seltsames, fast schon beängstigendes Ritual, das dieser kleine Junge dort ausführte. So etwas beobachtete ich häufiger, und später las ich, daß die Kinder bei Scientology bereits sehr früh mit dem Drill beginnen müssen.«

»Woher hattet ihr denn das Quellenmaterial?«

»Die Aktion Psychokultgefahren aus Düsseldorf wurde über das Jugendamt angesprochen. Von dort erhielten wir Material und auch sonst Unterstützung. Ich glaube, ohne diese qualifizierte Unterstützung hätten wir große Probleme gehabt. Nach den ersten Aktivitäten der Stadt ist dann auch Scientology aktiv geworden, gleich mit schwerem Geschütz. Eingaben an den Justizminister, Kreisdirektor, kommunale Aufsichtsbehörde und was man so machen kann. Die Stadt merkte, daß man einen wunden Punkt getroffen hatte, und jetzt waren natürlich auch die letzten Ratsmitglieder hellhörig geworden. Wir warnen, und Scientology reagiert gleich so aggressiv? Das hat erst recht den Verdacht bestärkt, daß etwas in der Planung war. Jetzt half nur noch der ganz große Schritt in die Öffentlichkeit, und so war klar, daß wir eine Großveranstaltung durchführen müssen. Plötzlich waren wir mit fünfundzwanzig, dreißig Leuten in unserer Gruppe. Eine ganz schön turbulente Zeit begann für uns.«

»Ich weiß gar nicht, wie mein Mann Martin und die Kinder das ausgehalten haben. Wir waren ja ständig unterwegs, hatten ein Riesenprogramm zu bewältigen. Von Null auf Hundert sozusagen. Glücklicherweise hatte ich damals keine feste Anstellung. Ich habe nur vormittags gearbeitet, konnte also den ganzen Nachmittag etwas für die Veranstaltung tun. Wenn ich weg mußte, beispielsweise nach Düsseldorf zur APG, dann mußte ich meine Mutter holen, damit die Jungen versorgt waren. Plakate, Handzettel, Pressearbeit, Ausstellungen, Videos, Büchertisch, und immer wieder Besprechungen. Die Presseabteilung der Stadt mußte immer alles überprüfen, denn wir wußten, daß der Scientology-Anwalt Blümel aus München auf den kleinsten Fehler achten würde. Andere Initiativen, wie die aus Hoisdorf, die uns mit viel Material unterstützt hatte, wurden eingeladen. In Letmathe hatten wir den größten Saal gemietet. Am Ende stellte sich heraus, daß er für den enormen Andrang zu klein war. Mehr als 800 Menschen waren im Raum, da mußten wir aus Sicherheitsgründen die Türen schließen. Wir waren selbst von diesem Andrang überrascht.«

»Wir wußten ja nicht, wie sich die Scientologen verhalten würden, denn die waren natürlich auch da. So haben wir auch weitere Scientologen aus der Umgebung kennengelernt, von denen wir bis dahin gar nichts wußten. Aber mit dir hatten wir ja einen der besten Kenner und Vortragsredner, du wußtest, wie man mit ihnen umgeht.«

»Aber Lampenfieber hatte ich auch und Angst. Eine so große Veranstaltung hatte ich bis dahin auch noch nicht erlebt. Aber das Ganze liegt jetzt sieben Jahre zurück. Wie war der Erfolg, und gab es auch Mißerfolge?«

»Als Erfolg werte ich immer noch, daß sich Scientology hier nicht niedergelassen hat. Einzelne Scientologen sind zwar noch da, aber auf dem Hof hat sich nichts weiter getan. Brigitte und ich haben weiter Vorträge gehalten. Durch die Veranstaltung wurde das Interesse geweckt, noch mehr über diese Organisation zu erfahren. Inzwischen habe ich auch die Rolle der Sprecherin übernommen und bin immer noch etwa zweimal in der Woche unterwegs, um einen Vortrag zu halten. Es sind Frauengruppen, Elternabende, junge Unternehmer und viele andere, die uns einladen. Von Mißerfolgen kann man nicht sprechen, höchstens davon, daß man sich wünscht, daß es eine bessere Informationspolitik gäbe. Bei Anfragen muß ich manchmal zahllose Telefongespräche führen, um Auskunft geben zu können. Dieser Psychomarkt, zu dem ja auch Scientology gehört, ist ziemlich kompliziert und unübersichtlich geworden. Aber Brigitte sieht das vielleicht ein bißchen anders.«

»Nein, im Prinzip nicht, aber nach dieser Großveranstaltung lebten wir ja noch immer auf dem Hof. Nach einer kurzen Zeit der Ruhe verstärkte man den Terror auf uns. Der Hof wurde zum Privatgrundstück erklärt, das wir nicht einmal mehr mit dem Auto befahren sollten. Alles hätten wir von der Straße hereintragen müssen. Um unser Haus herum hatten wir nur noch einen Streifen von etwa drei Metern zu unserer Verfügung, und die wurden dann auch noch eingezäunt. Wir kamen uns mit unserer Insellage vor wie in Berlin, als es dort die Mauer noch gab. Man kann auch sagen, wie im Zoo, denn die Metallgitter waren über ein Meter siebzig hoch. Manchmal fürchteten wir, man würde uns noch das Haus über dem Kopf anzünden. Das gilt ja in Scientology als höchste Ethik, wenn man das Lager des Feindes in Flammen aufgehen läßt. Hämisch grinsen, anstarren, Gäste und Freunde belästigen, es wurde ziemlich übel. Allein schon, um den Kindern wieder ein unbeschwertes Spielen zu ermöglichen, sind wir dann alle ausgezogen. Später, als sich die Pläne auf dem Hof nicht verwirklichen ließen, sind auch die Scientologen wieder ausgezogen. Unseren Einsatz, den habe ich nie bereut. Unsere Aktionen waren ja eigentlich eine Art Bürgerprotest, eine Form von politischer Arbeit, und wir glauben, daß dies der richtige Weg war, dem Terror die Stirn zu bieten.«

3. Es war Mord!

Lieselotte Wenzelburger-Mack ist das, was man heute eine Powerfrau nennt. Von Gestalt klein, ist die Vorsitzende der Eltern- und Betroffenen-Initiative Baden-Württemberg (EBIS) zu einer großen und gefürchteten Scientology-Kritikerin geworden, ein nimmermüder Motor im Kampf gegen Scientology.

Wie viele andere, so ist auch Lieselotte Wenzelburger-Mack durch einen Schicksalsschlag zu ihrer Aufgabe gekommen. Vor zwölf Jahren starb ihr Bruder Wilhelm, damals 37 Jahre alt. Ein Selbstmord mit mysteriösen Begleitumständen. So mysteriös, daß Frau Wenzelburger-Mack bis heute davon überzeugt ist, daß es eher Mord war. Die Begleitumstände seien zu merkwürdig gewesen, und sie wolle mit mir darüber sprechen. Parallelen zu einem Fall in Frankreich fallen mir ein. Der technische Zeichner Thierry Vic, 31 Jahre alt, sprang vor den Augen seiner Frau aus dem zwölften Stock. »Halt mich nicht zurück. Es ist die einzige Lösung«, rief er seiner Frau zu. Acht Jahre kämpfte die Witwe Nelly Vic gegen eine schleppend arbeitende Justiz. Für sie war Scientology für den Tod verantwortlich. Der »unmenschliche Druck«, dem er durch Scientologen ausgesetzt war, habe ihn zu dem Sprung aus dem Fenster getrieben. Wie immer ging es um Geld, um viel Geld und um Verzweiflung. Erst nach dem Massaker, das die Sonnentempler-Sekte im Dezember 1995 an 16 ihrer Mitglieder in den französischen Alpen verübte, sorgte Justizminister Jacques Toubon für eine Beschleunigung bei den Untersuchungen.

Einen solchen Erfolg kann Lieselotte Wenzelburger-Mack nicht vorweisen. Braucht man in Deutschland erst ein Massaker wie in Frankreich, um Untersuchungen zu beschleunigen oder um die Vorwürfe überhaupt ernst zu nehmen?

»Die Geschichte begann mit einem Anruf meiner Mutter. Mein Bruder wohnte im gleichen Haus, hatte dort seine Werkstatt, und er war nicht zum Frühstück erschienen. Ich beruhigte meine Mutter, Wilhelm sei halt ein Tüftler, und vielleicht habe er die Nacht hindurch an irgend etwas herumexperimentiert. Mein Bruder, ursprünglich Maurer, hatte sein Abitur nachgeholt, war Bauingenieur geworden und wollte hoch hinaus. Er hatte schon einige Patente zur Energieeinsparung angemeldet und verbrachte viel Zeit in seiner Werkstatt.

Kurze Zeit später rief meine Mutter wieder an, sie habe ihn gefunden. Ich war erleichtert, als sie sagte: ›Wilhelm steht in seiner Werkstatt.‹ Aber dann fügte sie hinzu: ›Aber da geht ein Seil nach oben.‹

Die Version der Staatsstellen lautete von Anfang an Selbstmord. Aber wenn man sich erhängt, dann steht man dabei doch nicht praktisch auf dem Boden! Am Kopf war verkrustetes Blut, in seinem Mund ein Knebel und um seinen Mund war ein Tuch gebunden. Wir haben Monate gebraucht, um die Protokolle der Kriminalpolizei sehen zu dürfen. Da stand drin, die Werkstatt wäre nicht aufgeräumt gewesen. Aber daß mein Bruder Kopfverletzungen hatte, das stand da nicht. Das, was meine Mutter gesehen hatte, wurde völlig ignoriert. Außer den Beobachtungen meiner Mutter gab es noch andere Ungereimtheiten: Wir fanden keinen Abschiedsbrief und kein Motiv für eine solche Tat. Erst auf der Suche nach irgendeinem Hinweis stieß ich in den Unterlagen meines Bruders auf Scientology. Zuerst beachtete ich es überhaupt nicht, weil ich nicht wußte, was Scientology ist. Ich hatte anfangs sogar Mühe, diesen seltsamen Begriff überhaupt auszusprechen.«

»Wie verliefen die ersten Stunden, nachdem Sie mit Ihrer Mutter gesprochen hatten?«

Nachdem meine Mutter mir den grausigen Fund geschildert hatte, alarmierte ich meinen jüngeren Bruder, denn ich wohnte zu weit weg, um mich sofort einzuschalten. Als ich eintraf, war schon alles versiegelt und die Leiche abtransportiert.

Die ganze Familie war fassungslos. Am nächsten Tag habe ich dann angefangen, das Zimmer meines Bruders gründlich zu durchsuchen. Bei unserem letzten Gespräch vierzehn Tage zuvor hatte er mir von Problemen erzählt. Eine Firma würde ihm eins seiner Patente streitig machen. Er hatte Kontakt mit einem Patentanwalt, und darüber fand ich auch einen Brief. Wilhelm steckte mitten in Aktivitäten, er war kein Mensch, der einfach aufgibt. Eine Woche vor seinem Tod gab er mir einen Schuhkarton mit seinen Quittungen und Belegen. Ich erledigte für ihn immer die Steuererklärungen.

›Du weißt ja, wie das Finanzamt ist‹, sagt er noch, und das waren die letzten Worte, die wir gewechselt haben. Zu Beginn meiner Suche glaubte ich noch an einen möglichen Zusammenhang mit seinen Patentangelegenheiten. Den Zusammenhang mit Scientology konnten wir am Anfang noch nicht sehen, weil wir davon nichts wußten und weil wir zuerst auch nach anderen Erklärungen suchten. Mein Bruder war sehr weltoffen, ja, ein richtiger Weltenbummler, der neben seiner Arbeit auch das Leben genießen wollte. Heiraten wollte er nicht, aber viel reisen. Fünf Erdteile hatte er schon besucht, ihm fehlte nur noch Australien. Mein Bruder starb am

27. September, und zum ersten Oktober hatte er seine gesamten Policen erhöht, Krankenversicherung, Lebensversicherung, Vermögensversicherung. Warum sollte er das getan haben, wenn er die Absicht gehabt hätte, sich umzubringen? Das ergab alles keinen Sinn. Erst durch einen Zufall kamen wir auf die richtige Spur.

Durch den Tod meines Bruders hatte ich am Samstag einen Nervenzusammenbruch. Mein Hausarzt, der mich versorgte, war auch gleichzeitig im Gemeinderat. Dort hatte man einige Zeit zuvor schon über einen Scientology-Fall im Ort beraten, von dem ich aber nichts wußte. Mein Arzt fragt also, ob vielleicht eine Sekte hinter dem Tod meines Bruders stecken könnte. Ich hielt das für völlig ausgeschlossen. Das war am Samstag, zwei Tage nach dem Tod meines Bruders.

Am Sonntag war ich wieder in der Lage, mich um die Angelegenheiten meines Bruders zu kümmern. Meine Mutter empfing mich mit den Worten: ›Du, stell dir vor, der Wilhelm hatte große Schulden. Deshalb hat er sich wohl umgebracht.‹

Da ich die Buchführung meines Bruders seit Jahren erledigte und alles über seine Finanzen wußte, hielt ich das für unmöglich. Außerdem bringt sich niemand wegen einer Summe von 60.000 DM um, und schon mal gar nicht mein Bruder. Aber Mutter zeigte mir einen Darlehensvertrag über 50.000 DM, aufgestockt auf 60.000 DM. Den kannte ich zu meiner Überraschung nicht. Blieb die Frage zu klären, was mit diesen Summen geschehen war. Wer hatte das Geld erhalten und wofür?

In diesem Moment erinnerte ich mich daran, zwei Tage zuvor im Zimmer meines Bruders bei meiner ersten Suche einen Brief eines Münchner Anwalts gesehen zu haben. Es ging dabei um viel Geld, aber ich hatte ihn nicht weiter beachtet, glaubte ich doch, daß es um eine der Patentangelegenheiten gehe. Ich bat meinen jüngeren Bruder, diesen Brief zu holen. Als mein Bruder mit dem Brief erschien, war er kreideweiß. ›Um Gottes Willen‹, sagte er, ›Wilhelm ist in eine Sekte geraten. Scientology!‹

Wir waren alle wie vor den Kopf geschlagen. Damit hatte niemand von uns gerechnet. Der Tod meines Bruders erschien plötzlich in einem ganz anderen Licht.«

»Was besagte denn der Brief des Anwalts?«

»Irgendwie war es ein Drama. Mein Bruder war offensichtlich schon dabei, die Sekte zu verlassen und hatte den Anwalt Dr. Gienand aus München gebeten, das Geld von Scientology zurückzufordern. Aber weil er kein Geld mehr hatte, den Anwalt zu bezahlen, war die ganze Sache liegengeblieben.«

»Dr. Gienand kennt sich doch mit solchen Fällen aus. Warum hat er nichts unternommen?«

»Er wartete auf Antwort von meinem Bruder. Das erfuhren wir später von ihm. Er hätte sicher etwas getan, wenn er gewußt hätte, wie die Lage war. Aber mein Bruder muß sich geschämt haben, daß er die Anwaltsgebühren nicht zahlen konnte. Mit niemandem hat er darüber geredet. Er war doch sonst ein so sparsamer Schwabe, und jetzt hatte er solche Schulden gemacht.

Und so habe ich angefangen, das, was ich über Scientology in seinen Unterlagen fand, genauer zu untersuchen.

Er war, wie wir dann Stück für Stück herausfanden, von Mitte 1983 bis Anfang ’85 Mitglied der Scientology in Stuttgart. Er hatte an Scientology über 75.000 DM gezahlt. Das haben wir durch Unterlagen belegen können. Möglicherweise war es sogar noch mehr, denn die Unterlagen fanden wir in seinem Büro, in der Werkstatt, praktisch überall verstreut. Wir mußten alles wie ein Puzzle zusammensetzen.

Mein Bruder war ein Einstein-Fan, und das ist ihm wohl

zum Verhängnis geworden. Die Scientologen werben ja mit dem Bild von Albert Einstein. ›Wir nutzen nur zehn Prozent unseres geistigen Potentials‹, schreiben sie darunter. Wie man die anderen 90 Prozent aktivieren könne, stehe im Dianetik-Buch. Das hat ihn wohl angesprochen. Er war ein Mensch, der mehr aus sich machen wollte.

Auf alle Fälle wollten wir jetzt wissen: Wer hat ihm das Geld weggenommen? Mein jüngerer Bruder holte daraufhin Wilhelms Scheckabschnitte. Früher hat man ja einen Scheckabschnitt geschrieben, bzw. die Summe im Scheckheft eingetragen. Und da war eine Reihe von Schecknummern, einige 5.000-DM-Beträge waren vermerkt und immer stand dahinter DN. Was DN war, stand in diesem Brief von Herrn Dr. Gienand: Dianetik. Und dann war ein Betrag von 50.000 DM eingetragen. So kamen wir Stück für Stück dahinter, und ich habe beschlossen, daß ich dran bleibe, weil ich wissen wollte, was da wirklich geschehen war. Montags habe ich meine Kinder zur Schule gebracht, und auf dem Rückweg habe ich bei meinem Hausarzt zuhause geklingelt. Er war noch da, er war noch nicht in seiner Praxis. Und da hab ich nur zu ihm gesagt: ›Herr Doktor, Sie haben recht, es steckt eine Sekte dahinter.‹

›Wer ist es?‹ hat er mich unterbrochen. ›Seinskologie, oder so ähnlich.‹ Ich konnte das Wort damals nicht aussprechen. Und seine Reaktion war gleich: ›Rufen Sie unseren Bürgermeister an. Der kann Ihnen weiterhelfen.‹

Natürlich habe ich sofort das Bürgermeisteramt angerufen, und hab' meinem Bürgermeister gesagt, was uns widerfahren ist über das Wochenende. Und er gab mir die Telefonnummer von Frau Dr. Lerchenmüller von der Aktion Bildungsinformation (ABI) in Stuttgart und von Herrn Hauser, dem Sektenbeauftragten des Landes Baden-Württemberg. Als Frau habe ich in dieser Situation natürlich zuerst bei einer Frau angerufen.

Sie war natürlich ganz bei der Sache, denn mit Scientology hatte man schon eine Menge schlechter Erfahrung gesammelt. Wir haben lange über den Fall geredet und haben einen Termin bei ihr in Stuttgart vereinbart. Kaum zwei Stunden später klingelt bei mir das Telefon und ein Herr Hauser möchte mich sprechen. Kaum hat er die ersten Worte gesagt, erkenne ich in ihm unseren ehemaligen Pfarrer. Es war sehr tröstlich, in dieser traurigen Situation einen alten Bekannten zu treffen. Herr Hauser war von der ABI sofort auf unseren Fall aufmerksam gemacht worden, und wir haben in all den Monaten beide Gesprächspartner auch dringend gebraucht.

Von Herrn Hauser erfuhr ich dann, daß mein Bruder bereits mit ihm Kontakt aufgenommen hatte. Wilhelm war also nicht mutlos gewesen, sondern er hatte sich bereits weitere Hilfe gesucht. Herr Hauser hätte sich sicher auch mit uns noch in Verbindung gesetzt, aber zum Gespräch war es dann nicht mehr gekommen, irgend jemand war schneller gewesen. Je mehr wir herausfanden, um so klarer wurde mir: Wilhelm hat sich nicht selbst umgebracht.«

»Es ist doch sicher Sache der Kriminalpolizei, bei einem gewaltsamen Tod auch in die Richtung zu ermitteln, so daß auch von Fremdverschulden ausgegangen wird.«

»Natürlich haben wir einen Anwalt eingeschaltet, und als die Ermittlungen nicht vorangingen, sogar einen zweiten. Wir konnten uns zu diesem Zeitpunkt mit der offiziellen Todesursache nicht einverstanden erklären. Dann habe ich natürlich mit sämtlichen staatlichen Stellen Kontakt aufgenommen, selbst mit dem Ministerpräsidenten, mit dem Landtagsabgeordneten. Die waren völlig ahnungslos, wußten mit Scientology nichts anzufangen und haben mich immer auf die Arbeit der Kriminalpolizei verwiesen oder an den Sektenbeauftragten.

Damals nannte man das Problem ja noch ›Jugendsekten‹. Mein Bruder war aber mit 37 Jahren bestimmt kein Jugendlicher mehr. Pfarrer Hauser wußte über Scientology bereits, daß sie sich als Kirche tarnen, in Wirklichkeit aber als Wirtschaftsunternehmen Psychokurse für viel Geld verkauften. Aber wir wollten ja nachweisen, daß der Tod meines Bruders mit den Praktiken von Scientology im Zusammenhang steht. Es wurde dann Strafanzeige gestellt auf Körperverletzung mit Todesfolge. Frau Dr. Lerchenmüller hat das damals gemacht. Diese Strafanzeige ist nie bei irgendeiner Staatsanwaltschaft angekommen. Auch das ist bis heute ein Rätsel geblieben. Niemand weiß, wo sie verschwunden ist. Erst als ich im Januar des folgenden Jahres einen weiteren Rechtsanwalt beauftragte, stellte er der Staatsanwaltschaft die entscheidende Frage: Warum wurde keine Obduktion vorgenommen?

Dann gingen Schreiben hin und her, aber er hat nie eine Antwort darauf bekommen. Man hat uns immer nur vertröstet, die Akte sei gerade nicht da oder nicht auffindbar, man könne uns leider keine Akteneinsicht gewähren, es würde noch recherchiert. Erst im Februar haben wir Einsicht in die Akte bekommen. Wir fanden das Ergebnis ziemlich mager, und nach weiterem Hin und Her wurde die Leiche meines Bruders am 14. Oktober 1986 doch noch exhumiert. Mehr als ein Jahr war inzwischen vergangen. Das Protokoll darüber habe ich nie zu sehen bekommen. Erst nach weiteren Jahren ist es meinem Anwalt gelungen, es zu erhalten. Es war nicht sehr lang: Die Fäulnis war so weit fortgeschritten, daß nichts mehr feststellbar war.

Kein Wort von den Verletzungen am Kopf, die ich bei der Einsargung meines Bruders gesehen hatte! Die Verletzung an der Schläfe war damals sogar noch zu sehen, obwohl man meinen Bruder für die Beerdigung schon hergerichtet hatte. Auch keine Erwähnung des getrockneten Blutes am Ohr, die mein jüngerer Bruder bei der Identifizierung gesehen hatte. Ich habe das auch noch gesehen, als ich um den Sarg herumgegangen war, und auch andere Verwandte haben es bemerkt. Er hatte zum Beispiel eine Verkrustung so groß wie ein 5-Mark-Stück an der rechten Schläfe. Er hat eine rot unterlaufene Kopfhaut gehabt. Aber in diesem Moment konnte ich nicht darüber reden. Ich ging nach der Beerdigung gleich zu meinem Hausarzt. Ich wußte nicht, was das bedeutet, wenn im linken Ohr schwarzes Blut ist. Mein Hausarzt hat gesagt: ›Das sieht aus wie ein Schädelbasisbruch. Ist eine Obduktion gemacht worden?‹

›Herr Doktor, fragen Sie mich nicht, ich hab' keine Ahnung.‹

›Wurde sie beantragt oder wurde davon gesprochen?‹

Der Kriminalbeamte sagte am Freitag zu mir: ›Frau Wenzelburger, Ihren Bruder müssen wir beschlagnahmen.‹ Da hab ich gesagt: ›Das ist klar, damit Sie die Obduktion machen können.‹ Für mich als Normalbürger war es ganz klar, daß eine Obduktion vorgenommen werden muß, wenn ein Mensch eines unnatürlichen Todes stirbt. Das steht auch im Grundgesetz. Aber es wurde leider nicht gemacht.‹

Es wurde einfach nichts unternommen, um den Tod meines Bruders wirklich aufzuklären. Und da hab' ich mir gesagt: Das darf nicht sein. Da mußt du etwas machen. Die wenigsten wissen, daß es in kurzen Abständen danach mindestens zwei weitere Tote durch Erhängen gab. Auch dort war Scientology der Hintergrund, auch dort waren die Begleitumstände seltsam. Ein Mann hängt sich auf, man findet keinen Stuhl, Zettel, Notizen, Bücher, alles war verschwunden. Am Tatort fand man nur einen leeren Briefumschlag von Scientology, wie die makabre Visitenkarte eines Mörders. Der nächste Fall war der Tod der Schlagersängerin Renate Kern. Sie fand man erhängt, nachdem sie sich von Scientology lösen wollte. Selbstmord durch Erhängen ist bei Frauen eher ungewöhnlich.

Und seitdem bin ich an dem Thema Scientology dran, seit zwölf Jahren. Und ich glaube, wir sind schon ein großes Stück voran gekommen. Ich hab' natürlich meinen Beruf nicht mehr ausüben können. Ich bin Buchhalterin von Beruf. In dieser Zeit sind meine zwei kleinen Söhne schulpflichtig geworden, und ich bin natürlich zu Hause geblieben. Und so hat sich das auf einmal zu etwas entwickelt, dessen Ausmaße gar nicht vorherzusehen waren. Ich hatte später teilweise Telefonrechnungen von mehr als 600 DM.«

»Neben dem Sektenbeauftragten Hauser kümmerte sich ja auch die ABI intensiv um Scientology. Warum haben Sie sich einer Selbsthilfegruppe angeschlossen?«

»Frau Dr. Lerchenmüller hat zu mir gesagt: Es gibt eine Selbsthilfegruppe, die EBIS, da sollte ich mitarbeiten. Die ABI hat viele andere Aufgaben auf dem Bildungsmarkt. Interessanterweise war es die ABI in Stuttgart, die sehr früh auf das Thema Scientology aufmerksam wurde. Damals verkauften die Scientologen Dianetik-Heimkurse, und die ABI hat das Material auf dem Bildungsmarkt überprüft und ist dabei über Scientology gestolpert. Frau Dr. Lerchenmüller meinte, man brauche viel mehr Veranstaltungen und Aufklärung, und da sei eine Initiative von betroffenen Eltern genau das richtige für mich. Politisch war ich ja schon immer interessiert, wollte als junge Frau sogar in die Politik gehen, und so habe ich angefangen, bei der EBIS mitzuarbeiten. Seit 1987 war ich dort im Vorstand, seit 1990 dann Vorsitzende.«

»Wir haben inzwischen eine etwas veränderte Aufklärungslandschaft. In Bonn arbeitet seit Monaten die Enquetekommission des deutschen Bundestages zum Thema

Sekten und Psychokulte. Der Bund deutscher Psychologen hat eine Arbeitsgruppe. Diverse andere Experten haben sich zu Wort gemeldet zur Arbeit der Eltern: Die sei nicht nur unnötig, sondern eher schädlich. Die Eltern seien hysterisch, sie machten die Sache noch viel schlimmer und seien eigentlich in den Händen von Experten viel besser aufgehoben. Was sagen Sie zu diesem Vorwurf?«

»Hab' ich bereits gehört, und da dazu muß ich sagen: Das sind Theoretiker, Buchhengste, und von der Basis haben die null Ahnung. Ich möchte einmal einen von denen, die diese Vorwürfe machen, eine Woche in mein Büro setzen, in meine Berge von Akten, und alle fünf Minuten schellt das Telefon. Ich muß sogar oft zwei Telefone bedienen. Mein privates, denn viele Anrufe kommen auf meiner Privatnummer herein, weil die EBIS am Anfang noch kein Telefon hatte. Da wurde dann meine Nummer verteilt, und ich habe acht Jahre das Telefon für die EBIS bezahlt. Da möchte ich einen dieser Experten reinsetzen, ich glaub', der würde fluchtartig mein Büro verlassen. Die haben keine Ahnung, was für eine wichtige Arbeit wir an der Basis leisten. Wenn unsere Gesellschaft diese Arbeit, die bei uns im Ehrenamt gemacht wird, bezahlen müßte, dann sähe es sehr finster aus. Wir finanzieren unseren Lebensunterhalt nicht mit unserer Beratungsarbeit, sondern wir müssen noch Geld mitbringen. Und trotzdem machen wir die Arbeit, weil wir aus dem persönlichen Schicksal heraus begriffen haben, daß diese Arbeit getan werden muß.«

»Nach all den Jahren kehrt keine Ruhe ein?«

»Im Gegenteil! Uns erreichen immer mehr Anrufe. Und die Materialien und die Briefe, die uns erreichen, mit Anfragen und Bitten um Hilfe, die können gar nicht alle beantworten. In Baden-Württemberg gibt es ja besonders viele von Scientology-Stützpunkten besonders auch von der Wirtschaftsorganisation WISE. Da haben wir eine Menge zu tun. Ich könnte gut fünf Leute damit beschäftigen. Aber wer soll das bezahlen? Es sind nur freiwillige Helfer, und die kommen meist nur am Wochenende. Gäbe es nicht ab und zu für einen Vortrag ein kleines Honorar, sähe es sehr schlecht um unsere Arbeit aus.«

»Hätten Sie rückblickend etwas anders gemacht? Haben Sie Fehler gemacht, und was würden Sie ändern?«

»Wenn diese Situation nicht eingetreten wäre, wäre ich bestimmt weiterhin in meinem Beruf als Buchhalterin, besonders jetzt, wo meine Kinder in der Schule sind. Wie so manche Frauen auch wieder einsteigen in ihren Beruf. Ich hab' meinen Beruf geliebt, ich hab' sehr gern Buchhaltung gemacht. Bezogen auf die Aufklärungsarbeit glaube ich, daß ich alles wieder so machen würde. Natürlich, mit dem Wissen von heute, würde ich folgendes machen: Ich würde gleich zur Politik gehen. Nur von dort aus kann man die Aufklärungsarbeit beschleunigen, wie beispielsweise in den Schulen durch Erlaß des Kultusministers, so wie es in Bayern geschehen ist.

Am Anfang hatte ich noch Angst vor Scientology, vor den Methoden und auch vor dem Geheimdienst. Man hat auch lange Zeit versucht, mir Angst einzujagen, mir die Arbeit zu verleiden. Heute habe ich keine Angst mehr. Wenn Scientologen mich anrufen und mich belästigen wollen, dann hab' ich denen gleich unter die Nase gerieben: ›Sie sind damit also einverstanden, daß man den Leuten 75.000 DM abnimmt für nichts und wieder nichts, für einen Humbug?‹ Die habe ich mit ihren eigenen Waffen geschlagen. Die haben zum Schluß zu mir gesagt: ›Frau Wenzelburger, Sie haben ja recht‹, und dann haben sie aufgelegt. Ich schlage heute noch die Scientologen mit ihren eigenen Waffen, mit ihren eigenen Unterlagen. Es greift mich momentan kein einziger mehr an.

Wir machen weiter mit Seminaren, damit die Menschen wissen, wie man sich Scientology gegenüber verhält, daß man keine Angst zu haben braucht, einen Vortrag zu halten. Gott sei Dank sind wir in der letzten Zeit schon ein paar mehr bei der EBIS, die das machen. Es gehen einige mehr raus, die selbst betroffen sind. Wir haben inzwischen auch eine Ex-Scientologin in unseren Reihen, die auch Aufklärungsarbeit macht. Es werden mehr, und das ist wichtig. Je mehr Aufklärung machen, desto besser, auch in den Schulen, wo es ganz wichtig ist. Daß schon die Kinder wissen: Moment, es gibt Gefahren, wir müssen auf der Hut sein. Wir gehen in Schulen, zu Verbänden, zu Wirtschaftsverbänden, Frauenverbänden, egal welcher Couleur. Wer mich einlädt, da geh' ich hin, wenn es meine Zeit zuläßt.

Vor zwölf Jahren, genau zwei Monate nach dem Tod meines Bruders, habe ich mit Herrn Hauser gesprochen und er hat mir aufgezeigt, wie groß die Organisation von Scientology ist, da habe ich zu ihm gesagt: ›Herr Hauser, ich gebe mir zehn Jahre, ich hoffe, daß ich es durchhalte, und dann will ich erreicht haben, daß Scientology verboten ist.‹ Es sind jetzt zwölf Jahre geworden, und ich bin guten Mutes. Nur was man aus Amerika hört, wie blauäugig die Amerikaner diesem Thema gegenüberstehen, das macht mich etwas traurig und auch skeptisch, wie viele Jahre wir noch dran arbeiten müssen, daß dieser Mafia ein Ende bereitet wird. Und ich hoffe, daß ich jeden Tag die Kraft dafür bekomme von unserem Herrgott. Daß er weiß, es ist wichtig, was ich mache. Und ich stärke mich immer mit unserem schönen Trauspruch: ›Der Herr ist mein Hirte. Mir wird nichts mangeln.‹ Nach diesem Motto mache ich meine Arbeit.«

4. Die Hoisdorfer Initiative

Die Busse kommen aus Hamburg. Nicht ungewöhnlich für die Bundeshauptstadt Bonn. Die Menschen, die den Bussen entsteigen, scheinen auf den ersten Blick eine ganz normale Besuchergruppe zu bilden. Erst als eine junge Frau ein Megaphon hochhält, Stangen zu sehen sind, an denen die Transparente noch verhüllt sind, wird klar, daß es sich um Demonstranten handelt. Aber auch das ist für Bonn nicht ungewöhnlich. »Wir gehen zuerst zum Marktplatz.« Mit Hilfe des Megaphons wird die Gruppe geleitet.

Der Bonner Marktplatz ist das Ziel vieler Demonstranten, und so überrascht auch das Polizeiaufgebot nicht und die diversen Grüppchen, die sich dort schon versammelt haben. Einige tragen T-Shirts mit dem Aufdruck ›Cruisade for religious freedom‹.

Ich entdecke Esther Martensen und begrüße sie. Wir kennen uns von verschiedenen Veranstaltungen in Hamburg. Esther ist der Kopf der Hoisdorfer Initiative, die sich gegen die Gründung einer scientologischen Schule in Hoisdorf gebildet hat, in einem kleinen Ort in der Nähe von Hamburg. »Sie sind auch da«, sage ich und deute mit dem Kopf in Richtung der Leute mit den T-Shirts, den Scientologen, die einen Kreuzzug für religiöse Freiheit führen. Esther lächelt: »Damit war zu rechnen.«

Die Hoisdorfer und Hamburger Initiativen haben 55.000 Unterschriften in Wäschekörben mitgebracht:

»Wir fordern die Einsetzung eines Untersuchungsausschusses in Sachen ›Scientology-Dianetik‹ im Deutschen Bundestag.«

Dr. Rita Süßmuth, Präsidentin des Deutschen Bundestages, will mit den Initiativen sprechen, will sich die Argumente anhören und die Unterschriften nach der Demonstration entgegennehmen. 1992 scheint ein erfolgreiches Jahr für Scientology-Kritiker zu sein. Dennoch sind es nur einige hundert Menschen, die sich auf dem Marktplatz versammelt haben, vielleicht zwei Dutzend von ihnen sind Scientologen. Es sind immer noch nicht viele Menschen, die über die Gefahren, die von Scientology ausgehen, Bescheid wissen. Das Beispiel der Initiative Hoisdorf zeigt, wie notwendig die Zivilcourage der Bürger ist. Der Journalist Uwe Birnstein nannte die Arbeit der Hoisdorfer ›Gegenwind aus der Provinz‹. Man könnte auch genauso gut von einem Sturm sprechen, der in diesem 3.000-Seelen-Dorf in der Nähe von Hamburg entfacht wurde. Die mächtige Pseudokirche Scientology scheiterte zum ersten Mal an einer Bürgerinitiative.

Zum Streitpunkt geriet das Projekt einer finanzstarken Hamburger Immobilienfirma, die in Hoisdorf ein leerstehendes Kinderheim für 1,6 Millionen DM erworben hatte. Die Gemeindepolitiker, entzückt über den Geldsegen, der ihnen der Verkauf des ehemaligen Waisenhauses ›Gottesgabe‹ eingebracht hatte, standen den Plänen des Maklers und Scientologen Götz Brase sehr positiv gegenüber. Geplant war, ein edles Internat zu errichten, ganz nach dem Vorbild von Scientology in Amerika. Wer jemals die Hochglanzbroschüren der amerikanischen Vorbilder wie etwa der ›Delphi-School‹ gesehen hat, und nicht weiß, was scientologisches Lernen bedeutet, kann fast nicht anders, als entzückt zu sein. Unzweifelhaft eine Bereicherung für die Infrastruktur von Hoisdorf, mochten die Politiker damals gedacht haben. Verständlich daher, daß man zuerst keineswegs entzückt war, als sich im Dorf Unruhe breit machte und Widerstand gegen das scientologische Internat angekündigt wurde. Esther Martensen organisierte den ersten Informationsabend. Ihr zur Seite stand der Hoisdorfer Uwe Blankenfeld, dessen Tochter bereits in den Fängen von Scientology steckte. Die Dorfbewohner waren geschockt und aufgebracht, als sie erfuhren, was sich hinter den schön formulierten Absichten der selbsternannten Scientology-Kirche tatsächlich verbarg. Eine Unterschriftenaktion ergab, daß 98 Prozent der Einwohner sich gegen das Internat aussprachen. Bürgermeister Horl fühlte sich von Scientology gründlich getäuscht und hintergangen, nahm Abstand von diesem Projekt und suchte nach einem Ausweg, den ganzen Deal rückgängig zu machen. Doch der Kaufvertrag war erst einmal rechtsgültig.

Ganz Deutschland schaute plötzlich auf das kleine Dorf im Norden, das so erbittert Widerstand leistete. In allen führenden Zeitschriften und Magazinen erschienen Artikel und lieferten weiteres Hintergrundmaterial, verleihen der Hoisdorfer Initiative weiteren Aufwind und Popularität. Dennoch suchten Esther Martensen und ihre Freunde auch das Gespräch mit den Scientologen. Brases Lebensgefährtin Irmgard Hellkamp, die als Pädagogin die Leitung des Internats übernehmen sollte, entwirft ein positives Bild vom Lehrplan mit vielen musischen Fächern, Malen, Ballett, mit kindgerechtem Lernen.

»Lernen, wie man lernt«, »Überwinden der Lernbarrieren«, »Studiertechnologie«, der Scientology-Gründer Hubbard hat ein bombastisch klingendes Programm für Kinder entworfen. Als ich 1981 nach sechsmonatiger Zugehörigkeit zu Scientology zum ersten Mal von solchen Programmen erfuhr, war auch ich total begeistert. Ich

280

fuhr in die Schweiz, sah mir die dortigen Einrichtungen an, und mein Entschluß stand fest: Solche Schulen muß es auch möglichst schnell in Deutschland geben. Man mag ja unser starr und behäbig wirkendes Schulsystem kritisieren, aber manchmal hat so etwas auch sein Gutes. Wer in Deutschland eine Schule errichten möchte, der muß Lehrpläne vorlegen, ein Curriculum erstellen und vieles andere mehr. Dies sind Hürden, an denen die simple ›Studiertechnologie‹ der Scientologen bisher immer wieder gescheitert ist. Äußerst fragwürdig ist auch der Einsatz eines sogenannten ›Lernbeschleunigers‹, einer Maschine, die angeblich ›Mißverständnisse‹ beim Schüler aufdecken soll. Der ›Lernbeschleuniger‹ ist eine Maschine, die dem Elektrometer der Scientologen entspricht, ein Hautwiderstandsmesser, der Erregungszustände anzeigen soll. Maschinen ersetzen in der Scientology-Kindererziehung das pädagogische Gespräch.

Trotz des beeindruckenden ›Lehrplanes‹ der Scientologin blieb Esther Martensen skeptisch und holte weitere Informationen ein. Bald war klar, Scientology ist ein System der Täuschung. Hubbards Erziehungsmethoden erwiesen sich als Rattenfänger-Banalitäten, von Kinderliebe keine Spur. »Kinder sind kleine Erwachsene«, welcher ernsthafte Pädagoge möchte sich solchen Maximen anschließen!

Die Kampagnen der Hoisdorfer gehen weiter, weiten sich aus. Man läßt sich nicht von der süßlichen Scientology-Propaganda einwickeln, und man gibt auch dem Terror nicht nach. Telefonterror, Beschimpfungen, ungeklärte Einbrüche sollen die Bürger zermürben. Manche Veranstaltung gerät zum Tumult, wenn Franz Riedl, Pressesprecher der Hamburger Scientology Zentrale, ungerührt behauptet: »Solche Geschichten seien Unwahrheiten, erfunden von bezahlten Leuten. So wie die Scientologen seien schon die Juden verfolgt worden.«

Schließlich trägt der CDU-Bundestagsabgeordnete Michael von Schmude das Problem nach Bonn. In der Fragestunde des Bundestages will er Auskunft von der Bundesregierung darüber haben, welche Informationen über Aktivitäten dieser Sekte vorliegen und ob insbesondere Einzelheiten über Versuche bekannt seien, junge Menschen in totale Abhängigkeit zu bringen.

Das Jahr 1990 wird auch im Kampf gegen Scientology zum Jahr der Wende. Scientology wird zum Politikum, ist nicht länger nur ein Thema für die Sektenbeauftragten der Kirchen. Hoisdorfer Bürger machen Politik von unten und sorgen dafür, daß sich die gewählten Politiker von nun an mit dem Thema beschäftigen. Der Kampf der Hoisdorfer war nicht vergebens. Anderthalb Jahre nach Beginn der Kampagne schreibt Uta Knack vom ›Hamburger Abendblatt‹ am 7. September 1990:

»Widerstand der Hoisdorfer erfolgreich: Scientology gibt sich geschlagen.

Großes Aufatmen in Hoisdorf. Die Sekte hat ihre Pläne, in dem ehemaligen Kinderheim ›Gottesgabe‹ ein Grundschulinternat für Kinder von Sektenmitgliedern einzurichten, aufgegeben.«

Aufatmen, aber nicht aufgeben und zurücklehnen. Noch ist die Arbeit nicht beendet, denn Scientology-Sprecher Franz Riedl kündigt an:

»Wir suchen einen anderen guten Standort. Und Gott wird uns helfen, ihn zu finden.«

Es war dann zwar nicht Gott, der geholfen hat, sondern wieder einmal Götz Brase. Nach einigen weiteren Fehlschlägen, in Deutschland einen geeigneten Standort für eine Scientology-Schule zu finden, hatte er eine phantastische Idee, um die deutschen Gesetze zu unterlaufen. Eingedenk seiner eigenen nordschleswiger Kindheit ging er nach Dänemark. In Behrendorf (dän.: Bjerndrup), nicht weit hinter der dänischen Grenze, wurde er fündig. Dort, wo eine deutsche Minderheit lebt, glaubte er seine Ziele durchsetzen zu können. Dänemark, traditionell tolerant, auch den Scientologen gegenüber, würde diese Schule schon dulden.

Aber auch hier entstand den Scientologen Ungemach. Einerseits, weil sie sich wie üblich an staatliche Auflagen – die es auch in Dänemark gibt – nicht halten wollten, andererseits, weil die deutsche Bevölkerung zur Aufklärung schritt. Das Beispiel Hoisdorf macht Schule.

5. Was macht der Staat zur Zeit ?

Die Bedrohung der Gesellschaft durch die Scientology-Organisation ist offensichtlich. Der soziale Störfall betrifft nicht nur den einzelnen, sondern wirkt sich, wie in diesem Buch belegt wird, auf große Teile der Bevölkerung aus. Bei Hubbard hatte ich gelernt, wie er sich einen modernen Krieg vorstellt. Ziel eines Krieges sei es, eine Regierung durch Verwirrung handlungsunfähig zu machen. Normalerweise bewirft man sich so lange mit Bomben, bis die Verwirrung so groß ist, daß die eine Seite aufgibt. Dies sei allerdings eine »barbarische Methode«, sagte er. Die Verwirrung könne statt mit Bomben auch in den Köpfen der Menschen erzeugt werden. »Unsere disziplinarischen Maßnahmen sind durchaus geeignet, jemanden verrückt zu machen.« Dies sei eine wirklich moderne Kriegsführung, und man käme zum gleichen Ergebnis: einer handlungsunfähigen Regierung.

Sind der Verstand eines Menschen, sein Denken, seine Gefühlswahrnehmung und sein Sozialverhalten weniger schützenswert als sein Körper? Wenn Gruppen wie etwa die RAF mit Bomben die Gesellschaft verändern wollen, dann nennt man das Terrorismus. Muß man nicht folgerichtig von Sozialterrorismus sprechen, wenn Organisationen wie Scientology ihre *technology* einsetzen, um Menschen verrückt zu machen?

Hätte man mir in einer Zeit, als lange Haare noch als Affront gegen das Bürgertum galten, mit Gewalt die Haare abgeschnitten, wäre der Tatbestand der Körperverletzung erfüllt gewesen, ein Prozeß wäre leicht gewonnen gewesen. Man darf Menschen eben kein Haar krümmen. Dabei wäre dabei nicht einmal Blut geflossen, und Haare wachsen schnell nach. Wenn die Scientology-Technologie jedoch zerstörerisch in eine Familie eindringt, den Vater von den Kindern trennt, Ehen auseinanderbringt, wenn diese Technologie Firmen zerstört, wird dann etwa niemand verletzt?

Abgeschnittenes Glück, abgetrennte Gefühle wachsen nicht so schnell nach wie Haare. Menschen, die vergewaltigt werden, erhalten in unserem Land nur selten Mitleid, eher Häme. Den Fall einer vergewaltigten Frau kommentierte jemand einmal am Biertisch mit den Worten: »Was ist da schon groß passiert? Hätte sie sich nicht so angestellt, hätte sie sogar noch Spaß dabei haben können!«

Derart rohe Gefühlsäußerungen machen mich sprachlos. Meine Vergewaltigung durch Scientology kommentierte jemanden ähnlich: »Was regen Sie sich auf? Sie haben doch tolle Techniken gelernt, z. B. wie man andere über den Tisch zieht. Machen Sie doch ordentlich Kohle damit, dann hat es sich doch für Sie sogar gelohnt.« Das Gespräch erfolgte nicht am Biertisch, sondern unter Managern bei Kaffee mit Cognac.

Unsere Gesellschaft wendet sich nur allzu gern und allzu schnell von Opfern ab. Man will sie nicht sehen, vielleicht weil man panische Angst davor hat, selbst ein Opfer zu werden. Wir konzentrieren uns auf den Erfolg, wir brauchen *winner*, keine *loser*. Und der Scientologe steht an der Ecke und lächelt: »Haben wir das nicht schon immer gesagt? Wir machen *winner*. Bei uns wird der Tüchtige noch tüchtiger.«

Der Ruf nach staatlicher, medizinischer und psychologischer Hilfe darf nicht den Blick dafür verstellen, daß die soziale Störung, die durch Scientology entsteht, be-

reits weitgehend ein Problem der modernen Leistungsgesellschaft über Scientology hinaus ist. Der Staat kann
soziales Wohlverhalten nicht erzwingen, sondern nur an-
mahnen und dabei bestimmte Formen des extremen Fehl-
verhaltens – etwa Betrug, Rowdytum, Diebstahl, Mord –
unter Strafe stellen und verfolgen. Neben dem Strafge-
setzbuch gibt aber auch unsere Verfassung einen Hand-
lungsrahmen, der einzuhalten ist. Verfassungsfeindliche
Aktivitäten werden beobachtet und verfolgt. Maßnahmen
des Staates müssen differenziert erfolgen und dürfen
nicht zu einer pauschalen Ächtung von Lebens- und Verhaltensweisen führen, die sich außerhalb des gesellschaftlichen ›Mainstreams‹ entwickeln. Der Wunsch nach
Freiheit und der Wunsch nach Ordnung schaffen ein
Spannungsfeld, das wir aushalten müssen. Freiheit und
Ordnung werden niemals deckungsgleich sein können.
Scientology ist in dieser Hinsicht eine schwierige Herausforderung für den Staat.

»Wir haben in Deutschland die bittere Erfahrung mit
zwei totalitären Regimen hinter uns und rätseln noch
heute, wie die ideologische Versklavung einer Kulturna-
tion vor sich gehen konnte und warum beste Köpfe aus
Philosophie, Psychologie und Jurisprudenz sich verskla-
ven ließen. Einer wissenschaftlichen Untersuchung wäre
es allerdings wert, warum unsere Gesellschaft aus diesen
bitteren Erfahrungen nichts gelernt zu haben scheint und
das Entstehen des Psychototalitarismus Scientology, der
Gesellschaft und Staat jetzt ernstlich bedroht, bisher
kaum wahrgenommen hat und seit Jahren tatenlos hat
wachsen lassen. Gesellschaft und Staat beginnen allerdings aufzuwachen.«

So analysierte Dr. Jürgen Keltsch, damals Richter am
Oberlandesgericht München, auf dem 2. Scientology-Tri-
bunal 1994 die Situation. Weiter gab er auch die beiden

286

Grundrichtungen für eine Veränderung an. Fundierte Kritik aus der Gesellschaft selbst, Verweigerung bis hin zum Kundenboykott würden Anbieter auf dem Psychomarkt zwingen, ihr Verhalten zu ändern, bzw. sie vom Markt verschwinden lassen. Der Staat hingegen täte gut daran, die Theorie der ›Jugendreligionen und Sekten‹ einer genaueren Überprüfung zu unterziehen. Beide Wege wurden eingeschlagen und bereits begangen.

Als ich Ursula Caberta im Februar 1991 in Hamburg kennenlernte, war sie Bürgerschaftsabgeordnete im Hamburger Senat. In Hamburg hatte man ein Aktionsbündnis gebildet, bestehend aus praktisch allen demokratischen Verbänden und Parteien. In einer föderalistischen Bundesrepublik ist vieles Sache der Länder, und so wurde von Bundesland zu Bundesland ganz unterschiedlich mit Scientology umgegangen. Caberta hatte einen ehrgeizigen Plan. Als Politikerin hatte sie damit begonnen, Scientology aus dem politischen Blickwinkel zu betrachten. Sie wollte eine Art ›Behörde‹ schaffen, mit der zentralen Aufgabe ›Scientology‹. Caberta stand nach vielen Bemühungen ab 1992 einer Arbeitsgruppe vor, die dem Hamburger Innensenat unterstellt ist und sich ausschließlich mit Scientology im Bundesland Hamburg beschäftigen soll. Ihre Einschätzung war richtig, Scientology als ein Problem der inneren Sicherheit einzustufen. In Hamburg verfügte Scientology über einen der wichtigsten Stützpunkte in Europa, die Expansion in Wirtschaft und Politik nahm bereits gefährliche Dimensionen an. Cabertas Arbeit und Vorgehensweise hat aber auch schnell die engen Landesgrenzen von Hamburg übersprungen und viele Entwicklungen im ganzen Land angeregt.

Die Ständige Konferenz der Innenminister der Länder veröffentlichte am 6. Mai 1994 eine Stellungnahme, die trotz aller Vorsicht sehr deutlich ausfällt:

> »Die Innenminister sind der Auffassung, daß die Erkenntnislage zur Zeit noch keine bundesweite Zuordnung zur Kategorie der politischen Bestrebungen erlaubt.
>
> Die Scientology-Organisation stellt sich gegenwärtig den für Gefahrenabwehr und Strafverfolgung zuständigen Behörden der inneren Verwaltung als eine Organisation dar, die unter dem Deckmantel einer Religionsgemeinschaft Elemente der Wirtschaftskriminalität und des Psychoterrors gegenüber Mitgliedern mit wirtschaftlichen Betätigungen und sektiererischen Einschlägen vereint. Der Schwerpunkt der Aktivitäten scheint im Bereich der Wirtschaftskriminalität zu liegen. Deshalb sollten staatliche Abwehrmaßnahmen zunächst in diesem Bereich fortgesetzt werden.«

Differenzierte, ohne Polemik vorgetragene Informationsarbeit trug erste Früchte. Weitere drei Jahre später, seit Mai 1997, hat nun der Verfassungsschutz den Auftrag, die Scientology-Organisation bundesweit zu beobachten. Mehrere Jahre hatten die Innenminister der Länder über diese Möglichkeit diskutiert und sich schrittweise einer Entscheidung genähert. Die politischen Aspekte hatten an Bedeutung gewonnen. Wichtig bei diesen Schritten waren unter anderen die politischen Thesen der beiden Scientology-Tribunale in Worms 1993 und 1994, die die Junge Union veranstaltete, das politische Gutachten von Prof. Jaschke, herausgegeben vom Innenministerium Nordrhein-Westfalens und die unzähligen Bemühungen von Menschen, in Gesprächen und Vorträgen Licht ins Dunkel zu bringen.

Der Deutsche Bundestag setzte 1996 eine Enquete-kommission zum Thema »sogenannte Sekten und Psychogruppen« ein. Nach über zweijähriger Tätigkeit fiel das Ergebnis der Kommission sehr differenziert aus. »Sorgen sind verständlich, aber: Sekten stellen keine Gefahr dar.« So äußerte sich Ronald Pofalla, Unionssprecher der Enquetekommission.

Man muß kein Prophet sein, um jetzt schon vorherzusagen, daß damit nicht nur diejenigen, die in diesem Buch zu Wort kamen, unzufrieden sein werden. Es war allerdings auch keine reine ›Scientology-Untersuchung‹, sondern es sollte ganz allgemein ausgelotet werden, in welchem Maße Menschen in unserem Land das Recht haben, außerhalb der Kirchen einen eigenen Weg der Lebensverwirklichung zu suchen. Trotz dieser liberalen Haltung mangelte es auch nicht an scharfen Angriffen grundsätzlicher Art. So sprechen sechs deutsche namhafte Professoren von ›Ketzerhysterie und Sektenjägern‹. Diese Kritiker unterstellen, daß der deutsche Bundestag bereits mit dem Einsetzungsbeschluß für die Kommission einen Auftrag erteilt habe, der weit über den rechtlichen Rahmen hinausgehe.

Landen wir am Ende dann doch wieder bei der Einschätzung von ›bedauerlichen Einzelfällen‹? Müssen wir mit dem Grundrecht auf Freiheit auch den Preis bezahlen, durch Systeme wie Scientology in eine totale Unfreiheit zu geraten? Der Querschnitt dieses Buches zeigt ein anderes Bild. Eine »aufgeschlossene« Haltung gegenüber Organisationen, die persönlichkeitsverändernde Methoden für ihre Ziele einsetzen, werden wir uns nicht leisten können. Der Staat hat die Pflicht, vor Gefahren zu warnen. Wenn beispielsweise der legale Verkauf von Zigaretten nur mit einem deutlichen Warnhinweis vor Gesundheitsgefahren auf der Verpackung möglich ist, dann kann auch verlangt werden, daß der Verkauf von Scientology-Kursen, sofern man sie nicht ganz verbieten will oder kann, nur mit einer deutlichen Warnung vor den Gefahren erlaubt sein soll.

Bleibt zu hoffen, daß der Staat durch den Abschlußbericht der Enquetekommission seine Aufgabe klarer erkennt und angemessen handelt.

Teil V:
Ratgeber für Betroffene

Wie Manipulation funktioniert und was man dagegen tun kann

von Sabine Kemming

»›Du mußt lernen, zwischen Scientology und Scientologen zu unterscheiden‹, sagte meine Frau zum Abschied. Sie ist bis heute überzeugte Scientologin und versuchte, mir klarzumachen, daß meine Kritik am System ungerechtfertigt sei. Das System sei frei von Fehlern, so ihr Standpunkt. Nur der einzelne Scientologe, noch nicht im Vollbesitz seiner geistigen Fähigkeiten, könne Fehler machen, aber die dürfe man nicht dem System anlasten.«

Mit diesen Gedanken beschäftigte sich Norbert Potthoff noch mehrere Jahre, sogar noch nach seinem Ausstieg aus Scientology. Dies war die letzte Gedankenfalle, aus der er sich befreien mußte.

Als ich Norbert Potthoff kennenlernte, war er bereits ein renommierter Kritiker von Scientology. Seine Analysen und Aussagen waren klar und unmißverständlich. 1990 hatte er mit Egmond Koch für den Film ›Gesucht wird: Gehirnwäsche‹ für das ZDF eng zusammengearbeitet. 1991 hatte er in einer Anhörung vor dem Ausschuß des Deutschen Bundestages klare Angaben zur politischen Strategie von Scientology gemacht und auch verschiedene Ansätze zur Bearbeitung des Problems formuliert. In der Zeit danach folgten unzählige Fernsehsendungen, Interviews und Vorträge. Er war eindeutig kein Scientologe mehr, sondern trat entschieden für die Wertvorstellungen der Demokratie ein. Wir freundeten uns an, sprachen auch häufig über das Thema Scientology. Nicht, daß mich das Thema zu diesem Zeitpunkt sonderlich interessiert hätte, ich wollte einfach mehr über seine Lebensgeschichte erfahren, ihn als Mensch näher kennenlernen, und irgendwann verliebten wir uns ineinander. Aber von diesem Zeitpunkt an begannen die Irritationen. Mit zunehmender Nähe bestand er plötzlich auf Distanz. Er hatte Erregungszustände, die ich sonst an ihm nicht kannte. Ich verstand ihn plötzlich nicht mehr. Erst nach und nach brachte ich sein Verhalten mit seiner Zeit bei Scientology in Verbindung und erlebte an ihm, wie tief die Veränderungen gingen, wie nachhaltig, über viele Jahre, sein Lebensgefühl beeinträchtigt war. Von da an begann ich mich für die Methoden dieser Organisation zu interessieren.

Verhaltenspsychologie und Behaviorismus waren mir aus dem Studium vertraut, und deren Merkmale entdeckte ich rasch bei Scientology. Die Möglichkeit, Menschen zu ›prägen‹ und zu ›ent-prägen‹ hatte in den fünfziger Jahren Wissenschaftler fasziniert, bis man feststellen mußte, daß eine ›Ent-Prägung‹ weitaus schwieriger war als das ›Prägen‹. Norberts Probleme schienen damit in Zusammenhang zu stehen. Von da an war ich am Thema Scientology interessiert und lernte Scientology als eine Organisation kennen, die offensichtlich über ein breites Spektrum an Techniken verfügt, um Menschen nachhaltig zu beeinflussen. Die ›Technologie‹ der Scientologen ist das Thema dieses Kapitels.

Unter »Ratgeber für Betroffene« soll kein Verhaltenskatalog verstanden werden. Solche Versuche wären wenig erfolgreich, auch wenn solche ›Was-tue-ich-wenn?-Ratgeber‹ immer wieder gewünscht werden. Es kann nur darum gehen, die Techniken, die bei Scientology und anderen Gruppen angewendet werden, zu erläutern und verständlich zu machen. Nach unserer Einschätzung ist die Kenntnis der Techniken der wirksamste Schutz für den einzelnen, denn der Staat kann nicht an jeder Straßenecke und in jedem Büro stehen und aufpassen. Schutz beginnt bei jedem selbst. Verstehen können dies vielleicht auch Mitglieder der Organisationen, denn ich vertraue darauf, daß ein Stück des eigenen Verstandes noch in Funktion ist. Besser verstehen können dadurch vielleicht auch die Eltern, Ehepartner und Freunde, wenn sie lernen, wie schnell diese Techniken bei jedem Menschen wirken können.

Bisher besteht dieses Buch aus einzelnen Geschichten, die jeweils einen bestimmten Ausschnitt aus dem Leben eines Menschen und damit einen ganz individuellen Werdegang innerhalb und außerhalb der Scientology-Organisation beleuchten. Irritationen und Nichtverstehen sind in den meisten Fällen der Anlaß, daß man sich mit dem auseinandersetzt, was einem bestimmten Menschen in dieser Organisation angetan wird.

Was kann man aus den Geschichten lernen? Darf man sie verallgemeinern und wenn ja, wie stark? Kann man die geschilderten Erfahrungen so stehenlassen, oder ist eine Relativierung notwendig?

Zur Beantwortung dieser Fragen sollen auch einige Forschungsergebnisse vorgestellt werden. Diese Modelle und Erklärungen helfen, einen roten Faden durch die Geschichten zu ziehen. Der rote Faden ist die grundsätzliche Manipulierbarkeit eines jeden Menschen.

Die Geschichten in diesem Buch sind erst einmal biographisch. Manche der geschilderten Erfahrungen knüpfen vielleicht an eigene Lebenserfahrungen an, andere weniger. So habe ich zum Beispiel als junge Frau erlebt, wie faszinierend Gruppenleben und Nestwärme unter bestimmten Bedingungen in einer Sekte (damals die Kinder Gottes) sein können. Bei mir war es damals so, daß ich mich als reiselustige Schülerin in Amsterdam, 300 km entfernt von zu Hause, plötzlich einsam und bedroht fühlte, obwohl ich glaubte, mit 16 Jahren doch schon so erwachsen zu sein. Die dargestellten Schicksale schildern andere Einflußmöglichkeiten, die bei jedem Menschen vorhanden sind und zu einer erfolgreichen Anwerbung für eine Sekte benutzt werden können. Ich hoffe, daß der Fundus, den all unsere Interviewpartner zur Verfügung gestellt haben, verbunden mit den möglichen Erklärungsmodellen aus wissenschaftlicher Sicht, die Chance bieten, für sich eigene Schlußfolgerungen zu ziehen. In der Folge werde ich den Begriff ›Kult‹ für Scientology und vergleichbare Organisationen verwenden.

Als ich Norbert Potthoff kennenlernte, hatte er bereits einen vierjährigen Ablösungsprozeß hinter sich. Ebenso betätigte er sich mit aller Entschiedenheit bereits fast zwei Jahre öffentlich als Kritiker der Scientology-Organisation. Dennoch wirkte das ideologische System in ihm immer noch nach, zu seinem eigenen Schaden und auch zum Schaden für sein näheres Umfeld. Norberts Trennung von der Organisation war zu diesem Zeitpunkt klar vollzogen. Auch sein kritisches Denken war wieder intakt. Aber im absoluten Nahbereich, dort, wo es um die Nähe zu einer Person ging, lag noch vieles brach. Er hatte um sich eine Mauer aus Höflichkeit und Distanz errichtet. Wenn diese auch nur berührt wurde, reagierte er mit tödlicher Kälte. Er hatte Scientology sehr dicht an sich herangelassen, es war zu einer lebensgefährlichen Bedrohung geworden, der er mit knapper Not entkommen war. So nah wollte er nie wieder jemanden an sich heranlassen. Ein Reflex, mit dem er sich zu schützen suchte. Und er verschwieg, daß er hinter dieser Mauer auch in seiner Scham lebte, so grundlegend versagt zu haben. Wenn er glaubte, jemand wolle diese »Mauer« übersteigen, räumte er sofort das Feld und flüchtete. Meine Freundschaft mit ihm, die sich aus unserer Nachbarschaft entwickelt hatte, habe ich immer geschätzt. Aber als unsere Beziehung enger wurde, kam seine kalte Macho-Seite, wie ich es anfangs nannte, an ihm zum Vorschein, die mir erheblich zu schaffen machte. Wie sollte ich auch wissen, daß seine Kulterfahrung ihm da übel mitspielte. Ich kannte ihn ja vor Scientology nicht. Daß ein Mensch, der ständig unter Kontrolle und Druck gestanden hat, sich vehement gegen jede Spur von Kontrolle, jeden Ansatz von Kritik und jede Nähe wehrt, hätte ich wissen können, aber dies alles war so sehr Teil seiner Person geworden, daß ich es kaum differenziert wahrnehmen konnte. Ich konnte nur vage spüren, daß diese Kälte nicht authentisch war. Da ich mir aber vorgenommen hatte, niemandem mehr in den Kopf zu gucken, zog ich mich in solchen Phasen verletzt von ihm zurück. Dieses Hin und Her in unserer Beziehung war anstrengend, ermüdet vollzog ich nach Jahren die endgültige Trennung. Über gemeinsame Arbeit und Interessen haben wir dann doch wieder zusammengefunden. Aber ohne Norberts Erkenntnis der Ursache wäre keine enge Beziehung mehr möglich geworden. Die soziale Störung lag vor allem darin, daß er wieder lernen mußte, sich realistisch zu sehen und sich einzugestehen, ein Mensch mit Stärken *und* Schwächen zu sein. Fehler machen zu dürfen, bzw. Verzeihen und Vergeben hatte lange Zeit – bei Scientology – nicht zu seinem Leben gehört. Viele Aussteiger laufen weiter mit dem unrealisierbaren Traum vom Übermenschen herum. Wie viele träumen davon, ›Thetan‹ zu sein, ›Ursache sein‹, nicht ›Wirkung gehen‹, sagt man bei Scientology, nicht den Einflüssen anderer ausgesetzt, sondern selber andere beeinflussen und mächtig sein? Die Veränderungen seiner Persönlichkeit waren natürlich teilweise auch Verstärkungen von bereits vorhandenen unangenehmen Charaktereigenschaften. So schildert seine erste Frau Cordula im zweiten Teil dieses Buches, daß er dazu neigt, seinen Kopf durchzusetzen und alles Störende auszublenden. Bei Scientology, sagt sie, habe er das perfektioniert. Genau dies ist die soziale Störung. Die Anwendung der scientologischen Techniken führt zu einer Verschärfung von Konflikten und nicht, wie dort behauptet wird, zu deren Beseitigung. Dieses Schema konnten wir herausarbeiten: Die Störung beginnt zunächst auf der Beziehungsebene von zwei Personen, dann auf der Ebene von Familien bzw. Gruppen und schreitet fort auf der Ebene der Gesellschaft. Dort bedroht sie den sozialen Frieden.

Dies noch einmal in aller Deutlichkeit: Im Jahre 1994, sechs Jahre nach Norbert Potthoffs Ausstieg aus Scientology, war mein sozialer Friede durch Scientology gestört, obwohl ich nur indirekt mit dieser Organisation zu tun hatte. Dies sei auch deshalb in aller Deutlichkeit gesagt, weil immer noch mit den unterschiedlichsten Zahlen hantiert wird, was die Anzahl von Mitgliedern, Anhängern und Betroffenen betrifft. Die Öffentlichkeit sollte die tatsächliche Dimension des scientologischen Sozialterrorismus begreifen.

Aber zu wem sollte ich gehen, mit wem über die sozialen Probleme und Störungen sprechen? Gab es kompetente Ansprechpartner? Ehe ich noch darüber nachdenken konnte, hatte ich es plötzlich mit Menschen zu tun, die mich genau das gleiche fragten. Wenn Norbert Potthoff auf Vortragsreise war, standen sie in meinem Wohnzimmer oder meldeten sich am Telefon. Ich konnte nicht mehr sagen, das geht mich nichts an, warten Sie, bis Herr Potthoff wieder da ist. Die Menschen erzählten mir ihr Schicksal, und sie erzählten mir, wo sie schon überall gewesen waren und vorgesprochen hatten. Sie schienen eine wahre Odyssee der Suche nach Hilfe hinter sich und auch noch vor sich zu haben. Einige waren ruhig und gefaßt, suchten nach Erklärungen und wollten verstehen, andere waren aufgeregt, beinahe hysterisch, suchten nach Schuldigen und Tätern, denen man die Verantwortung geben und am besten sofort den Prozeß machen müßte.

Mit jeder Broschüre, die ich über das Thema Sekten las, wurde im Nachspann die Liste der Beratungsstellen länger, aber offensichtlich nicht kompetenter. Oder wie sollte ich diese Wanderschaft der Hilfesuchenden interpretieren? Durch eine völlig falsche und von Scientology sehr unsachlich und polemisch geführte Religionsdiskussion waren mehr als zwei Drittel auf der Liste Sektenbeauftragte der beiden großen Amtskirchen in Deutschland, glaubte man doch, dort die richtige Zuständigkeit gefunden zu haben. Doch in einem zunehmend religionsfernen Land wollten sich die meisten erst gar nicht an einen Priester wenden und wenn doch, dann konnten sie sich mit der Haltung eines Priesters nicht anfreunden. Das Gespräch mit einem Priester macht nur dann Sinn, wenn man die christliche Vorstellung von der Bereitschaft zur Annahme von Leid als notwendige Lebenserfahrung mitträgt. Seltsamerweise war diese Einsicht für Norbert Potthoff der Schlüssel dafür, um zu seiner eigenen Verantwortung und inneren Ruhe zurückzufinden. Er spricht heute noch davon, daß das Gespräch mit Gott für ihn die beste Therapie war. Es bleiben aber immer noch die Betroffenen, die diesen Schlüssel nicht wollen und auch eine große Portion Wut über das Unrecht mit sich herumschleppen. Wut kann zu einem anderen Extrem des Problems werden. So formuliert beispielsweise die Aufklärerin Renate Hartwig: »Scientology ist staatlich geduldeter, von der Justiz nicht verfolgter, von Prominenten, Künstlern und Medien verharmloster Terror. Diese These stimmt deshalb so lange, weil einige ›Aufklärer‹ Aufklärung verhindern und andere sich anpaßten.« In ihren verschiedenen Texten klammert sie sich dabei selbst aber aus. Ratsuchende, die auch dort

Station gemacht hatten, waren immer etwas problematischer als die anderen Fälle, weil sie mit dem Eindruck kamen, der Staat würde Scientology tatsächlich dulden. Sie zu einer differenzierten und demokratischen Sichtweise zurückzuführen war nicht immer einfach. Auch in der Aufklärung darf man sich nicht von dem Motto leiten lassen, daß der Zweck die Mittel rechtfertigt.

Damit will ich die Probleme der Betroffenen nicht kleinreden, aber es gibt genügend Punkte, wo auch ich zugeben muß, daß ich nicht helfen kann. Vor überzogenen Hoffnungen, auch wenn man zu einem sachkundigen Kenner der scientologischen Techniken kommt, muß gewarnt werden. »Rezepte« haben die Scientologen, nicht die Helfer. Es mag zwar auch unter den Experten die eine oder andere Eitelkeit geben, das ist menschlich, aber im großen und ganzen haben in all den Jahren eine gute Zusammenarbeit und ein reger Informations- und Wissensaustausch stattgefunden. Wenn in folgenden von zwei unterschiedlichen ›Lagern‹ bei der Aufklärung die Rede sein wird, dann ist mit dem einen Lager Renate Hartwig und der Verein ›Robin Direkt‹ und mit dem anderen der Rest aller Sektenbeauftragten, Beratungsstellen, Initiativen und Behörden gemeint. Mein Beitrag zu dieser Arbeit in diesem Buch soll keine ›Rundumerklärung‹ liefern, sondern soll die Methoden der Bewußtseinskontrolle in totalitären Gruppen beleuchten und verständlich machen. Es soll auch deutlich werden, wie leicht jeder Mensch unter eine Bewußtseinskontrolle geraten kann, und wie er sich unter Umständen davor schützt, indem er sie rechtzeitig erkennt. Zwei pseudowissenschaftliche Techniken der Scientologen möchte ich dabei besonders erläutern, den sogenannten ›Reinigungsrundowns‹ und das ›Kommunikationstraining‹.

Schmeicheln und die positive Prognose

»Ich begreife das nicht.«

»Wie können intelligente Menschen so etwas mit sich machen lassen?«

»Wenn man noch denken kann, kann man doch so etwas nicht mitmachen.«

Die Veränderung von Menschen in destruktiven Kulten erscheint Außenstehenden oft unbegreiflich. Für manche Eltern scheint sie zunächst aber in manchen Aspekten nicht einmal unangenehm: der Sohn, der plötzlich pünktlich und höflich wird oder die Tochter, die nicht mehr übellaunig ist, sondern sich selbst diszipliniert. Ein wichtiges Merkmal, auf das Eltern und Freunde achten sollten, ist, wenn man feststellt: »Der ist nicht mehr so, wie ich ihn kenne.« Diese Veränderung geht so rasch vonstatten, daß man sie als wichtigstes Merkmal nennen muß. In den später vorgestellten Stufen der Veränderung gehört dies zur ›Verhaltenskontrolle‹.

Die ›Unvernunft‹ wird jedoch nicht im Kult erzeugt, sondern sie ist in unserem Leben viel ausgeprägter und fester verankert, als es manche wahrhaben wollen. Wir kennen alle Mitmenschen, die ihr Leben an wenig plausiblen Einsichten ausrichten. Ob das nun Tarotkarten sind oder Pendeln, der Kauf eines Lottoscheins mit der Gewinnchance 1 zu 14 Millionen oder Horoskope. Nun würden wir diese Leute aber nicht generell als verrückt bezeichnen, auch wenn sie etwas Unlogisches tun. Dies ist noch kein sozialer Störfall. Es kommt eben sehr darauf an, inwieweit solche Praktiken von einem Kult verwendet werden und das Leben des einzelnen von oben beeinflußt wird.

Kultgemeinschaften streben eine beinah komplette Vereinnahmung ihrer Mitglieder an. Dabei ist ein besonderes Phänomen zu beobachten: Das Kultmitglied hat eigentlich nie Eindruck, bereits ein abhängiges Mitglied zu sein. Immer wieder wird behauptet, daß man jederzeit gehen könne, und man sagt sich selbst, daß man für einen frei gewählten Zeitraum dabeibleiben wolle, aber keinesfalls für immer. Fordert man das Mitglied indes auf, diese Wahl zu treffen, also auszusteigen, wird es sich weigern, es als unnötig bezeichnen. Hier ist bereits ein ›Befehl‹ wirksam, wo Suggestion in Autosuggestion umgewandelt wurde. Dies scheint auch ein »Mechanismus« zu sein, mit dem Familien und Ausstiegsberater zu kämpfen haben.

Wie vollzieht sich diese Veränderung eines ›normalen‹ Menschen in Richtung auf eine neue, einem Kult hörige und funktionale Identität?

Was ist eine ›Kultidentität‹?

Dazu gehört im allgemeinen Verständnis die kritiklose Annahme eines dualen Weltbildes, die Teilung der Welt in ›Gut‹ (= Kult/Sektenmitglied) und ›Böse‹ (= Feinde, Menschen, die nicht dazugehören wollen); die Verherrlichung eines allwissenden Führers; eine grundlegende, nicht mehr in Frage zu stellende Wahrheit und eine Technik, diese Wahrheit durchzusetzen; die Akzeptanz von rigiden Verboten in Bezug auf Handlungen und Gefühle, verbunden mit extremen Ablösungsschwierigkeiten von der Gruppe.

Soviel schon vorweg: Die meisten Veränderungen, im Falle von Kultgemeinschaften ›Konversionen‹ genannt, finden auf der emotionalen Ebene statt, auch und gerade bei Menschen, die sich für vernünftig halten. Die wenigsten Menschen reagieren in Ausnahmesituationen, in bedrückenden oder schwierigen Lebensumständen vernünftig, also rational. Angst und Sorge leiten sie, und sie lernen erst einmal nicht den Kult kennen, sondern in der Regel einen Menschen, den sie in dieser Ausnahmesituation als kompetent und sympathisch erleben, und an diesem Punkt ist nun einmal Sympathie und Vertrauen entscheidender als die Vernunft. Schmeicheln und eine positive Prognose, dafür ist eigentlich jeder Mensch empfänglich und damit wird man ›geöffnet‹ für die neue Botschaft, für die einmalige Chance, aus einem Dilemma herauszukommen. »Ihre Zukunft wird positiv sein, und in Ihnen steckt ein großes, geistiges Potential.« In einer bedrückenden Lebenssituation wirkt das wie das Licht am Ende eines langen, dunklen Tunnels. Dahinter steht der Wunsch, dem permanenten Lebenskonflikt zu entkommen und Sicherheit erreichen zu können. In Konfliktsituationen des Lebens steht der Mensch dann zwischen den gegensätzlichen Anforderungen von eigenverantwortlichem und durch den Kult bestimmten Handelsmöglichkeiten:

1. die Welt aus der Sicht verschiedener Menschen zu sehen, auch ihre – anderen – Sichtweisen zuzulassen.

oder

Anerkennung von grundlegenden Naturgesetzen des Geistes und Verherrlichung eines allwissenden Führers/ einer Lehre/ einer Technik

2. Rationalität und Kritikfähigkeit, das Treffen eigener Entscheidungen

oder

striktes und kritikloses Befolgen von Gesetzmäßigkeiten einer natürlichen oder göttlichen Ordnung

3. Zulassen der ganzen Bandbreite der Gefühle, zu der ein Mensch fähig ist; Handeln als ›ausprobieren und erfahren‹ verstehen. Fehler zulassen und verzeihen können; Zwang, Leid nicht vermeiden zu müssen

oder

Einteilung der Welt in Gut und Böse, vollständige Überwindung des Bösen und des Leids als möglich betrachten

4. Fähigkeit, das Gute im Bösen und das Böse im Guten zu sehen und damit die Relativität der Dinge zu erkennen; sich von Vorbildern und Maximen leiten lassen, diese aber regelmäßig an der Realität überprüfen

oder

Sicherheit durch exklusive Information durch die Gruppe, somit keine eigene Auswertung und Entscheidung über richtig und falsch mehr nötig

5. Möglichkeit zu mehrfachen, differenzierten Bindungen, die andere und anderes nicht generell ausschließen oder als Bedrohung empfinden

oder

Sicherheit durch exklusive Bindung an eine Gruppe, die im Besitz der absoluten Wahrheit ist, die gleichen Ziele und die gleiche Sprache vertritt.

Wie soll ein Mensch jeden Tag, auch in Krisen, diese Spannungen aushalten? Sehr oft schafft er es nicht! Vor allem, weil es Ehen, Familien, Zweier- oder Gruppenbeziehungen gibt, in denen eifersüchtig über die Alleinherrschaft gewacht wird, alles Fremde ausgegrenzt wird. Leben wir also alle mehr oder weniger in einem Kult, böswillig formuliert: zwei Menschen = eine Sekte? Oder ist es nur eine Frage der Einstellung, der religiösen gar, wie Scientology gern behauptet? Es scheint, wie im Falle des Kartenlesens oder Pendelns, darauf anzukommen, welchen Grad der Einschränkung seiner persönlichen Freiheit der einzelne erfährt oder ob es sich nur um einen Teilaspekt seines Lebens handelt.

Noch ein anderer Aspekt wird hier deutlich: Wir haben es mit Herrschaft zu tun oder mit Macht und mit Hierarchien, die mehr oder weniger steil sind. Das heißt automatisch; jemandem wird Macht zugewiesen oder anders, seine Autorität wird anerkannt, während andere ohne Macht, also ohnmächtig sind, Befehlsempfänger.

Da die Frage »Wie schaffen wir das?« von den meisten nicht eindeutig beantwortet werden kann, haben Kultwerber bereits hier eine Chance, einzuhaken. Der jeweilige Werber kann sich jetzt in Ruhe einen einzelnen Aspekt im Leben des jeweiligen Menschen suchen, bei

Scientology ›Ruinpunkt‹ genannt, an dem dieser glaubt, versagt zu haben. Von hier ausgehend werden mehr und mehr Aspekte in der Identität des Neulings in einem langsam voranschreitenden Prozeß im Hinblick auf eine funktionale Kultidentität umgewandelt.

Welche Vorteile bietet das Leben in einem Kult?

Unangenehmen Entscheidungen lieber aus dem Weg gehen und glücklich sein, indem man sich einfach an feste Regeln hält, ohne eigene Entscheidungen treffen zu müssen, das alles bietet der Kult. Er verringert somit deutlich den subjektiven Streß. Bei Scientology lernt man das sogar eigens in PTS/SP-Kursen. Den Streß haben dann die anderen, die als Folge der Erkenntnisse aus dem veränderten Weltbild als Feinde bekämpft werden. Das Beispiel einer jungen Frau mit Kind, deren Kindsvater und früherer Lebensgefährte zu Scientology in Hamburg ging, zeigt das Kapitel »Happy Kids«. Die ehemalige Lebensgefährtin wird dort zur Feindin erklärt, mit der man sich im ›Krieg‹ befinde.

Sich unter den Schutz einer allmächtigen Person oder Technik zu begeben, reduziert außerdem Ängste. Ängste, Fehler zu machen, Entscheidungen zu treffen, sich durchsetzen zu müssen oder auch beherrscht zu werden. L. Ron Hubbard hat ja alles erforscht, man kann alles umfassend erklären, man bekommt auf alles eine Antwort. Man fühlt sich sicher.

Das kritische Denken scheint ja auch nicht lückenlos zu funktionieren. Zumindest kann es zeitweilig schon durch im Grunde ungefährliche Zustände wie Verliebtheit ausgeschaltet werden. Wir müssen wohl Abschied nehmen vom Bild des vernunftgeleiteten Menschen. Menschliches Handeln wird genauso über Gefühle und Körperlichkeit geleitet wie über den Verstand, und dort setzt die ›Konversion‹ an. Der durch den Verstand geleitete Mensch bleibt ein Wunschbild der Aufklärung. Ganz deutlich wird dies durch die Tatsache, daß auch intelligente Menschen in einen Kult geraten sind.

L. Ron Hubbard behauptet: Das dynamische Prinzip des Lebens lautet: Überlebe oder unterliege! Er bietet damit eine einseitige Entwicklung der sogenannten ›Winnerqualitäten‹ an. An diesem Punkt hält das Phänomen totalitärer/destruktiver Kult der Gesellschaft den Spiegel vor. Wenn gesellschaftlich zu sehr betont wird, daß es darauf ankommt, schnell, clever und rücksichtslos Chancen zu nutzen, um erfolgreich zu sein und dabei vergessen wird, sozial wichtige Eigenschaften wie Rücksichtnahme, Teamgeist und persönliche Reife, mit einzufordern, darf man sich nicht wundern, wenn solche sozialen Eigenschaften vom ›Aussterben‹ bedroht sind.

Die Fähigkeit, bestimmte Gefühle zu unterdrücken, hat aber jeder gelernt. Bei einigen Menschen ist sie in so extremer Ausformung zu finden, daß sie darunter leiden. Mediziner und Psychologen wissen, welche Erkrankungen dadurch entstehen, daß Wut oder Schmerz jahrelang unterdrückt werden. Wer gelernt hat, sich zu verbiegen, dem wird im und am Scientology-Training zunächst nicht viel auffallen. Im Kult sind eben bestimmte Gefühle einfach nicht zulässig. Man kann hier seine einseitigen Fähigkeiten noch perfektionieren und muß sich nicht wirklich ändern. Die Einteilung in überlebensfreundliche und überlebensfeindliche Emotionen wird bei Scientology in der sogenannten Emotionsskala ausgedruckt, die ›wissenschaftlich‹ angeleitet und trainiert wird. Damit wird dem Mitglied zunächst subjektiv Erleichterung verschafft. Es kann jetzt seine Umgebung trennscharf in Gute und Böse einteilen. Grauzonen des normalen Lebens, unscharfe Trennungen, verursachen Probleme, die mit Hilfe einer exakten Technologie, einem Persönlichkeitstest beispielsweise, aufgelöst werden können. Ebenso wird ein Maßstab zur Bewertung der eigenen emotionalen Zustände geschaffen. Eine Verarmung der emotionalen Fähigkeiten ist aber langfristig die Folge. Wenn man aber einen Teil der Gesamtempfindungen, die einem Menschen zur Verfügung stehen, abtrainiert, wird der Mensch affektarm und damit krank. Dies ist die eigentlich tragische Dimension des sozialen Störfalls.

Ein ziemlicher Kraftakt, der von den angeblich Normalen erwartet wird, ist die sogenannte Fähigkeit zu relativieren. Eigentlich brauchen wir dringend Vorurteile, denn man kann nicht immer alles überprüfen. Besonders die Relativierung von Gruppennormen fällt jedem schwer. Es geschieht wenn überhaupt nur dadurch, daß es in der Praxis unterschiedliche Gruppen mit unterschiedlichen Anforderungen an den einzelnen gibt. Als Gruppenmitglied fehlt vielfach die nötige Distanz zur Relativierung. Als Kultmitglied muß man das erst gar nicht, und dadurch ist die Welt wunderbar geordnet.

Und dann das Problem der Bindungen: Da gibt es die Bindungsängstler und die Klammerer. In der einen Beziehung wird man erstickt, während in der anderen Eiszeit herrscht, immer wenn zu viel Nähe Bedrohung bedeutet. Komplizierte Auseinandersetzungen um Nähe und Distanz – im Kult brauchen diese Auseinandersetzungen nicht mehr stattzufinden. Die Geborgenheit der Gruppe ersetzt jede reale Beziehung. Solange das Mitglied sich an die Regeln hält, kann ihm nichts Böses widerfahren. Bei Scientology heißt es: »Die Technologie wird dich immer schützen.« Das ist noch geschickter formuliert, weil hier nicht Regeln von Menschen Schutz bieten, sondern Naturgesetze, die für alle Menschen gelten.

Wie funktioniert Bewußtseinskontrolle?

»Ich bin Mitglied einer Gruppe, zu der ich Vertrauen habe.«

»Ich habe gute Freunde gefunden, die das gleiche wollen wie ich selbst.«

»Ich habe endlich eine sinnvolle Aufgabe gefunden.«

»Ich kann endlich etwas tun.«

Die positiven Aussagen des Kultmitglieds sind vielfältig, schön und überzeugend vorgetragen. Die Behauptung, daß es Mitglied eines Kultes sei, einer Sekte gar, weist es empört weit von sich. Wie ist diese Diskrepanz zwischen Eigenverständnis und Einschätzung des Umfeldes zu begreifen?

Bemerkenswerte Erkenntnisse kommen von solchen Menschen, die diese Techniken am eigenen Leibe erlebt haben. Ein solcher Mensch ist der Amerikaner Steven Hassan, der sich als Ex-Munanhänger in außergewöhnlicher Weise mit der Problematik der Bewußtseinskontrolle auseinandergesetzt hat und nachweisen konnte, wie leicht diese Techniken auch von Laien wirksam eingesetzt werden können. Hassan verdanken wir neue Erkenntnisse über den bisher üblichen und unscharfen Begriff ›Gehirnwäsche‹, die er ›Bewußtseinskontrolle‹ nennt. In seinem Buch schildert er seine damalige Innensicht als Munie:

»Als ich selbst unter Bewußtseinskontrolle stand, hatte ich keine Ahnung, worum es eigentlich geht.«

Nach seinem Verständnis läßt sich das Phänomen

durch drei Komponenten beschreiben: »Diese Komponenten sind Verhaltenskontrolle, Gedankenkontrolle und Gefühlskontrolle. Jede einzelne Komponente hat einen starken Einfluß auf die beiden anderen: Ändert man eine, so tendiert die andere dazu, sich anzupassen. Gelingt es, alle drei zu verändern, so wird das Individuum gleichsam hinweggefegt. Bei meiner Beschäftigung mit totalitären Sekten habe ich noch eine weitere, ganz wesentliche Komponente festgestellt: die Informationskontrolle. Durch eine Kontrolle der Informationen, die jemand erhält, schränkt man seine Möglichkeit ein, frei und eigenständig zu denken. Ich bezeichne diese Faktoren als vier Komponenten der Bewußtseinskontrolle.«

Hassan beschreibt, wie diese Komponenten in den drei Stufen von ›Aufbrechen – Verändern – Fixieren‹ eingesetzt werden, um das Verhalten von Menschen zu verändern. Ich beschreibe im folgenden mit Hilfe von Hassans Instrumentarium und unserem Wissen über die Anwendung dieser Methoden und Technik in der Scientology-Organisation diesen Prozeß der Veränderung.

1. Anwerbung – die Anfangsphase

Alles fängt aber erst einmal irgendwo an. Bei Kulten gibt es für die Aufgabe, durch die Notwendigkeit neue Mitglieder zu werben, spezielle Abteilungen. Deren Mitarbeiter werden geschult, die oben genannten menschlichen Schwächen für eine erfolgreiche Anwerbung zu nutzen. Ein Scientology-Werber führt systematisch hinters Licht, er arbeitet geschickt mit Vorurteilen, Sehnsüchten, Schwächen der Menschen.

Eine klassische Anwerbung der Scientology-Organisation ist der 200-Fragen-Test, auch Oxford-Capacity-Analysis (OCA). In der Besprechung dieses SC-Persönlichkeitstests, dessen Antworten als Kurvendiagramm dargestellt werden, geht es zum Beispiel um folgendes:

Auszug Volume 6, Seite 170:

»Nun lassen Sie uns einen Blick auf Ihre Persönlichkeit werfen. Das ist, was Sie uns über sich erzählt haben. Verstehen Sie, dies ist nicht unsere Meinung über Sie, sondern es ist eine tatsächliche, wissenschaftliche Analyse, die von Ihren Antworten gemacht wurde. Es ist Ihre Meinung über sich selber.«

Die Auswertung wird mit ausgezeichnetem TR 1 gegeben. Fast Ton 40. Die Idee dabei ist, die Person zu treffen. Je widerstandsvoller die Person ist, und je mehr sie herumredet, desto mehr Punkte sollten ihr vorgeknallt werden. Schaue ihr gerade in die Augen und laß sie wissen: ›So ist es und nicht anders.‹

Oberhalb dieser Linie ist es zufriedenstellend, aber sogar diese Punkte kann man höher bringen. Ebenso ist Wissen erforderlich, um vollen Gebrauch der besten Punkte seiner Persönlichkeit zu ermöglichen. Das kann man durch Scientology erreichen.

»Diese mittleren Punkte sind noch annehmbar, so lange es keine Krise oder Schwierigkeit in Ihrem Leben gibt.

Nun, dieser Punkt zeigt, daß Sie sehr viel Hilfe brauchen.«

Schreite fort mit der Auswertung der tiefen Punkte, Abschnitt für Abschnitt. Mache eine bestimmte Aussage über jeden. Wenn die Person übereinstimmt, sagt ›ja, das stimmt‹ oder ›das beschreibt mich richtig‹ oder ähnlich, gehe gleich weiter, du hast getroffen. Wenn die Person Einwände macht oder protestiert, versteife dich nicht. Du sprichst einfach nicht auf ihrer Realitätsstufe. Formuliere deine Aussage neu, bis sie ihr real wird. Halte an, sobald du durchkommst. Sobald du einen Treffer gelandet hast, schau die Person direkt an und sage mit Absicht ›Das kann mit Scientology geändert werden‹, oder irgendeine ähnliche positive Aussage.

Niemals sage es halbherzig oder entschuldigend!

Sorge dich nicht um die hohen Punkte. Wenn sie danach fragt, erzähle ihr, die tiefen Punkte seien die Ursache ihrer Schwierigkeiten – und daß diese geändert werden können. Wenn mehrere hoch sind, kannst du hinzufügen, daß aufgrund dieser es ihr leichter als den meisten Leuten fallen wird, Scientology zur Verbesserung zu benutzen[1].«

Zur Ausgangssituation: Der Angesprochene war neugierig und hat einen Persönlichkeitstest gemacht. Nun werden ihm hier Schwächen und Defizite, in einzelnen Fällen sogar Selbstmordgefährdung, bescheinigt. Er weiß nicht, daß die Genauigkeit und Zuverlässigkeit dieses Tests nie wissenschaftlich belegt wurde. In seinem Buch ›Der kosten-, aber nicht folgenlose Scientology-Test‹ weist K. H. Schneider sogar nach, daß bei der Testauswertung kräftig manipuliert wird. Daher enthalten die als Kurven dargestellten Testergebnisse in aller Regel ›erhebliche persönliche Defizite‹. Davon werden nicht nur junge, unerfahrene Leute beeindruckt, sondern alle, die sowieso etwas an sich verändern wollten.

Man kann auch bei seiner Sensibilität in Bezug auf Umweltprobleme ›abgeholt‹ werden. Dies ist beim heutigen gesteigerten Ökologiebewußtsein eine ganz aktuelle Falle. Wie soll man alle Gifte wieder loswerden, die man so im Laufe des Lebens im Körper gesammelt hat? Da ist das Scientology-Reinigungsprogramm genau das Richti-

---

[1]Auswertungsmanuskript aus HCO PL, 15. Feb. 1961 – Auszug Volume 6, Seite 170

ge. Es gibt auch einen guten Einblick in die angebliche Wissenschaftlichkeit der Hubbardschen Methoden. Dies soll im folgenden anhand einiger ausgewählter Auszüge aus dem Buch von L. Ron Hubbard: ›Der Reinigungsrundown. Eine illustrierte Antwort auf Drogen (1985)‹ dargestellt werden:

»Vor einigen Jahren machte L. Ron Hubbard in seiner Forschung eine bemerkenswerte Entdeckung über Methoden, um Menschen von den schädlichen Auswirkungen von Drogen zu befreien. (...) L. Ron Hubbards Entdeckung bestand darin, daß LSD sich im Gewebe – hauptsächlich im Fettgewebe – des Körpers festsetzen und dort viele Jahre, nachdem jemand LSD genommen hat, verbleiben kann. Es kann Jahre später in Aktion treten und die Person auf unvorhersehbare ›Trips‹ bringen – so, als hätte sie gerade LSD genommen. Seine Forschung hat jetzt gezeigt, daß sich auch andere Drogen – Heroin, Kokain, Angel Dust, Meskalin, Peyotl, Marihuana –, um nur einige wenige zu nennen, im Organismus festsetzen können und später wieder in Aktion gebracht oder ›reaktiviert‹ werden – so, als ob die Person gerade noch mehr von der Droge genommen hätte. Es scheint, daß Medikamente, Konservierungsstoffe, Beruhigungsmittel, Schädlingsbekämpfungsmittel, chemische Abfälle und andere giftige Substanzen sich auch im Gewebe festsetzen und anhäufen können und dort später Reaktionen hervorrufen.

Das **Reinigungsprogramm** kann Ihnen dabei helfen, diese schädlichen Rückstände freizusetzen und aus dem Körper hinauszuschwemmen! Es wird folgendes einschließen: körperliche Bewegung und Sauna, richtige Ernährung, einschließlich Gemüse, Vitaminen und Mineralstoffen in genau festgelegten Mengen und jede Nacht ausreichend Schlaf.

Ernährung in Form bestimmter Vitamine und Mineralstoffe ist auch ein wichtiger Teil des Programms. Da Drogenrückstände aus dem Körper hinausgespült und ausgeschwitzt werden, sind zusätzliche Vitamine und Mineralstoffe erforderlich.

Niazin – eines der Vitamine des B-Komplexes – ist in der Art und Weise, wie das Programm funktioniert, ein entscheidender Bestandteil. Seine biochemische Reaktion ist eine weitere frühe Forschungsentdeckung von L. Ron Hubbard. Niazin kann einige dramatische Wirkungen hervorrufen – es kann eine sehr heiße Rötung oder prickelnde, juckende Haut auslösen, was bis zu einer Stunde oder länger andauern kann. Was auch immer die Wirkungen sind – sie kommen daher, daß das Niazin einen bestehenden Niazinmangel in den Zellen belebt.«

Wer weiß schon, daß dies eine völlig falsche Darstellung ist? Es klingt wissenschaftlich! Kursteilnehmer stellen nun erstaunt fest, daß die angekündigten Hautrötungen tatsächlich auftreten. Ihr Verstand ist schon mit einer Vorinformation gefüttert, und die wird nicht mehr hinterfragt. Kreativitätstests haben beispielsweise gezeigt, daß man mit richtigen Vorinformationen das Gehirn auf der Suche nach weiteren kreativen Lösungen blockieren kann. Vorinformationen werden auch bei Scientology als Gedankenkontrolle eingesetzt. Man sagt beispielsweise: »Ich gebe dir jetzt einen R-Faktor.« R steht für Realität, und das Ganze klingt ungeheuer kompetent. Daß es eine allergische Reaktion auf die Überdosis Niazin ist, die verabreicht wurde, können nur wenige wissen. Genauso wenig werden natürlich früher genommene Drogen restimuliert, sondern die Vitaminmengen in mehrfach überhöhter Dosierung und die exzessive Saunabenutzung führen zu halluzinogenen Zuständen. Das Erleben dieser Zustände ist allerdings für die Teilnehmer des Reinigungsrundowns beeindruckend. Und sie sollen ja beeindruckt werden, damit sie weitere Kurse machen.

»Da Drogenrückstände dazu neigen, sich im Fettgewebe festzusetzen, wird jeden Tag etwas Öl eingenommen, um den Körper zu veranlassen, sein schlechtes, von Drogen durchsetztes Gewebe im Austausch gegen das gute Öl abzugeben. Kalzium und Magnesium sind beide wichtig für das Nervensystem; Kalzium ist auch in jedem Heilungs- oder Austauschprozeß unerläßlich, da es ein grundlegender Baustein ist. Sie werden in genau festgelegten Mengen zu einem speziellen Getränk – Kal-Mag genannt – zusammengemischt. Kal-Mag wurde von L. Ron Hubbard im Jahre 1973 entwickelt. Kal-Mag wird während des Programms täglich genommen.«

... und wieder ausgeschieden. Im Gegensatz zu Erwachsenen kann es aber bei Heranwachsenden durch die mehrfache Überdosierung einzelner Vitamine zu Wachstumsstörungen kommen. Wirklich schade, daß alle diese Theorien nicht überprüft werden konnten, denn man hatte laut Aussage von M. D. (Dr. med.) Gene Denk, der zusammen mit zwei weiteren Kollegen 1981/82 die Ergebnisse des Programms untersuchte, keine Geldmittel, um die chemischen Analysen von Urin und Gewebeproben auf für den Menschen schädliche Stoffe durchzuführen. Es wurden psychologische Untersuchungen und Standard-Blutuntersuchungen gemacht. Diese Ärzte halten es auf Grund der Ereignisse, die die Teilnehmer schildern, für erwiesen, daß »Drogen oder Chemikalien aus dem Körper freigesetzt wurden«.

»Ein weiterer bemerkenswerter Faktor ist folgender: Da Niazin in größeren Mengen genommen wird und aufgrund der Hitze in der Sauna, kann das Programm dazu führen, die Auswirkungen radioaktiver Strahlung zu beseitigen. Einige Leute berichten, daß bei ihnen während des Programms frühere Sonnenbrände erneut auftraten, schwächer wurden und völlig verschwanden. Oder es wurden Symptome ›eingeschaltet‹, die auf frühere Röntgenaufnahmen zurückgeführt werden konnten und die dann abnahmen und ganz verschwanden. Einige berichteten, daß sich während des Programmes die Wirkungen radioaktiver Niederschläge ›einschalteten‹, ›erneut abliefen‹ und dann verschwanden. Es könnte sogar möglich sein, daß man auf dem Reinigungsprogramm von den Auswirkungen von ›Agent Orange‹ befreit werde. Einige ehemalige Frontkämpfer, die ›Agent Orange‹ ausgesetzt waren, berichteten, daß sie während der Saunaperioden auf dem Programm die Wirkungen dieser Chemikalie ›wiedererlebten‹.«

Über zwei bis drei Wochen fünf Stunden täglich reine Saunazeit – eine solche Beanspruchung des Körpers ist nicht ungefährlich, daher verordnet Hubbard eine ärztliche Voruntersuchung und ärztliche Begleitung, letztere findet in der Praxis jedoch nicht statt, wie viele Aussteiger berichten. Das subjektive Wohl- und Glücksgefühl, das sich bei den Teilnehmern solcher Dauerbelastungen einstellt, ist zurückzuführen auf eine erhöhte Produktion des Streßhormons Endorphin, der körpereigenen Glücksdroge. Die schöne Wirkung tritt tatsächlich ein, nur die Erklärung dafür ist falsch. Außerdem erfährt man eine der Grundtheorien der SC: Beim Reinigungsrundown ›schalten‹ sich angeblich alte Drogen wieder ›ein‹ und ›laufen aus‹. Ebenso wie später seelische Prozesse beim Auditing.

Man lernt also: Alles, was dir Probleme macht, ist in dir, oder du erzeugst es. Also raus damit.

Skepsis gegenüber der Schulmedizin ist ein weiterer möglicher Anknüpfungspunkt bei der Anwerbung. Scientologen haben eine abgrundtiefe Abneigung gegen Medikamente. So erklärt sich auch das Reinigungsprogramm. Gearbeitet wird unter anderem mit sogenannten *touch assists* (Handauflegen) zur Stärkung der Abwehrkräfte. Immer wieder taucht auch die Psychiatrie und deren von Scientologen grundsätzlich als menschenfeindlich betrachtete Medikation psychisch Kranker als Feindbild auf. Man kann auch einsteigen, indem man sich der Kommission für Verstöße der Psychiatrie gegen Menschenrechte, kurz KVPM, anschließt. Sie betreut angeblich psychisch Kranke. Daß es sich um ein eingetragenes Scientology-Warenzeichen handelt, daß es nur dazu dient, die Ärzteschaft zu diskreditieren, wird nicht erwähnt.

Nun sind der Fragebogen, der Reinigungsrundown, das Interesse für psychisch Kranke oder Sympathie gegenüber einem Werber allein noch kein Prozeß, der die Konversion zur Kultidentität bewirkt. Aber die wichtigsten Weichen werden hier gestellt, um im weiteren die Bewußtseinskontrolle erfolgreich installieren zu können. Menschen sind vor allem soziale Wesen. *Mind control*, so wird Bewußtseinskontrolle wissenschaftlich genannt, ist vor allem ein sozialer Prozeß: Man nutzt die Fähigkeit und das Bedürfnis des Menschen aus, anderen zu vertrauen und neugierig zu sein.

Jeder lernt zuerst eine Person kennen und nicht einen Kult. Auch Norbert Potthoffs erste Frau, die er später samt Kindern wegen Scientology verließ, hatte zunächst einen positiven Eindruck von den Scientologen und vertraute ihnen. Sie wünschte sich auch eine so positive Einstellung zum Leben und ein perfektes Zuhause, wie sie es bei ihren Anwerbern vorfand.

Entscheidend ist auch das jeweilige soziale Umfeld zur Zeit der ersten Kontaktaufnahme. Hat man gute Freunde, ist beruflich und privat ausgelastet und nichts bedroht den Seelenfrieden, besteht meist kein Bedürfnis nach mehr.

Cordula wollte sich privat verändern, ein verständliches Anliegen. Ihr damaliges Interesse aber, etwas an sich oder an der Ehe oder der Situation im Beruf zu verbessern, hatte sie zunächst generell ›geöffnet‹. Im Unterschied zur brutalen, auch mit Schmerz verbundenen Gehirnwäsche, geschieht Bewußtseinskontrolle mit Einwilligung des Menschen, der glaubt, vor einem Freund oder hochqualifizierten Helfer zu sitzen. Der Wille zur Veränderung ist zunächst da oder muß, wie es die Scientologen in einem sorgsam abgestuften Anwerbedrill üben, etabliert werden. Hubbard erkannte klar, daß man einem Menschen, der sich nicht verbessern will, nichts verkaufen kann. Das heißt aber auch im Umkehrschluß, daß der Helfer dort den Hebel ansetzen kann. Er muß nur herausfinden, was ein Mensch durch Scientology verbessern oder verändern will und ihm dafür ein differenziertes und vernünftiges Angebot machen. Manchmal reicht es schon, ihm zu erklären, daß seine ›Schwäche‹ nur eingebildet oder sogar völlig in Ordnung sei, da Menschen nun einmal Stärken und Schwächen haben.

Diese ›Offenheit‹ bei einem Menschen kann auch schon dadurch vorher gesteigert worden sein, daß er ein wenig Esoterikerfahrung gesammelt hat oder sich etwas mit Therapien auskennt, wo man ebenfalls lernt, sich zu öffnen.

Aber: Nicht generell alle Techniken der geistigen Beeinflussung und Kontrolle sind per se schlecht oder unethisch, es ist entscheidend, in welcher Weise sie angewandt werden. Wichtig ist, daß die Kontrolle stets beim Individuum selbst verbleibt.

Es ist fatal. Wer sich prinzipiell nicht öffnet, kann auch gar nicht erst angeworben werden. Aber Menschen, die sich nicht öffnen können, werden auch allgemein als sozial schwach angesehen, weil man meint, daß sie die Entwicklung einer Gemeinschaft und einer Gesellschaft nicht fördern können – ein Dilemma.

Ein letztes Motiv bei Einsteigern darf man nicht vernachlässigen: ein starkes soziales Bewußtsein. Man gaukelt ihnen vor, sich besonders sozial verantwortlich zu verhalten, wenn sie scientologisches Training machen und andere anwerben. Die Phrase von einer ›Welt ohne Krieg und ohne Verbrechen‹ appelliert an vordergründige Sehnsüchte des Menschen, die verständlich sein mögen. Bei genauer Betrachtung ist dies aber schon eine totalitäre Forderung, denn das Sozialverhalten des Menschen läßt ein Erreichen dieses Idealzustandes gar nicht zu.

2. Gruppenmechanismen – Bewußtseinskontrolle als sozialer Prozeß

Der zweite Faktor, der eine Konversion ermöglicht, sind Gruppenmechanismen. Nehmen wir an: Jemand hat relatives Vertrauen gefaßt und ist neugierig und bereit, sich zu verändern. Beim Erstkontakt mit der Sekte kommt er nicht in eine Gruppe von Menschen, die so ahnungslos wie er selbst sind. Jeder in dieser Gruppe ist schon indoktriniert oder neutraler: Er kennt sich aus und weiß, was läuft. Sollte jemand also verunsichert sein über das, was er dort erlebt, stößt er nicht auf Leute, die ebenfalls kritisch eingestellt sind, sondern die einheitlich positive Reaktion der Gruppe wird ihn zum Einlenken bewegen. Er macht erst einmal mit. Experimente über den Gruppendruck zeigen immer wieder, daß Menschen an ihrer eigenen Wahrnehmung zweifeln, wenn sie in eine soziale Situation versetzt werden, in der die selbstsichersten Mitglieder der Gruppe eine Frage offenbar falsch beantworten. Dieses Phänomen machen sich totalitäre Gruppen zunutze, indem Neulinge durch die Mehrheit der bereits Eingeweihten in ihrer Wahrnehmung verunsichert werden. Bei Schwierigkeiten können alte Gruppenmitglieder außerdem trösten, wenn es nicht so klappt. Oder es wird glaubhaft vermittelt, daß man am Anfang selbst so reagiert hätte, aber man würde schon alles verstehen, wenn man nur lange genug dabei wäre oder diesen Kurs oder jenes Training absolviert hätte. Wenn man an diesem Punkt nicht mehr fragt, worum es sich handelt, wer dafür verantwortlich ist, und auf welcher Theorie alles basiert, dann ist man wahrscheinlich schon angesteckt von der euphorischen Darstellung der guten Trainingsergebnisse oder der netten Atmosphäre – in Scientology wird jeder Kursteilnehmer sogar mit Nachdruck zu Erfolgsberichten aufgefordert. Möglicherweise ist man auch einfach ein Draufgängertyp, der zuerst macht und dann fragt, was das Ganze eigentlich soll. Der Nachahmungszwang wird deutlich, wenn am Abend des Aufklärungsseminars in gemütlicher Runde das Licht etwas runtergedreht wird, stimmungsvolle Musik ertönt und der erste sein Feuerzeug schwenkt und mitsingt. Innerhalb weniger Minuten beteiligen sich auch die anderen mit ihren Feuerzeugen und singen mit. Dies ist zwar eine harmlose Variante, aber es zeigt den Mechanismus. Es mag verblüffend klingen, aber dies sind auch bereits Hypnosetechniken, bei dem Reize in bedingte Reflexe umgewandelt werden. Gesänge und Orgelmusik gehören ebenso dazu wie Händeschütteln, Leuchtreklame, Erkennungsmelodien und Fackelumzüge. Wenn Rituale also zu Hypnosetechniken zu zählen sind, dann besteht Scientology zu 90 Prozent aus Hypnose. Betrachtet man die Fülle der Rituale in der Gesellschaft, dann wird deutlich, daß man sich der Scientology-Technik kaum entziehen kann, denn diese Mechanis-

men sind fest in uns verankert. Leider hat man die Hypno-
seforschung in der Humananwendung sehr früh eingestellt,
so daß die Wissenschaft sehr wenig darüber berichten
kann. Totalitäre Gruppen und Kulte verwenden diese Techniken jedoch zu einem sehr hohen Prozentsatz und machen
sich damit das Defizit im Wissen zunutze.

Außer dem Gruppenmechanismus und der Hypnose
wirkt die Autorität des Leiters. In Stanley Milgrams be-
rühmten Experiment an der Stanford University aus dem
Jahr 1964 genügte es, daß der Versuchsleiter einen Kittel
trug, die Umgebung für den Versuch mit ihren Meßin-
strumenten, ihrer sachlichen Einrichtung und der Lage in
der Stadt den Anschein von Wissenschaftlichkeit unter-
stützte. Sein Experiment zur akustischen Rückkoppelung
führte ihn zu der Einsicht, daß das Wesen des Gehorsams
darin besteht, daß sich das Individuum nur noch als
Werkzeug zur Ausführung der Wünsche einer anderen
Person sieht und sich daher nicht mehr für seine eigenen
Taten verantwortlich fühlt. Diese Ausschaltung des kritischen Denkens über Autorität und Gehorsam findet auch
in Scientology statt. Als scheinbar wissenschaftliches
Gerät wird hier das E-Meter eingesetzt. Diesem Gerät
schreibt man in Scientology die sagenhafte Fähigkeit zu,
emotional bedrückende Ereignisse via Hautwiderstands-
messung anzeigen zu können.

Dieser Gruppenmechanismus gepaart mit Gehorsam führen auf die Dauer zu der eingangs beschriebenen Verhaltensänderung. Verbunden damit verändern sich auch Gefühle und Gedanken des Konvertiten. Er gerät mehr und
mehr in Abhängigkeit. In Analogie zum Verhalten Süch-
tiger spricht man dann auch von psychischer Abhängigkeit.

Die Definition von Hansjörg Hemminger soll die fehlende fachwissenschaftliche Definition ersetzen:

»Der Begriff ›psychische Abhängigkeit‹ wird benutzt für die außergewöhnlich starke und ungewöhnlich exklusive, deutlich oder sogar überwiegend angstmotivierte Bindung eines Individuums an eine Gemeinschaft, die mit religiösen oder weltanschaulichen (zu ergänzen: pseudowissenschaftlichen Gesetzen der Natur) Begründungen einen umfassenden bis totalen Einfluß auf die Lebensorientierung und Alltagsgestaltung ihrer Mitglieder ausübt.«[2]

Ein kritischer Einwand könnte sein: Warum kümmert man sich nicht am Anfang darum, worauf alles hinausläuft, um zu wissen, mit wem man es zu tun hat? Die Erfahrung zeigt: Die wenigsten Leute tun dies in Bezug auf Therapien oder ähnliche persönlichkeitsverändernde Verfahren. Meist handelt es sich um Mund-zu-Mund-Propaganda. Andererseits: Man fragt seinen Hausarzt ja auch nicht nach seiner Abschlußnote oder ob er überhaupt eine Prüfung abgelegt hat? Natürlich nicht. Über seine Qualifikation wacht ja auch eine berufliche Vereinigung. Aber genau die gibt es bei Psychologen und anderen Anbietern auf dem sogenannten ›Markt der gewerblichen Lebenshilfe‹ in dieser Art nicht. Entsprechende Gesetze sind in Vorbereitung. Unter anderem wird dazu die Enquetekommission »Sogenannte Sekten und Psychogruppen« des deutschen Bundestages Vorschläge machen. Das Problem wird von etlichen Politikern gesehen. Man kann diesen ›Markt der gewerblichen Lebenshilfe‹ nicht sich selbst überlassen.

---

[2]Hans Jörg Hemminger: Psychische Abhängigkeit in extremen Gemeinschaften, Material der EZW 9/97, S. 261

Allerdings wäre es sehr wichtig, sich gerade am Anfang darum zu kümmern, worauf man sich einläßt. Mit fortschreitender Gruppenzugehörigkeit, je häufiger man hingeht, sich wohl fühlt und neue Freunde gewinnt, sinkt die Wahrscheinlichkeit, daß man einer objektiven Beurteilung noch fähig ist. Durch die entstehende Bindung tritt das auf, was Hemminger als angstmotiviert bezeichnet: Lieber in der Gruppe bleiben, auch wenn mir das eine oder andere komisch vorkommt, als wieder hilflos allein dazustehen. Auch diese Angst trägt entscheidend dazu bei, daß die alte Identität durch eine neue ersetzt werden kann. Steven Hassan definiert diesen Prozeß in seinem Buch Ausbruch aus dem Bann der Sekten wie folgt: »Bewußtseinskontrolle: ein System von Einflüssen, mit dem die Identität des Individuums (seine Überzeugungen, sein Verhalten, Denken und Fühlen) zerbrochen und durch eine neue Identität ersetzt wird. In den meisten Fällen ist es eine Identität, gegen die sich die ursprüngliche entschieden wehren würde, wenn sie wüßte, was auf sie zukommt« (S. 25).

Umgangssprachlich spricht man über diesen Prozeß oft als Gehirnwäsche. Dieser Begriff ist aber irreführend, weil Gehirnwäsche eine unter Bedrohung der körperlichen Integrität erzwungene Verhaltensänderung meint, während Bewußtseinskontrolle ›Freiwilligkeit‹ voraussetzt. Ich setze Freiwilligkeit in Anführungszeichen, weil natürlich dennoch auch kräftig manipuliert wird durch die Kultwerber.

Der Scientology-Begründer L. Ron Hubbard spricht interessanterweise selbst von ›Gehirnwäsche‹. Im technischen Wörterbuch der Scientologen definiert er:

»Gehirnwäsche ist eine einfache Angelegenheit. Bring einen Menschen dazu anzunehmen, ein bestimmter Weg **könnte** möglich sein. Dann sorgst du dafür, daß er introvertiert und durch Selbstkritik die Möglichkeit einräumt, daß es **wahrscheinlich** der richtige Weg sei. Nur so bekommst du ihn dazu, etwas Falsches als wahr anzuerkennen. Stück für Stück in kleinen Schritten von Einhämmern, Nachdruck und Streß, erreicht es der Brainwasher, Menschen glauben zu machen, Dinge getan und gesehen zu haben, die sie niemals taten und sahen ...«

Einhämmern, Nachdruck, Streß – diese Beschreibung paßt exakt auf die Vorgehensweise von Scientology selbst. Und Hubbard spricht hier tatsächlich vom Vorgang der Bewußtseinskontrolle, denn Annehmen, Einräumen, Erkennen ist ein Prozeß, mit dem der Wille erzeugt wird, mitzumachen. Hier wird also nicht gegen, sondern mit dem Willen der Person gearbeitet, um ihr in diesem Prozeß den eigenen Willen zu nehmen. Paradox! Aber auch hier sagt der Scientologe: »Ich gebe dir jetzt einen R-Faktor. Wir machen keine Hypnose. Alles, was geschieht, geschieht aus deinem Willen heraus.« Aha! Die Falle schnappt zu. In einer weiteren Paradoxie wird sie jedoch weit geöffnet, indem man dem Anfänger versichert: »Nichts von dem, was du hörst und liest, mußt du glauben. Wahr ist für dich nur das, was du selbst als wahr erkennst.« Totale Freiheit! Man ist erleichtert. Kein Zwang, kein Gruppendruck, so wird versprochen. »Wer die totale Freiheit will, muß die totale Disziplin akzeptieren«, heißt es erst später, und hier schnappt die Falle dann endgültig zu. Was bleibt, ist ein Leben auf gedanklichen zwei mal zwei Zentimetern.

Bei der Entscheidung anzunehmen, man sei auf dem richtigen Weg, spielten die Eingangssituation sowie die Gruppe eine wichtige Rolle. Man hat aber immer noch eine reale Chance zu gehen. Oder man findet die Leute nett und beschließt noch ein bißchen zu bleiben. Sie sind ja auch ›wirklich‹ nett, denn man hat ihnen beigebracht, zu einem Neuen immer nett zu sein, weil der ja noch nicht erleuchtet ist und das braucht. Auch Kritik oder Unverständnis wird anfänglich sicher verziehen, weil man ja Neuling ist. Sieht so Indoktrination aus? Bedeutet es schon Indoktrination, wenn jemand Sie anlächelt?

Ja, leider. Nett und freundlich zu sein, kann im Falle einer Anwerbung ein einstudiertes Verhalten sein, das nicht authentisch ist. Es wird bei Scientology sogar so trainiert, daß ein Scientologe selbst in extremen Situationen noch freundlich oder wenigstens gelassen bleibt.

Wie kann man dann in dieser ›netten Truppe‹ überhaupt feststellen, wo man gelandet ist? An diesem Punkt möchte ich erneut auf Steven Hassans Buch ›Ausbruch aus dem Bann der Sekten‹, verweisen. Als Nagelprobe erweist sich seiner Meinung nach die folgende Frage:

»Welche drei Dinge gefallen Ihnen am wenigsten an der Gruppe und dem Führer/Leiter?« (S. 190 f.)

Ist man in einen destruktiven Kult geraten und stellt Anhängern unvorbereitet diese Frage, wird man keine Antwort bekommen oder die, daß einem dazu nichts einfällt, oder daß ihnen einfach alles gefällt. Das gibt Aufschluß darüber, wo man gelandet ist! Kritik nicht äußern zu dürfen, ist eines der wesentlichen Merkmale eines destruktiven Kults. Dieser Selbstkontrolle unterziehen sich alle Anhänger. Spezielle ›Gedankenstop-Techniken‹ verhindern sogar das Aufkeimen jeglicher Kritik innerhalb der Person. Gedankenstop-Techniken funktionieren auf einer Vorstellungsebene, die besagt, daß jeder negative Gedanke die Lehre und/oder den Führer behindert, beeinträchtigt oder verunreinigt. Eines solchen Verbrechens möchte sich niemand schuldig machen. Der Gedankenstop bei Scientologen funktioniert besonders über das sogenannte ›Wortklären‹, durch das die neue Ideologie und eine spezifische

Sprache installiert wird. Wortklären ist nicht, wie Norbert Potthoff lange irrtümlich glaubte, das neugierige Kennenlernen eines unbekannten Begriffs oder Wortes mit Hilfe eines Wörterbuches, sondern eine Technik, alle Gedanken an die Inhalte der Ideologie zu binden.

Wenn man es mit einem gewieften Scientologen zu tun hat, wird aufkommende Kritik des Neulings vielleicht folgendermaßen aufgefangen: »Sie sind doch ein intelligenter und aufgeschlossener Mensch. Sie würden sich doch von niemandem zu etwas zwingen lassen, was Sie nicht wollen. Sie treffen selber Ihre Entscheidungen. Sehen Sie sich doch in Ruhe an, was hier gemacht wird, und entscheiden Sie selbst, ob es funktioniert oder nicht.«

Damit sitzt man in der Falle, in der Schuldfalle. Wenn man jetzt nicht selbst überprüft, ob und was an den Angeboten dran ist, ist man ungerecht. Wenn man zu den Menschen gehört, die ungerecht sein können, kann man immer noch einfach gehen. Vielleicht kauft man dem netten Menschen noch ein Buch ab, aus schlechtem Gewissen, und das war's dann, außer bei Scientology. Mit dem Buchkauf wird auch die Adresse notiert. Später kommen Briefe und Anrufe: Ob man das Buch schon gelesen hat? Ob es gefällt? Ob alles verstanden wird? Ob ein klärendes Gespräch gewünscht wird?

3. Beeinflussung – Verhaltensmodifikation durch Verhaltenskontrolle

Wenn jemand ein Motiv hat, sich verändern will und deswegen beim Gruppentraining mitmacht, hat er den ersten Schritt zur Konversion getan. Auch wenn er noch nicht überzeugt ist: Er verhält sich mit oder ohne Überzeugung so, wie die anderen es wünschen. Das ist im übrigen kein

Wunder. Menschen haben eine starke soziale Prägung, die es ihnen ermöglicht, sich anzupassen, ihre eigenen Bedürfnisse zurückzustellen. Das ist im allgemeinen auch gut so, hier aber wird diese Fähigkeit mißbraucht. Jeder Sektenwerber weiß, wenn er das Verhalten lange genug kontrolliert, kann er es ändern, und Gefühle und Gedanken werden dieser Veränderung folgen.

An dieser Stelle kommt ein Mechanismus ins Spiel, der von Festinger als ›Theorie der kognitiven Dissonanz‹ beschrieben wurde. 1950 faßte Festinger ihr Grundprinzip folgendermaßen zusammen:

»Wenn man das Verhalten eines Individuums ändert, so werden sich auch seine Gedanken und Gefühle verändern, um die Dissonanz zu minimieren.«[3]

Auf einen einfachen Nenner gebracht, geht es um den Konflikt, der entsteht, wenn ein Gedanke, ein Gefühl oder ein Verhalten im Widerspruch zu den beiden anderen verändert wird. Das Individuum kann nur ein begrenztes Maß an Diskrepanz zwischen seinen Gedanken, Gefühlen und Handlungen tolerieren, die ja schließlich die verschiedenen Komponenten seiner Identität bilden. Festingers Theorie besagt – und die Forschung hat dies seither mehrfach bewiesen –, daß bei einer Änderung von einer der drei Komponenten sich die beiden anderen verschieben, um die Dissonanz zu vermindern.

Was auch immer Scientologen im Kommunikationskurs, beim Reinigungsrundown, beim Einzel-Auditing machen, angestrebt ist eine Veränderung des Verhaltens, oder der Gefühle oder der Einstellungen (der Gedanken). Und damit ist es eine Form der Therapie. Wenn der Wer-

[3]Leon Festinger, Henry W. Rikken, Stanley Schachter, »When Prophecy fails«, New York 1964 (In: Steven Hassan, Ausbruch aus dem Bann der Sekten, Reinbeck b. Hamburg 1993, S. 101).

ber den Neuen dazu bringt, beim Gruppentraining mitzumachen, dann setzt man, um zur gewünschten Veränderung zu kommen, beim Verhalten an, um später Gedanken und Gefühle folgen zu lassen. Der Sektenwerber kann natürlich auch beim Gefühl ansetzen. Das geht von Sympathie für den Anwerber über wohltuende Entspannung bei den ersten Übungen bis zu Verliebtheitsgefühlen. Scientologen arbeiten erklärtermaßen mit sogenannten *sex flows*. Durch lächelndes, langanhaltendes In-die-Augen-Schauen weckt man gezielt Gefühle, die eine Art von Verliebtheit auslösen. Gerade Männer tappen hier schnell in die geschickt aufgestellte Falle. Gedankliche oder besser Einstellungsveränderungen sind gewöhnlich die schwierigsten. Deshalb erfolgt diese Indoktrination erst nach massiver Einflußnahme auf Verhalten und Gefühle. Gedanken oder Einstellungen schaffen ein Klima der Akzeptanz, und auch das ist im Sinne einer angestrebten Verhaltensänderung wirksam. Über gezieltes Ansprechen des Verhaltens geht es bei uns Mitteleuropäern aber meistens viel einfacher, die Identität aufzubrechen, um später eine neue zu installieren. Irgendwie sind wir da weniger mißtrauisch, weil wir uns ja für intelligente, kritikfähige Wesen halten. Wir leben schließlich im Zeitalter der Aufklärung!

Da Scientology auf Verhaltensänderung zielt wie andere Therapien auch, schließt sich die Frage an, worin der Unterschied zu seriösen Therapien besteht. Er ist in der Tat eindeutig benennbar.

Bei seriösen Anbietern wird keine schnelle, absolute, wahre oder wirkliche Lösung angeboten, sondern mit dem Klienten zusammen ein Lebensentwurf und Lösungsmöglichkeiten entwickelt. Vor allem die Eigenbeteiligung des Klienten ist dafür notwendig. Fachliche Qualifikation und anerkannte Ausbildung (heute meistens in Form mehrerer Therapieausbildungen) sind Voraussetzungen dafür, daß ein Therapeut kritische Phasen oder eventuelle Zusammenbrüche erkennen kann, um sie zu verhindern oder aufzufangen. Im Fall des zusammenbruchs in einer scientologischen Therapie besteht die Gefahr, daß keine fachliche Hilfe gewährleistet ist, da Psychiatrie und Psychologie und die dort angewandten Methoden rundweg abgelehnt werden. Das betont der forensische Psychiater Nedopil von der Münchner Fakultät schon 1993 in einem Interview. Diverse mysteriöse Todesfälle im Umkreis von Scientology erhärten Nedopils Kritik. In Scientology selbst gibt es Anweisungen, wie nach einem sogenannten *psychotic break* zu verfahren ist. Diese sind brutal und menschenverachtend, treiben den Zusammengebrochenen weiter in die Enge, erhöhen weiter den Streß, anstatt ihn sorgsam abzubauen. Diese Methoden, so berichtete man aus Amerika, kosteten beispielsweise Lisa Mac Phersons das Leben. Sie verstarb 1997 nach einer solchen Behandlung im Hauptquartier der Scientology-Organisation in Clearwater, Los Angeles, in den USA.

Für einen guten, verantwortlichen Therapeuten, der an der Selbstbestimmung seiner Klienten interessiert ist und nicht an ihrer Übertölpelung, ist eine selbstkritische Betrachtung seiner Methode und ihrer Grenzen normal. Es geht ihm nicht um Erleuchtung und Errettung, sondern um faire Partnerschaft.

Da eine Therapie immer eine Abhängigkeitsbeziehung darstellt, wird bei seriösen Anbietern von vornherein auch der Prozeß der Ablösung und das Ende der Therapie mitgeplant. Das sucht man in scientologischen Verfahren vergebens. Im Gegenteil, es wird behauptet, der Therapeut (= Auditor) habe gar keine Beziehung zum Klienten. Das war zwar auch in etwa die Vorstellung von

Siegmund Freud, dem Vater der Psychoanalyse. Die Realität kennt aber die Möglichkeit einer ›Nichtbeziehung‹ gar nicht. Also gibt es auch in der Analyse nach Freud einen Ablösungsprozeß. Im Auditing wird das Problem einfach wegdefiniert mit fatalen psychischen Folgen für den Therapierten.

Ein weiteres Merkmal ist, daß Gruppen mit sehr großer Teilnehmerzahl, autoritäre Führung, Marathonsitzungen, Schlaf- und Nahrungsentzug, Beschimpfungen und Demütigungen niemals Therapie sein können, sondern sich gegen die freie Selbstbestimmung des einzelnen richten.

Angenommen, man trainiert bereits, um es selbst auszuprobieren, oder weil man sich in den Kultwerber verliebt hat, wie in der Geschichte von Karin. Man hat vergessen zu fragen, was hinter allem steckt, und die Qualifikation der Trainer hat man ebenfalls noch nicht überprüft. Man weiß nicht, ob sie vorher Staubsaugervertreter oder Bäkker waren.

Bei Scientology geschieht dieses Training auf jeden Fall in einem Kommunikationskurs. Dort macht man etwas, das harmlos aussieht, aber ungeahnte Folgen hat. Eine Theorie wird auch mitgeliefert: Hubbards Gesetze der Kommunikation. Wissenschaftlichkeit wird wieder nur vorgetäuscht. Hubbard habe das alles in jahrelangen (leider nie überprüften) Forschungen herausgefunden. Robert J. Liftons beschreibt 1987 in seinen acht Kriterien zur Definition der Bewußtseinskontrolle auch diese, die ›geheiligte Wissenschaft‹:[4]

---

[4]*The future of Immortality and other Essays for a Nuclear Age*, New York, Basic Books. Abhandlung: »Cults: Religious Totalism and Civil Liberties« (Sekten: Religiöser Totalitarismus und Grundrechte.)

»... In unserem Zeitalter muß etwas gleichzeitig wissenschaftlich und spirituell sein, um nachhaltigen Einfluß auf Menschen zu haben. Die geheiligte Wissenschaft kann jungen Menschen recht viel Sicherheit geben, da sie die Welt stark simplifiziert.«

Im Sinne der ›geheiligten Wissenschaft‹ wird bei Scientology trainiert. Diese ›Technologie‹ lernt man bei Scientology in den sogenannten Trainingsroutinen (TRs). Einen Eindruck von den Methoden erhält man in Norbert Potthoffs Buch ›Scientology-Analyse‹ (1996, S. 65).

»OT TR 0, Vor- und Einstiegsübung zu den TRs, besteht darin, daß man mit geschlossenen Augen in einem Meter Abstand vor einem anderen Menschen sitzt, der als Partner diese Übungen mitabsolviert. OT TR 0 präpariert den Probanden bereits auf ganz spezielle Erfordernisse. Er soll üben, sich in die Lage zu versetzen, völlig isoliert in seiner eigenen Wahrnehmung zu sein.

Bei geschlossenen Augen unter Reizentzug und Streß (man kann nicht mehr sehen, was bereits emotional als Bedrohung empfunden wird), beginnt der Körper, mit verschiedenen Abwehrmechanismen zu arbeiten. Die von den Instinkten empfundene Gefahr (ich kann nicht sehen, ich bin angreifbar und verletzbar, kann die Gefahr nicht erkennen) beantwortet der Körper mit erhöhter Adrenalinausschüttung. Flucht und/oder Angriffsmechanismen werden dadurch angekurbelt, dürfen jedoch – und das ist der wichtige Aspekt bei diesen Übungen – nicht ausgelebt werden.

Das Stadium der Isolation und der Streßeinwirkung nimmt immer massivere Formen an. Körper und Geist geraten unter Hochspannung wie bei einem Sportler kurz vor der Entscheidung. Alle Sinne sind in Alarmbereitschaft, die allernächste Umgebung wird überdeutlich und glasklar wahrgenommen. Gelingt es dem Probanden, seine Instinkte auszuschalten, Adrenalin zu produzieren, ohne anzugreifen oder zu flüchten, gilt die Übung als erfolgreich bestanden. Ein meditatives Abgleiten in einen Trancezustand oder unruhiges Hin- und Herrutschen werden als Fehler gewertet (Flunk) und die Übung wird wiederholt, bis man die Übung zwei Stunden ohne zu zucken durchsteht. Es kann u. U. einige Tage dauern, bis man seine Instinkte erfolgreich blockieren kann.

Durch OT TR 0 vorbereitet, beginnt nun TR 0. Es ist die gleiche Übung, aber mit geöffneten Augen. Auf einen Meter Abstand einem anderen in die Augen zu schauen, entspricht der klassischen Kampfdistanz und Kampfsituation. Es darf jedoch weder der Kampf aufgenommen werden, noch darf man fliehen, sich durch Senken der Augen unterwerfen oder durch irgendeine andere Interaktion etwas aushandeln. Alle jahrtausende alten, erprobten, vielleicht sogar festgelegten Verhaltensweisen sind verboten! Dem Probanden soll ein Verhaltensmuster antrainiert werden, das dem Organismus ursprünglich nicht zur Verfügung steht.

Der Körper, der bei OT TR 0 bereits übermäßig Adrenalin produzierte, erhöht bei diesem Streß ständig die Dosis, um eine Lösung des Problems herbeizuführen. Verzweifelt werden immer wieder die verschiedenen Muster aktiviert: angreifen, fliehen, unterwerfen oder aushandeln. Der Übende spielt im Unterbewußtsein ein ganzes Repertoire von Möglichkeiten durch, um dieser Falle zu entkommen. Dieses reicht vom hysterischen Lachen bis hin zu Ohnmachtsanfällen. Jede eigentlich ›richtige‹ Lösung wird mit einem ›Flunk‹ schon im Ansatz gestoppt, man beginnt die Übung von neuem. Am Ende sind Körper und Psyche von den vielen Fehlschlägen und der ständigen Adrenalinproduktion restlos erschöpft.

Selbst der Versuch, durch schwerste Halluzinationen – das Gesicht des Gegenübers verwandelt sich in abscheuliche Fratzen – den Körper zu einer Reaktion anzustacheln, schlägt fehl, da man regungslos sitzen bleiben muß.

Schließlich greift der geschundene und gequälte Organismus zu einem allerletzten Mittel, da es anscheinend keinen Ausweg aus der Falle gibt. Er beginnt, Endorphin (dem Morphin vergleichbar) zu produzieren. Weil keine der vier natürlichen Reaktionen erlaubt ist, resigniert der Organismus und setzt sich selbst unter Drogen, um so der beständigen Qual zu entgehen.

Jeder, der einmal gezwungen war, ›übermenschliche‹ Leistungen erbringen zu müssen, kennt dieses Phänomen. Wer den Hunger ignoriert oder das Schlafbedürfnis, der erlebt, wie der Organismus plötzlich wieder Signale des Wohlbefindens sendet, obwohl die Situation keinesfalls auf natürlichem Weg gelöst wurde (mit Essen oder Schlafen). Dies ist auch der Grund dafür, warum Marathonläufer nicht mehr aufhören können zu laufen. Sie werden ›süchtig‹ durch körpereigene Drogen. Diese sind zwar bei weitem nicht so gefährlich wie LSD oder Heroin, reichen jedoch aus, das Bewußtsein des Menschen, seinen Sinn für Realität, erheblich einzuschränken und zu beeinträchtigen.

Wer in Scientology einige Tage diese Übungen absolviert hat, befindet sich in einem Rauschzustand, bei dem sein Sinn für Realität bereits stark eingeschränkt ist. Wer bei diesen Übungen seinen natürlichen Regungen folgt, dem Kursleiter etwa das Übungsbuch an den Kopf wirft und schnellstens den Raum verläßt, wird nie wieder seinen Fuß in einen Kursraum der Scientologen setzen wollen. Wer jedoch den Anweisungen folgt und in unsinniger Tapferkeit versucht durchzuhalten und dabei seine

Instinkte und gesunden Reflexe unterdrückt, ist von da an außerstande, das System von Scientology zu durchschauen und zu verlassen.«

Menschen unterwerfen sich hoffnungsvoll diesen Extrembelastungen, weil sie auf einen weiteren ›R-Faktor‹ der Scientologen vertrauen: »Der menschliche Geist ist unverletzlich.«

Steven Hassan schreibt dazu:

»Bei allen seinen Stärken und Fähigkeiten hat unser Geist allerdings auch gewisse Schwächen. So ist er auf kohärente Informationen angewiesen, um richtig zu funktionieren. Wenn man jemanden in einen Raum steckt, in dem er von sämtlichen Sinnesreizen abgeschirmt ist (sensorische Deprivation), so wird er schon nach wenigen Stunden zu halluzinieren beginnen und ungeheuer suggestibel werden. Ebenso wird sich der Verstand in einer Situation, in der die Sinne mit inkohärenten Informationen überreizt werden, zum Schutz gewissermaßen selbst betäuben. Er wird verwirrt und überwältigt, und die kritischen Fähigkeiten funktionieren nicht mehr richtig. Gerade in diesem geschwächten Zustand sind Menschen dann sehr leicht von anderen zu beeinflussen.«

Hat man also durch die Verwirrtechniken, die selbstgewählte Abschirmung von allen Außenreizen durch Introspektion im Kommunikationskurs erfolgreich gelernt, seinen kritischen Verstand auszuschalten, erfolgt die schwierige Seite der Operation: Einstellungsveränderung.

Norbert Potthoff schreibt hierzu:

»In weiteren ausgeklügelten Übungen werden systematisch neue Rituale, eine neue Sprache, ein neues Ethik- und Elitebewußtsein eingetrichtert. Durch die einsetzende

Dauerproduktion von Adrenalin und Endorphin, aller Abwehrmechanismen beraubt, hat der Einsteiger keine Chance mehr, der systematischen Ausbeutung durch Scientology zu entgehen.

Das rein auf subjektiver Wahrnehmung basierende Wohlbefinden des Scientology-Kursabsolventen wird ausgenutzt, um andere Mechanismen und Normen in Bezug auf Geld, die Würde und Rechte des anderen Menschen und die bisherigen Ziele seines Lebens auszuschalten. Ein Abflachen der hohen Adrenalin- und Endorphinkurve wird dadurch verhindert, daß eine Mindestzahl von Stunden vorgeschrieben wird, die man auf ›Kurs‹ zu sein hat. Allein schon der scientology-typische Augenkontakt wirkt (nach mehrfach absolviertem Training) wie ein Schalter, der die Produktion der ›Glücksdroge‹ wieder ansteigen läßt. Später reichen schon bestimmte Begriffe aus der scientologischen Sprache, um dies zu bewirken. Eine Kontrolle per Telefon wird dadurch möglich. Was bisher nur bei Tierversuchen im Labor möglich war, ist den Scientologen bei Menschen in großem Stil gelungen. Der Mensch als ›Laborratte‹ eines totalitären Systems wurde bisher nur in Science-fiction-Romanen beschrieben.

In der Anfangsphase scheint dieses Training durchaus angenehm, weil die meisten Menschen dabei eine übersteigerte Angst vor der Nähe zu einem anderen Menschen abbauen und in sich eine Stärke fühlen, die sie mit Selbstbewußtsein verwechseln.«

Nach seinem ersten Kommunikationskurs hatte Norbert Potthoff bei Verhandlungen mit versierten Kaufleuten plötzlich Erfolge zu verbuchen. Statt wie früher einzulenken und sich runterhandeln zu lassen, konnte er sich durchsetzen und zu seinen Bedingungen abschließen.

Will man also das Phänomen beurteilen, daß völlig ›normale Menschen‹ mit zum Teil überdurchschnittlich guter Bildung die Thesen von Scientology für absolute Wahrheit halten, dann muß man berücksichtigen, daß diese Menschen durch eine Kombination aus Indoktrination und permanenter Kontrolle nicht mehr in der Lage sind, selbstkritisch reflektierend über Informationen nachzudenken und zu einem eigenständigen Urteil zu kommen. Vieles deutet darauf hin, daß Scientology ohne diese diversen Kommunikationsdrills nicht funktioniert, zumindest nicht so nachhaltig. Das gesamte Scientology-System scheint demnach auf dem Kommunikationskurs und den damit verbundenen Phänomenen aufzubauen.

4. Die drei Stufen der Bewußtseinskontrolle

Die Bewußtseinskontrolle in Kulten verläuft nach Steven Hassan in drei Stufen: Aufbrechen – Verändern – Fixieren.

a) Aufbrechen – völlige Destabilisierung der Person:
In der Phase des ›Aufbrechens‹ wird die sensorische Deprivation als eine Methode neben der physiologischen Desorientierung (vor allem Schlafentzug) und hypnotischen oder double-bind-Prozessen beschrieben.

Von den bei Hassan erwähnten Methoden werden in Scientology folgende angewandt: physiologische Destabilisierung durch Schlafentzug, hypnotische Prozesse beim Auditing, sensorische Überbelastung bei den soeben beschriebenen Trainingsroutinen. Alle Techniken sind geeignet, jemanden aus dem Gleichgewicht zu werfen und ihn empfänglicher zu machen für Suggestionen. Den Menschen wird zusätzlich klargemacht, sie würden das Grundgesetz der Kommunikation nicht beherrschen, sie seien unfähig, psychisch krank und könnten so nie Selbstbewußtsein entwickeln.

Natürlich muß dafür gesorgt werden, daß die Wirkung nicht nachläßt. Eine gewisse Anzahl von Stunden pro Woche ist unbedingt notwendig, damit es zum gewünschten Zusammenbruch kommt. Im Fall Ruhwald wurde diese Anzahl deutlich unterschritten. Damit haben sich die scientologischen Trainer selbst das Wasser abgegraben. Der gewünschte Zusammenbruch war nicht massiv genug.

Nicht der körperliche Zusammenbruch ist gemeint, sondern eine Erschütterung der Wahrnehmung, des sich authentisch Wiederfindens in der Realität, der ›Erdung‹. Die gewohnte Realität beginnt sich zu verändern, weil die Wahrnehmung und Deutung von Situationen sich ändert. Und wenn man beeindruckt ist von den Erlebnissen in der Gruppe und den Ergebnissen des Trainings, wird die Gruppe die weitere Richtung der Veränderung vorgeben.

Die Kursteilnehmer haben in der Regel Anfangserfolge. Sie werden angeleitet zu denken, daß diese Erfolge vom Training kommen. Bei Mißerfolgen wird das der eigenen Unfähigkeit oder dem noch nicht erlangten Grad an Vollkommenheit zugeschrieben oder einer noch übermächtigen, feindlichen Umwelt, die den Erfolg von Scientology um jeden Preis zu verhindern sucht. Warum sollte man auch nicht weitermachen? Man hat sich subjektiv wohl gefühlt. Das ist sehr häufig der Effekt bei Trance-Hypnose-Verfahren. Vielleicht, so hofft man, liegt hier der Schlüssel zur Lösung aller Probleme. Denn man hat auf einem begrenzten Gebiet die Erfahrung gemacht oder zumindest den starken Eindruck gewonnen, daß es funktioniert, und was im Kleinen funktioniert, muß auch im Großen funktionieren.

Im weiteren erscheinen dann auch die Erklärungen und Gedanken der Gruppe zu anderen Problemen und Phänomenen plausibler als die alten, überkommenen Muster. Es scheint lohnenswert, sie zu studieren, es scheint auch, als ob das Einreißen alter Dämme Lustgefühle weckt. Den letzten inneren Widerstand empfindet man noch beim Erlernen der neuen Sprache. Das verkompliziert das Ganze zwar etwas, hat aber etwas Magisches, so ähnlich wie ein geheimes Wissen oder geheime Zeichen: Vielleicht läßt sich gerade dadurch etwas entschlüsseln, das man schon immer wissen wollte. Norbert Potthoff berichtet beispielsweise, daß er damals zwei Tage ausschließlich darüber nachdachte, ob er es wagen sollte, sich auf diese Sprache einzulassen. Dann siegte seine Neugier. Von diesem Tag an hatte er praktisch keine Chance mehr.

Das Gefährliche daran ist, daß die alte, gewohnte Umgebung auch nicht versteht, was man da macht, so daß man sich dadurch mehr und mehr von der alten Realität entfernt. Im Briefwechsel der Familie aus Norddeutschland wird ganz klar, daß durch das Redefinieren der Wörter ein Verstehen zwischen Eltern und Kind nicht mehr möglich ist. Am Ende steht die scientologische Definition von ›Verstehen‹ und macht das ganze Dilemma überdeutlich: Verstehen = Duplizieren = Gehorchen.

b) Verändern – dem Individuum eine neue Identität aufzwingen

Mit neuen Verhaltensweisen, Denkweisen und Emotionen wird das Vakuum systematisch aufgefüllt, das die alte Identität, die sich im Überlebenskampf nicht bewährt hat, hinterlassen hat. Naturgesetze sind eben immer gültig, auch wenn es einem persönlich nicht gefallen sollte oder erst einmal unbequem ist. Gegen die Macht der Natur kann man, darf man nichts ausrichten. Die neuen Verhaltensmaximen bei Scientology heißen ›Ethik‹ contra ›Unethik‹. Überleben nach den Gesetzen der Natur ist ethisch. Insofern leben eigentlich alle Scientologen dieser Welt nach der falschen Ausrichtung, denn solche Gesetze der Natur, wie Hubbard sie nennt und beschwört, gibt es einfach nicht.

Können Sie aber mit dieser Argumentation das Denkgebäude eines Scientologen einstürzen lassen? Wohl kaum, denn er hat gelernt, daß Sie geisteskrank sind, und er wird Ihnen kein Wort glauben. Die Veränderung schreitet nun rasch voran. Formell durch Seminare, informell durch das Zusammensein mit Mitgliedern, dem Lesen von ausschließlich scientologischen Büchern, dem Anhören von Kassetten, dem Anschauen von Videos. Informationskontrolle kommt als letzter Faktor mit ins Spiel. Fernsehen, Zeitschriften, alle andere Formen von Information werden verteufelt, als unethisch, als überlebensfeindlich bezeichnet. Viele Techniken, die in der Phase des Aufbrechens benutzt wurden, kommen auch hier wieder zur Anwendung. In Scientology arbeitet man sehr intensiv mit der Sprache, um Emotionen zu beeinflussen. Alles, was Scientology ausmacht, soll ›hochdefiniert‹ werden, alles was die Welt außerhalb Scientology ausmacht, wird ›runterdefiniert‹ (zum Beispiel: Demokratie =Inflation und Einkommensteuer, Scientology-Kurse = die Brücke zur totalen Freiheit). Die Ideologie wird in verdaulichen Stückchen geliefert. So bekommt der Neuling nie einen vollständigen Überblick. Redefinieren ist sowohl Teil des Gedankenstops als auch Mittel der Informationskontrolle.

Das Kernstück zur Veränderung, bei Hassan als spirituelles Erlebnis beschrieben, sind in Scientology die Auditing-Sitzungen. Dabei geht es darum, auf dem sogenannten *timetrack*, der Zeitspur, rückwärtsgehend negative Erlebnisse aufzuspüren und sie zu entladen. Diese Sitzungen sind sehr anstrengend. Das Erleben der unangenehmen Zustände wird noch dadurch verstärkt, daß man vom Auditor aufgefordert wird, das Ereignis wiederholt mit allen nur möglichen Sinneseindrücken zu schildern. Die Erlösung kommt erst, wenn das E-Meter keine ›negative Ladung‹ mehr anzeigt.

Man glaubt bald auch an frühere Leben, weil man sie im Auditing erfahren hat. Man hat alles gefühlt, gesehen, gerochen und gehört, ganz intensiv. Und man ›weiß‹ jetzt, warum man so ist, wie man ist. Unwissenheit ist bekanntlich immer am schlimmsten auszuhalten.

Lob und Anerkennung durch die Gruppe fördern bestimmte Verhaltensweisen, während nicht konforme Verhaltensweisen mit eisernem Schweigen bestraft werden.

c) Fixieren – Auftauen und Stabilisieren der neuen Persönlichkeit

»Ein neuer Lebenssinn tut sich auf, und er bekommt neue Aufgaben, die seine neue Identität konsolidieren.«

Kritiker erläutern dies damit, daß man in der Sekte etwas werden kann, was man in der realen Welt nicht schaffen kann, und nennen das ›Kompensatorische Gratifikation‹.

»Vor allem aber geht es darum, das alte Selbst zu verunglimpfen. Alle guten Dinge werden herabgesetzt und die Sünden, Mißerfolge, Kränkungen und Schuldgefühle aufgeblasen. Begabungen, Interessen, Hobbys, Freunde und Familie müssen aufgegeben werden, wenn sie mit dem Einsatz für die Sache konkurrieren. Auch durch Beichten wird die Vergangenheit gesäubert und die Person noch stärker in der Gruppe verwurzelt.«

In Scientology werden Eltern für alle negativen Erlebnisse verantwortlich gemacht. Das drastischste Beispiel ist wohl die Anklage wegen sexuellen Mißbrauchs im Fall der Familie aus Norddeutschland. Das Auditing wird von Scientologen ja selbst als ›Beichte‹ bezeichnet. Es gibt spezielle Auditing-Verfahren, in denen nach Verbrechen, Vergehen, Sünden, Schwierigkeiten mit Geld, dem anderen Geschlecht und anderem mehr geforscht wird. Haarklein finden sich alle diese Informationen in der Auditing-Akte wieder, die für jeden angelegt wird und bei Bedarf auch als Mittel zur Erpressung eingesetzt werden kann.

»In der Fixierungsphase wird neue Information primär durch Lernen am Modell vermittelt.«

Man bekommt einen Senior zugewiesen, der die Entwicklung überwacht. Zur Fixierung gehört auch, daß man den Neuling zu immer höheren Investitionen treibt. Auch damit verringert sich die Wahrscheinlichkeit eines Ausstiegs, denn wer gibt nach hohem finanziellen Engagement gerne zu, daß er sich geirrt hat. Eliteeinheiten bei Scientology sind zudem massiv Schlafentzug und Aufheben der Privatsphäre ausgesetzt.

5. Ansätze zum Ausbruch

An diesem Punkt wird für Eltern, Bekannte und Freunde ein stark verändertes Verhalten sichtbar. In unseren Fallbeispielen wird es von den Angehörigen wiederholt und immer gleichlautend beschrieben. Es ist aber zu diesem Zeitpunkt noch möglich, ein Gespräch zu führen, Frontalangriffe führen allerdings immer zu einer Totalverweigerung. Was kann man also tun?

a) Das kritische Bewußtsein wecken

Zunächst ist es wichtig, sich klarzumachen, daß die veränderte Person sich vor Angriffen schützen muß, weil sie ›aufgebrochen‹ wurde und somit in ihrem Kern erschüttert ist. Anregungen, sich genau zu informieren über alles, was in der Gruppe stattfindet, und immer wieder die Gruppenmitglieder um Informationen anzugehen, helfen. Vielleicht stößt dem neuen Mitglied dabei die eine oder andere Ungereimtheit selbst auf.

Oder man kann aufzeigen, daß am Anfang etwas gesagt wurde, jetzt aber etwas anderes behauptet wird. Natürlich muß man sich auch selber genauestens informieren. Wenn es eine Chance gibt, die Konversion auf dem Wege der Information umzukehren, daß heißt, den Neubekehrten zur Umkehr zu bewegen, dann ist das sicherlich ein Gespräch mit ehemaligen Insidern, die die Verwirrtaktiken beschreiben können. Dieser ›rote Faden‹ ist dann auch nicht mehr so leicht durch gezielte Desinformationen seitens des Kults zu beseitigen.

Generell darf man aber nicht allein auf den kritischen Verstand setzen. Ebenso wie die Anwerbung vollzieht sich auch der Ausstieg eher aus emotionalen Motiven. Wenn man die Person emotional nicht erreicht oder ihr keinen Zugang verschaffen kann zu ihren Emotionen vor der Kultzeit, fehlt ein wesentliches Motiv für die Ablösung.

b) Motive kennen

Am allerwichtigsten ist jedoch, zu klären, warum es den Betroffenen so sehr in die Gruppe zieht. Die Motive sind im einzelnen sehr unterschiedlich. Aber die Probleme, die vor dem Einstieg entstanden sind, werden auch hinterher noch da sein und außerdem Schamgefühle (so viel Geld ausgegeben zu haben für den Unsinn), Ausstiegsängste (wenn du aussteigst, ist dein Leben in Gefahr) und Schuldgefühle, weil man anderen Verletzungen zugefügt hat.

Es gilt, für die Betroffenen Vorgänge offenzulegen, die in der Gruppe aus gutem Grund verschwiegen werden. Die Erkenntnis, daß unter Vortäuschung falscher Tatsachen und unter Ausnutzung der emotionalen und sozialen Fähigkeiten, über die jeder Mensch verfügt, manipuliert wurde, wird Enttäuschung und Wutgefühle auslösen, die es vielleicht ermöglichen, sich zu trennen. Aber Wut bedeutet auch Trauer. Für eine gefahrlose Ablösung wird somit dringend Hilfe von außen gebraucht. Glücklich ist, wer als Aussteiger dann noch eine intakte Familie und einen alten Freundeskreis vorfindet. Das ist aber nur der Fall, wenn die Zeit im Kult nicht zu lang gedauert hat. Man kann dem völligen Zerfall des Freundeskreises effektiv vorbeugen, indem man alle von Zeit zu Zeit informiert. Man nennt dies Arbeit mit der Bezugsgruppe. Wenn die alten Bekannten, Freunde, Oma, Opa, Tante usw. mitmachen, kann man Strategien absprechen, um den sozialen Kontakt nicht abbrechen zu lassen und sich gegenseitig zu stützen. Vor allem das sogenannte ›Loch‹, in das Aussteiger fallen, die Entzugserscheinungen von den ›angenehmen Gefühlen‹, aber auch vom Leistungsdruck in der Gruppe, bergen das Risiko des Rückfalls oder der Selbstaufgabe, mitunter auch des Versuchs der Selbsttötung. Die Tochter der Familie aus Norddeutschland, der Selbstmordversuch des Helmut Pauly sind jene tragischen Beispiele. Hilfe kam dort nicht zur rechten Zeit bzw. war nicht professionell genug. Mit dem Ausstieg ist noch lange nicht alles vorbei.

c) Was kann man im Umfeld tun?

Es gibt, eine positive Identität aufzubauen, was nichts anderes heißt, als sich darauf zu besinnen, wer die Person wirklich ist. Bei dieser Spurensuche kann man helfen. Krisen werden kommen, und jeder braucht einen Ansprechpartner. In dieser Situation professionellen Rat einzuholen, dafür sollte sich niemand schämen.

Wer war die Person vor der Kultzeit? Politisch denkende Menschen wie Norbert Potthoff denken nach ihrem Ausstieg auch weiterhin so und versuchen ihre Erfahrungen und Erkenntnisse mitzuteilen. Weltverbesserer wie Susanne Elleby bleiben Weltverbesserer und gründen nicht nur einen Verein, sondern streben die europaweite Zusammenarbeit der Scientology-Gegner an. Andere klären im kleinen Kreis auf, engagieren sich punktuell. Viele bleiben anonym im Hintergrund. Der Schritt, in die Öffentlichkeit zu gehen, Negatives über Scientology zu offenbaren, bedeutet, den Geheimdienst der Scientology-Organisation herauszufordern. Mit der Ruhe ist es dann vorbei. Noch haben wir keine amerikanischen Verhältnisse, aber Einschüchterungsversuche von seiten der Organisation sind auch hier an der Tagesordnung.

Alle Aussteiger mußten sich ohne Sektenbrille auch selbst anschauen und das Idealbild durch ein Realbild ersetzen, sich annehmen, um von anderen angenommen zu werden. Dabei muß die helfende Umwelt berücksichtigen, daß es die alte Person (ohne Schrammen) nicht mehr gibt. Die Sektenerfahrung wird nicht einfach weggesteckt, auch wenn sich einzelne gern diesen Anschein geben wollen. Denken Sie an das Beispiel der jungen Frau, die noch Jahre nach dem Ausstieg gehemmt war, weil ihr suggeriert worden war, Sex schädige den Embryo. Mißbrauch, Erfahrung der eigenen Schwäche und Verführbarkeit, schlimme Desillusionierung steckt niemand einfach so weg. Es hilft viel, andere kennenzulernen, denen es genau so gegangen ist. Aber positive, neue Ziele sind durch nichts zu ersetzen. Sie zu entwickeln und zu realisieren, dabei braucht der Aussteiger wirkliche Hilfe und in vielen Fällen auch erst einmal eine finanzielle und emotionale Operationsbasis.

d) Das Problem mit dem Feindbild

Wenn man keine Geborgenheit und keinen Sinn in der Welt mehr findet, ist der Entschluß zur neuen Kult-Familie zurückzukehren, nachvollziehbar und oft auch schnell wieder vollzogen.

Noch aus einem andern Grund führen Frontalangriffe nicht zum gewünschten Ergebnis. Jede Gruppe pflegt und hegt ihr Feindbild. Bei Scientology sind es vor allem Ärzte, Psychiater, Lehrer, Journalisten, denen nachgesagt wird, daß sie mit Medikamenten und Elektroschocks Menschen quälen und demütigen, beliebt. Aber auch im unmittelbaren Umfeld. Die Ehefrau, die ewig meckert, der Freund, der immer alles kritisiert, die Eltern, bei denen früher immer alles besser war. Alle diese Leute haben nie erkannt, daß der Einsteiger etwas ganz, ganz Besonderes ist!

Kindisch kann man das nennen! Aber nichts ist stabilisierender als Feindbilder. Und nichts wirkt heftiger, als jemandem Honig um den Bart zu schmieren. Wenn es im Kurs nicht klappt, gibt es sicher in der Familie jemanden, der ständig kritisiert und so die eigene Entwicklung behindert. Wenn andere Erfolge haben, nur man selbst nicht, dann muß man sich eben von der Freundin trennen, die sich weigert, weiterhin mitzugehen. Nun ist man noch mehr allein und um so mehr auf die Gruppe angewiesen und sagt sich: Jetzt erst recht!

Wie viele Menschen gibt es, auch außerhalb von Kulten, die die Sichtweise anderer nicht gelten lassen können? Alle diese Leute haben die Fähigkeit, Irritierendes vollständig auszublenden. Mehr oder weniger kann das jeder. Ab und zu durchbricht bei allen Menschen ein Ereignis oder eine Person diesen Schutzschild, und man korrigiert seine Einstellung oder erwägt es zumindest, sollten andere Informationen die irritierende Erkenntnis erhärten.

Feinde sind in der Scientology-Definition alle, die Scientology kritisieren. Außerdem gibt es noch eine besondere Variante des Feindbildes, den Feind innerhalb der Person selbst, man nennt ihn PTS.

Der PTS (*potential trouble source* = möglicher Ärgernisverursacher) ist per scientologischer Definition ein Mensch, der in der Gegenwart oder in früheren Leben mit einem *SP (suppressive person = Feind)* in geistiger Verbindung steht und durch ihn negativ beeinflußt oder zum Werkzeug gegen Scientology gemacht wird. Wenn der PTS-Zustand nicht gehandhabt werden kann, wird er automatisch zu einem *SP-Zustand*. Es gibt keine Toleranz gegenüber Andersdenkenden. Kann man sein Umfeld nicht anwerben oder zu einer neutralen Haltung bewegen, kommt als letztes Mittel in jedem Fall die *separation order* (der Trennungsbefehl), mit dem Familienbeziehungen, Ehen und Freundschaften willkürlich zerschlagen werden. Wenn man es als Scientology-Mitglied darüber hinaus nicht schafft, seine rebellischen Eltern davon abzuhalten, gegen die Organisation vorzugehen, Aufklärung über die wahren Ziel und Methoden zu betreiben und damit die Kundschaft abzuschrecken, kann man wie im Fall Platteck sogar ausgeschlossen werden.

Ausstieg – Anlässe und Prozesse

»Scientology ist ein Abenteuer. Beginnen Sie, und Sie werden nie wieder derselbe sein.«   *L. Ron Hubbard*

Wahr und doch falsch. Es gibt eine Veränderung, vor allem in Hinblick auf das Verhalten. Über Gedanken-, Emotions-, Bewußtseins-, und Informationskontrolle wird dafür gesorgt, daß große Teile der eigentlichen Identität ausgeschaltet werden. Löschen kann man sie nicht. Man kann zu seiner alten Identität, aber damit verbunden auch zu seinen alten Problemen oder Unfertigkeiten zurückfinden. Ebenso wenig löschen kann man die bittere Erfahrung der Ausbeutung, des Mißbrauchs und der Manipulation und die Erkenntnis der Mitverantwortlichkeit oder zumindest der eigenen Anfälligkeit und ihrer jeweiligen Motive.

Aus welchem Anlaß zweifeln aber Kultmitglieder an dem, was im Kult geschieht?

Manche bekommen schlicht Heimweh. Bei andern ist die Entscheidung, sich ganz von der Familie zu trennen, der Anlaß sich zu verweigern. Oder sie spielen ab einer bestimmten Summe Geldes nicht mehr mit. Es gibt auch Fälle, wo die ursprüngliche Ethik wieder erwacht und in Konflikt mit der scientologischen ›Ethik‹ gerät. Andere quälen sich jahrelang selbst ohne zu mucken, steigen aber aus, wenn – ab einer bestimmten Hierarchiestufe – von ihnen verlangt wird, andere zu bestrafen. Alle lernen dann an irgendeinem Punkt die Schattenseiten der Organisation kennen.

Der ebenso langwierige wie schmerzvolle Prozeß der Trennung verläuft typischerweise in Phasen. Dem ersten Infragestellen der Organisation und ihrer Ziele und Vorgehensweisen folgt in einer zweiten Phase die reflektierte Aufarbeitung der gesamten Ideologie. Als typischer Fluchtversuch ist bei vielen Aussteigern zunächst zu beobachten, daß sie die Scientology-Organisation zwar ablehnen, aber immer noch behaupten, L. Ron Hubbard habe recht. Der zweite Schritt ist deshalb soviel schwieriger zu vollziehen, weil viele der einfachen hubbardschen Erklärungsmuster scheinbar Realität richtig abbilden. So enthalten die Emotionsstufen archetypische Beschreibungen von Verhaltensmustern, die durchaus auch beobachtbar sind. Realitätsfern und gefährlich ist die Festlegung von Personen auf eine grundsätzliche emotionale Stufe, so daß sie, einmal eingeordnet auf eine bestimmte Kategorie, festgelegt bleiben. Konflikte aushandeln, ebenso wie um Hilfe bitten, ist für einen Scientologen zum Fremdwort und zur Bedrohung geworden und bleibt dies auch noch nach dem Ausstieg.

Wenn der Ausstiegsprozeß eingeleitet wurde, gilt es, eine Schutzzone zu schaffen, in der die Betroffenen wieder zu sich finden können. Kontakte zu Gruppenmitgliedern bergen manchmal die Gefahr hypnotischer Beeinflussung, sogar via Telefon. Eine Beratung über die Entzugsproblematik, die sie erleben, sollte stattfinden. Finanziell bestehen oft Chancen, Geld von Scientology zurückzufordern. Dabei müssen Fristen eingehalten werden, und leider gibt es nur allzu oft keine Prozeßkostenhilfe in Deutschland.

Die eigentlichen Probleme von Aussteigern sind aber vor allem tiefergehender, psychologischer Art:

– sich wertlos fühlen, sich nichts mehr trauen, weil die Euphorisierungsmaschinerie und der Druck fehlen,

– an sich zweifeln, weil niemand mehr sagt, was man tun soll: weil es (noch) keine Perspektive für das weitere Leben gibt,

– sich nicht zurecht finden im Niemandsland der Gesellschaft, die jahrelang feindlich war, und mit der jede Berührung vermieden wurde,

– andere Menschen nicht verstehen, weil die Sprache verändert worden ist: weil emotionale Verkümmerung hemmt,

– keine Kritik vertragen, weil das Teil der scientologischen Gedankenstop-Technik ist, die man gelernt hat.

Sprache neu erlernen – wieder selbständig denken lernen

Wichtig sind zunächst Courage und Eigeninitiative. Wer sich nur darauf verläßt, daß andere ihm helfen, überschätzt die Möglichkeit der Helfer. Wer ihnen alles zuschieben möchte, vernachlässigt seine eigene Verantwortung, aus der Abhängigkeit herauszukommen. Helfer oder Ausstiegsberater stoßen hier an Grenzen. Andererseits müssen sich Helfer und Ausstiegsberater ihrer Verantwortung bewußt sein, die sie eingehen, wenn sie einen Fall übernehmen. Detaillierte Planung und Gesprächsbereitschaft über einen längeren Zeitraum müssen sichergestellt werden. Im Einzelfall kann dies auch eine ›Rundum-die-Uhr-Betreuung‹ notwendig machen. Wer dies nicht gewährleisten kann, sollte besser die Finger davon lassen. Nach dem Ausstieg erfolgt immer die Depression, die Orientierungslosigkeit, die eine akute Suizidgefährdung mit sich bringt.

Norbert Potthoff hatte zunächst angefangen, seine Sprache wieder an die gebräuchliche anzugleichen. Er hat gelesen, gelesen und gelesen, um den Ausbruch aus dem Bann der scientologischen Sprache zu schaffen. Was ihm dennoch erhalten blieb, war das zwanghafte scientologische Wortklären. In jedem Buch von Hubbard lesen Sie zu Anfang immer den gleichen Satz

»Achten Sie beim Studium diese Buches sehr, sehr sorgfältig darauf, daß Sie niemals über ein Wort hinweggehen, das Sie nicht vollständig verstehen. Der einzige Grund, warum jemand ein Studium aufgibt, verwirrt oder lernunfähig wird, liegt darin, daß er über ein nicht verstandenes Wort oder eine nicht verstandene Redewendung hinweggegangen ist.«

Oft sind wir in Streit geraten, was unter einem bestimmten Wort zu verstehen sei. Ich wollte es auf die übliche Art klären, indem ich einfach gesagt habe, was ich darunter verstehe. Norbert dagegen bestand stur auf der Definition des Wörterbuches. Und das ging oft genug schief. Wortklären ist scientologische Gedankenkontrolle. Immer wenn Zweifel aufkommen, muß zwanghaft ein Wort oder mehrere geklärt werden und zwar mit dem Wörterbuch. Alle persönlichen Bedeutungen sind bei Scientology nicht existent. In anderen Kulten fangen Mitglieder an zu chanten, das heißt, sich hin und her zu wiegen und dabei immer wieder das gleiche Wort zu murmeln. Wenn sich jemand mitten in einem Streit auf diese Weise entzieht und sein Gegenüber wie Luft behandelt, ist das äußerst verletzend und zwingt den anderen wohlmöglich, dauerhaft auf Distanz zu bleiben.

Eine Perspektive hatte Norbert für sich ziemlich schnell entwickelt: Malerei und Schreiben. Durch die Erfahrung mit Scientology zum wahren Überlebenskünstler geworden, verfügte er über einen langen Atem, zu seinem Ziel zu gelangen. Das Gefühl, nichts wert zu sein, konnte er durch seine öffentlichen Auftritte und Vorträge erfolgreich ausgleichen, und durch diese Tätigkeit ist er gewachsen. Neue Freunde zu finden, mit engagierten Menschen zusammenzuarbeiten, das hat auch sein Selbstwertgefühl wieder hergestellt auf vielen Gebieten. Besonders wichtig war ihm, daß ihn seine Töchter wieder angenommen haben und, das hat ihn angespornt, an sich zu arbeiten. Nun ist er sogar stolzer Großvater geworden. Wer insgeheim schon darüber grübelt, auszusteigen, es sich aber noch nicht traut, soll einmal darüber nachdenken, was ihm das Leben letztlich alles bieten kann. So könnten viele Aussteiger, egal aus welchen Gruppen, die Aufklärungsarbeit unterstützen. Nützen würde es beiden Seiten, dem Aussteiger, um neues Selbstbewußtsein zu bekommen, der Gesellschaft, um authentisch zu erfahren, wie Kulte vorgehen, um Menschen zu entmündigen und zu entwürdigen.

Ein spezielles Problem der scientologischen Mystik soll hier noch angesprochen werden: die, wir würden sagen: die Macht der Gedanken. So kontrovers Norbert Potthoff diskutieren konnte, so unverständlich war für mich, daß er bei Negativkritik sofort ungewöhnlich ärgerlich und verkrampft reagierte. Die ›Postulate‹ standen dann für ihn wie wirksame, negative Energie im Raum. Ich habe das einfach für Allüren gehalten und teilweise entsprechend vehement bekämpft, wenn ich mich dadurch bedroht fühlte. Aber emotional war ich überzeugt, daß das nicht des Pudels Kern sein konnte, weil ihm die Angst aus allen Poren kroch. Angst vor der Macht der Gedanken. Für Scientologen ist schon der Gedanke Energie, der sich positiv oder negativ gegen die Person richtet. Also denken sie nur in eine positive, erfolgreiche Richtung, da sonst Negatives geschieht. Und daran ist dann das Postulat, der Gedanke, dem der Thetan soeben Energie gegeben hat, schuld. Auch das ist ein langanhaltender scientologischer Gedanken-Stop. Innerhalb von Scientology durfte niemals über Hubbards Technologie negativ gedacht werden. Wenn kritische Gedanken aufkamen, bedrohten sie durch ihre Energie nicht nur den einzelnen, sondern die ganze Organisation. Und ich bedrohte nun durch meine Kritik Norberts positive Lebenshaltung und sein brüchiges Selbstbild.

Nähe und Distanz

Eine Frage, um die es in jeder Beziehung geht, ist die, wie nah man einen anderen an sich heranlassen möchte. Nähe und Distanz gegenseitig abzustecken ist ein ganz normaler Prozeß in jeder Beziehung. Auf Grund der ständigen Kontrolle oder besser durch das völlige Fehlen einer Privatsphäre bei Scientology war Norbert sehr empfindlich. Jedes Zunahetreten wurde mit Eiseskälte zurückgewiesen. Am Anfang genügte schon ein Blick auf seinen Schreibtisch, und er verdächtigte mich, ich würde seine Briefe lesen, ihn transparent machen wollen. Nach und nach haben wir das etwas entschärfen können. In den ersten Jahren aber blieb immer ein Rest, der ab und zu durchbrach in Form von übertriebener Distanzierung. Er startete Aktionen, um mir deutlich zu zeigen: Zwischen mir und dir gibt es klare Grenzen. Zum Beispiel feierte er seinen Geburtstag mit allen seinen Freunden, aber ohne mich und auch ohne mich darüber in Kenntnis zu setzen. Das tat weh. Dabei hatte ich gar nicht vor, ihn wesentlich zu ändern, wovor er soviel Angst hatte, sondern ihn einfach Nähe und Vertrauen spüren zu lassen und selbst zu erhalten. Ich hatte ihn so akzeptiert, wie er war, aber er sich selbst noch nicht. Er hat mir in all den Jahren nicht glauben können, daß er so wie er war, mit seiner verkrachten Existenz und seinen verrückten Ideen, für mich wertvoll war. Er hätte wohl gerne wie in dieser Fernsehreklame die Fotos aus der Tasche gezogen: mein Haus, mein Auto, mein Swimmingpool, mein letzter Urlaub ... Als er Gefühle des Versagens, der Trauer, der Angst, des Nichtwissens wieder normal einordnen konnte, begriffen hatte, daß sie zum Leben dazugehören, da erst war die letzte Schranke gefallen.

Anhang

Nachwort

›Scientology-Schicksale‹ ist der Titel dieses Erfahrungs-
berichtes. Es sind nur knapp zwanzig Schicksale, die hier
dargestellt werden konnten, nur eine kleine Auswahl aus
all den Gesprächen, die wir in den letzten Jahren geführt
haben. Eine andere Art von der Schicksal, die auch zu
Wort kommen muß, wollen wir nicht einfach ausblenden.
Es ist das Schicksal der Menschen, die immer noch Scientologen sind. Sie sprechen zwar vom größten Glück,
das ihnen je widerfahren ist, und ihren Schicksalsbericht
nennen sie ›Erfolgsbericht‹, aber hinter diesen Berichten
verbirgt sich eine erschreckende Wirklichkeit. Jeder Zy-
nismus hierbei liegt uns fern, aber wir wollen dem Leser
nicht vorenthalten, mit welcher Begeisterung Scientologen ihre Erfahrung den unseren und denen unserer Gesprächspartner entgegenhalten. Die Scientology-Presse-
sprecher sagen gerne, daß den wenigen Miesmachern
Millionen von glücklichen Scientologen gegenüberstän-
den. Lesen Sie selbst, was einige dieser Millionen von
glücklichen Menschen über Scientology und ihre Fortschritte im Leben sagen:

»Ich auditiere jetzt seit zwei Tagen auf dem Neuen OT I
und fühle mich großartig. Mein Raum hat sich geöffnet
und fühlt sich wirklich groß an. Auch meine Kommuni-
kationslinien öffnen sich, und ich will einfach kommunizieren. Es ist sehr einfaches, sanftes Auditing, das über-
gangene Ladung handhabt, von der ich überhaupt nicht

wußte, daß sie da ist. Als Solo-Auditor geht es mir wunderbar, und ich empfehle diese Aktion jedem.«

M. L. auf Neuem OT I

»Das waren die phantastischsten zwei Monate meines Lebens. Ich kann die Menge an Ladung, die geblowt ist und den Fallgewinn auf dieser Stufe noch gar nicht glauben. Von der ersten Sitzung an fühlte ich, es ist die eine Sache, die ich seit Jahrtausenden gesucht habe. Es hat so viele grundlegend falsche Konzepte darüber, wer ich bin und was ich bin, gehandhabt und hat meinen Gesichtspunkt auf der Siebten Dynamik vollständig verändert. Ich habe das Gefühl, ich gehe als ein anderes Wesen nach Hause, mit viel mehr Raum und Absicht und mit einem Wahrnehmungsniveau, das einfach in einer anderen Dimension ist. Eine Somatik in meinem Knie, die ich schon seit langer Zeit hatte, ist völlig gehandhabt.

Vielleicht die größte Erkenntnis war die Tatsache, daß ich als geistiges Wesen ohne Dev-T von MEST und Barrieren des physikalischen Universums Ursache über andere Dynamiken bin und mich nicht nur auf der ersten befinde.

Ich bin total erstaunt und verwundert über die Power von NOTs Auditing und über die Größe von Rons Genialität. Ein riesiges Dankeschön an Liz Cotton, meinen phantastischen Auditor, an alle in Div4 und Saint Hill.«

S. C. OT V

»Diese Stufe kann nur durch ein Datum vergleichbarer Größenordnung beschrieben werden. Es ist eine Reise in einem der neuesten Quantum-Raumkreuzer. Ich und mein furchtloser Co-Pilot (Goldenes Zeitalter der Tech, Klasse IX) starteten und flogen in die Sterne, mein Co-Pilot navigierte, während ich die Waffen bediente, er lokalisierte und führte. Ich schoß alles mögliche vom Himmel und wir flogen direkt in mehrere Universen hinein und hindurch, ›schwebenden‹ Raum hinter uns lassend, trotz Treibstoffmangel und mehreren anderen MEST-Barrieren hatten wir keine Angst.

Und nachdem wir gelandet sind, kann ich sagen, der Flug war der aufregendste, furchterregendste, schönste, unkonfrontierbarste, wunderbarste, den ich je unternommen habe und ich meine wirklich JE unternommen habe.

Danke meinem Co-Piloten, allen Mitarbeitern vom Bodenpersonal und natürlich dem unglaublichen Erschaffer und besten Freund, Ron.«

E. W. OTV

»Ich bin glücklich!

Ich habe es geschafft. Es war schon so lange mein Ziel, daß es mir fast wie im Traum erscheint. Es ist wunderbar!

Ich fühle mich gelassen und sehr stark – ich selbst! Ich kann alles konfrontieren, und ich bin sicher, all meine Postulate zu verwirklichen.

Ich danke dem NOTs-Team von ganzem Herzen. Ich hatte einen wundervollen Auditor und einen C/S, der nicht weniger wundervoll war. Meine Bewunderung für Ron ist grenzenlos. Vielen vielen Dank.«

E. V. OT V

»Ich kann es nicht in Worten ausdrücken ...!!! Ich bin sicher, viele Erfolgsberichte von OT V fangen so an, denn man kann die Gewinne und Erfahrungen auf dieser Stufe einfach nicht in Worten ausdrücken! Was ist unendlicher Raum? Man kann ihn nicht beschreiben, nur erfahren, sein. Wie wär's mit dem Loswerden von hunderten von überlebensfeindlichen Gedanken, Betrachtungen, Beingness, physikalischen Zuständen, Gefühlen, Emotionen,

Taten, Worten, Ideen, Entschuldigungen, Krankheiten, Dummheiten – und so weiter – die ich zahllose Millionen von Jahren mit mir rumgeschleppt habe?

Man kann es nicht beschreiben, man kann es nur erfahren. Und ich erfahre es. Ich erfahre einen Zustand des Seins, den ich niemals gekannt habe – ruhig, sauber, gelassen, stabil und wissend. Mache das neue OT V! Ja, natürlich wird es dein Leben viel besser zum Laufen bringen. Ich bekomme mit sehr wenig Anstrengung Ergebnisse, von denen ich nur träumte.

Und Dinge haben geringere Einwirkung auf mich, als sie es vorher hatten. Wenn ich etwas tun möchte, dann geht es jetzt in die richtige Richtung! OT V ist wirkliches OT-Zeug! Es macht so viel Spaß, jede einzelne Minute. Es ist wirklich das Leben selbst.

Meine ganze Liebe für LRH, die Mitarbeiter und meinen wunderbaren Auditor des Goldenen Zeitalters der Tech.«

B. M. OT V

»Das war das absolut beste Auditing, das ich bisher hatte, und ich hatte immer gutes Auditing. Mein Leben hat sich völlig verändert. Ich wurde die Person, die ich immer sein wollte – und glücklicherweise war das ich!«

A. F.

»Ich habe gerade OT IV abgeschlossen und muß sagen, ich fühle mich so wach, sauber und ohne Betrachtungen über irgend etwas. Das Ausmaß der Gewinne auf dieser Stufe ist unglaublich. Es war so großartig, so schnell – so schwierig zu erklären – einfach **super**. Ich fühle mich leichter, ich weiß, daß ich ein Statik bin und daß ich wieder anfange, wirklich ich selbst zu sein. **Völlige geistige Freiheit** ist für mich nicht mehr nur ein Wort. Vielen Dank an Ron, der uns die Tech gegeben hat. Danke an meinen Auditor und den Rest der Mannschaft. Ihr habt einen großartigen Job getan. Vielen Dank dafür, daß ihr mir geholfen habt, frei zu werden.«

H. M. OT V

Schlußbemerkung

»Und der gute Onkel Fritze sagt:
Ja, ja das kommt von dumme Witze.«

Wilhelm Busch

Bei Max und Moritz sind es offensichtliche Dummheiten und die permanente Übertretung sämtlicher Vorschriften, die zum Schluß ihren Tod bedingen. Ebenso gibt es viele Stimmen, die meinen, Scientology und seine Doktrin würden sich von selbst totlaufen.

Wenn wir diese Meinung hätten, wäre dieses Buch natürlich überflüssig. Wir wollten mit unseren Geschichten zeigen, wie und wo Menschen schwach und angreifbar sind durch aggressive Manipulationsmethoden, mit denen destruktive Kulte, und als solchen bezeichnen wir Scientology, arbeiten. Vor allem im Umfeld entsteht jede Menge sozialer Unfriede und Leid. Natürlich haben Leiderfahrungen immer auch positive Aspekte, sofern man sie überwindet und sinnvoll verarbeitet. Aber etliche Schicksale zeigen ein Stadium, in dem ein Verarbeiten den Beteiligten oder Betroffenen selbst mit großem zeitlichem Abstand nicht möglich war.

Es gibt Verletzungen, die man jemandem gar nicht erst zufügen sollte, weil sie nur schwer oder gar nicht heilen.

Es gibt Organisationen, die die Menschenwürde verletzen und einzelnen irreparablen Schaden zufügen. Sol-

360

che Organisationen sollten wir bekämpfen, indem wir ihre Chance, unserem sozialen System irreparable Verletzungen zuzufügen, durch Aufklärung und aktiven Verbraucherschutz so gut es geht einschränken.

Scientology ist eine Organisation mit solchen menschenverachtenden Praktiken. Sie steht für organisierten wirtschaftlichen, politischen und sozialen Terror. Der Plan *Clear Germany*, also die Übertragung der Scientology-Prinzipien auf Staat, Wirtschaft und Sozialsystem, stellt einen Angriff auf die Demokratie dar. Wir werden uns weiter wehren, weil nicht zuletzt unsere eigene Vergangenheit uns lehrt, wohin totalitäre und menschenverachtende Systeme unseren Staat führten.

Danksagung

Nach all den Monaten fällt es uns beinahe schwer, dieses Buch zu beenden. Fast in jeder Woche kamen neue Informationen, die wir sofort verarbeiten wollten, weil wir so aktuell wie eben möglich sein wollten, weil wir neue Perspektiven, noch klarere Erkenntnisse vermitteln wollten. Wir danken unserer Lektorin Frau Nicola Bartels sehr für ihre Geduld. Termine zu überschreiten ist immer heikel. Mehr noch danken wir unserem Sohn Marvin, der oft gedroht hat, den Stecker aus dem Computer zu ziehen, und es dann doch nicht tat. Dafür hat er einen dicken Kuß verdient, und wir hoffen, daß wir seiner Generation und allen, die nach ihm kommen, eine kindgerechte Kindheit in Freiheit und Demokratie erhalten können. Nach ihm kommt vor allem unser Enkelkind von unserer Tochter Sandra, so daß wir jetzt Großeltern sind. Und wir danken allen, die mit dazu beitragen, daß Scientology nicht die Religion des 21. Jahrhunderts werden wird.

Die Sprache der Scientologen – ein Bedeutungswörterbuch

Von der Notwendigkeit eines Bedeutungswörterbuches

Das wohl wichtigste Mittel von Scientology zu Desorientierung, Verwirrung und Kontrolle der Öffentlichkeit und auch der eigenen Mitglieder ist die Sprache. Der soziale Störfall wäre in diesem Ausmaß nicht vorstellbar, gelänge es der Organisation nicht ständig, auch die Öffentlichkeit zu verwirren und zu täuschen. Ohne die scientologische Sprache in ihrer Bedeutung zu verstehen, beschäftigen sich Religionswissenschaftler aus aller Welt mit dem geschickt ausgewählten Material, das Scientology ihnen vorlegt. Wohlklingend und salbungsvoll schreibt man von Friede, Freiheit und Rechten des Menschen, ohne deutlich zu erwähnen, daß es bei Scientology einen Menschen im traditionellen Sinne gar nicht gibt. Einige Wissenschaftler kommen dann auch tatsächlich zu dem Schluß, Scientology sei eine Religion. Auch einige Politiker, denen gut aufgemachtes PR-Material zugeschickt wird, mahnen zur Toleranz. »Wir leben in einer pluralistischen Gesellschaft. Andere Lebenseinstellungen müssen toleriert werden.« Eine besonders zynische Einstellung zu Toleranz und Freiheit bewies ein amerikanischer Journalist in einer Fernsehsendung. »Das ist der Preis der Freiheit«, kommentiert er schulterzuckend die 96 Sektentoten in Guyana, die Toten beim Giftgasanschlag der Aoum Sekte in Japan, den

Massenselbstmord der Sonnentempler in der Schweiz, Frankreich und Kanada.

Stimmt das? Muß man so tolerant sein, auch den organisierten Wahn als Teil der Freiheit zu akzeptieren?

Zwischen Regelwahn und Anarchie liegt die Demokratie. Scientology ist Regelwahn und Anarchie zugleich. Das macht die Einordnung so schwierig. Die scientologische Sprache zeigt diese beiden Extreme in besonderem Maße. »Wahr ist das, was du selbst als wahr erkennst«, ein Kernsatz der scientologischen Überzeugung zeigt die Merkmale der Anarchie. »Wer die totale Freiheit will, muß totale Disziplin akzeptieren«, ein weiterer Kernsatz aus dem scientologischen Repertoir, ködert mit Anarchie und Regelwahn zugleich und zeigt Parallelen zu der von George Orwell in seinem Buch ›1984‹ beschriebenen Psychodiktatur. ›Neusprech‹ und ›Neudenk‹. Menschen werden verwirrt durch diktatorisch veränderte Sprache. Alles, was sie bisher sprachlich und gefühlsmäßig einordnen konnten, stimmt plötzlich nicht mehr. Man raubt ihnen so ihre Erinnerung, ihre Gefühle, die sie mit Erlebtem verbinden und kettet sie an eine von oben festgelegte, neue Definition.

Es mag Ironie des Schicksals sein, daß ich selbst den Höhepunkt meiner Verwirrung und Orientierungslosigkeit im Orwell-Jahr erfuhr, als ich im Dezember 1984 einen Arbeitsvertrag bei Scientology für die nächste Milliarde Jahre unterschrieb. Immer wieder waren wir mit der Hilflosigkeit der Betroffenen, auf die wir bei unseren Recherchen zu diesem Buch stießen, konfrontiert, sei es die Hilflosigkeit der Aussteiger, die noch nicht wußten, ob sie richtig gehandelt hatten, sei es die der Eltern, die zweifelten, ob ihre Kritik an den scientologischen Kindern nicht doch mehr geschadet hatte als geholfen. Sie alle waren gleichermaßen verwirrt von der scientologischen Sprache.

Der scientologische Sohn sagt zur Mutter: »Du machst

mich zum Achterbahnfahrer.« Was soll die Mutter darunter verstehen? Will der Sohn etwa zur Kirmes?

»Wir wollen eine Welt ohne Krieg, ohne Kriminalität, in der der gerechte Mensch in Frieden leben kann«, schreibt ein Mann seiner Frau. Sie ist verwirrt. Auch sie ist gegen Krieg und Kriminalität. Sind die Ziele von Scientology etwa doch gut? Sie hat überlesen, daß Scientology nur dem ›gerechten Menschen‹ Rechte einräumt. »Wer frei ist von Schuld, der werfe den ersten Stein«, sagt Jesus im Neuen Testament. Zu den Errungenschaften der Demokratie gehört es, auch demjenigen, der Fehler begangen hat, Rechte zu gewähren. Aber man muß nicht nur sehr genau lesen, was von Scientology in schön klingender Sprache publiziert wird, man muß Scientologisch regelrecht erlernen.

Die Sprache der Scientologen erschließt sich erst dadurch, daß man den Gesamtzusammenhang kennt. Um das Ausmaß der Betroffenheit und des Leids zu verstehen, muß man sich in die von der demokratischen völlig verschiedenen Sicht- und Denkweisen hineinversetzen können. Aus diesem Grund haben wir ein Bedeutungswörterbuch erarbeitet. Es ist sicherlich noch erweiterungsbedürftig, aber im Zusammenhang mit diesem Buch verbessert es das Verständnis erheblich.

Dem ›Scientology-Anfänger‹ wird die Notwendigkeit einer neue Sprache damit erklärt, daß Hubbard so viele Naturgesetze entdeckt habe, für die es noch keine Begriffe und keine entsprechenden Definitionen gebe.

Bedeutungswörterbuch

Scientologische Begriffe und Definitionen sind *kursiv* dargestellt. Der → verweist auf ein weiteres scientologisches Wort. SC steht für Scientology.

Aberriert

Von der Vernunft abgewichen, geistig gestört. Im wesentlichen bedeutet es, sich zu irren, Fehler zu machen oder genauer, fixierte Ideen zu haben.

Emotionale Handlungen oder Vorstellungen werden in Scientology als geisteskrank bezeichnet. Die demokratische Gesellschaft – eigentlich jeder, der kein Scientologe ist – wird als *aberriert* (geisteskrank und unzurechnungsfähig) bezeichnet. Nur der Scientologe ist frei von Fehlern oder befindet sich auf dem Weg dahin. Wer mit einem Scientologen spricht oder zu diskutieren versucht, muß verstehen, daß er von diesem als *geisteskrank* betrachtet wird.

Abgesperrt

Armseliges Erinnerungsvermögen

Wer sich nicht an seine Geburt, seine Zeugung und an frühere Leben ›erinnern‹ kann, der ist aus scientologischer Sicht ein *abgesperrter Mensch* und damit unzurechnungsfähig.

Abwerten

Etwas, was jemand anderes für eine Tatsache hält, zu widerlegen oder herabzusetzen oder anzuzweifeln oder abzustreiten.

Abwertungen sind in SC verboten (→ *Wahrheit*). Gemeint ist die Abwertung des *Thetans*. »*Man setzt einen Theta Clear nicht herab, nur weil er sich nicht wie ein Heiliger verhält – selbst wenn er teuflischer ist als vorher.*« Scientologen reagieren daher sehr empfindlich, wenn man das, was sie sagen, in Zweifel zieht oder gar zu widerlegen versucht.

Achterbahnfahrer

Ein → *Fall, der sich verbessert und verschlechtert. Ein Achterbahnfahrer* steht immer mit einer → *unterdrückerischen Person* in Verbindung.

In SC ist er der *Ärgernisverursacher* (→ *PTS*), der es nicht schafft, den *Kritiker* (→ *Unterdrücker*) zu → *handhaben.* Es ist immer die Verbindung zu einem Kritiker, die einen Scientologen zum *Achterbahnfahrer* macht. Wer diesen → *Zustand* zugewiesen bekommt, darf nicht an seiner → *völligen Freiheit* weiterarbeiten, ehe er das Problem nicht gelöst hat. In diesem Zustand darf er nicht mehr → *auditiert* werden, was für einen Scientologen die größte Strafe darstellt. Er untersteht nur noch dem → *Ethik-Offizier,* der den Vorgang des *Handhabens* oder *Trennens* überwacht. Die einzige Chance, bei Scientology weiterzumachen, besteht dann in der → *Trennung* von seinem Kritiker.

Analytischer Verstand

Der bewußte, wahrnehmende Verstand, welcher denkt, Daten beobachtet, sich erinnert und Probleme löst. Gegensatz: → *reaktiver Verstand*

Vorstellung, daß der Verstand des Menschen nichts anderes als eine gewaltige Datenaufzeichnungsmaschine (Computer) sei, die jede Sekunde eines Lebens mit allen Wahrnehmungen speichern könne. Phantasie und Kreativität eines Menschen existieren praktisch nicht. Es sind, so glaubt der Scientologe, nur Wahnvorstellungen des *aberrierten* Teils der Maschine (→ *reaktiver Verstand*).

Antisoziale Persönlichkeit

Jemand, der Scientology aktiv unterdrückt, kritisiert oder abwertet; → *Unterdrücker*

Scientology behauptet, daß etwa 20 Prozent der Menschheit zu den *antisozialen Persönlichkeiten* zu rechnen sind. Solange keine geeigneten Anstalten (!) für sie gebaut sind, zieht man es vor, sie zu ignorieren. Wer Scientology angreift oder kritisiert, ist automatisch eine *antisoziale Persönlichkeit.*

ARK

= *Affinität, Realität und Kommunikation*
Bilden in SC ein Dreieck mit starker Symbolkraft. Dieses *ARK-Dreieck* bedeutet → *Verstehen.* Kürzel für: Ich bin mit dir völlig einig *(mit jemandem ARK haben).* Gegensatz: → *ARK-X oder ARK-Bruch.*

ARK-Bruch

Ein gestörtes Verhältnis zu einem Menschen oder einer Sache haben; ein Problem mit etwas haben. Jemand, der SC oder einen Scientologen kritisiert, verursacht einen *ARK-Bruch.* Auch → *Abwertung* führt zum *ARK-Bruch.* Der *ARK-Bruch* muß immer → *gehandhabt* werden.

Auditing

Anwendung von *Scientology-Prozessen* (Verfahren) an jemandem durch einen → *Auditor.* SC nennt *Auditing* eine *geistige Beichte;* die einzige Möglichkeit, → *Engramme* zu → *löschen. Auditing* ist ein gefährliches Trance- und Hypnoseverfahren. Während des Trancezustandes entstehen unter Streß, den der → *Auditor* auslöst, Sinneseindrücke der verschiedensten Art, von Raum- und Zeitwahrnehmungen bis zu Schmerzen, die einen glauben lassen, sich tatsächlich in einer früheren Zeit zu befinden. Dies reicht soweit, daß man sich sogar in früheren Leben und anderen Körpern zu befinden glaubt. Diese Spaltung des Bewußtseins kann zu schweren Psychosen führen. Gefährlich auch deshalb, weil der Betroffene nicht weiß, daß er hypnotisiert wird.

Man soll sich von begeisterten Berichten über *Auditing* und seinen Erfolgen nicht täuschen lassen. Auch bei anderen ›Wunderheilern‹ liest man oft von unglaublichen Erfolgen, die in Wirklichkeit einem Placebo-Effekt zuzuschreiben sind. Gegen Placebos ist an sich nichts einzuwenden, nur sind sie bei SC unglaublich teuer, und der Schaden steht in keinem Verhältnis zum Nutzen. Aus diesem Grund gibt es seit langem Bemühungen, *Auditing* als Laientherapie zu verbieten.

Auditor

In SC eine Berufsbezeichnung. Er genießt höchstes Ansehen, weil nur durch die konsequente Arbeit der *Auditoren* die *Geisteskrankheit* auf der Erde beseitigt werden kann.

Jemand, der *Auditing* durchführt. Der *Auditor* weiß vorher, welche → *Erkenntnis (cognition)* der → *Preclear* haben muß. Ehe diese *Erkenntnis* nicht geäußert wird, darf er die Befragung nicht beenden, selbst wenn dies mehrere Stunden dauern sollte. Der *Auditor* führt die Befragung meist mit vorbereiteten Listen mit einem einfachen Lügendetektor durch, von SC → *E-Meter* genannt.

Ausrasten

Kurzfristig keine Probleme haben, den → *reaktiven Verstand ausgeschaltet haben.*

Damit meint ein Scientologe nicht, daß jemand ›durchdreht‹, wie es unserer Umgangssprache entspricht, sondern daß man sich auf dem richtigen Weg zur → *völligen Freiheit* befindet.

Axiom

Axiome sind in SCBetrachtungen, über die Übereinstimmung besteht. Eine Wahrheit existiert laut SC grundsätzlich nicht, weil nur der → *Thetan* die → *Wahrheit* ist. Auch hier wieder die Zwischenstellung zwischen Anarchie (totaler Freiheit) und Diktatur (totaler Disziplin). Dieses Einsetzen von Paradoxien ist innerhalb der SC-Sprache ein Mittel zur Gedankenkontrolle des Anhängers. Die Definition des DUDEN für ›Axiom‹ wird als Lüge bezeichnet.

Bank

Eine umgangssprachliche Bezeichnung für den → *reaktiven Verstand.* Wenn ein Scientologe von *Bank* spricht, meint er dumm, geisteskrank, irre und unvernünftig.

Beichte

Eine *Auditing-Sitzung (session),* die nicht für Sicherheitszwecke durchgeführt wird. Mit einer weiteren Übernahme eines katholisch-christlichen Begriffs versucht SC eine Ähnlichkeit zur traditionellen Kirche herzustellen, die es aber inhaltlich nicht gibt. Die *Beichte* ist ein nach starren Regeln durchgeführtes Verhör.

Berührungsbeistand

Andere Bezeichnung = auch *touch assist.* Wird gerne Nicht-Scientologen angeboten, um zu beweisen, daß SC *funktioniert.* Bei körperlichem Unwohlsein versetzt man den zu Behandelnden durch ständige Berührung verschiedener Körperpartien mit dem Finger in einen Trancezustand, in dem er die Beschwerden nicht mehr wahrnimmt. Äußerst fragwürdig, weil hierbei Krankheitssymptome verschleiert werden können, was eine rechtzeitige ärztliche Behandlung verhindern kann.

Bewertung

Man darf nie einem anderen sagen, was man von ihm hält. Das hieße, ihn *als Thetan zu bewerten* und damit seine Fähigkeit, sich selbst in Ordnung bringen zu können, abzuwerten. *»Das ist dein Problem. Löse es!«* wäre die richtige Verhaltensweise bei SC.

Blow

Abhauen ohne Erlaubnis; mit SC-Kursen nicht weitermachen; sich vor der scientologischen → *Verantwortung* drücken. Ein *Blow* ist in SC ein Schwerverbrechen.

Böse

Mit dem Wort *böse* ist gemeint, daß jemand nicht für SC → *produziert,* nicht im scientologischen Sinne lebt, arbeitet, und gehorcht. Das Gegenteil ist → *gut.* Eine zynische Art dieser Bedeutung ist der Satz *»Der Mensch ist von Natur aus gut. Er ist sogar so gut, daß er sich selbst davon abhält, Böses zu tun. Notfalls dadurch, daß er sich selbst aus der Umgebung entfernt.«* Das heißt in SC: Wer nicht mehr produzieren kann, soll sich besser umbringen.

Brücke

Brücke zur vollständigen Freiheit. Gesamtheit der SC-Dienstleistungen. Scientologen gehen die Brücke hinauf oder hinüber (auf der anderen Seite wartet Ron Hubbard auf sie). Man zahlt für die Brücke ein. Man spricht von *Brückenaktionen.*

→ *Clear* ist ein wichtiger Orientierungspunkt auf dieser *Brücke.* Danach folgen die Stufen des *operierenden Thetans.* Jeden einzelnen Punkt der *Brücke,* auch *Gradkarte* genannt, erreicht man nur durch vorher vom System festgelegte → *Prozesse.* Es hat also nichts mit individuellen Erkenntnissen zu tun. Alle Schritte auf dieser

Brücke nennt man *Dienstleistungen,* die bezahlt werden müssen. Die *Brücke* kann man nur durch *Auditing* überschreiten.

Checkout

Kontrollprüfung in scientologischen Kursen. Der *Überwacher* kontrolliert mit *Wortklären* und *Demos,* ob der → *Student* das Material vollständig verstanden hat. Kein Kurs darf ohne *Checkout* gemacht werden, der für jedes einzelne Kapitel eines Kurses durchgeführt wird. Wer dabei ein Wort nicht vollständig erklären kann oder bei Antworten zögert (→ *Kommunikationsverzögerung*) muß das Kapitel noch einmal durcharbeiten. Dieses System der ständigen *Checkouts* festigt die Gedankenkontrolle durch Scientology.

Clear

Oder der *Geklärte.* Darunter versteht SC den Zustand, bei dem die *Reparatur* des (Computer) → *Verstandes* vollständig durchgeführt worden ist, indem der *reaktive Verstand* vollständig gelöscht wurde. Ohne den → *Thetan* ist der *Clear* praktisch die biochemische Maschine (→ *Körper*), die sich selbst reparieren und reproduzieren kann. Ohne diese Reparatur, die Kosten liegen zwischen 50.000 und 70.000 DM, kann der *Thetan* nicht auf Dauer den Körper verlassen, um in seine → *Heimatgalaxie* zurückzukehren. *Clear* ist auch der zentrale Begriff, um die scientologische → *Kontrolle* über die Erde zu erlangen. *Clear planet* ist der Projektname dafür.

Demo

Ein Scientologe demonstriert mit Hilfe von Gummiringen, Büroklammern, Bleistiften und Zettelchen scientologische Wörter und Zusammenhänge. Ein fast zwanghaftes Verhalten, an dem man oftmals einen Scientologen erkennen kann. Es ist ebenso zwanghaft wie das → *Wortklären*. Die *Demo* ist ein Teil der scientologischen → *Studiertechnologie*.

Doktor der Theologie

»Religion ist im Grunde eine philosophische Lehre, die sich zum Ziel setzt, die Zivilisation, der sie vermittelt wird, zu verbessern. Vollends gerechtfertigt durch das Beispiel der Lehren aller Zeiten hat ein Scientologe ein höheres Recht darauf, sich selbst als einen Priester, einen Geistlichen, einen Missionar, einen Doktor der Theologie, einen Gesundbeter oder einen Preclear zu bezeichnen, als jeder andere Mensch, der in der westlichen Welt die Abzeichen der Religion trägt. Ich sehe überhaupt keinerlei Unvereinbarkeit darin, diejenigen, die in Scientology gut unterwiesen und zu wirklichem Können gelangt sind, als Passierschein in jene Bereiche, wo sie gebraucht werden, mit dem Titel eines Doktors der Theologie auszuzeichnen.«

So lautet Hubbards Originaldefinition. Es ist wohl müßig, über seine Arroganz zu reden, angesichts der Beliebigkeit, mit der hier Sprache und Vereinbarungen darüber behandelt werden.

Dramatisieren

Wer sich in einem Gespräch mit einem Scientologen (oft berechtigterweise) aufregt, bekommt von ihm zu hören, daß man nur *dramatisiere*. Darunter versteht er, daß man seinen *Verstand* nicht unter *Kontrolle* hat, sondern von minderwertigen, überlebensfeindlichen Gefühlen beherrscht wird.

Duplikation, etwas duplizieren

Gemeint ist, ein *Duplikat* herstellen. In SC versteht man darunter, einen Befehl bedingungslos zu befolgen. Hubbard nennt dies die *höchste Fähigkeit* eines *Wesens*. Sie ist nicht angeboren, sondern muß durch ständige Übung erworben werden. Um diese → *Fähigkeit* zu erlangen, muß man aufhören, selbst zu denken. Kadavergehorsam durch beständigen → *Drill*!

Drei Universen

SC-Theorie zur Erklärung der Wirklichkeit: das eigene Universum, das des anderen und das dritte, mit dem beide übereinstimmen. Wenn es zu keiner Übereinstimmung kommen sollte, hat jeder das Recht auf sein *eigenes Universum*, das damit zur persönlichen → *Wahrheit* wird. Von daher sind Diskussionen mit Scientologen oft *müßig*, weil sie zu nichts führen. Sie bestehen auf ihrem *eigenen Universum*, ihrer *eigenen Wahrheit*.

Drill, drillen

Jedes *Training* in SC besteht aus *drillen*, dem ständigen Wiederholen von festgeschriebenen Übungen. *Drill* ist hierbei als Teil der Hypnose zu verstehen (Wiederholtechnik, Suggestion bis zur Selbstsuggestion). *Drillen* ist bei SC Abrichten zum Gehorsam.

Einpflanzung

Auf *Einpflanzungen (implants)* reagiert der Scientologe sehr empfindlich. In seinem Denken ist bereits ein konsequent ausgesprochener Gedanke eines anderen Menschen, das Äußern einer Überzeugung, die nicht im Einklang mit SC steht, ein *implant,* ein sogenanntes *negatives Postulat*. Allein aus diesem Grund geht er Auseinandersetzungen mit Kritikern ängstlich aus dem Weg.

Er fürchtet die negative → *Energie,* die seine *Maschine* beeinträchtigen könnte.

Empfindung

Unangenehme Wahrnehmung, die aus dem *reaktiven Verstand* stammen, werden *Empfindungen* genannt. Im wesentlichen sind dies »Druck«, »Bewegung«, »Schwindelgefühl«, »sexuelle Empfindung«, »Emotion« und »Mißemotion«.

Bei einer solchen Definition ist es kaum möglich, von einem Scientologen eine *Empfindung* zu erwarten. Er wird ängstlich bemüht sein, alles zu ignorieren, was aus dem *reaktiven Verstand* kommt, da es lebensfeindlich sein soll. Eine *Maschine* hat eben nichts zu empfinden, sondern hat zu funktionieren.

Energie

Allein die Vorstellung, etwas zu machen *(Postulat),* wird in SC als Energie definiert. Es kann aber auch die tatsächliche Bewegung oder Kraft sein. *Negative Energie* ist ein *Negatives Postulat* (etwa: »Das kann ich nicht«).

Engramm

Die SC-Definition unterscheidet sich erheblich von der wissenschaftlichen: Erleben löst einen Reiz aus, der aufgezeichnet wird. Kurz gesagt ist die Summe aller Engramme das Gedächtnis des Menschen.

In SC ist das *Engramm* jedoch *nur* das schmerzhaft negativ Erlebte, das in der Engrammbank (reaktiver Verstand) aufgezeichnet wird. Von dort senden *Engramme* negative, hypnotische Befehle, die unser Leben zerstören. Ehe nicht alle *Engramme* gelöscht sind, kann der *Mensch* nicht optimal arbeiten. Das *Löschen* aller *En-*

gramme führt zum Clear. Ein Gedächtnis im üblichen Sinne gibt es für den Scientologen nicht.

Ethik oder ethisch

Kaum ein Wort ist in Scientology so massiv neu definiert worden, wie das Wort ›Ethik‹ Die Untersuchung und Erläuterung dieses zentralen scientologischen Begriffs mag die ganze Absurdität des scientologischen Denkschemas aufzeigen. Daß *Ethik* tatsächlich der zentrale Begriff ist, beweist der Arbeitsvertrag für die scientologische Elite, der Sea Organisation. Dort wird als einzige und zentrale Aufgabe gefordert: »*Ethik auf diesem Planeten und dem Universum zu verwirklichen.*« Hubbards Definition mag dem Außenstehenden erst einmal kryptisch erscheinen: »*Der Zweck von Ethik ist das Entfernen von Gegenabsichten. Ist dies erreicht, ist der Zweck von Ethik, Fremdabsichten zu entfernen.*«

Gegenabsicht ist alles, was gegen Scientology gerichtet ist. *Entfernen* bedeutet: Befolgung, Gehorsam, nur der scientologischen Sache zu dienen und alles andere auszuschalten. *Fremdabsicht* ist auch schon das minimale Abweichen oder Auslassen scientologischer Prinzipien. *Entfernen* bedeutet: 100 Prozent Disziplin. *Ethik* ist gleichzeitig ein Werkzeug, diese Disziplin auch durchzusetzen, absolut gehorsam zu sein, was auch immer das System verlangt.

Ethikzustand

Es gibt *gute* und *schlechte Ethikzustände*. Wer *produziert,* befindet sich in einem *guten Ethikzustand*. So befindet sich der Nicht-Scientologe automatisch in einem *schlechten Ethikzustand,* aber auch ebenso der Scientologe, der mit einem *Kritiker* in Verbindung steht und damit Zeit verliert, um für SC zu *produzieren*.

EOC

End of cycle. Sich umbringen, wenn man bei illegalen Aktivitäten erwischt wird. Vorzugsweise als Anweisung im scientologischen Geheimdienst verwendet.

Exterior

Den Körper als Thetan *verlassen. Sich außerhalb des Körpers befinden.*

Drogen- oder Meditationsphänomen, bei dem man subjektiv das Gefühl hat, sich außerhalb seines Körpers zu befinden. Milde bis starke Wahnvorstellung, die bei verschiedenen *SC-Drills* entstehen. Kann auf Dauer zu Psychosen führen. Wird in SC als Idealzustand gewertet: *Trennung von Thetan und Körper,* das Bewußtsein, daß der Körper nur eine *Maschine* darstellt, die vom *Thetan* kontrolliert wird.

Fall

Etwas, das bei einem Scientologen Panik auslösen kann. Einen *Fall* haben bedeutet, von etwas kontrolliert werden, keine Selbstkontrolle mehr haben. Der *Fall* ist praktisch der Gesamtzustand des Lebens, alle früheren Leben eingeschlossen. Jeder ist für seinen *Fall* selbst verantwortlich und ist verpflichtet, ihn in Ordnung zu bringen. Wem es in diesem Leben schlechtgeht, der hat in einem früheren Leben Verbrechen begangen. Damit trägt jeder für alles selbst die Verantwortung und niemals das System.

Fallüberwacher

Auch C/S (case supervisor) genannt. Er kontrolliert, ob alle Hypnoseprogramme zum gewünschten und vorher festgelegten Ergebnis geführt haben. Falls dies nicht der Fall sein sollte, ordnet er Korrekturprogramme an.

Fähigkeit

Wird als Produkt von drei Faktoren verstanden, die im zweiten SC-Dreieck ausgedrückt werden: → *KRC = Knowledge* (Wissen), *Responsibility* (Verantwortung) *und Control* (Kontrolle) ergeben als Produkt *Fähigkeit*.

Flach

Z. B.: *Das ist bei mir flach.* Bedeutet: Darauf reagiere ich nicht mehr. Mit Vorliebe werden Scientologen auf Kritik *flach* gemacht. Ein gnadenloser *Drill*, → *Reizen* genannt, bewirkt dies. Das hat zur Folge, daß sie beständig lächeln, gleichgültig was man ihnen erzählt. Für den Kritiker im Gespräch dann uneffektiv und ermüdend.

Freiheit

Die Fähigkeit zur Erschaffung und Plazierung von Energie oder Materie in Raum und Zeit.

Da dies nach scientologischen Regeln zu geschehen hat, bedeutet dies: *Wer die totale Freiheit will, muß totale Disziplin akzeptieren.*

Die normale Vorstellung von Freiheit des Menschen wird im ›orwellschen Sinne‹ als Sklaverei empfunden.

Geistige Gesundheit

Ein Mensch ist in dem Maße geistig gesund, wie er genaue Berechnungen anstellen kann, begrenzt nur durch Information und Standpunkt.

Kreativität und Phantasie werden als geisteskrank eingestuft, weil hier nicht allein der → analytische Verstand arbeitet. *Geistige Gesundheit* bedeutet ›totaler Gehorsam‹.

GI

Gross Income = Bruttoeinnahmen der Organisation.

Die GI-Statistik ist die wichtigste Statistik. Sie wird wöchentlich ermittelt von Donnerstag 14:00 Uhr bis zum folgenden Donnerstag. Die erfolgreichsten deutschen Organisationen in Hamburg oder München erwirtschafteten pro Woche zwischen 200.000 und 400.000 DM. Die technische Zentrale FLAG in Florida rund 1.500.000 Dollar (Zahlen von 1990). Leitsatz: *Mach Geld, mach mehr Geld, sorg dafür, daß andere Geld hereinbringen.*

Glauben

Existiert in seiner eigentlichen Bedeutung nicht in der scientologischen Sprache. Wenn man es übersetzen wollte, wäre darunter ›wissen‹ zu verstehen. Beispiel: *Wir von der Kirche glauben ...* heißt: *Wir vom Technologiezentrum wissen ...*

Gut; gut sein

Wird nur im Sinne einer PR-Sprache zur Täuschung verwendet. Bedeutet in SC: produktiv oder produktiv sein. Dabei sind jedoch nur SC-Produkte gemeint, also etwas im scientologischen Sinne zu tun oder zu produzieren.

Gute Indikatoren

Wer lächelt oder lacht, zeigt gute *Indikatoren*. Wer nachdenkt, die Stirn runzelt, zeigt damit, daß er über etwas nachdenkt, was gegen Scientology gerichtet ist oder gerichtet sein könnte. Wer nicht lächelt, verrät damit seine negativen → *Empfindungen*. Deshalb lächeln Scientologen ständig.

Handhaben

Jemanden oder etwas kontrollieren; dafür sorgen, daß er nichts gegen Scientology unternimmt. Dazu kann auch

Erpressung oder Nötigung gehören, wenn beispielsweise Eltern sich in einer Gruppe oder Elterninitiative engagieren, die gegen SC arbeitet. Das Kind wird dann gezwungen, die Eltern zu *handhaben*.

Ich

1. der Wille, die bestimmende Kraft des Organismus, das Bewußtsein.
2. die Einheit, die sich des Bewußtseins bewußt ist.

Das *Ich* ist in SC nicht der *Thetan,* sondern eine zwischen *Thetan* und *Verstand* eingeschaltete Kontroll- und Steuerungseinheit. Es ist eine Mechanik, kein Leben oder Geist.

Kirche; Church of Scientology

Ein aus der Normalsprache entliehenes Wort, um der Öffentlichkeit ein bestimmtes positives Bild zu vermitteln. Der Begriff ist rechtlich nicht geschützt. SC dagegen läßt alle ihre Begriffe eintragen, so daß Kritiker daher gerne von der Kirche der Markenzeichen sprechen. Intern bedeutet *Kirche*: Technologiezentrum. Das Zentrum in Clearwater/Florida wird als *Mekka der Technologie* bezeichnet. So heißen die Stützpunkte auf Landesebene: *Klasse IV Organisation;* auf kontinentaler Ebene: *Fortgeschrittene Org/Advanced Org.* Die im Franchiseprinzip erworbenen Verkaufsbüros werden heute Missionen genannt oder auch Dianetik-Center. In der ehemaligen Sowjetunion firmiert man unter der Bezeichnung *Hubbard College for Administration.* Scientology ist bei Bedarf nicht nur wandlungsfähig, sondern auch opportunistisch.

Klären

→ Wortklären

Kommunikation

In SC ist *Kommunikation* ein technisches Prinzip, in einer Formel (Axiom 28) ausgedrückt: Ursache-Entfernung-Wirkung.

Prinzip des Kadavergehorsams; völlig irrige Vorstellung von Kommunikation. Am Empfangspunkt der *Kommunikation → Duplikation* erzeugen zu wollen, bedeutet, den Menschen als Maschine (Computer) zu sehen. Befehlen – gehorchen ist das scientologische Grundprinzip. Das *Kommunikations*modell in Scientology ist die pure Menschenverachtung.

Kommunikationsverzögerung

Wer auf eine Frage nicht sofort eine Antwort geben kann, hat eine *Kommunikationsverzögerung.* Dies sei ein Hinweis auf *negative Massen im Verstand,* die eine rasche Antwort verhindern. Nachdenklichkeit wird damit unterbunden, sie würde zeigen, daß man noch → *Fall* hat.

Konfrontieren

1. Die Fähigkeit, bequem da zu sein und wahrzunehmen.

2. Ins Auge sehen, ohne Zurückzuschrecken oder auszuweichen.

3. Konfrontieren ist ein Ergebnis und ein Endprodukt.

Konfrontieren entwickelt sich in SC zu einem zwanghaften Mechanismus, niemals nachzugeben zu dürfen. Es sei kein *Tun,* sondern eine *Fähigkeit.*

Kontrolle

SC nennt es *die Bereitschaft zu starten, zu verändern und zu stoppen.* Tatsächlich ist es die Fähigkeit des *Auditors,* die Suggestion (hypnotische Befehle) in eine Autosuggestion umzuwandeln, so daß der Betreffende glaubt, alles käme aus ihm selbst, wodurch er unter die vollständige Kontrolle des Systems gerät.

KRC-Dreieck

Abkürzung für *Knowledge (Wissen), Responsibility (Verantwortung) und Control (Kontrolle)*. Diese Begriffe bilden das zweite scientologische Dreieck, das als Summe → *Fähigkeit* ergibt.

Das Dreieck ist Symbol für den Gehorsam, der notwendig ist, SC-Vorstellungen um jeden Preis zu verteidigen und durchzusetzen.

Kritiker

Kritiker sind für SC schlicht *Verbrecher und Geisteskranke: »Es ergibt sich das Bild eines Gegners, der seine Tage thronend in den Bäumen oder am Schwanz schaukelnd verbringt, mit der Wirksamkeit eines psychologisch behandelten Affen, der am Gummiknüppel eines Polizisten mit der Idee herumschält, es sei eine Banane.«*

Nachsicht ist kaum zu erwarten, wenn man es wagt, Scientology zu kritisieren: *»Diejenigen, die Scientology kritisieren oder abfällige Bemerkungen darüber machen, können einer eingehenden Überprüfung ihrer vergangenen Taten und Absichten nicht standhalten. Der Kriminelle scheut das Licht. Und wir sind das Licht. Verstehen Sie das als Tatsache im technischen Sinn. (...) Wir fanden niemals Kritiker der Scientology, die keine kriminelle Vergangenheit hatten. Immer und immer wieder beweisen wir das.«*

Eine solche Einstellung macht es von Anfang an unmöglich, mit SC in einen Dialog zu kommen. Die Gespräche, die von SC scheinheilig angeboten werden, sind immer zum Scheitern verurteilt, sobald eine kritische Haltung gegenüber SC eingenommen wird. Fairneß und

Toleranz darf von SC nicht erwartet werden, wohingegen SC dies vehement von der Demokratie fordert.

Der Charakter des *Kritikers* wird u. a. folgendermaßen definiert (und dabei macht man auch vor den eigenen Eltern nicht halt!):

»Vergewaltigung. Sex als Bestrafung. Brutale Behandlung von Kindern ... Vernichtet oder zerstört andere ... Faschistisch ... möglicher Mörder... Perversion, Sadismus, Verwendung von Kindern für sadistische Zwecke.«

Leben

Ein Statik (= Thetan), das jedoch die Macht besitzt, Materie, Energie und Raum und möglicherweise sogar Zeit zu kontrollieren, zu beleben, beweglich zu machen, zu organisieren und zu vernichten.

Dem *Thetan* gebührt Respekt, nicht jedoch seiner Maschine, dem Menschen. Wenn SC also von *Leben* spricht, ist nur der *Thetan* gemeint.

Logik

Bedeutet in SC: Alles kann richtig oder alles falsch sein.

Statt der Folgerichtigkeit von Denken tritt in SC an seine Stelle die totale Beliebigkeit. Eine Paradoxie, die durch die Verwirrung, die sie auslöst, Gedankenkontrolle möglich macht.

Löschen

Hypnotischer Befehl zu Beginn und am Ende einer Auditing-Sitzung, der → *Engramme* aus dem → *reaktiven Verstand* beseitigen soll.

Es ist ein Vorgang der Suggestion und Autosuggestion im scientologischen Auditing. Wie bei einem Computer sollen nicht länger benötigte Dateien (Informationen des Gedächtnisses) gelöscht werden.

Meinung

Bedeutet: irrige Vorstellung eines Nicht-Scientologen; ist immer abwertend gemeint. Wenn jemand im Gespräch seinen Standpunkt vertritt, erhält er vom Scientologen zur Antwort: *»Das ist nur deine Meinung.«* Was soviel heißt: Du bist geisteskrank und redest Unsinn.

Mensch; Homo sapiens

Eine Kohlenstoff-Sauerstoff-Maschine, die bei 37 Grad Celsius läuft. Im Falle des Homo sapiens ist das Theta-Wesen der Maschinist.

Mit dieser Grundüberzeugung rechtfertigt man bei SC die Verpflichtung zum bedingungslosen Gehorsam der Maschine gegenüber.

Moral

»Moralisches Verhalten ist ein Verhalten nach einem Kodex willkürlicher Gesetze ... Menschen gehorchen einem Moralkodex, weil sie sich fürchten. Menschen sind nur dann ethisch, wenn sie stark sind.«

Moral ist in SC ein mechanisches Problem. Entscheidend ist, daß die *Maschine* richtig funktioniert.

OT

operierender Thetan → *Thetan*

Overt

Schädliche, gegen das Überleben von Scientology gerichtete Handlung.

Alles, was Scientology unterstützt, ist damit richtig: *»In meinen Augen kann ein Mitarbeiter, der hohe Statistiken hat, nichts Unrechtes tun.«*

Postulat

Eine Schlußfolgerung, eine Entscheidung oder ein Entschluß.

Nur der *Thetan* macht *Postulate*. Er darf jedoch nur *positive Postulate* machen, denn ein *negatives Postulat* würde ihn behindern. Scientologen reagieren teilweise panikartig auf Bedenken, Nachdenklichkeit oder Zweifel. Das sind *negative Postulate*.

Preclear

Die noch *nicht reparierte Maschine* (Mensch); vorzugsweise natürlich diejenigen, die sich durch *Auditing reparieren* lassen.

Problem

Kraft und Gegenkraft von vergleichbarer Größe.

Mit dem Begriff *Problem* versucht SC die Stärke des Gegners, des Kritikers einzuschätzen. Wie stark ist die Gegenkraft? Nur bei einer entsprechenden Gegenkraft hat man ein *Problem*. Das Zulassen oder Dulden von Gegenkräften ist in SC ein *Verbrechen*. Deshalb gibt es den Befehl: *Ich will kein Problem, sondern Lösungen.*

Prozessing

Die verschiedenen Programme der Auditing-Sitzungen werden auch *Prozessing* genannt.

Programm

Eine Reihe von Aktionen, die vom → Fallüberwacher aufgestellt worden ist, um eindeutig bestimmte Ergebnisse bei einem Pre-Clear zu erzielen.

SC hat grundsätzlich vorher festgelegt, in welchen Gedankenwelten sich ein Mensch zu bewegen hat. Das *Programm* wird solange durchgeführt, bis das gewünschte

Ergebnis eintritt. Von eigener Erkenntnis oder Selbstbestimmung kann dabei keine Rede sein.

PTS

Potential trouble source, möglicher Ärgernisverursacher. Ein PTS-Zustand muß immer gemeldet werden. Man ist automatisch PTS, wenn man mit Kritikern in Verbindung steht.

Reaktiver Verstand

Für SC das »Übel« schlechthin, der *defekte Computerteil*, der *gelöscht* werden muß. Verantwortlich für alle Fehlleistungen des Menschen.

Realität

Ein anderes Wort für → *Wahrheit*.

Reizen

Oder *bullbaiting* genannt. Ein harter, teilweise tagelanger *Drill* beim Kommunikationstraining, um die Empfindung gegenüber Kritik zu mindern. Man trainiert, gleichgültig zu werden, indem das Reizwort solange wiederholt wird, bis man keine Reaktion mehr zeigt. Man nennt es auch *Knöpfe flachlaufen*. So gedrillte Scientologen kann man beschimpfen, ohne daß sie dabei aufhören zu lächeln. Sie wirken gleichmütig, ruhig und selbstsicher, aber dahinter verbirgt sich nur Gleichgültigkeit und Unempfindlichkeit.

Restimulieren

Etwas, das Empfindung auslöst, nennt SC eine *Restimulation*. Dies bedeutet eine große Gefahr für den Thetan. Wenn man versucht, einen Scientologen an gemeinsame Erlebnisse vor Scientology zu erinnern, Gefühle zu wecken, die Verbundenheit herstellen könnten, reagiert er mit Panik, er fühlt sich *restimuliert*. Erinnerungen darf er nur im *Auditing-Verhör* preisgeben, wenn er vor seinem *Auditor* sitzt. Diese durch Drill erzeugte Gedankenkontrolle verhindert, daß der Scientologe sich einem Nicht-Scientologen anvertraut.

Schmerz

Schmerz wird per Definition von Erinnerung abgekoppelt und als rein chemischer Vorgang in der Maschine Körper dargestellt. Eine *gesunde Maschine* kann keinen *Schmerz* empfinden. *Schmerz* ist also immer der Hinweis darauf, daß die Maschine noch nicht optimal funktioniert.

Scientologe

Jemand, der scientologische Techniken erlernt und im Leben anwenden kann. Nach dieser Definition muß man als *Scientologe* nicht zwangsläufig ein formelles Mitglied der Organisation sein.

Scientology

Die Lehre vom Wissen (zusammengesetzt aus dem lat. *scire* und dem griech. *logos*). Dieses Kunstwort soll auf den ›wissenschaftlichen‹ Charakter von Scientology hinweisen. Erst später nannte Hubbard SC auch eine Religion.

Selbstbestimmung

Der Zustand der *Selbstbestimmung* ist in SC dann erreicht, wenn aus der Suggestion Autosuggestion geworden ist. Der Betreffende glaubt in diesem Zustand in eigener Verantwortung zu handeln, während er bereits so konditioniert (abgerichtet) ist, daß er nur noch im Sinne scientologischer Zielsetzungen redet und denkt.

386

»Volle Verantwortung für einen selbst, keine Verant-
wortung für die andere Seite des Spiels.«

Selbstbestimmung im scientologischen Sinne führt damit zur sozialen Störung.

Sich aus der Umgebung entfernen (im Falle andauern-
der Un-Ethik

Selbstmord; den Körper (Maschine) als *Thetan* zu verlassen, um sich einen neuen Körper zu suchen. Die Anweisung dazu ist so formuliert, daß ein Nicht-Scientologe sie kaum entschlüsseln kann:

»Der Mensch ist im Grunde gut. Er ist so gut, daß er
sich selbst davon abhält, Böses zu tun. Notfalls dadurch,
daß er sich selbst aus der Umgebung entfernt.«

Spiel

SC definiert das gesamte Leben als *Spiel*: besteht aus
Freiheiten, Regeln und Grenzen. Solange man die scientologischen Regeln nicht kennt, kann man auch nicht erfolgreich das *Spiel* des Lebens spielen.

Standardtechnologie

Die wohl wichtigste SC-Forderung lautet: 100 Prozent
Standardtechnologie durchsetzen. Das SC-Wörterbuch
schreibt vor:

»1. Eine Standardisierung von Prozessen, so daß sie
bei hundert Prozent der Fälle, an die sie gerichtet wer-
den, anwendbar sind; 2. Standardtechnologie ist nicht
ein Prozeß und nicht eine Reihe von Prozessen, Stan-
dardtechnologie bedeutet, die Regeln des → Prozessing
zu befolgen.«

Student

Wer in SC einen Kurs belegt, wird *Student* genannt.

Mit dieser sprachlichen Aufwertung versucht man, sich in der Öffentlichkeit ein positives Bild zu schaffen.

Theta

Um den »wissenschaftlichen« Charakter von Scientology zu betonen, bediente sich Hubbard gerne der griechischen Sprache. *Theta*, der Gedanke, ist sein Grundmodul zu einer wohl einzigartigen Schöpfungsgeschichte: *»Am Anfang war der Gedanke, Theta.«*

Thetan

Herr über Raum, Zeit, Energie und Materie. Es gibt Billiarden und Billiarden von *Thetanen.* Die *Thetanen* haben über *Postulate* unser Universum erschaffen. Die *Thetanen* auf der Erde sind Kriegsgefangene eines früheren *Thetanenkrieges* und zudem Gefangene in der *Maschine Mensch.* Scientology will diese Gefangenschaft beenden und die *Thetanen* in ihre Heimatgalaxie zurückbringen. Die *Maschine Mensch* bleibt dabei auf der Erde zurück.

Trainer

Der scientologische *Trainer* ist nicht etwa ein besonders ausgebildeter und mit Fachkenntnissen ausgestatteter Übungsleiter, sondern ein weiteres Kontrollinstrument des Systems. Zwei SC-Studenten, die miteinander SC-Drills einüben, wechseln sich ab in der Rolle des *Trainers* und des Studenten. Sie bilden ein Zwillingspaar, mit der Aufgabe, einander bei ihren Fortschritten oder etwa auftretenden Problemen und Zweifeln zu kontrollieren.

Touch Assist
→ Berührungsbeistand

TR

Abkürzung für *Trainingsroutine*. Dies sind die Abrichtungsdrills, die zum »Gleichmut« führen. Wer seine *TRs drin hat*, ist durch nichts zu erschüttern.

Überwacher

Kursleiter. Er kontrolliert die Studenten, die sich gegenseitig (Trainer-Student-Zwillingspaar) drillen. Seine Standardfrage bei jedem, der Zweifel äußert oder Fragen stellt: »Welches Wort hast du nicht verstanden?« Der Kursleiter (supervisor) ist kein Lehrer. *»Es wird nicht von ihm erwartet, zu lehren. Es wird von ihm erwartet, dafür zu sorgen, daß Studenten da sind, Anwesenheitslisten ausgerufen werden, Checkouts korrekt gemacht werden, Mißverständnisse gehandhabt werden, indem man herausfindet, was der Student nicht begreift, und dafür sorgt, daß er es begreift. Der Überwacher, der den Studenten Antworten sagt, ist eine Zeitverschwendung.«*
Auf diese Art werden auch Kinder gedrillt!

Unterdrücker

Jeder Kritiker wird *Unterdrücker* oder *antisoziale Persönlichkeit* genannt. Jemand, der SC aktiv behindert.

Verantwortung

Das Wort *Verantwortung* ist bei Scientology eine besonders geschickte Re-Definition: *»Die Vorstellung, imstande zu sein, sich um etwas zu kümmern.«* Man übernimmt also keine Verantwortung, sondern man hat nur die Vorstellung davon, daß man es könnte, wenn man nur wollte.

Verstand

Zentralcomputer der Maschine Mensch. Wird vom

Körper und vom *Thetan* gleichermaßen genutzt, nur mit unterschiedlichen und teils widersprüchlichen Zielen. Die vielfältigen *aberrierten* »Gefühlsanwandlungen« der *Maschine Mensch* müssen vom *Thetan* unterbunden werden. Er muß den Verstand vollständig kontrollieren.

Wahrheit

»*Wahr ist für dich das, was du selbst als wahr erkennst.*« Jeder hat seine eigene Realität, die auch nicht hinterfragt werden darf.

Wog

»*worthy oriental gentleman;* Dies bedeutet einen gewöhnlichen, durchschnittlichen Lieschen-Müller-artigen Humanoiden.« Scientology-Slang für alle Nicht-Scientologen, die als menschenähnlich bezeichnet werden.

Wort

Ein symbolischer Geräuschcode. Eine weitere Re-Definition in SC, um den Sinn der Sprache als Träger und Vermittler von Erfahrung, Gefühl und Werten zu vernichten.

Wortklären

Methode, ein Wort ausschließlich auf seine Wörterbuchdefinition zu reduzieren. Nur die Definition gilt und nicht die persönliche Erfahrung, die mit dem Wort gemacht wurde und ihm damit eigentlich erst Sinn gibt.

Zeit

Veränderung im Raum. Zeit ist im Grunde das Postulat, daß Raum und Partikel fortbestehen werden. Pseudowissenschaftliche Re-Definition.

Zeitspur

Damit bezeichnet SC die gesamte *Datenaufzeichnung* des Lebens eines Menschen im Verstand. Mit *Gesamt-Zeitspur* werden auch die Aufzeichnungen aller früheren Leben bezeichnet.

Zustand

Scientologische Umschreibung für überlebensfreundliche und überlebensfeindliche Handlungen. Überlebensfreundlich sind die *Zustände* des scientologischen Über- oder Herrenmenschen wie etwa Macht und Überfluß → Ethikzustand, → Statistik.

Zyklus

In Scientology bedeutet ein *Zyklus* einfach den Gang vom Beginn bis zum Ende einer beabsichtigten Aktion.

Der *Zyklus* ist eng verknüpft mit der *Kommunikationsformel* von *Ursache-Entfernung-Wirkung*.

Adressen

Wir haben hier eine Liste der Adressen von Eltern und Betroffenen zusammengestellt, die ihre Hilfe und ihr Wissen zum Thema anbieten. Staatliche und kirchliche Stellen vom Verfassungsschutz bis zu den Sektenbeauftragten beider Konfessionen sind in vielen Publikationen benannt und im übrigen leichter aufzuspüren. Deswegen lassen wir sie hier aus.

Studentenrat der TU Dresden, AG Sekten Sondergemeinschaften
Mommsenstraße 13

01069 Dresden
Tel. 03 51/4 63 20 42/43

EBI Eltern- und Betroffeneninitiative gegen psychische Abhängigkeit Sachsen e. V.
Solveig Prass
Wasserturmstraße 68
04299 Leipzig
Tel. 03 41/8 77 51 20

Eltern- und Betroffeneninitiative gegen psychische Abhängigkeit für geistige Freiheit e. V.
Pfr. Thomas Gandow
Heimat 27
14165 Berlin
Tel. 0 30/8 18 32 11

Arbeitskreis für Neue Religiöse Gemeinschaften

W. Brummert
Franz-Mehring-Straße
15230 Frankfurt/Oder
Tel. 03 35/2 27 69

Eltern- und Betroffeneninitiative
Astrid Hisserich, c/o Jugendamt
Anklamer Straße 15/16
17489 Greifswald
Tel. 0 38 34/6 83 38

Initiative besorgter Eltern und Bürger Eppendorf e.V.
c/o Kulturhaus Eppendorf
Martinistraße 40
20251 Hamburg
Tel. 0 40/48 15 48

Elterninitiative in Hamburg und Schleswig-Holstein zur Hilfe gegen seelische Abhängigkeit und Mißbrauch der Religion e. V.
Pastor Bendrath
Brahmsstraße 2f
23356 Lübeck

Initiative besorgter Eltern und Bürger Hoisdorf e.V.
Postfach 16
22953 Hoisdorf

Sektenberatung Bremen e.V.
Bernhard Brünjes
Postfach 10 15 43
28015 Bremen
Tel. 0 42 05/16 09

Niedersächsische Elterninitiative gegen den Mißbrauch der Religion e.V.
Archivstr. 3
30169 Hannover
Tel. 05 11/1 24 14 14
Fax 05 11/1 24 14 99

Arbeitskreis Sekten e.V.
Verein zur Bekämpfung geistige und seelischer Abhängigkeit
Auf der Freiheit 25
32052 Herford
Tel. 0 52 21/59 98 57
Fax 0 52 21/59 98 75

Verein Artikel 4, Initiative für Glaubensfreiheit e.V.
Walter Krappatsch
Postfach 101202
44712 Bochum
Tel. 0 23 25/6 04 42

SEKTEN-INFO Bochum
Verein für Jugend- und Sozialarbeit
Rottstraße 24
44809 Bochum
Tel. 02 34/57 81 56

Sekten-Info Essen e. V.
Heide Marie Cammans
Rottstraße 24
45127 Essen
Tel. 02 01/23 46 46/48
Fax 02 01/20 76 17

Norbert Potthoff und Sabine Kemming
Nordstraße 47
47798 Krefeld
Tel. 0 21 51/80 43 51
Fax 0 21 51/60 86 36

Elterninitiative Neue religiöse Bewegungen
Anneliese Friedrichs
An der Blankenburg 14
49078 Osnabrück
Tel. 05 41/4 21 91

Arbeitsgemeinschaft Kinder- und Jugendschutz (AJS)
Landesstelle NRW
Jürgen Hilse/Beate Roderigo
Hohenzollernring 85-87
50672 Köln
Tel. 02 21/95 15 38-0

KIDS-Kinder in destruktiven Sekten e.V.
Jutta Birlenberg
Bogenstraße 11
51375 Leverkusen
Tel. 02 14/5 57 60

Elterninitiative zur Wahrung der geistigen Freiheit e.V.
Ursula Zöpel
Geschwister-Scholl-Straße 58
51377 Leverkusen
Tel. 02 14/5 83 72
Fax 02 14/50 62 64

Aktion für geistige und psychische Freiheit
Arbeitsgemeinschaft der Betroffenen-Initiativen e.V. (AGPF)
Im Blankert 35
53229 Bonn
Tel. 02 28/63 15 47
Fax 02 28/63 15 48

Vitem e.V.
Jeanette Schweitzer
Enzheimer Straße 125
66386 St. Ingbert
Tel. 0 68 94/87 04 52

Aktion Jugendschutz
Sektenberatung
Am Wasserturm 11
66953 Pirmasens
Tel. 0 63 31/34 68

Aktion Bildungsinformation e.V. (ABI)
Frau Dr. Lerchenmüller
Alte Poststr. 5
70173 Stuttgart
Tel. 07 11/29 93 35
Fax 07 11/29 93 30

Aktion Jugendschutz (AJS)
Landesarbeitsstelle Baden-Württemberg
Staffelberger Straße 44
70184 Stuttgart
Tel. 07 11/24 15-91/92
Fax 07 11/6 40 76 99

Ebis
Lieselotte Wenzelburger-Mack
Hölderlinweg 10
72663 Großbettlingen
Tel. 0 70 22/4 24 11
Fax 0 70 22/4 75 59

Wegweiser e.V.
Postfach 22 06
76229 Karlsruhe

Parapsychologische Beratungsstelle
Hildastr. 64
79102 Freiburg
Tel. 07 61/7 72 02

**Elterninitiative z. Hilfe gegen seelische Abhängigkeit/religiö-
sen Extremismus e.V.**
Postfach 10 05 13
80082 München
Tel. 0 89/5 59 80 44 44

Dänemark

INGOLF e.V. (In Gründung)
Zu erfragen über: Büro Potthoff,
Krefeld
Tel. 0 21 51/80 43 51
Fax 0 21 51/60 86 36

Österreich

Gesellschaft gegen Sekten und Kultgefahren
Obere Augartenstr. 26-28
A-1020 Wien
Tel. (00 43) 1/3 32 75 37
Fax (00 43 1/3 32 35 23

Schweiz

InfoSekta
Informations- und Beratungsstelle für Sektenfragen
Schweighofstr. 40
CH - 8055 Zürich
Tel. (00 41) 1/4 51 52 52
Fax (00 41) 1/4 51 52 54

Band 61392

Norbert Potthoff
Im Labyrinth der Scientology

Norbert Potthoff ist Graphiker und glücklich verheiratet. Als ihm 1981 ein neuer Kunde einen vielversprechenden Auftrag in Aussicht stellt, wittert er seine große Chance. Auch der verlangte Persönlichkeitstest und ein Kommunikationsseminar von Scientology wecken eher sein Interesse, als daß sie ihn abschrecken. Er wird überzeugter Scientologe und trennt sich sogar von seiner Frau, um bei der Sekte eine steile Karriere zu beginnen.
Er dringt immer tiefer in das Innere der Sekte vor und steht vier Jahre später vor den Trümmern seiner bürgerlichen Existenz: ohne Freunde, ohne Kontakt zu seiner Tochter, finanziell völlig verschuldet, erkennt er schließlich die eklatanten Widersprüche zwischen Anspruch und Wirklichkeit der Scientologen. Doch es dauert noch weitere drei Jahre, bis er den Ausstieg wagen und bei Nacht und Nebel aus Kopenhagen fliehen kann...

Thierry Huguenin

Erfahrungen

Der 54.

Am 4. Oktober 1994 fährt Thierry Huguenin,
der 18 Monate zuvor den Orden der Sonnentempler verläßt,
nach Salvan, einen kleinen Ort in den Schweizer Bergen.
Jo di Mambro, der Gründer der Sekte, hatte ihn zu sich bestellt.
Die ganze Atmosphäre und das Verhalten seiner ehemaligen
Glaubensbrüder sind jedoch so sonderbar, daß Thierry die Flucht
ergreift. Am nächsten Morgen erfährt er, daß in der Nacht
53 Anhänger der Sekte zu Tode gekommen sind.
Der 54. sollte er sein...

BASTEI
LÜBBE

Band 61332

Thierry Huguenin
Der 54.

In der Nacht vom 4. auf den 5. Oktober 1994 verloren 53
Angehörige des Sonnentempler-Ordens in der Schweiz
und in Kanada ihr Leben. War es Massenmord oder kol-
lektiver Suizid?

Thierry Huguenin sollte das 54. Opfer sein. In diesem
Buch schildert der einzige Überlebende, was er in den 15
Jahren seiner Sektenzugehörigkeit erlebte. Vom auto-
ritären Regime des geld- und machtgierigen Führers Jo
die Mambro, der seinen Anhängern spirituelle Erleuchtung
versprach, sie aber seelisch völlig entwurzelte, von kulti-
schen Handlungen, Riten und vermeintlichen Wundern,
die sich als inszenierter Hokuspokus entpuppten. Er ver-
schweigt nichts, denn er möchte mit diesem Buch vor den
Machenschaften gewissenloser Seelenfänger warnen.

BASTEI
LÜBBE

Band 60450

Luise Mandau
Tödlicher Sektenwahn

Die teuflischen Tricks der Seelenfänger

Jahr für Jahr beweist die Statistik aufs neue, daß die etablierten Amtskirchen der westlichen Welt immer mehr an Boden verlieren. Geblieben ist jedoch das Bedürfnis der Menschen nach Spiritualität und Sinnsuche, und je rationaler der Alltag erscheint, desto euphorischer stürzen sich die Menschen in die Fänge mehr oder weniger obskurer Seelengemeinschaften.
Über 600 Sekten und mehr als zwei Millionen Sektenanhänger allein in Deutschland sprechen eine deutliche Sprache. Deshalb bedurfte es nicht erst des spektakulären Massenselbstmordes der Schweizer »Sonnentempler«, um zu erkennen, daß hier eines der größten gesellschaftlichen Probleme der nächsten Jahrzehnte auf uns zukommt. Sekten können wie Drogen sein. Kaum jemand, der sich mit ihnen einläßt, entkommt ihnen ungeschoren, und wer nur finanziell verliert, darf sich noch glücklich schätzen. Deshalb kann nicht oft genug vor diesen »Verführern« gewarnt werden.